中国拉丁美洲史研究会
天津外国语大学拉丁美洲研究中心

拉丁美洲文化与现代化

Latin American Culture and Modernization

韩 琦 / 主 编
张 鹏 董国辉 / 副主编

社会科学文献出版社
SOCIAL SCIENCES ACADEMIC PRESS (CHINA)

在"拉丁美洲文化与现代化"学术讨论会上的致辞

（代序言）

苏振兴

主席，各位专家、学者：

中国拉美史研究会第八届会员代表大会暨"拉丁美洲文化与现代化"学术讨论会今天在这里隆重开幕，我谨代表中国拉丁美洲学会向会议表示热烈的祝贺！

我今年已经过了75岁生日，作为中国拉美学会的会长已属于"超龄服役"，明年将要正式卸任。因此，尽管我这次没有写出论文，但我还是一定要来参加会议，为多年来一直亲密合作的中国拉美史研究会表示衷心的祝贺，向各位老朋友、新朋友致以问候，算是完成我卸任前最后的任务之一。

近几年来，中国拉美史研究会在王晓德会长和一批优秀的中青年学者组成的领导集体带领下，很好地继承了老一辈专家的优良传统，积极致力于团结全国的同行学者，有计划地开展学会的各项工作，特别是在推动研究拉美现代化的理论与实践经验方面成绩卓著，为我国实现全面建成小康社会的奋斗目标做出了应有的贡献。

本次会议的主题是讨论"拉丁美洲文化与现代化"。我认为，讨论这个主题既是将拉美现代化研究推向深入的必要步骤，能够对下一步的学术研究工作起一种引领作用，也符合中拉人文交流日益丰富的客观形势发展，有利于推动我们从事拉美史研究的学者们更好地参与当前中拉关系大发展的历史性进程。

我对于拉丁美洲的文明与文化问题缺乏研究。最近虽然阅读了一些相关书籍，但始终没能抓住某个重点论题，这也是我没能写出一篇参会文章的原因之一。在我看来，关于拉美的文明与文化研究，似乎还有一些很基本的问题没有搞得太清楚。

例如，拉美的文化究竟是从古到今一脉相承，还是发生了历史性的断裂？

今年6月，温家宝总理在拉美经委会的演讲中有这样一段话："玛雅人发明的精确天文历法，阿兹特克人修建的宏伟日月金字塔，印加人培育的玉米、马铃薯、南瓜，作为人类文明的共同成果享誉全球、传遍世界，这些都见证了拉美人民非凡的创造力。拉美还是文学、艺术的圣地，不仅有热情奔放的舞蹈、优美动听的歌曲，而且产生了聂鲁达、马尔克斯、博尔赫斯等一批世界文学巨匠。拉美文明既是自身历史发展的积铢累寸，也是世界各种文明交流、融合的果实……拉美文明和中华文明一样，都重视兼收并蓄、开放创新，善于借鉴吸收人类一切优秀文明成果，这是两大文明传承不衰、兴盛发达之根本。"

温总理作为国家领导人出访，当然重点要讲讲拉美文化的辉煌成就，但这段话贯穿着一个基本观点：拉美文化以"三大文明"为开篇，数百年来一脉相承，不断兼收并蓄，传承发展。这个基本观点并不只是体现在温总理的讲话中，国内外许多学者撰写的关于拉美文化的著作也是围绕这个基本观点来展开的。

美国学者亨廷顿在他的《文明的冲突与世界秩序的重建》一书中提出的观点就有所不同："拉丁美洲文明是欧洲文明的后代，但它却是沿着非常不同于欧洲和北美的道路演进的"，"拉丁美洲文明可以被看作西方文明中的次文明，或者被看作是与西方有紧密联系但在它是否属于西方的问题上有分歧的独立文明"。亨廷顿认为，现在世界上有八大文明，拉丁美洲文明是其中之一。他还是承认拉美文明的独立地位的，但他认为当代拉美文明在本源上是来自西方。他同时还强调中美洲文明、安第斯文明"已不复存在"，并说："拉丁美洲文明结合了一些本土文化，这些文化不曾存在于欧洲，在北美也已被有效地消灭，而在以墨西哥、中美、秘鲁和玻利维亚为一方和以阿根廷、智利为一方两者之间有重大的不同。"这就是说，拉丁美洲文明只不过是结合了一些本土文化因素，而这也仅仅是在那些本土文化基础厚重的国家，像阿根廷、智利这类国家则谈不上有多少本土文化。按这个逻辑来推演，说拉美文化传承发生过历史断裂似乎是成立的。

因此，当代的拉美文明究竟是以本土文明为主线，通过吸收包括西方文明在内的其他文明的成分而形成的；还是在本土文明发生断裂之后，以西方文明为主体，通过吸收包括本土文明在内的多种文明的成分而形成的，这显然是两种根本不同的判断。我们究竟应当如何来看待，恐怕不是很简单的问题，不能采取模糊的态度。

又如，关于拉丁美洲的"新文化"问题。

我注意到，复旦大学刘文龙教授（《拉丁美洲文化概论》）和秘鲁学者陈-罗德里格斯（《拉丁美洲的文明与文化》）都提出了拉美"新文化"的概念，而且这两位学者有一些共同点。其一，他们所说的"新文化"都是相对于哥伦布以前的拉美文化而言的。其二，他们对这个问题的论述都不是从文化断裂，而是从文化融合的角度进行的。其三，他们说的拉美"新文化"都是从新的民族形成和文化的"民族化"来定性的。但是，他们两位的论述也存在一些差别。

金重远教授在《拉丁美洲文化概论》一书的"前言"中对刘文龙同志的相关论述做了如下概括："19世纪初，尽管拉美各国纷纷宣告独立，但其文化却未发生质变，而依然停留在量变阶段上；19世纪末，拉美内外形势都发生了很大的变化，与此同时，它的文化也日趋'欧洲化'，并未显示出'民族化'的倾向；只有到了20世纪初，在以往传统和吸收外来文化精华的基础上，才最终形成了有民族特色的拉美新文化。"这个论述不仅明确地把拉美新文化的形成时间定在20世纪初，而且认为这种新文化在整个拉美地区的形成过程是同步的。

陈-罗德里格斯似乎更强调拉美新文化形成过程的曲折性与复杂性。他在《拉丁美洲的文明与文化》一书的最后一章中指出："我们在某些章节中已经看到，随着依附枷锁的松弛，印第安美洲文化显示出了更大的独创性。在其他一些章节中，说明了统治者的文化在很长时期里是居于主导地位的文化，以及它如何逐渐为一种拉丁美洲的新文化所取代。这种新文化中那些已经经过改造的土著主义的、非洲的和西方的表现形式，在艺术和文学方面鲜明地体现出来……随着岁月的流逝，在依附性最强的国家里已经展现出一种多元文化的图景；但在这些国家里，西方文化仍然凌驾于正在形成中的文化之上。"这就是说，拉美新文化的形成并不是完全同步的，在一些国家已经形成，在另一些国家还处在形成过程之中。或者说，在后一部分国家，西方文化仍然居于主导地位，但西方文化或迟或早都将被拉美新文化取代。

陈-罗德里格斯还将拉美新文化描绘为一条七色彩虹，其中包括"西班牙文化、葡萄牙文化、印第安人文化、黑人文化、印第安伊比利亚人文化、美洲黑人文化和全面混血人的文化"。

我的问题是：上述"拉美新文化"观能不能正确反映拉美文化的传承与发展过程，是否比较准确地概括了当代拉美文化的基本特质？

我就提这两个问题，作为抛砖引玉。

谢谢大家！

2012年10月20日于福建武夷山

目 录

前 言 ··· 韩 琦 / 001

拉美国家的现代化与拉丁美洲文化 ···················· 曾昭耀 / 001
拉美国家创建自由小农制理想的破灭
　　——从印第安文化传统角度透视 ················ 林被甸 / 012
"阿里亚斯命题"与拉美的发展 ······················· 江时学 / 026
略论现代拉丁美洲文化的特点 ························· 董国辉 / 038
拉丁美洲古代史要略：重构 ···························· 郝名玮 / 047
拉美研究中的"哥德巴赫猜想" ······················· 张家哲 / 055
全球化背景下的拉美印第安传播事业 ················ 李 菡 / 058
从电影《观鸟者》看全球化进程中的拉美印第安文化 ········ 韩 晗 / 068
文化的多样性及民主的"全球化"与"本土化" ············ 谭 融 / 080
跨入新世纪以来中国对拉美文化的研究概况 ············ 徐世澄 / 092
拉丁美洲的文化革命
　　················· 马里奥·A. 卡德纳斯·玛达里亚加　苏 婧译 / 102
墨西哥社会转型中文化方位的战略选择 ············· 洪国起 / 112
浅论墨西哥的文化革新运动与现代化 ················ 韩 琦 / 127
试析墨西哥历史上的反教权运动 ······················· 顾 蓓 / 150
1810～1910年墨西哥城市化问题初探 ·················· 王文仙 / 160
阿根廷现代化进程中的文化立法研究 ·················· 沈 安 / 172

阿根廷高乔文化的形成、演变与传承 …………………… 李紫莹 / 185
乌拉圭文化个性的形成与特点 …………………………… 董经胜 / 193
智利阿连德的"社会主义道路"思想及其历史遗产 ……… 贺　喜 / 211
略论古巴华侨教育的特点 ………………………………… 袁　艳 / 235
1822~1916年巴西民法典编纂运动探析 ………………… 张　曦 / 242
巴西控烟运动探析 ………………………………………… 钟秋平 / 254
巴西的文化革命
　　………………马里奥·A.卡德纳斯·玛达里亚加　苏　婧译 / 267
从软实力的视角审视中国对拉美的外交 ………………… 王翠文 / 286
论中国软实力在巴西的发展 ……………………………… 程　晶 / 297
孔子学院在拉美
　　——两岸携手传播中华文化 ………………………… 张家唐 / 312
浅析拉丁美洲西班牙语的特点以及演化 ………………… 于长胜 / 323
阿尔塔米拉诺与墨西哥民族文学 ………………………… 李　想 / 335
一部拉美的中国苦力史
　　——小说《黄色行李》中的历史记忆 ……………… 张　鹏 / 344
走出孤独的墨西哥何去何从
　　——《孤独的迷宫》再解读 ………………………… 张伟劼 / 363

中国拉丁美洲史研究会第八届会员代表大会
　　暨"拉丁美洲文化与现代化"学术讨论会综述 ……… 曹龙兴 / 369

英文摘要 …………………………………………………………… / 375

Contents

Foreword　　　　　　　　　　　　　　　　　　　　Han Qi / 001

Modernization in Latin America and Latin American Culture
　　　　　　　　　　　　　　　　　　　　　　Zeng Zhaoyao / 001
The Failure of the Establishment of the Petty Farmer System
　in Latin America: from the Perspective of the Indian
　Cultural Heritage　　　　　　　　　　　　　　Lin Beidian / 012
"Arias Hypothesis" and Latin American Development　　Jiang Shixue / 026
Characteristics of Latin American Culture　　　　　Dong Guohui / 038
Restructuring of the Ancient History of Latin America　Hao Mingwei / 047
"Goldbach's Conjecture" in the Latin American Studies
　　　　　　　　　　　　　　　　　　　　　　Zhang Jiazhe / 055
Indigenous Communication in Latin America in the Context
　of Globalization　　　　　　　　　　　　　　　　Li Han / 058
Latin America's Indian Culture in the Process of Globalization
　from the Movie *Bird Watcher*　　　　　　　　　　Han Han / 068
The Culture Diversification and Democratic "Globalization"
　and "Localization"　　　　　　　　　　　　　　Tan Rong / 080
A General Review of Chinese Scholars' Research on Latin
　American Culture in the Current Century　　　　Xu Shicheng / 092

拉丁美洲文化与现代化

The Cultural Revolution of Latin America
　　　　　　　　　　　　　　Mario A. Cadenas Madariaga
　　　　　　　　　　　　　（Translated by Su Jing）／102
The Strategic Choice of Cultural Orientation in the Mexican
　　Social Transformation　　　　　　　　　Hong Guoqi ／112
Cultural Revolutionary Movement and Modernization in
　　Mexico　　　　　　　　　　　　　　　　　　Han Qi ／127
Analysis on the Anticlerical Movement in the History of
　　Mexico　　　　　　　　　　　　　　　　　　Gu Bei ／150
Studies on the Mexican Urbanization from 1810 to 1910　　Wang Wenxian ／160
Studies on the Cultural Legislation in the Argentine
　　Modernization Process　　　　　　　　　　　Shen An ／172
The Formation, Evolution and Inheritance of Gaucho
　　Culture of Argentina　　　　　　　　　　　Li Ziying ／185
The Uruguayan Culture: Its Process of Evolution and
　　Characters　　　　　　　　　　　　　Dong Jingsheng ／193
Allende's Thought of "Chile's Road to Socialism" and Its
　　Historical Legacies　　　　　　　　　　　　　He Xi ／211
A Brief Study of Characteristics of Education of Overseas
　　Chinese in Cuba　　　　　　　　　　　　　Yuan Yan ／235
Analysis of the Brazilian Civil Code Codification Movement
　　from 1822 to 1916　　　　　　　　　　　　Zhang Xi ／242
An Analysis on the Tobacco Control Movement in Brazil
　　　　　　　　　　　　　　　　　　　　Zhong Qiuping ／254
The Cultural Revolution of Brazil　　Mario A. Cadenas Madariaga
　　　　　　　　　　　　　　　（Translated by Su Jing）／267
Soft Power and China's Latin American Policy　　Wang Cuiwen ／286

Contents

Studies on the Development of China's Soft Power in Brazil　　Cheng Jing / 297

Confucius Institute in Latin America: the Two Sides of
　Taiwan Strait Working Together to Spread Chinese
　Culture　　Zhang Jiatang / 312

Brief Analysis of the Features of Latin American Spanish
　and Its Development　　Yu Changsheng / 323

Altamirano and the National Literature of Mexico　　Li Xiang / 335

A History of Chinese Coolies in Latin America
　——Historical Memory in *Yellow Luggage*　　Zhang Peng / 344

Where would Mexico Go: Rereading *The Labyrinth of*
　Solitude　　Zhang Weijie / 363

Summary of the Eighth Congress of the Chinese Association
　of Latin American Historical Studies and the Academic
　Conference of "Latin American Culture and Modernization"
　　　　Cao Longxing / 369

Abstracts　　/ 375

前　言

2012年10月19～21日，中国拉丁美洲史研究会在福建武夷山召开了"拉丁美洲文化与现代化"的学术讨论会。之所以选择"拉丁美洲文化与现代化"作为大会讨论主题，主要是因为文化研究是我们历史研究的重要内容之一，但却是我们以往研究的一个比较薄弱的环节，拉丁美洲史研究会此前已经召开过多次以"拉美现代化"或"拉美改革与发展"为主题的讨论会，但对拉美文化与现代化的关系，至今仍缺乏深入的研究；同时，这个主题具有较强的时代感，因为我国的现代化建设方兴未艾，不仅要向经济强国迈进，而且要建设文化强国。深化这一题目的研究，既与党的十七届六中全会决定的精神相契合，也是历史研究与现实关怀的一个结合点；另外，"文化"和"现代化"都是相对宽泛的概念，能够给予与会代表较大的思考空间。当会议通知发出之后，得到了会员们的热烈响应，参会代表提交了近40篇论文。《拉丁美洲文化与现代化》所收录的论文主要选自武夷山会议提交的论文，另有几篇论文是拉丁美洲史研究会会员在会后专门为本论文集撰写的新作。

《拉丁美洲文化与现代化》共选编了30篇论文，按照拉美地区文化、拉美国别文化、中国与拉美的文化交流、拉美语言和文学四个方面先后排列。这四个方面的文章从不同角度对拉美文化与现代化问题进行了较为深入的探讨。如在地区方面中，曾昭耀先生的论文将拉美文化的演进概括为"经历了一个从依附性自由主义到自主性民族-民众主义再被迫回归依附性新自由主义的历程"，并从中引申出后发国家应汲取的经验教训："必须牢固确立一种自主的、科学的、颠扑不破的意识形态共识，构建一个由先进的思想、正确的道路选择与强有力的政治领导相结合的文化软实力体系"，只有这样才能实现国家的现代化。林被甸先生的论文从印第安传统文化的角度诠释了19世纪拉美自由主义土地改革失败的原因以及20世纪30年代卡德纳斯土地改革成功的经验，这一败一成说明了现代文化与传统文化相结合的重要性。在国别方面，洪国起先生的论文以墨西哥20世纪现代化进程为例，分析了导致墨西哥主导型政治文化形成的诸种因素：民众的政治诉求、知识精英对使命的认同、利益集团间的博弈、执政者价值观及其行为方式等四股政治力量，继而揭示了这种主导型政治文化又通过总统国情咨文、议会审批、国家出台发展计划和政策等"传导机制"影响了现代化的转型。他的文章揭开了墨西哥"政治文化"的神秘面纱。在后两个方面，也均有很精彩的文章。为了使读者较快地了解《拉丁美洲文化与现代化》一书的梗概和武夷山会议热烈讨论的实况，最后附加了一篇关于武夷山会议的综述文章。

我们将中国社会科学院学部委员、中国拉丁美洲学会会长苏振兴先生在讨论会上的致辞作为论文集的序言。这不仅因为他在致辞中指出了武夷山会议的主题："既是将拉美现代化研究推向深入的必要步骤，能够对下一步的学术研究工作起一种引领作用，也符合中拉人文交流日益丰富的客观形势发展，有利于推动我们从事拉美史研究的学者们更好地参与当前中拉关系大发展的历史性进程。"而且因为他在文中提到，一些关于拉美文明与文化研究的基本问题并不十分清楚，"例如，拉美的文化究竟是从古到今一脉相承，还是发生了历史性的断裂？""'拉美新文化'观能不能正确反映拉美文化的传承与发展过程，是否比较准确地概括了当代拉美文化的基本特质？"这些问题均非常值得我们深入思考和做更进一步的研究探讨。

本论文集还收录了两篇译文，一篇是《拉丁美洲的文化革命》，另一篇是《巴西的文化革命》，作者均为阿根廷法学家马里奥·安东尼奥·卡德纳斯·玛达里亚加（Mario Antonio Cadenas Madariaga）。马里奥先生曾任阿根廷政府驻拉美自由贸易协会的大使、政府经济部农牧业局局长，最近十多年致力于拉美文化革命研究。作为拉美人，他对拉美文化失败有着一针见血的分析，他认为，拉美文化失败的原因是双重的：一方面是多元化，创造出各种不同社会阶层之间的差异和造成了真正的民族国家形成的障碍；另一方面是水平低，缺少在科学技术领域、商业和工业活动中能与世界竞争所要求的文化。因此，他倡导拉丁美洲要进行文化革命。

这本论文集之所以能够出版，除了会员们踊跃撰写论文之外，还要归功于三种推力：一是福建师范大学历史学院承办了武夷山会议，该院不仅为会议提供了赞助，而且师生们还为会议提供了热情周到的服务，让与会代表难以忘怀。二是 2011 年 12 月 14 日由民政部民间组织服务中心管理处贾处长带队的 9 人考察小组来到研究会秘书处所在的南开大学，对研究会的工作进行了实地考察和评估，在肯定成绩的同时，考察组也对研究会下一步的工作提出了要求，其中之一是要以研究会的名义出版专业刊物或论著，因为这是民政部考核社团组织工作的重要指标之一。三是 2011 年 12 月天津外国语大学拉丁美洲研究中心作为教育部区域和国别问题研究培育基地获准成立，为了积极参与和推动中国的拉丁美洲研究，并提升中拉关系的发展水平，天津外国语大学拉丁美洲研究中心主动提出愿尽绵薄之力，与中国拉丁美洲史研究会共同编辑出版这本论文集。

中国拉丁美洲史研究会第一次正式出版论文集是在 1984 年，那本论文集主要是选自 1982 年 9 月在山东济南召开的中国拉丁美洲史研究会第二次学术讨论会的论文，当时的会议主题为：（1）19 世纪拉丁美洲独立运动问题；（2）拉丁美洲社会性质问题。在改革开放之初，那本论文集的出版使它成为当时国内唯一一部关于拉美史研究的专题性论著，比通史著作在内容上做了更加深入的拓展，在研究规范方面也提供了一个范本，是真正的"学术研究"著作，它既是当时中国拉美史研究水平的集体展现，也对推动中国拉丁美洲史的研究产生了重要影响。虽然该书的出版至今已经将近 30 年了，但其影响力依然不衰。我们此次出版的这本《拉丁美洲文化与现代化》，参与撰写论文的作者，既有老一辈德高望重的拉美史专家，有些先生曾是第一本论文集的作者，又有活跃在拉美史教学和研究第一线的中青年学者，还有一批拉美史学新秀，可谓"老中青三结合"的作者组合，我们希望这本论文集像第一本论文集那样，也能够对中国拉丁美洲史研究的深入开展起到积极的推动作用。

韩 琦
2013 年 3 月 6 日于南开大学

拉美国家的现代化与拉丁美洲文化

曾昭耀[*]

内容提要：拉美的现代化和拉美文化都是在资本主义世界体系中演进的。拉美的文化经历了一个从依附性自由主义到自主性民族-民众主义再被迫回归依附性新自由主义的历程。与此相适应，拉美国家的现代化也经历了一个从依附性现代化到自主性进口替代工业化再被迫回归依附性现代化的过程。历史证明，自由主义文化对于发达国家来说是一种扩张力和掠夺力，而对于后发国家的现代化（工业化）来说，则主要是一种阻滞力。为了实现现代化，后发国家必须牢固确立一种自主的、科学的、颠扑不破的意识形态共识，构建一个由先进的思想、正确的道路选择与强有力的政治领导相结合的文化软实力体系，建设文化强国，抵制文化霸权主义；只有这样才能逐步争得国际秩序的民主化，独立自主地引进和发展先进的科学技术，持续不断地提高社会生产力，从而实现国家的现代化。

关键词：拉美现代化　拉美文化　依附性自由主义　自主性民族-民众主义　依附性新自由主义

近20年来，文化问题已成为国内外学界的热门话题。之所以如此，不仅是因为西方战略家散布骇人听闻的"文明冲突论"，还因为在经济日益全球化的时代，文化问题的确已成为和平与发展这两大时代主题的一个共同的、越来越重要的问题，自然也成为深化拉美现代化问题研究的一个重大课题。

---

[*] 曾昭耀，中国社会科学院拉丁美洲研究所，研究员。

一 拉美文化的历史变迁

文化问题是一个很复杂的问题。文化，就其广义来说，系指人类社会历史发展过程中所创造的物质财富和精神财富的总和。狭义的文化仅指精神活动及其产品（观念形态的文化）。本文所说的文化是狭义的文化，特别是同现代化指导思想密切相关的拉美精神文化和意识形态，包括政治文化和经济文化。

拉美文化是一种极富历史底蕴和地区特色的文化。沧海桑田，在地理大发现以来的5个多世纪中，原来的拉美土著文化已经发生了许多历史性的变化。

15世纪末16世纪初，拉美土著文化发生了所谓与伊比利亚文化"相遇"的惊天事变，史称"地理大发现"，从而开始了拉美近代文明的"初创"时期。但是，这个时期拉丁美洲文化与欧洲文化的所谓"相遇"其实并不是一种平等的关系，而是一种被征服与征服的关系，印第安古文明开始了为期3个世纪之久的、在"剑与火"的残酷搏斗中被伊比利亚文明征服的进程。

拉美的现代化发源于19世纪初期的独立革命。独立革命所产生的拉美各国的宪法就是这一历史变迁的佐证。但是，这些宪法条文所体现的政治文化，反映的只是17、18世纪欧洲先进国家的政治和经济，它们在拉美的诞生并不符合拉美自身文化演变的逻辑，实际上它只是拉美土生白人统治集团在欧洲列强实力平衡发生变化（西班牙的霸权地位被英法所取代）的情况下而紧急采取的一种身份调整的产物[①]。虽然这种变革对拉美社会的改造并没多大的实际意义，但它在拉美的文化发展史上则是一个划时代的变化，它是在欧洲资产阶级启蒙思想的影响下所发生的盎格鲁-撒克逊文明、法兰西文明和美国文明对拉丁美洲西班牙殖民主义文明的强有力的

---

① 克里斯蒂安·加斯穆里：《佩德罗·莫兰德〈拉丁美洲的文化与现代化〉简介》（Cristian Gazmuri, Pedro Morande: Cultura y modernización en America Latina），《智利大学社会学所纪事》（Cuadernos del Instituto de Sociología U. C.），智利，圣地亚哥，1984年。关于拉美现代化开始时间的问题，参见林被甸《独立革命：拉美国家现代化进程的起点——试析独立革命与拉美国家现代化的关系》，《拉丁美洲研究》2010年第6期。

"撞击",导致了拉丁美洲新文明的开始发育。然而,我们应该看到,这个时期拉美文化与欧美文化的所谓"撞击"也是不平等的,它是一个盎格鲁-撒克逊文化霸权取代西班牙文化霸权的进程,其结果并不是扎根于本土文化基础上的、新生的拉美独立文化的诞生,而是拉美的统治文化由西班牙文化倒向了欧美文化;它不但否定了自己的印第安古文明根基,而且连自己的另一个根基——伊比利亚文明,也一并推倒。所以,在这个时期,拉美的思想文化阵地虽然已经为当时的欧美先进文化(自由思想和共和思想)所占领,并在拉美独立革命和独立后一个相当长的时期中发挥着理论旗帜的作用,但它并不是独立的、拉美自己的文化,而是一种在拉美没有根基、脱离拉美社会经济实际的思想文化。这种思想文化除了被当地权贵们利用来充当自己争权夺利的幌子之外,对拉美社会的改造并没有发挥多少实际的作用;真正发挥作用的还是当地的那些传统势力——考迪罗和卡西克们。所以,这种文化给当时的拉美带来的并不是社会的进步,而是一个为期数十年之久的分裂和动荡时期,史称"考迪罗主义时代"。

19世纪末,实证主义传入拉丁美洲,成为拉美的主流文化。实证主义实际上就是当时流行的现代化学说。该学说企图要落后国家的精英们相信,如果不实行"西化",便只有灭亡[①]。19世纪末期巴西、墨西哥等拉美国家的早期现代化便是在实证主义的启发下开始的。但是,同前一个时期一样,实证主义文化也只是欧洲国家政治、经济的反映,是欧洲国家对外经济、政治扩张需要的产物,是为满足欧洲列强的政治经济需要服务的;它不是拉美国家自己的、独立的思想文化,而是拉美的一种依附性经济自由主义文化。

1910年爆发的墨西哥革命,是拉美历史上的一个重大事件,也是拉美文化变迁史上的一个重大事件。拉美独立后,不断遭受西方国家的压迫、侵略和掠夺。19世纪末,拉美人民开始有了民族、民主觉醒的可喜变化,欧洲也开始有了批判资本主义制度的马克思主义文化和革命运动。1910年墨西哥革命就是这一变化长期酝酿的结果。影响所及,拉美开始产生了革命民族主义文化和民众主义文化,并逐步形成拉美国家的独立的民族性格,开始探索新的经济发展道路和政治发展道路。第二次世界大战后,全世界

---

① 参见艾瑞克·霍布斯鲍姆《帝国的年代》第三章,贾士蘅等译,国际文化出版公司,2006。

范围内兴起了民族解放运动高潮，第三世界崛起，拉美国家在进行现代化建设和发展民族经济的过程中逐渐磨炼出了自己的求独立、求发展的民族文化性格，并提出了自己的现代化理论——依附论和自主性进口替代工业化（现代化）战略。但是，这个朝气蓬勃的历史阶段只维持了30年左右，20世纪70年代以后，特别是80年代债务危机爆发后，拉美国家又在中心霸权国家发起的空前规模的意识形态攻势中败下阵来，不得不服从中心霸权国家新自由主义意识形态的统治，接受美国"华盛顿共识"所提出的新自由主义文化思想，再一次陷于文化依附的地位。

苏联解体、冷战结束后的时期是美国独霸天下、西方文化霸权势力最得势的时期。在这个时期，西方文化霸权势力加强了对拉美依附理论、结构主义理论、经济民族主义以及民众主义的批判和围剿，全力向拉美输出以"华盛顿共识"为纲领的新自由主义和全球化理论，全力推行西方的政治文化，推行西方的代议制民主政治。在这种形势下，拉丁美洲各国无论在经济文化方面、政治文化方面，还是思想文化方面都发生了许多重大的变化。拉美相当多国家的政权都呈现出了一种明显的、强制推行依附性新自由主义的资产阶级文化专制主义倾向。

总之，拉美文化在经历了500多年的历史演变之后，形成了一种由印、欧、非等各种文化相互撞击和相互混合而成的，被称为"梅斯蒂索文化"的新型文化。这种文化既不同于印、欧、非文化，又不失印、欧、非文化的印痕；既处于资本主义世界文化体系的边缘，却又有一部分西方文明的根基。拉美文化虽然不乏浪漫主义精神，但由于其游移不定的立场和变化无常的表现，在世界政治舞台上是一种脆弱的、缺乏独立文明之伟力的文化。大概由于这个原因，亨廷顿将其称为西方文明之"次文明"（subcivilizaciónes）[①]，深刻揭示了该文化的依附性特征。

二 拉美文化变迁对拉美现代化进程的影响

上述拉美文化的历史变迁对拉美国家现代化进程的影响是巨大的。

独立革命时期和独立初期，新生的拉美国家从欧洲引进当时的资产阶

---

① 维基百科：《文明的冲突》（Choque de civilizaciónes, de Wikipedia, la enciclopedia libre），http://es.wikipedia.org/wiki/Choque_de_civilizaciones。

级政治文化,目的是想通过政治西化的道路,建立强大的民主共和国。但是,这时期的拉美各国还没有形成自己国家的资产阶级,欧美政治文化的种子在拉美并没有发芽、成长的土壤,活跃在拉美政治舞台上的都是一些只会为自己谋取权力和利益的、大大小小的地方考迪罗和卡西克。因此,西班牙殖民统治一垮台,他们便在"自由、民主"的旗号下,投入了争权夺利的内战,使拉美陷于国土分裂、政治混乱、民生凋敝的可悲局面。这时候,正值第一次工业革命后半期,本来这是拉美国家的一个大好的发展机遇,但由于拉美处于长期的分裂和内战之中,也就错过了这一次发展机遇,被排除在世界第一次现代化浪潮之外,沦落为欧美发达国家的边缘,拉美国家同中心发达国家之间的经济差距急剧增大。以墨西哥和美国的经济数据为例,1820年美国的人均国内生产总值还只是墨西哥人均国内生产总值的1.69倍,而到1870年,这个差距已上升至3.46倍。①

19世纪末,拉美国家开始进入早期现代化进程。在这个时期,由于拉美各国统治者所信奉的是欧洲的实证主义文化思想以及西方的"种族优越论""文化优越论"等理论,他们一般都推行经济自由主义、政治专制主义和种族主义政策,而这些文化和政策都是当时西方殖民主义者进行殖民扩张和殖民侵略的工具。因此,当时拉美国家的所谓现代化并不是本来意义的拉美国家自主的现代化(工业化),而是按中心发达国家的需要推行的一种依附性的、半殖民地性质的"出口飞地现代化";尽管经济增长的数量指标大大地提高了,但它们同中心发达国家的经济差距也随之增大。再以墨西哥和美国的经济数据为例,1870年美国的人均国内生产总值是墨西哥人均国内生产总值的3.46倍,到1913年,这个差距已上升至3.62倍。② 尤有甚者,由于实行半殖民地的压迫政策,拉美各国国内的阶级矛盾、种族矛盾以及国际上同霸权国家的民族矛盾便一齐激化起来,爆发了以墨西哥资产阶级民主革命为代表的一系列民族民主革命和民族民主运动,拉美国家的现代化进程也就因此而断裂。

在1910~1940年墨西哥革命后,特别是第二次世界大战后的革命民族

---

① 根据麦迪森《世界经济二百年回顾》(李德伟、盖建玲译,改革出版社,1997)一书第4页所提供的统计资料算出。
② 根据麦迪森《世界经济二百年回顾》(李德伟、盖建玲译,改革出版社,1997)一书第4页所提供的统计资料算出。

主义文化和民众主义文化时期，拉美的工业化运动曾经蓬勃发展，墨西哥和巴西甚至还创造了经济奇迹，达到了中等工业化水平。但是，自西方霸权国家掀起反凯恩斯主义运动和利用拉美债务危机强制在拉美推行新自由主义文化之后，拉美的现代化进程又一次被迫中止，工业化进程陷入断裂，功亏一篑。此后，拉美经济陷入了空前严重的危机，在拉美经济史上出现了"失去的十年"和"失去的五年"，拉美国家同中心发达国家的经济差距又因此进一步扩大。譬如，1973年美国的人均国内生产总值是墨西哥人均国内生产总值的3.96倍，不到20年，这个差距急剧地增至4.22倍。① 与此同时，拉美社会也出现了空前严重的两极分化。

东欧剧变、苏联解体后，美国在拉美竭力推行新自由主义文化，拉美的工业化（现代化）已不被解释为一种进步，而是遭到批判性的分析；同质发展的概念已被抛弃，拉美的经济陷入停滞，进入了一个"去工业化"的时期。新自由主义文化和政策的推行加剧了社会的阶级分化，拉美成了世界上经济最困难、社会最不公平的地区，20%最贫穷人口的收入同20%最富有人口的收入差距平均达到了10~15倍（在工业化国家这个差距只有6倍），10%的最富有家庭占有了拉美收入总额的40%，46%的人口生活在贫困之中，22%的人口处于赤贫状态。拉美60%的经济自立人口存在就业问题。相对于世界经济来说，拉美的经济情况越来越恶化，与世界市场有联系的大城市中的城市上层阶级，它们实际上只是"贫困海洋中的现代性小岛"②。拉美再一次面临政治紊乱的难题。所以，21世纪伊始，拉美就爆发了一系列社会运动，强烈要求结束新自由主义文化。

三　几点初步的思考结论

1. 自哥伦布开始地理大发现之后，世界便逐步形成一个资本主义世界体系；这是一个中心—外围结构的、由富裕中心统治和控制贫困外围的世界体系。中心—外围结构是资本主义世界体系的内在需要，是资本主义制

---

① 根据麦迪森《世界经济二百年回顾》（李德伟、盖建玲译，改革出版社，1997）一书第4页所提供的统计资料算出。
② 拉美及加勒比研讨会文件：《拉美的教育改革》（Las Reformas Educativas en America Latina, documento del Encuentro Latinoamericano y del Caribe），波哥大，2001。

度的应有之义，任何后发国家的现代化都无法摆脱这个体系而孤立地进行。拉美国家就是在这个体系之内开始其现代化努力的。这是我们分析问题的一个基本出发点。

2. 在资本主义世界体系中，世界上实际存在着两种类型的现代化和两种类型的文化。两种类型的现代化就是中心国家的自主性内源资本主义现代化和边缘国家的被动性追赶型现代化；两种类型的文化就是中心国家的外向型扩张主义文化①和边缘国家的防卫性民族-民众主义文化。在中心国家现代化的历史上，都有一个相当长的、对其他地区和其他国家实行殖民统治的时期。中心国家从殖民统治榨取得来的财富给它们带来了巨大的利益，增强了它们的发展能力；它们是"通过其内部能力同各种形式的殖民主义统治和新殖民主义统治的结合而获得其目前的发展水平"的。边缘国家的情况则完全不同，在那里，到处都可以看到"不断扩张的资本主义制度所强加的依附"，看到"在跨国公司的协助下，由高度工业化的宗主国进行管理的新殖民主义模式"。这种模式"促进了一种刚性的国际劳动分工和帝国主义列强对科技知识的日益加强的垄断"；这对于决意要走资本主义现代化道路的后发国家来说，"代价实在是太高了"。②

3. 后发国家的现代化进程实际上就是一个科学技术能力和社会利用各种不同机会窗口能力的积累进程，而科学技术主要是由中心国家（即发达国家）通过科技革命来提供的，机会窗口则是由经济全球化提供的，因此经济全球化对落后国家的现代化是有积极作用的，任何一个发展中国家都应该实行开放政策，善于利用经济全球化所提供的机会窗口，促进国家的现代化。但是我们又要看到，文化就其基本的方面来说属于上层建筑。一个国家的思想文化，只能建筑在这个国家的经济基础之上；它在现代化进程中的指导作用发挥得如何，它对经济基础是否具有积极的反作用，都决

---

① 譬如美国建国以后就有"门罗主义""天定命运论""熟果政策""大棒政策""金元外交"以及后来的"民主外交""人权高于主权论""主权限制论"等对外扩张理论来支持它的对外扩张活动和对外武装干涉活动。

② 马里奥·米兰达·帕切科：《现代社会与现代化进程》（Mario Miranda Pacheco, La sociedad moderna y el proceso de modernización），载马里奥·米兰达·帕切科《作为社会、科学、技术和政治联结进程的教育》（Mario Miranda Pacheco, La Educación como Proceso Conectivo de la Sociedad, la Ciencia, la Tecnología y la Política），墨西哥特里利亚斯出版社，1978，第36~48页。http://www.anuies.mx/servicios/p_anuies/publicaciones/revsup/res036/txt8.htm.

定于它的存在与发展是否符合经济基础与上层建筑的运行规律。拉丁美洲国家的历史以及世界资本主义发展的全部历史都证明，将建立在发达国家经济基础上的文化上层建筑原原本本地拿来取代自己国家的文化上层建筑，是不可能成功的。所以，发展中国家的现代化必须要首先解决一个如何认识自己和如何学习外国的问题。其中首先要解决一个学什么的问题。在西方的文化中，既有以欧洲古典经济学为代表的自由主义文化，也有以马克思主义为代表的社会主义—共产主义文化。在很长的一个时期中，许多落后国家都曾历经辛苦，学习西方的自由主义文化，向西方国家寻求现代化的真理。但是，他们的美梦都被帝国主义的侵略所打破，所以他们最后都转向了学习马克思主义，认定这是唯一正确的革命理论和发展理论；① 一些拉美国家也不例外②。这都是历史作出的结论。但是现在却有人力图劝我们再回过头去学习西方的自由主义"现代性"，完全忘记了许多落后国家学习"西方先生"而挨打的历史教训。这是一个应特别引起重视的问题。其次还要解决怎样学习的问题。拉美国家的经验证明，对于后发国家来说，现代化并不是在成熟经济基础上产生的一种资产阶级的自发行为，其指导思想并不是本土的产物，而是这些国家的先进政党和先进人物从西方发达国家引进的。虽然这种思想也是在一定的经济基础之上产生出来的，不是空想的，但它并不是从这些后发国家的落后的经济基础上产生出来的，而是从西方发达国家的经济基础上产生出来的，因而是无法在后发国家直接搬用

---

① 1920年列宁曾这样描述俄国19世纪的文化进程："在上一世纪四十年代至九十年代这大约半个世纪期间，俄国进步的思想界，处在空前野蛮和反动的沙皇制度的压迫之下，曾如饥如渴地寻求正确的革命理论，孜孜不倦地、密切地注视着欧美在这方面的每一种'最新成就'。俄国在半个世纪期间真正经历了闻所未闻的痛苦和牺牲，以空前未有的革命的英雄气概、难以置信的毅力和舍身忘我的精神，从事寻求、学习和实验，它经过失望，经过检验，参照欧洲经验，终于找到了马克思主义这个唯一正确的革命理论。"（《列宁选集》第4卷，人民出版社，1972，第182页。）1949年毛泽东也曾谈到中国从国外寻求真理的艰难进程，他说，"先进的中国人，经过千辛万苦，向西方国家寻找真理"，但是，虚心向先生求教的学生不但得不到先生的帮助，反而老是遭到先生的侵略。"帝国主义的侵略打破了中国人学西方的迷梦"，"西方资产阶级的文明，资产阶级的民主主义，资产阶级共和国的方案，在中国人民的心目中，一齐破了产"，中国人这才转而学习马克思主义的真理和俄国人的革命经验（《毛泽东选集》第4卷，1960，第1475页）。
② 譬如墨西哥社会学家马里奥·米兰达·帕切科在《现代社会与现代化进程》一文中指出依附性现代化道路走不通之后曾写道："不过，这些道路并不是唯一的道路。随着20世纪社会主义制度的巩固，人们已经开辟了新的前景，我们已经有可能实现社会的现代化，而无需再生产虚伪的理论和错误的实践，更不需要求助于那种移植和依附的道路。"

的，必须有一个理论同实际相结合的过程，也就是说，只有把这些从先进国家引进的先进理论同本国的实际结合起来，经过改造、加工和创新，使之符合本国的实际，即符合本国的社会、经济条件，它才能发挥先导作用；否则，无论多好的理论也不可能掌握群众，变成改造客观世界的强大力量。

4. 关于引进西方"现代性"文化即自由主义文化的问题，拉美的历史教训特别有启发意义。前文已经指出，拉美国家就是从引进这种自由主义"现代性"文化开始其独立运动和现代化历史的。但是，历史证明，这种"现代性"文化并不能在拉美国家创造出中心发达国家的那种发达的"现代性"；相反，在文化软实力的国际关系上，有一条很重要的规律，即自由主义文化对于中心发达国家来说是一种扩张力和掠夺力，而对于后发国家的现代化（工业化）来说，则主要是一种阻滞力。拉美的文化从 19 世纪的西方自由主义文化，经 20 世纪中期的自主性民族-民众主义文化，再被迫回归 20 世纪末的新自由主义文化，走了一条马鞍形的路线，而拉美国家同美国的贫富差距也同样经历了一条从差距急剧增大到明显缩小再回归增大的马鞍形路线[①]。这个历史事实证明，西方国家所推行的自由主义文化对发展中国家的现代化是不利的，是阻碍发展中国家的现代化（工业化）发展进程的。因此，在后发国家搞西方发达国家所要求的自由主义，是没有出路的。

5. 拉美文化变迁史给我们的另一点启发就是要批判欧美中心论。拉美文化在其积淀和发展进程中，曾经有过令人钦佩的理论创新和制度创新，在发展中世界是一种有重要贡献的文化。但是，如果我们仔细考察拉美文明的积淀和发展进程，我们就不难发现，它也是一个积累不足而消耗有余的文化进程。在独立后的近两个世纪中，拉美形式主义地学习西方几乎占去了其一半时间，而每个转折时期自我否定的内耗又占去了所剩时间中的相当大一部分。这说明，在国际文化斗争中，拉美始终处于一种盲目的状态之中，缺乏理论和战略的坚定性。这正是拉美文化的一个弱点。在

---

① 以墨西哥为例，在 1820 年至 1913 年推行自由主义文化时期，美、墨两国人均国内生产总值的差距从 1.69 倍剧升至 3.62 倍；在 1950 年至 1973 年实行自主性民族-民众主义文化的工业化时期，这个差距则从 4.59 倍缩小到 3.96 倍；而在 1973 年至 1992 年再度转到所谓新自由主义文化时期，这个差距就又从 3.96 倍扩大到 4.22 倍。（麦迪森《世界经济二百年回顾》，改革出版社，1997，第 4 页。）

拉丁美洲文化与现代化

亨廷顿的文明划分中，拉美文明没有被列入独立的主要文明之中，有时候甚至被定性为西方文明的一个"次文明"，说明它还不是一种具有独立民族品格的文化。为什么会这样呢？据联合国教科文组织主编的《拉丁美洲通史》分析，原因就在于拉美国家的克里奥尔统治阶级始终抱有一种根深蒂固的"西欧中心论"的历史观。这种历史观认为，土生白人就是欧洲文明和整个历史进程的理性代表，他们注定要成为统治者，而土著居民则是哥伦布来到美洲以前美洲的落后种族，注定要成为被统治者，注定要成为土生白人社会的附属品，拉美社会落后的根源就在于土著社会的存在。《拉丁美洲通史》认为，这种历史观危害极大，不但在历史上而且在当今时代也是拉美社会发展的严重障碍，因为土生白人虽为土生，却与土著居民格格不入，虽已脱离欧洲环境，却还渴望加入欧洲文明，因而就产生了土生白人同土著居民以及欧洲环境的双重分化进程，加深了他们同土著社会以及欧洲社会分化的鸿沟，"完全丧失了创造性地领导拉美社会解决其国家发展问题的能力"①。他们除了引进欧美的思想文化成果之外，无法从本土的实践经验中创造出符合自己国情的理论和方略，即使在人民群众革命运动的推动下有了一些创新，也难以得到重视，形成制度，更难以在西方文化霸权主义的打击下坚持下去。墨西哥著名史学家、思想家卡萨诺瓦所揭示的墨西哥的情况就很能说明这个问题。他认为，1910~1940年墨西哥革命所产生的政治制度不照搬美国的"两党制"和"代议制"模式，有利于"抑制不平等的外部动因"，有利于"节制各大垄断公司"，有利于"同这些公司以及同各列强进行谈判"，有利于"启动国家的发展"，但是，当时墨西哥很多上层统治者的思想却是"西化"的，觉察不到这项制度创新的深远意义，因而对革命所创造的这个新制度缺乏自信，甚至还怀有一种"罪责情结"，总想找机会表白自己是忠实于古典的民主理论和经济理论的②。结果，当西方国家发动文化霸权主义的攻势时，他们不是从本国实际出发改革和完善这个新制度，而是顺着霸权国家所指引的梯子滑下去，致

---

① 《拉丁美洲通史》编辑部国际科学委员会主席赫尔曼·拉雷拉·达玛斯：《拉美通史编纂计划介绍》（Germán Carrera Damas, *Presentación del proyecto Historia General de América Latina*），http://www.unesco.org/culture/latinamerica/html_sp/projet.htm。
② 参见巴勃罗·冈萨雷斯·卡萨诺瓦《墨西哥的民主》（Pablo González Casanova, *La democracia en México*），墨西哥时代出版社，1974，第87页。

使墨西哥革命所创造的政治制度毫无抵抗地走上了"自杀"的道路。这是一个令人深思的历史教训。

上述几点思考归纳起来，实际上就是一个问题，即中心—外围结构的资本主义世界体系是一个既定的现实，拉美国家怎样才能在这个体系中获得生存和发展，并实现国家的现代化？对于这个问题，本文认为，牢固确立一种自主的、科学的、颠扑不破的意识形态共识，构建一个由先进的思想、正确的道路选择与强有力的政治领导相结合的文化软实力体系，建设文化强国，抵制文化霸权主义，争取国际秩序民主化，独立自主地引进和发展先进的科学技术，持续不断地提高社会生产力。我们相信，人类社会不管经历多么曲折的道路，最后必将通过国际关系民主化的道路开创世界现代化进程的新局面。

拉美国家创建自由小农制理想的破灭

——从印第安文化传统角度透视

林被甸[*]

内容提要：19世纪拉美大陆兴起了一场创建小农制的改革运动。自由派仿效早期美国发展模式，企图通过建构小农制，改变农村土地结构，促进经济发展，驶入现代化的快车道。但是，这场以分割印第安村社土地为主要内容的改革运动最后归于失败。而20世纪墨西哥等国以重建村社为中心的土地改革却获得了成功，从而推动了现代化进程。拉美国家的发展历程有力说明：凡是一条成功或比较成功的现代化道路，必定是现代因素与传统文化因素二者相反相成、双向作用的结果。任何一种单向思维只会导致"病态发展"或发展的停滞和倒退。

关键词：小农制　村社　印第安文化　现代化

创建自由小农制[①]，仿效早年美国通过小农制度驶入现代化的快车道，是独立后拉美各国改革派梦寐以求、几代人为之不懈努力的一个宏伟理想。为实现这个目标，他们做了全面规划，主要包括以下三个方面：（1）分割教会地产；（2）分配印第安村社土地；（3）移民垦荒。本文选取改革派如何致力于分割印第安村社土地及其最后归于失败，作为论述的主要内容，

---

[*] 林被甸，北京大学历史学系，教授。
[①] 小农制，即小土地所有制，亦叫小农场（家庭农场）制、小庄园制或自耕农制，西班牙美洲称作朗楚（Rancho）；自由小农制指对土地拥有完全的所有权。由于土地肥沃程度和耕作方式不同，单位面积产量差别很大，所以小农不以拥有土地面积大小为标准。小农一般是指依靠家人自己的劳动得以维持生计的农户。

因为考虑到这一点对于了解印第安文化因素在现代化进程中的影响，更具有典型性。而且，直到19世纪初，印第安人仍是农村居民的主体，生活在传统的村社中，村社改造成效如何，在很大程度上直接关系到自由小农制设想的成败；如果不能成功分割村社地产，把印第安人从村社中解放出来，而仅仅通过分配教会地产或外来移民垦荒，事实上不可能建立起以自由小农制为基础的农村社会。

一 自由小农制设想的提出与实施

把土地分配给印第安农民的思想由来已久。早在独立战争爆发之初，墨西哥独立运动领导人伊达尔戈就号召印第安人把300年前西班牙人从他们祖先手中夺去的土地夺回来。1810年，伊达尔戈颁布法令，要求把那些既不属于个人也不属于公社的土地分配给印第安农民。伊达尔戈牺牲后，后继者莫瑞洛斯于1813年进一步提出"消灭大地产和鼓励小土地所有制"，并规定"每人占有土地不得超过二列瓜"。可以说，这是独立运动时期主张把土地分配给农民的最早法令。伊达尔戈、莫瑞洛斯的土地分配思想，更多地反映了朴素的"土地均权论"思想。

明确提出分配公共地产，把村社公有土地分成小块分配给印第安农民，以在农村广泛建立小土地所有制的思想，是在独立战争接近结束，各地先后建立起共和国之后。19世纪初盛行于拉美大陆的自由主义理论认为，印第安人村社是与共和国新秩序格格不入的封闭性社会。经济上，村社耕作粗放，生产效率低下，不能为国家提供更多的剩余粮食，他们对土地的共有观念又妨碍了土地和劳动力的自由流动；政治上，印第安人的法规与国家的一般法律相脱节，村社长期作为自成一体的独立的社会单元，造成国家整合的困难。因此，共和国要建立新秩序，就无法"接受在法律上和政治上承认印第安人有独立的生活方式的任何替代办法"[①]。

这样，在这些改革派的心目中，出路只有一条，即分割村社地产，把村社土地公有制改造为私人小土地所有制。

于是，自由派极力宣扬小土地所有制的优越性，为改革大造舆论。19

[①] T. 霍尔柏林：《西属拉丁美洲独立后的经济和社会状况》，转引自莱斯利·贝瑟尔主编《剑桥拉丁美洲史》第3卷，社会科学文献出版社，1994，第327页。

拉丁美洲文化与现代化

世纪拉美著名自由派理论家莫拉,在他的一篇文章中对于小农制将给拉美大陆带来的美好前景,作了这样的描述:"一旦土地被分成小块,并种上各种农作物,那么想想看吧,绿树成荫,水坝遍布,牲畜漫游,房舍成行,生活的喜悦将充满整个田野。我们的农产品会增加,居民点将四处扩散,这一切将成为国家权力和社会公共财富的基础。"① 也就是说,在他们看来,走上这一步,就离他们所向往的欧洲美国那样的理想社会相去不远了。

美丽的憧憬,激发了拉美独立后几代领导人为实现这个理想目标的改革热情,在拉美大陆兴起了一场创建小农制的改革运动。玻利瓦尔和胡亚雷斯是这场始于19世纪20年代改革运动的主要代表人物。

玻利瓦尔在创建了委内瑞拉和哥伦比亚共和国,取得了南美北部解放战争的决定性胜利后,并没有停止他的革命行动。他与圣马丁在瓜亚基尔会晤后,又承担了领导完成解放南美南部的重任。南美南部地区与北部不同,尤其像秘鲁,是当年印加文明的中心,直到殖民地末期,秘鲁地区印第安人口占总数的60%,在南部高原更高达90%以上。虽然印第安人的土地被兼并,出现了很多失地的农民,但印第安人主要仍生活在被称作"艾柳"的村社里。因此,当玻利瓦尔向殖民主义老巢秘鲁进军时,这位深受欧美民主自由思想影响的解放者,不能不开始考虑在将要解放的国土上,采取何种新的方式进行土地分配的问题。

1824年4月,玻利瓦尔在进军利马前,进驻特鲁希略城,在那里发布了一道土地法令,其中要求:"公有地将按规定分配给所有不拥有私有土地的印第安人,他们应成为土地的主人。"次年7月4日,玻利瓦尔在库斯科重申《特鲁希略法令》的同时,进一步具体规定:"在土地肥沃和具有灌溉设施的地区,每个土著居民,不问其性别、年龄,都将得到一托波②的土地。"同时申明"在1850年之前不得将土地转让他人,也决不允许闲置土地,否则废除产权",其目的是为了防止教会夺取印第安人地产。③

---

① 赫苏斯·席尔瓦·埃尔佐格:《墨西哥的农民主义和农业改革》(Jesus Silva Herzog, *El Agrarismo Mexicano y La Reforma Agraria*),经济文化基金会,1974,第55页。
② "托波"(topo)为秘鲁印第安人的土地丈量单位,相当于1.5西班牙亩或4市亩多。
③ J. L. 萨尔塞多-巴斯塔多:《博利瓦尔:一个大陆和一种前途》,杨恩瑞、赵铭贤译,商务印书馆,1983,第154~155页;西蒙·玻利瓦尔:《玻利瓦尔文选》,中国社会科学院拉丁美洲研究所译,中国社会科学出版社,1983,第130~131页。

1825年，在解放上秘鲁后，玻利瓦尔在以他的名字命名的玻利维亚共和国，进一步推行土地分配。12月14日发布的法令规定："任何人，不分性别年龄，在有灌溉的肥沃地区可得一法内格土地，在没有灌溉的贫瘠地，则可得两法内格。"① 这些法令反映了玻利瓦尔在新解放土地上广泛实行自由小农制的决心。

早在拉美独立战争爆发之初，玻利瓦尔接受前来投奔的草原牧民派斯的建议，于1817年发布了第一道土地法令，提出要把土地分配给参加爱国军的士兵们。1820年、1821年又两次发布土地法令，要求把被他人侵占的土地分配给印第安人，以改善他们贫困的处境。但是，他在解放秘鲁后提出的土地法令与以前有一个不同之处，就是强调了印第安人应"成为土地的主人"，拥有对"土地的完全所有权"。学者们认为，这一变化的"内在目的就是要制造一个富裕、独立的土地所有者阶级"②。

把创建小农制的改革进一步推向高潮的，是19世纪中叶墨西哥胡亚雷斯的革新运动。墨西哥为古老的玛雅文明和阿兹特克文明的发祥地，是印第安人最大的聚居中心。在西班牙入侵时，玛雅文明已经衰落，而阿兹特克文明正处于繁荣发展时期。墨西哥作为西班牙在美洲的主要统治中心，印第安人遭受残酷的掠夺和剥削，大片土地为殖民者和教会团体所占有，但大部分印第安人仍生活在阿卡普利村社中。独立后墨西哥长期政治动荡，经济停滞，国家破败不堪，直到19世纪中叶胡亚雷斯上台，才有了重大起色。胡亚雷斯为纯血统的萨波特克印第安人，出身微贱，他依靠自己的勤奋努力，从一个边远山区目不识丁的牧羊童，成长为墨西哥杰出的政治家和伟大的民主主义者，连任墨西哥四届总统。③ 他领导了反对法国干涉的战争，在内忧外患、危机四伏的动荡年代，致力于反对教会和军人特权的立法和改革，推动了墨西哥的革命进程。

胡亚雷斯同样坚信创建小土地所有制是改造农村土地结构，促进经济发展和社会进步的必要途径，因此分配公社地产，扶植个体小土地持有者，便成为19世纪中叶墨西哥革新运动的重要一环。

---

① J. L. 萨尔塞多-巴斯塔多：《博利瓦尔：一个大陆和一种前途》，第155页。
② 埃·博尼亚：《自独立到太平洋战争时的秘鲁和玻利维亚》，转引自莱斯利·贝瑟尔主编《剑桥拉丁美洲史》第3卷，第558页。
③ 参见贝雷·弗伊克斯著《胡亚雷斯传》，江禾、李卡译，商务印书馆，1983。

以 1855 年《胡亚雷斯法》的制定为标志，开始了持续 10 余年的墨西哥革新运动。1856 年 6 月 25 日，墨西哥颁布了《莱尔多法》，其中规定："废止世俗团体和教会团体所占有的地产和城市不动产的限定继承权，规定属于这些团体的不动产必须转归承租人或拍卖，宣布在何种情况下应缴付转让与出售税，法令声明不准世俗与宗教团体购买不动产。"① 这其中的宗教团体指的是教会，而世俗团体显然主要是针对印第安村社。限定继承权源于殖民地时期西班牙国王对有功人员授予爵位及长子继承权，以保障地产世代相传，不被分割。教会也相应规定他们所拥有的土地不得转让，以保持对土地的垄断。限定继承权的废除，意味着从法律上允许教会和村社的地产可以被分割，转归个人所有。

《莱尔多法》把印第安村社界定为"世俗团体"，宣布原村社成员为承租人，规定他们与教会土地的承租人一样，应在 3 个月期限内申请获得他们"承租"的村社土地的完全所有权。不过《莱尔多法》又规定："房产、公用地和那些为其所属的居民提供公共服务的土地除外。"②

1857 年 3 月 11 日，墨西哥制宪会议通过了新宪法。1857 年宪法吸取了 1824 年宪法的基本内容，但也增加了有关土地分配的新条款。新宪法规定："任何世俗团体和宗教团体，无论它的性质、名称和目的，都不得占有或以自身名义经营财产，那些直接或间接用于公共服务的房屋除外。"③ 与《莱尔多法》相比，宪法规定的印第安人村社土地分配的范围进一步扩大了，因为在《莱尔多法》里，村社的公用地是免于分割的。

无论是《莱尔多法》，或是新宪法，比起玻利瓦尔在秘鲁和玻利维亚颁布的法令，都大大推进了一步。玻利瓦尔有关分配土地的法令，不免具有战时临时立法的特点，正式实施尚待国会批准；而胡亚雷斯时期，分割村社地产被写入国家大法，成为在全国普遍推行的制度。除秘鲁、玻利维亚、墨西哥外，智利、阿根廷等国也纷纷通过出台土地分配或鼓励欧洲移民等政策，大力扶植小土地所有制。巴西废奴运动的领袖们也把小土地所有制

---

① 贝雷·弗伊克斯：《胡亚雷斯传》，江禾、李卡译，商务印书馆，1983，第 122 页。
② 罗伯特·诺尔顿：《19 世纪墨西哥的村社》（Robert Knowlton, El Ejido de Mexico en el Siclo XIX），墨西哥学院：《墨西哥历史》（*El Colegio de Mexico*，HM）1998 年第 1 期，第 78 页。
③ 罗伯特·诺尔顿：《19 世纪墨西哥的村社》（Robert Knowlton, El Ejido de Mexico en el Siclo XIX），墨西哥学院：《墨西哥历史》（*El Colegio de Mexico*，HM）1998 年第 1 期，第 78 页。

理想化,认为解放了的奴隶一旦获得新生拥有土地,就会产生"农村民主",期望以此来复兴农业,振兴国家。于是,创建自由小农制在19世纪的拉美大陆一时形成热潮。

二 创建自由小农制理想的破灭

然而,这场在拉美大陆前后延续了半个世纪的创建自由小农制的改革,最终归于失败。

玻利瓦尔在秘鲁和玻利维亚颁布的分配土地的法令,当时就遭到爱国阵营内部及外部势力的各种抵制和反对。1826年9月,玻利瓦尔从秘鲁返回哥伦比亚,秘鲁即进入政治混乱和无政府状态时期,分配土地的法令很快成了一纸空文。

胡亚雷斯时期土地分配等改革法令,一开始也遭到包括印第安人在内的各种力量的反对。教会反动势力联合反动军官举行武装叛乱,挑起大规模内战,胡亚雷斯改革运动不断遭受战争的干扰。《莱尔多法》和新宪法公布不久,国内反动势力即发动了为时三年的内战。内战结束不久,又爆发了持续四年的反对法国侵略的战争。等到这些战事结束之后,国家恢复了和平,革命政府重新关注土地分配问题,打算更切实地贯彻分配村社地产的法令。可是,各地印第安人纷纷起来激烈反对这一改革。最后,当胡亚雷斯意识到社会实际情况与其建立小农制的初衷相去甚远,他不得不放弃了把印第安农民改造成小土地持有者的想法。在反法战争结束不久,他下令停止对村社公有土地的分配。

在建构小农制的努力中,拉美国家的改革派始终把"美国道路"作为效法榜样,在很多做法上亦步亦趋。那么,为什么小农制在北方邻国取得成功,而在拉美大陆却遭受了失败呢?

这个问题业已引起学界的关注。有的学者把改革的失败,归因于拉美大陆的"小土地所有者缺乏应有的理想"[①]。这些学者所讲的理想,不外乎是指拉美小农缺乏当年美国自耕农那种富于开拓进取、独立自主的精神;

[①] 查尔斯·A.黑尔:《1870-1930年拉丁美洲的政治思想和社会思想》,转引自莱斯利·贝瑟尔主编《剑桥拉丁美洲史》第4卷,中国社会科学院拉丁美洲研究所译,社会科学文献出版社,1991,第379页。

在他们看来，既然拉美小农是一群"扶不起来的阿斗"，就难怪改革派对他们丧失信心，最后不得不放弃改革了。然而，拉美与当年美国情况迥异，把两者地位和处境大不相同的小农不加区别，等量齐观，显然与拉美实际状况不符。另一些学者多为对失败的某些具体问题发表看法，从总体上进行分析的专题性文章，尚未见到。因此，有必要对拉美建立小农制改革失败的原因，作更深入的探究。

首先，拉美创建自由小农制改革的失败，是因为它遭到广大印第安人的抵制和反抗。这个看法广见于众多著作，多为就事论事，要究其根源，尚须结合拉美具体历史条件和传统文化因素作进一步的分析。

与当年美国不同，拉美大陆并非是一片"无主"的土地，而是生活着人数众多的历史悠久、文化昌盛的印第安人。西班牙的入侵，中断了印第安文明发展进程，改变了印第安人的社会机制，但作为印第安社会基本单位的村社，被保留了下来。直到19世纪初各国独立时，实行集体所有的村社仍然是拉美国家土地制度的主要特征之一。改革派深信，改造村社，把土地分配给印第安农民个人，这不仅是建设现代国家的需要，也是替印第安人设计了一个美好的未来，一定会获得他们的拥护。

然而，分配村社地产的改革，并没有受到印第安人的欢迎，反而激起了他们的不满和反抗。这是因为，分割村社地产的做法，既不符合印第安人的文化心理和习惯，又与他们的实际利益相背离。美洲印第安人从来没有明确的土地私有权观念，在村社制度下，土地按人口分成小块分配给每个家庭耕作，收获归各家庭所有，也就是说，他们原来已拥有了对土地的使用权和收益权，并受到村社的保护。现在，为了得到他们并不理解的"私有权"，要打破他们千百年来已经习惯了的生活方式，就不免在文化心理上引起强烈的冲突，难以接受强加于他们在土地所有权方面的改变。

而且，相关法令规定印第安人在申请取得土地所有权时，还须缴纳土地售价6%的阿尔卡巴拉税（Alcabla）及有关手续费。地价6%的费用，这对普通印第安人来讲并非是一个小数目，村社生活自给自足，手里难有余钱。可是，按照法令规定，如果在三个月内他们不向当局提出申请并缴纳现金，土地就要在市场上出售，他们就将失去多少世纪以来原本由他们实际占有的土地。正如马里亚特吉所说："在像印第安人这样一个固守农村习惯和农民心理的种族中，剥夺他们的土地就是造成物质和精神解体的一个原因……印第安人觉得'生命来自于土地，又回归到土地'。因此，印第安人可以对一切漠然置之,唯独不能对占有他们土地漠然置之,那是他们怀着宗教般的虔诚用双手费尽气力耕种和培育起来的土地。"① 可以想见,对于印第安人土地的侵犯会引起他们怎样激烈的反抗。

资料显示,在墨西哥分配村社土地的法令实施期间,不断发生印第安人的反抗甚至起义。1855~1864 年 10 年间,哈科斯科州就爆发了 17 次农民起义,在新宪法颁布的 1857 年,一年间爆发了 10 次反抗斗争。是年,印第安人曼·洛萨扎(Manual Lozzada)以"归还农民土地"为口号起义,一万余人起而响应,起义者还宣布建立自己的政府。这次 19 世纪墨西哥最大规模的起义,一直到 1881 年才最后被镇压下去。印第安人的不满和反抗,最终使相关法律无法顺利实施。

其次,创建自由小农制改革的失败,也是自由主义自身在理论上存在着不可克服的内在矛盾而导致的结果。这可能是 19 世纪自由派改革失败更深层次的原因。

从殖民地时期到 19 世纪中期,拉美农村存在着三大经济组织形式:印第安村社、独立的小家庭农场(小庄园)和大庄园(包括教会大地产)。关于印第安村社前文已作了介绍,大庄园和独立小农形成的历史,则要比印第安村社晚得多。在殖民征服时期,国王论功行赏,把被征服的大批土地,赏赐给大小殖民者。征服者的头领获得赏赐的大片土地,即为后来的大庄园制的渊源,它们通过对印第安人土地的进一步兼并,成为农村中最大的经济组织形式。势力强大的大庄园主阶级,从一开始就是拉美国家构建自由小农制的最大阻力。

普通征服者仅得到一块不大的"士兵份地",后来,有的通过兼并扩展为大庄园,有的保持了一家一户的生产规模,艰难地生存下来,这就是拉美大陆小农(小庄园)制的起源。不过,与早期小庄园主都是西班牙人不同,到殖民地末期,经过几代人的通婚,他们的身份几乎都是梅斯提索人了。由于水源和肥沃土地都已经被大庄园和村社占据了,这些小庄园主多数立足于较边远的和土地贫瘠的地区。他们为生计所迫,经常外出打工,或作为大庄园季节性劳工,实际上成了大庄园的附属物。他们所占有的土地总量不大,且地域分散,是农村三种经济形式中力量最小的群体。对于

---

① 何塞·卡洛斯·马里亚特吉:《关于秘鲁国情的七篇论文》,白凤森译,商务印书馆,1987,第 28 页。

这样一个弱势群体，要求他们承担起当年美国自耕农创业立国那样的历史重任，岂不是正好反过来说明，自由派们的所谓理想，乃是完全脱离拉美大陆实际的一种空想。

这里，需要加以深究的问题倒是：既然大庄园占有土地数量最多，为规模最大的经济体，改革派为什么不扩大废除限定继承法的范围，将大庄园制作为改革的主要对象，通过分割庄园的大地产来培植自由小农制呢？

这个问题的答案，正是需要从自由主义理论本身之中去寻找。按照自由主义理论，"自由社会的核心是文明的个人，他们在法律上彼此平等，可以自由追求自己的利益。这种利益以财产为基础，财产权被认为是个人生存权利本身的外延"，因而私有财产被赋予了"神圣不可侵犯性"①。根据这一理论，要求明确区分法人或法律上限定继承的财产与个人所有财产的不同性质，他们认为前者是社会的产物，可通过立法加以限制；后者是先于社会而存在的，则不可通过立法加以限制。

因此可以说，在19世纪的拉美，一个大庄园主，他可能会舍弃个人万贯家产投身于解放事业，而作为一个自由主义者，却绝不会违背私有财产神圣不可侵犯的信条，去触动大庄园主阶级的利益。这就是为什么自由主义改革派在废除限定继承法时，把教会和村社列入"社团"，作为实施对象，而对于大庄园主不论他拥有多少地产，却看作私人财富被排除在外，丝毫不受限制和侵犯。

可是，这样一来，拉美大陆的自由主义就陷入了自身不可解脱的矛盾之中："自由主义者虽然常把大革命以后法国的农村资产阶级或南北战争以前美国的自耕农奉为理想，他们的理论却不能提供作为依据来阻挡个人对土地进行不适当的积累。"② 交不起税费的印第安农民，其土地即刻被政府强行征收和拍卖，有钱有势的大庄园主就得以轻易地攫取这些土地。这等于自由派左手从印第安人那里拿来的土地，右手就交给了大庄园主。因而，通过小农制改革，大庄园制不仅没有削弱，反而更加壮大了。

最后，建构自由小农制的梦想，最后也是被自由派自己直接毁灭的。在

---

① 查尔斯·A. 黑尔：《1870-1930年拉丁美洲的政治思想和社会思想》，转引自莱斯利·贝瑟尔主编《剑桥拉丁美洲史》第4卷，第378～379页。
② 查尔斯·A. 黑尔：《1870-1930年拉丁美洲的政治思想和社会思想》，转引自莱斯利·贝瑟尔主编《剑桥拉丁美洲史》第4卷，第379页。

改革运动中,由于印第安人的反抗,村社制度仍顽强生存下来,直到19世纪70~80年代,才真正遭受灭顶之灾。1870年后,进入"思想趋同时代"① 的自由主义发生了重大转变,他们抛弃了早期的革新精神,由"浪漫"转向"保守";自由派和保守派从此不再有明显的区分,他们共同接受了实证主义的新哲学,以追求"统一稳定"作为最高信念。一向以自由派自居的墨西哥波菲里奥"科学派"精英们,对于随着商品农业和铁路延伸而掀起的土地兼并热潮,不仅姑息纵容,而且自己也从中大捞好处。在出口市场推动下席卷而来的现代化浪潮,势如排山倒海,印第安村社最后被吞没殆尽,分割的教会地产和移民垦殖的土地,大都也为外国资本和本国地产主所兼并,开辟为大种植园。19世纪自由派们建立小农制的理想,终归破灭。

自由主义一手炮制了建构自由小农制的美丽梦想,它同时也注定了这一梦想必然破灭的历史命运。自由主义者不触动传统大庄园主的利益,不改变农村的阶级结构、利益格局,就不可能为国家政权和工业化、现代化建立稳定的基础。拉美国家的现代化,尚待在艰苦探索中寻求新的出路。

三 在新的文化融合中寻求现代化之路

19世纪建构自由小农制改革的失败,引发了20世纪另辟蹊径改革之路的新尝试,其结果则是现代村社制度的创建。②

20世纪中叶,拉美一些国家开展了一场新的土地改革运动,其中以墨西哥卡德纳斯政府的土地改革成效最为显著。卡德纳斯的土地改革,正是以重建村社为中心的一次改革运动。

重建村社是1911年墨西哥农民革命领袖萨帕塔在《阿亚拉》计划中最早提出来的③,但直到20世纪30年代卡德纳斯执政时期,才被真正付诸

---

① 《黑尔对"思想趋同时代"自由主义的变化作了精辟的分析》,参见莱斯利·贝瑟尔主编《剑桥拉丁美洲史》第4卷,第364~366页。
② 国内学界最早关注拉美村社问题研究的,有高波:《墨西哥现代村社制度》(北京大学历史系博士论文,2000);董国辉:《墨西哥村社土地制度的历史变迁》(载《世界近现代史研究》第5期,中国社会科学出版社,2008)。
③ 约翰·沃马克:《萨帕塔与墨西哥革命》(John Womack, *Zapata and the Mexican Revolution*),纽约,1969,第402~403页。

实施，并取得了成效。卡德纳斯政府所建立的村社，分两种形式：一种是"个体村社"，土地由社员个人占有，个人经营。新法令规定凡居住期超过6个月的20户以上的无地农民的居民点，均可申请分配土地组成个体村社。另一种是"集体村社"，土地不分配给个人，而是集体占有，集体经营。这种集体村社，主要建立在原来为外国资本所控制的北部地区，那里被开辟为种植棉花、龙舌兰等经济作物的大种植园。卡德纳斯任期内，共征用并分配了5000万英亩的土地，超过1910年革命以来20年间历届政府所分配土地总数的两倍多。这些主要从大庄园主征用的土地，绝大多数被分配给村社。其中，个体村社占村社总数的95%以上。到卡德纳斯任期届满，墨西哥近一半的可耕地由2万个村社持有，村社成员的人数超过1600万，占到劳动力总数的42%。村社制度成为墨西哥农村的主要土地占有形式之一，4个世纪以来在农村占统治地位的大庄园制不复存在。①

卡德纳斯所建立的村社，并非是传统村社的复原，而是在传统基础上创造的一种新的经济形式和组织形式，具有了与传统村社不同的新功能。这种新功能，主要体现在国家与农民所建立的一种全新的关系上：首先，国家是村社的保护者，并在相当程度上变成村社的支配者。村社对土地有占有权、经营权，土地可以世代继承，但不可出售、转让、出租或抵押，国家对土地拥有最高所有权。同时，村社在贷款、运销和技术方面也依靠国家的指导和支持。其次，新建的村社成为新政权的重要支柱。村社并非是正式的行政单位，它只是一个基层自治组织，但在向政府申请获得土地组建村社时，全体成员照例自动加入官方党，村社便成为党的一个基层组织，一切自然要听命于中央和上级长官的意志。于是，村社被结合到国家整体发展轨道上来，成为新制度体系的一部分，农民也就由历史上的社会动荡因素，变成了维持政权稳定的重要力量。这种具有新功能的村社制度，我们可以把它称为"现代村社制度"。②

卡德纳斯以创建现代村社为中心的土地改革，有力地推动了20世纪墨西哥的现代化进程：它瓦解了存在了几个世纪的大庄园制，打击了根深蒂

---

① 迈克尔·C. 迈耶、威廉·H. 毕兹利编《墨西哥史》下册，复旦人译，东方出版中心，2012，第587页。
② 高波的北京大学历史系博士学位论文《墨西哥现代村社制度》，提出了"现代村社制度"的概念。

固的考迪罗主义，为促进墨西哥社会由传统向现代转型奠定了基础；正是在这个基础上，墨西哥不仅出现了工业高速增长的经济奇迹，而且创造了政局长期稳定的政治奇迹。墨西哥的现代村社制度与后来在东亚地区出现的"现代小农制"[①]，它们位于地球的东西两端，天各一方，但在利用传统进行制度创新，促进各自农村的改造及社会的转型和发展，却有异曲同工之妙！

墨西哥重建村社的改革获得了相当的成功，是否从中可以得出结论说：一个国家只要充分发扬传统文化因素，就可走上现代化的康庄大道呢？答案是否定的，村社制度后来的衰退和变质就是很好的说明。重建村社的改革最初得到了广大印第安民众的拥护和欢迎，激发了他们的政治热情和生产积极性。但村社体制缺乏竞争，农民的自主性和创造潜力受到了限制，农村仍处于贫困之中；村社头领卡西克擅用权力，横行霸道，被排斥于体制之外的无地农民日益增多，他们又由社会稳定因素转化为不稳定的因素，社会重新陷入新的动荡之中。

19～20世纪拉美国家村社改革运动几起几落的曲折发展历程，似乎可以用来说明一个已为更多学者所认同的道理："成功的现代化是一个双向运动过程，传统因素与现代因素相反相成。失败或不太成功的现代化则是一个单向运动过程，现代因素简单地摧毁传统因素，或被传统因素摧毁。"[②]显然，这里讲的双向运动，并非是一成不变的，而是一个适应时代要求而不断发展的动态过程。用这个理论来观察拉美的历史，是否可以说，19世纪自由派村社改革，是现代因素简单地摧毁传统因素而致失败的例子；20世纪卡德纳斯重建村社改革，是传统因素与现代因素相反相成而取得成功的例子；而其后村社的衰微和变质，则是由于缺乏自身变革而未能跟上时代发展的例证。

现代化的双向运动要求人们相应地建立起对现代化的双向思维，即在现代化进程中，既要重视对本土传统文化因素的利用和发扬，又不可忽视对现代因素（对后发展国家来说，现代化并非是自生的，而是外来的）的学习和吸纳。拉美国家现代化进程表现得如此艰难困苦，一波三折，一

---

① 董正华的北京大学历史系博士学位论文《当代台湾和韩国的小农制度》（1994年），提出了"现代小农制度"的概念。
② 罗荣渠：《现代化新论——世界与中国的现代化进程》，商务印书馆，2006，第400页。

定意义上，正是吃了现代化单向思维的苦头。19世纪自由派的现代化努力所遭受的一系列挫折和失败，就是与他们根本排斥本土文化，一味追求"欧化"的单向思维分不开的，建立自由小农制改革的失败仅是其中的一例。

进入20世纪，拉美思想文化潮流发生了转折性的变化，民族主义思潮高涨，"长期盲目仿效欧洲风格的知识分子抛弃了昔日的良师益友，转而寻找土著民族文化的根源"。① 这些新一代的知识分子，开始从民族文化的源头和本质探求民族特性，认为拉美的民族特性离不开印第安的文化传统，要从古老印第安文化中寻求现代社会发展的养料和力量。② 在人们心目中，印第安文化开始由现代化的"阻力"变成了"动力"，拉美文化思潮发生了从"去印第安化"到"复兴印第安文化"的回归。在这个思想文化潮流的大背景下，拉美现代化的价值取向，也出现了与19世纪完全不同的重大变化。1917年宪法的制定，民众主义运动的兴起，"发展主义"理论的提出，以及民众主义政府领导下包括墨西哥重建村社的改革运动的展开，无不反映了寻求符合本土民族特性的自主性现代化道路的强烈倾向。其结果是带来了拉美国家政治和经济的重大变革，考迪罗寡头政治开始为现代政党政治所代替，落后的农业国开始向新兴工业国转化，拉美现代化出现了一个新局面。

然而，随着发展主义理论保守性一面显露并进而向依附论转化，对外部世界采取简单排斥态度，拉美社会发展乏力，矛盾加剧，虽有军人时期短暂的振兴，最终是金融危机爆发，拉美陷入了"失去的十年"。随后，拉美又从一个极端走向另一个极端，大力推行新自由主义，在经济从封闭走向开放的同时，贫富分化和社会不平等达到空前严重地步。这一切，又一次表明了现代化单向思维的危害。

拉美国家200年现代化历程以及世界其他国家现代化的历程都有力说明：凡一条成功或比较成功的现代化道路，这个现代化的"化"，必定是既

---

① E. 布拉德福德·伯恩斯：《简明拉丁美洲史》，王宁坤译，湖南教育出版社，1989，第251页。

② 19世纪末20世纪初拉美涌现了一批民族主义思潮的代表人物，主要有：曼努埃尔·冈萨莱斯·普拉达（秘鲁）、何塞·恩里克·罗多（乌拉圭）、何塞·巴斯孔塞洛斯（墨西哥）、阿亚·德拉托雷（秘鲁）、何塞·卡·马里亚特吉（秘鲁）和何塞·马蒂（古巴）。

积极吸收了外来先进的现代性因素，又同时包容、涵化了本土传统文化的因素，是二者相反相成、双向互动的结果。任何一种单向思维只会导致"病态发展"或发展的停滞和倒退。拉美国家只有认真总结历史的经验教训，才能在现代化道路的探索中认清方向，健步前进。

"阿里亚斯命题"与拉美的发展

江时学*

内容提要：阿里亚斯认为，拉美文化中的四个特征是阻碍拉美现代化进程的障碍：抵制改革、缺乏信任、民主准则脆弱以及崇尚军事实力。我们不妨把阿里亚斯对拉美发展问题的分析称为"阿里亚斯命题"。该命题的以下几点可取之处对于我们认识拉美的发展是颇有启发性的。一是充分肯定了文化与经济发展的密切关系，二是指出了信任在拉美经济发展中的重要作用，三是进一步强调了教育的重要性，四是揭示了军费开支上涨对拉美的消极影响。但是，"阿里亚斯命题"也有一定的不足之处，即过分强调非经济因素而忽视经济因素。相比之下，经济因素的作用似乎比非经济因素更加重要。这些经济因素包括：能否正确处理发挥比较优势与提升产业结构的关系，能否改善基础设施，能否加快农业发展，能否维系宏观经济稳定。

关键词："阿里亚斯命题" 拉丁美洲 非经济因素 内部因素 外部因素

哥斯达黎加前总统奥斯卡·阿里亚斯（Oscar Arias Sanchez）是一个了不起的人物。他曾在 1986 年至 1990 年和 2006 年至 2010 年两次担任总统。在他当政期间，哥斯达黎加政治稳定，经济发展，人民安居乐业。[①] 他在 20

---

* 江时学，中国拉丁美洲学会副会长、中国社会科学院研究员。
① 笔者有幸与阿里亚斯有过两次面对面的机会。第一次是在 2008 年 4 月，当时笔者应世界经济论坛之邀，赴墨西哥坎昆参加世界经济论坛拉美分会（World Economic Forum on Latin America）。某日，笔者坐电梯从房间去会场。电梯下了几层，停了。电梯门打开（转下页注）

世纪80年代积极调停中美洲冲突，从而获得了诺贝尔和平奖。须知，持续近十年的中美洲冲突，使有关国家蒙受了巨大的损失。在他当政期间，中国与哥斯达黎加建立了外交关系。自中国在1990年中止与尼加拉瓜的外交关系以来，哥斯达黎加是唯一与中国建交的中美洲国家，其政治意义之大可想而知。

同样值得我们敬重的是，阿里亚斯对拉美的发展提出了精辟的见解，在国际上享有一定的知名度。

一 "阿里亚斯命题"的含义

2009年4月17～19日，第五届美洲国家首脑会议在加勒比海国家特立尼达和多巴哥举行。19日的议程之一是与会者发言，这也是拉美国家的领导人与美国总统奥巴马第一次在正式场合会面。

在阿里亚斯发言之前，委内瑞拉总统查韦斯、玻利维亚总统莫拉莱斯、尼加拉瓜总统奥尔特加、阿根廷总统费尔南德斯和厄瓜多尔总统科雷亚都已作了或长或短的发言。他们在讲话中都提到了美国，并将拉美独立以来近两个世纪中遇到的各种问题归咎于美国。

阿里亚斯在发言中说："我有这样一个印象：每次拉美和加勒比国家的领导人与美国总统会面时，我们总是把我们在过去、现在和将来遇到的问题归咎于美国。我认为这样做是不公正的。"他说："哈佛大学和威廉玛丽学院是美国最早创建的大学。我们不能忘记，早在美国建立这两所大学以前，拉美就已经有了大学。我们也不能忘记，在1750年以前，美洲大陆上的每一个人都是一样的：都很贫穷。"他继续说："工业革命出现在英国时，德国、法国、美国、加拿大、澳大利亚和新西兰等国都搭上了这列火车。但工业革命像流星一样掠过了拉美，我们甚至都没有注意到它。我们肯定

（接上页注①）后，进来两个人，一位是长者，另一位是年轻人。笔者看那位老人十分面熟，似乎在哪里见过。笔者仔细地看了他一眼，终于想起来了：他就是哥斯达黎加前总统奥斯卡·阿里亚斯。走出电梯后，笔者向阿里亚斯总统提出合影的请求，他笑眯眯地答应了。2011年4月，笔者应邀赴西班牙首都马德里参加"北美洲—欧洲—拉丁美洲三方对话会"，阿里亚斯也参加了会议，并在午餐会上发表讲演。阿里亚斯在2010年大选后不再担任哥斯达黎加总统。会议期间，他坐在最后一排，静静地聆听与会者的发言。当时笔者想，谁能知道那位坐在不显眼地方的老人居然是一个国家的前领导人。

失去了一个机会。"他指出："50年前,墨西哥比葡萄牙富有。1950年,巴西的人均收入比韩国高。60年前,洪都拉斯的人均收入高于新加坡。……我们拉美人肯定做错了什么。我们错在什么地方?"他的回答是:拉美人的受教育时间平均只有7年,拉美的征税率是世界上最低的,而拉美的军费开支则高达每年500亿美元。他强调说:"这些错误不是人家的错误,而是我们自己的错误。"阿里亚斯进一步谈道:"我经常问我自己:谁是我们的敌人?正如科雷亚总统刚才所说的那样,我们的敌人是不公正,是缺少教育,是文盲,是我们没有把钱花在人民的健康上。"他认为,21世纪是亚洲世纪,不是拉美世纪。他赞赏中国在过去的30年中使5亿人摆脱贫穷。"我们还在无休止地辩论意识形态问题。在我们讨论哪一种'主义'最佳的时候,在我们讨论资本主义好还是社会主义和共产主义好、自由主义好还是新自由主义好的时候,亚洲人却已经找到了一种符合21世纪的'主义',那就是'实用主义'。"①

在2011年第1期的美国《外交事务》(*Foreign Affairs*)杂志上,阿里亚斯发表了一篇题为《文化因素:拉丁美洲发展的真正障碍》的文章。② 在这一文章中,他再次问道:"拉美国家独立200年以来,没有一个成为真正意义上的发达国家。拉美错在什么地方?为什么其他地区原来落后于我们的国家,如今却取得了我们长期以来梦寐以求的成效?""我们中的许多人用阴谋论或自我怜悯的理由来回答上述问题。他们指责西班牙帝国在过去掠夺了我们的财富,也指责美利坚帝国在今天榨取我们的血。他们说,国际金融体系设法阻碍拉美的发展,或有意通过全球化来把拉美置于黑暗中。他们把拉美的欠发达归咎于其他人,就是不在拉美自己身上找原因。"

阿里亚斯写道,1820年,拉美的人均GDP比美国高出12.5%;今天,拉美的人均GDP只有美国的29%。他认为,拉美文化中的四个特征是阻碍拉美现代化进程的障碍。

一是抵制改革。阿里亚斯认为:"拉美人对自己的过去如此引以为豪,对现状如此知足常乐,以致他们根本不想变革。拉美地区的政治领导人也

---

① 转引自 http://www2.ku.edu/~spanish/acceso/unidad5/almanaque/oscararias.shtml。
② 奥斯卡·阿里亚斯:《文化至关重要:拉丁美洲发展的真正障碍》(Oscar Arias, "Culture Matters: The Real Obstacles to Latin American Development"),《外交事务》(*Foreign Affairs*) 2011年1/2月号。

很少有耐心或技能来引导他们的人民走完改革进程。在一个民主国家中，领导人应该像校长那样，善于对各种疑问和问题作出回答，解释清楚为什么要增加一门新的课程，增加这一课程的好处在哪里。但在拉美，领导人常用这样一句话来证明自己是正确的：'因为我就是这样说的。'"

二是缺乏信任。阿里亚斯说："拉美人是世界上最不信任其他人的人。'世界价值观调查'（World Values Survey）在2000年的一个调查表明，在回答'你相信大多数人吗'这个问题时，55%~65%的丹麦人、芬兰人、挪威人和瑞典人回答'是'；但在拉美，只有16%的人给予肯定的回答，在巴西这一百分比仅为3%。而在全球化时代，缺乏信任是不利于发展的。拉美人不仅不信任周围的人，而且还不信任政治家，不信任国家的法律制度。在过去的175年中，拉美国家颁布的法律可能多于地球上任何一个国家颁布的法律，但拉美的法律很少受到人们的尊重和信任。"

三是民主准则脆弱。阿里亚斯在《文化因素：拉丁美洲发展的真正障碍》这一文章中写道："在最近几十年，拉美的民主取得了胜利，但这一胜利是不完整的。为了构建一种充满自由和进步的文化，拉美人应该抛弃政治上的僵化，对公民的要求作出积极的回应，并通过对富人征税来扩大政府财政收入的来源。毫无疑问，如果拉美的民主不能满足民众在政治上和经济上的需求，专制主义就会死灰复燃。"

四是崇尚军事实力。阿里亚斯指出："增加财政收入是必要的，但拉美国家的政府必须理智地使用资金，即不应该大手大脚地把资金用于扩充军火，而是要把推动人的发展置于财政开支的首位。除哥伦比亚以外，没有一个拉美国家面临着武装冲突。这些军火用来打击谁？拉美人民面临的敌人是饥饿、无知、不公平、疾病、犯罪和生态环境恶化。这些问题都是拉美国家自身的内部问题，而解决这些问题的方法不是军备竞赛，而是实施正确的公共政策。拉美信奉的'军事主义'是一种倒退的、具有破坏性的力量，应该被'和平文化'取而代之。"

二 "阿里亚斯命题"的可取之处

我们不妨把阿里亚斯对拉美发展问题的分析称为"阿里亚斯命题"。毋庸置疑，该命题的以下几点可取之处对于我们认识拉美的发展是颇有启发性的。

第一，充分肯定了文化与经济发展的密切关系。作为一个国家的历史传统的反映，文化体现了大众的价值取向、观念、信仰和风俗习惯，等等。而一定的经济体制和发展模式总是建立在一定的文化基础之上，人的行为又必然与他所处的文化环境密切相关。

美国学者哈里森认为，拉美文化是拉美国家遇到的许多问题的根源。在其《欠发达是一种精神状态》（1985年）一书中，他指出，拉美文化的特点是"反民主、反社会、反进步、反创新以及反劳动（反劳动这一特点至少在上层社会中是可以找到的）"。[①] 在《谁之繁荣——文化价值是如何决定经济和政治成就的？》（1992年）一书中，哈里森再次指出，正是文化，才能解释为什么拉美国家长期存在着不稳定和不公正。他坚信，拉美的伊比利亚天主教文化是该地区不能实现多元化、缺乏社会公正和经济不繁荣的根源。[②] 在《泛美之梦：拉美文化是如何使它难以与美国和加拿大建立一种真正的伙伴关系的》（1997年）一书中，哈里森分析了同为欧洲殖民地的美国和加拿大早已成为发达国家，而拉美却仍然是第三世界的原因。他认为，尽管资源禀赋、气候、政策、体制、历史甚至运气，都是南北美洲差异的根源，但最为重要的根源则与文化的差异有关，即与两种文化对工作、节俭、教育、功绩、社区和公正性的不同态度有关。在他看来，深受伊比利亚天主教文化影响的拉美人轻视上述价值观。拉美决策者制定的错误政策以及采纳的软弱体制，也与伊比利亚天主教文化的影响有关。拉美文化仅仅着眼于过去和现在，甘愿牺牲未来。因此，这样的文化鄙视劳动，轻视创造力，忽视储蓄。"正是拉美文化，才能说明为什么当我们接近20世纪末的时候拉美大大落后于美国和加拿大。而美国和加拿大的成功则主要是因为盎格鲁新教文化有着与拉美文化不同的价值观、立场和体制。"[③] 他问道，墨西哥和加拿大都是美国的邻国，而且都拥有丰富的自然资源，但

[①] 劳伦斯·哈里森：《欠发达是一种精神状态》（Lawrence Harrison, *Underdevelopment Is a State of Mind*），美国大学出版社，1985。

[②] 劳伦斯·哈里森：《谁之繁荣——文化价值观如何决定经济和政治成就？》（Lawrence Harrison, *Who Prosper? How Cultural Values Shape Economic and Political Success*），基础书局，1992。

[③] 劳伦斯·哈里森：《泛美之梦：拉美文化价值观如何使它难以与美国和加拿大建立一种真正的伙伴关系》（Lawrence Harrison, *The Pan-American Dream: Do Latin America's Cultural Values Discourage True Partnership with the U.S. and Canada*），基础书局，1997，第4页。

墨西哥的发展为什么不如加拿大？他的答案依然是文化因素。①

哈里森的观点无异于"文化决定论"，但他对拉美文化不足之处的分析则是入木三分的。通过比较拉美的伊比利亚天主教文化与东亚的儒家文化，我们不难发现，拉美文化的以下两个特征委实制约了拉美的经济发展：（1）过于信奉享乐主义，导致储蓄率得不到提高，国内资本积累能力难以强化。其结果是，拉美国家必须引进大量外资，而对外资的过度依赖必然导致国民经济的脆弱性。（2）时间观念淡薄，办事拖拉或不守时的现象十分普遍。秘鲁总统加西亚说，秘鲁人习以为常的"秘鲁时间"（hora peruana）不仅影响了生产率的提高，而且还引起了许多外国投资者的抱怨。②

第二，指出了信任在拉美经济发展中的重要作用。信任是人与人之间或政府与企业及消费者之间的一种"看不见摸不着"的特殊的制度安排。信任既与一个国家的法律制度有关，也与文化因素或历史传统有关，既受经济发展水平的制约，也在一定程度上影响了经济发展水平。中国古代思想家孔子认为，"民无信不立"。③ 美国学者福山认为，信任能够降低交易成本（包括谈判的成本和执行合约的成本），从而使某些形式的经济组织变得更为有效。④ 更多的学者认为，除金融资本和人力资本以外，社会资本（social capital）也是推动一个国家发展的必不可少的条件，而信任则是社会资本的重要组成部分。因此，信任的缺失是不利于经济发展的。⑤

但在拉美，信任缺失司空见惯。许多人不仅不信任政府公布的通货膨胀率或失业率等数据，而且还不信任经济合约；不仅不信任政治家，而且还不信任政党；不仅不信任警察、法庭，而且还不信任国家的法律。秘鲁

---

① 关于其他国外学者对拉美文化的论述，见江时学等著《拉美与东亚发展模式研究》，世界知识出版社，2001。

② 英国广播公司的一篇报道认为，"秘鲁时间"通常比正常时间晚 1 小时。该文章还写道，在拉美，"明天"并不意味着真正意义上的明天，而是无限期的未来。（http://news.bbc.co.uk/2/hi/6405379.stm.）

③ 子贡问政。子曰："足食，足兵，民信之矣。"子贡曰："必不得已而去，于斯三者何先？"曰："去兵。"子贡曰："必不得已而去，于斯二者何先？"曰："去食。自古皆有死，民无信不立。"（《论语·颜渊》）

④ 弗朗西斯·福山：《信任：社会美德与创造繁荣》（Francis Fukuyama, *Trust: The Social Virtues and the Creation of Prosperity*），自由出版社，1995。

⑤ 例如，詹姆斯·塞缪尔·科尔曼在其《社会理论的基础》一书中深入地探讨了社会资本及信任的重要性。见詹姆斯·塞缪尔·科尔曼《社会理论的基础》（James Samuel Coleman, *Foundations of Social Theory*），哈佛大学出版社，1994。

作家、诺贝尔文学奖得主马里奥·巴尔加斯·略萨在题为《拉美为什么失败》一文中写道:"在英国,当我走过一个警察时,我不感到紧张。而在秘鲁,我经过一个警察时心里总是紧张,好像这个警察象征着一种危险。在英国,警察从不在我心里产生一种不信任感或不安宁的感觉。这或许是因为英国警察没有武器,或是因为他们为公众提供了服务。他们并不因为身穿警服、手拿警棍或带着手枪而利用这一特权。但在秘鲁,如同在其他大多数拉美国家,民众在经过一个身穿制服的公职人员时有理由感到恐惧或不安,因为这个人身上的制服很可能被用来欺压百姓,而非保护百姓的安全。民众惧怕警察,也惧怕国家的其他制度。其结果是,国家的制度无法发挥作用,因为它缺乏民众的信任,而信任则是民主社会赖以生存的基础。"[1]

第三,进一步强调了教育的重要性。美国著名的经济学家西奥多·舒尔茨(Theodore Schultz)在其《教育的经济价值》(1963年)一书中指出,教育投资带来的收益,大大高于其他投资带来的收益。[2] 毋庸置疑,人力资源是国家财富的基础,因为资本的积累、自然资源的利用和社会与经济以及政治体制的建设,都必须依赖于人的能力,而教育则是提升人的能力最关键的手段。

概而言之,教育对经济发展的促进作用主要包括以下五个方面:(1)教育能通过改进技术、提高效率和增加知识来改善劳动力素质。(2)教育能增加劳动力的流动性,促进劳动分工和增加劳动力的就业。(3)教育能普及科技知识,促进发明创造和新技术的使用。(4)教育能提高企业家改善经营管理的能力和配置生产要素的能力。(5)教育能使劳动者对经济变化的机会作出更快的反应,并消除不利于经济增长的社会障碍和体制障碍。

在拉美,小学入学率几乎达到了百分之百,完成中学学业和进入大学深造的学生也越来越多。事实上,拉美已基本扫除了文盲。但是,拉美的教育质量有待提高。根据经济合作与发展组织的计算,国际学生评测项目(PISA)的数学得分,乌拉圭为422分,墨西哥为385分,巴西为356分,

---

① 马里奥·巴尔加斯·略萨:《拉美为什么失败?》(Mario Vargas Llosa, "Why Does Latin America Fail?"),载《加图政策报告》(*CATO Policy Report*)2003年1/2月号。
② 西奥多·舒尔茨:《教育的经济价值》(Theodore Schultz, *The Economic Value of Education*),哥伦比亚大学出版社,1963。

而芬兰、日本和爱尔兰均在 500 分以上。PISA 的阅读得分，芬兰、韩国和爱尔兰分别为 543 分、534 分和 515 分，而乌拉圭、阿根廷、智利、巴西和墨西哥仅在 400～434 分之间，秘鲁只有 327 分。① 美国《迈阿密先驱报》（2007 年 11 月 18 日）的一篇文章认为，2006 年，在美国留学的印度学生和中国学生分别增加了 10% 和 8%，而拉美学生则减少了 0.3%。该文章认为，除非拉美的父母亲能像亚洲人那样重视教育投资（包括将其子女送到美国和欧洲的大学留学），拉美的竞争力将继续处于落后地位。②

美洲开发银行行长莫雷诺认为，要解决好教育问题，拉美国家必须彻底改革教师培养机制，采用国际级的课程设置，同时将学校管理者的表现与学生的成绩挂钩。③

第四，揭示了军费开支上涨对拉美的消极影响。除哥伦比亚近半个世纪的内战以外，拉美人几乎不再耳闻枪炮声。虽然一些拉美国家之间的领土争端尚未彻底解决，但该地区爆发边境冲突的可能性微乎其微。

然而，20 世纪 90 年代以来，一些拉美国家的军费开支仍在不断增长。在 2008 年的巴西财政预算中，军费开支的上涨幅度高达 53%，为 20 世纪 90 年代以来最大的涨幅。④ 瑞典斯德哥尔摩国际和平研究所 2008 年出版的有关年鉴表明，自 2000 年起，南美洲国家的军费开支增长了 33%。2007 年，南美洲国家的军费开支高达 400 亿美元。该年鉴指出，在过去的 5 年中，委内瑞拉、厄瓜多尔和智利的军费开支增长幅度最大，分别为 78%、53% 和 49%，墨西哥增长了 15%。⑤ 2008 年，南美洲国家的军费开支高达 500 亿美元，比 2007 年增长了约 30%。⑥

---

① 泛美开发银行：《拉丁美洲和加勒比地区的教育、科学和技术：一个指标性的统计纲要》（Inter-American Development Bank, *Education, Science and Technology in Latin America and the Caribbean: A Statistical Compendium of Indicators*），2006，第 86、84 页。
② 《美国大学里更多的亚洲人、更少的拉美人》（"More Asians, fewer Latin Americans in U. S. colleges"），《迈阿密先驱报》（*Miami Herald*），2007 年 11 月 18 日。
③ http://www.ftchinese.com/story/001033471/en.
④ 安德鲁·道尼：《一场南美洲的军备竞赛？》（Andrew Downie, "A South American Arms Race?"），《时代周刊》（*Time*）2007 年 12 月 21 日。
⑤ 转引自 http://www.miamiherald.com/news/columnists/andres-oppenheimer/story/635771.html。
⑥ 《拉丁美洲的贫困日益恶化而军费开支却不断上升》（"Latin America Increases Military Spending As Poverty Grows Worse"），2009 年 9 月 28 日（http://realtruth.org/news/090929-008-america.html）。

可想而知，这些军费开支如能被用来改善基础设施或建造医院和教室，拉美的经济和社会发展无疑会受益匪浅。

三 "阿里亚斯命题"的不足之处

应该指出的是，"阿里亚斯命题"也有一定的不足之处，即过分强调非经济因素而忽视经济因素。

诚然，影响经济发展的因素是多方面的，既有经济因素，也有阿里亚斯所说的非经济因素。但是，相比之下，经济因素的作用似乎比非经济因素更加重要。

影响拉美发展的经济因素主要包括：①

首先是能否正确处理发挥比较优势与提升产业结构的关系。任何一个国家在追求经济发展时必须发挥自身的比较优势。拉美的比较优势在于其丰富的自然资源。自然资源丰富固然是一种"恩赐"，但有时也会成为一种"诅咒"，甚至会导致"荷兰病"。② 曾在创建石油输出国组织的过程中发挥过重要作用的委内瑞拉前石油部部长胡安·巴勃罗·佩雷斯·阿方索在1970年说道："十年后，二十年后，你会看到，石油带给我们的是（经济上的）毁灭……石油是魔鬼的兴奋。"③

进入21世纪以来，由于国际市场上初级产品价格处于较高的水平，拉美经济受益匪浅。但在2009年，由于受到国际金融危机的影响，发达国家的需求不振，国际市场上初级产品价格明显下降，拉美国家的出口收入急剧减少。

根据2012年10月联合国拉美和加勒比经济委员会发表的《2011年~2012年拉美和加勒比经济概览》，2012年拉美经济增长率仅为3.2%，低于2011年的4.3%。该报告认为，拉美经济增长率下降的原因之一是中国经济

---

① 江时学：《拉美发展前景预测》，中国社会科学出版社，2011。
② 20世纪60年代，荷兰发现了蕴藏量丰富的天然气。随着开采量和出口量的上升，天然气出口收入快速增长。但是，天然气带来的不仅仅是源源不断的财富，而且还有一系列不利于国民经济结构正常运转的副作用：天然气出口收入的急剧增长提高了荷兰货币（盾）的汇率，从而使制造业部门在面对外部竞争时处于不利的地位，而工业生产的下降又导致失业率上升。这种由初级产品出口收入的剧增所导致的不良后果被称为"荷兰病"。
③ http://en.wikipedia.org/wiki/Juan_Pablo_P%C3%A9rez_Alfonzo.

增长速度放慢，对拉美初级产品的需求减少，因此国际市场上多种初级产品的价格下跌。

拉美经济对初级产品出口的依赖程度之高，由此可见一斑。当然，如何处理发挥比较优势和提升产业结构两者之间的关系是世界上许多国家面临的难题。然而，可以断言，虽然一些国家的工业化程度在不断提高，但也有一些国家（尤其是委内瑞拉和阿根廷）在可预见的将来难以使其产业结构发生根本性的变化。

其次是能否改善基础设施。道路、桥梁、港口、机场、供水及排水、电力供应和通信等基础设施在推动经济发展的过程中发挥至关重要的作用。基础设施的完善与否不仅与人民生活息息相关，而且还对生产成本产生很大的影响。世界银行在2004年发表的一个研究报告认为，拉美的基础设施如能进一步完善，该地区的国内生产总值增长率可能会高出1.1个百分点至4个百分点。①

近几年，随着国际市场上多种初级产品的价格大幅度上升，许多拉美国家扩大了生产规模，但大量初级产品无法及时运送到港口。巴西食用油生产者协会的一项调查表明，美国食用油生产者能获得销售额的89%，而巴西生产者只能获得79%，因为美国的运输费用仅占销售额的9%，而巴西则占17%。这一调查还发现，巴西大豆的主要生产基地离最近的港口一般为1000公里。由于铁路线无法到达产地和矿区，运送大豆的卡车不得不在崎岖不平而又十分狭窄的道路上行进，既费时，又增加了运输成本。② 因特网上的一篇题为《历史上最严重的十次交通堵塞》的文章列举了世界各地10次最可怕的堵车。巴西圣保罗市的一次堵车雄踞榜首：2008年5月9日，堵车的长度达291公里。③

基础设施的落后甚至还制约了拉美国家其他资源的开发。例如，许多

---

① C. 卡尔德隆、W. 伊斯特利、L. 塞尔文：《拉丁美洲基础设施的不足与公共部门的偿付能力》（C. Calderon, W. Easterly, and L. Servén, "Infrastructure Compression and Public Sector Solvency in Latin America"），载威廉·伊斯特利、路易斯·塞尔文主编《拉丁美洲稳定的局限性：基础设施、公共赤字和增长》（*The Limits of Stabilization*: *Infrastructure*, *Public Deficits*, *and Growth in Latin America*），斯坦福大学出版社，2004。
② http://www.v-brazil.com/business/transportation.html.
③ 《历史上最严重的十次交通堵塞》（"Ten of History's Worst Traffic Jams"），http://davidaking.blogspot.com/2010/08/10-worst-traffic-jams-in-history.html。

拉美国家的旅游资源非常丰富，既有闻名全球的历史古迹，也有令人流连忘返的自然景色。但是，由于受到基础设施建设不足的影响，许多旅游胜地无法吸引更多的游客。

再次是能否加快农业发展。加快农业发展的重要性是不言而喻的。第一，农业为不断增长的人口提供了食品。根据美洲开发银行提供的数据，世界上约有10亿人（占世界总人口的17%）处于营养不良的状态，而拉美的这一数字为5300万（占总人口的6.6%）。第二，农业吸纳了大量农村劳动力。可以想象，如果更多的农村劳动力流入城市，拉美国家的城市将变得更加拥挤，"城市化病"也将更为严重。第三，农产品出口是许多拉美国家获取外汇收入的重要来源。第四，在拉美，47%的贫困人口生活在农村。由此可见，如要解决拉美的贫困问题，必须重视农村地区的贫困问题。①

但是，长期以来，拉美的农业发展始终遇到以下几个严重的问题：一是政府在推动进口替代工业化的过程中制定的价格政策、信贷政策、投资政策和汇率政策，在客观上歧视农业发展。二是农业基础设施落后，电力供应不足，道路不畅，运输设备缺乏，农业机械陈旧，灌溉体系老化，仓储设施匮乏。其结果是，农业劳动生产率长期处于较低的水平，即使在丰收年份，农民的收入并不能得到大幅度的提升。三是农产品价格偏低且波动幅度较大，从而打击了农民的生产积极性。中美洲国家和加勒比国家的农业严重依赖少数几种农产品，因此价格波动的危害性更为明显。四是土地所有制不合理。少数大地主拥有万顷良田，农业机械化水平较高，耕作技术较为先进；而大量小农则只能在极为有限的土地上用落后的生产方式从事自给自足的农业生产活动。

最后是能否维系宏观经济稳定。宏观经济形势的稳定有助于克服经济增长率的大起大落，有助于强化国内外投资者的信心。拉美国家的宏观经济政策目标同样是增加就业机会、实现价格稳定、保持较高的经济增长率和维持国际收支平衡。在上述目标中，拉美国家追求的是加快经济增长，较少关注就业、物价稳定和国际收支平衡。因此，在20世纪90年代以前，拉美国家的宏观经济形势很不稳定。

20世纪90年代以来，拉美的宏观经济形势呈现出越来越稳定的态势。

---

① 《美洲的农业与乡村生活》（"Agriculture and Rural Life in the Americas"），http://www.moa.gov.jm/news/data/Article.pdf。

未来拉美国家能否保持宏观经济形势的稳定，既取决于一系列外部因素，如世界经济增长率的高低、外资流入量的大小以及初级产品价格的涨跌，也取决于政府能否吸取过去的经验教训，制定并实施恰如其分的宏观经济政策。

综上所述，阿里亚斯对拉美的发展问题作了精辟分析。诚然，他的观点并非百分之百正确，但他看问题的角度是非常独特的，提出的许多观点很值得我们深思。

略论现代拉丁美洲文化的特点[*]

董国辉[**]

内容提要：现今的拉丁美洲文化是在美洲大陆的印第安土著文化原体与伴随西班牙和葡萄牙殖民统治而来的欧洲天主教文化以及非洲黑人文化等异质文化之间经过"挑战—回答"运动而形成的一种独特的文化模式，它表现出边缘性和从属性、运动性、混合性和外源性等显著特性。拉美文化上述特性正是该地区现代化进程步履维艰的根源之所在。

关键词：拉丁美洲　文化　现代化

中外学界大多认为，现代拉丁美洲文化是西方天主教文化的一个分支，是隶属于天主教文化的一支"亚文化"。笔者认为，这种观点强调天主教因素在拉丁美洲文化中的压倒性优势地位，在这种意义上说，它正确地概括了拉丁美洲文化的核心特点；然而，这种观点又是不全面的，因为它忽视了其他文化因素在拉丁美洲文化中的重要地位，实际上就是忽视了拉美文化的特点。那么，现代拉丁美洲文化是怎样形成的？它又有哪些基本的特点呢？本文拟从文化的概念着手，尝试回答这些问题，并在此基础上提出笔者的一些思考。

---

[*] 本文是在笔者旧作《拉丁美洲民主政治的文化分析》(《拉丁美洲研究》2010年第2期)的基础上修改而成，主要增加了有关拉美文化特点与其现代化进程相对缓慢之间关系的一些粗浅思考。此文系国家社会科学基金重大项目"中国特色人权发展道路研究"(批准号：11&ZD072)的前期成果之一。

[**] 董国辉，南开大学拉丁美洲研究中心，副教授。

一 现代拉丁美洲文化的形成

有关"文化"概念的定义,历来众说纷纭,并无统一说法。英文中的"文化"(culture)一词在15世纪初还是指"农业""耕耘""栽种"等,直到1871年爱德华·泰勒在其名著《原始文化》一书中,才首次系统地提出了现代意义上的文化概念,他写道:"文化或文明,就其广泛的民族学意义而言,是包括全部的知识、信仰、艺术、道德、法律、风俗以及作为社会成员的人所掌握和接受的任何其他的才能和习惯的复合体。"[①] 也就是说,所谓文化,是一个民族共同具有的,并使之与其他民族区别开来的观念和标准。事实上,就文化所涵盖的范围而言,包括人文化、族文化和个体文化。人文化是指宏观意义上的人类文化;而个体文化是一种文化模式下个人的行为观念等内容。泰勒的定义则是一种族文化范畴下的定义。这种意义上的文化是由两个基本的核心组成的:一是从历史上得到并选择的思想,二是与之有关的价值。这样,一旦某种文化形成,那么它便表现为这种文化下的民族所共同具有的、模式化的思维方式与价值观念,即他们的生存方式。

著名历史学家阿诺德·J.汤因比则从"挑战—回答"运动的角度,阐述了文化或文明形成的机制。他认为文化或文明是为回答某种挑战而出现的,在回答挑战的运动中,由于该文化本身的特性和挑战的类型、来源、剧烈程度等因素的作用,逐步形成有别于本身文化原体,也有别于其他文化的独特文化模式[②]。根据这一机制的逻辑,今天的拉丁美洲文化是在长期的历史演进过程中,美洲大陆原存的印第安土著文化和伴随西班牙和葡萄牙殖民统治而来的欧洲天主教文化及非洲黑人文化等各种异质文化的相互碰撞,不断经过所谓"挑战—回答"的运动而由冲突走向融合,最终偏离单个的文化原型而形成的一种使拉丁美洲具有某种程度的统一性,并使之有别于其他文化类型的、独特的文化模式。

在哥伦布到达美洲以前,美洲大陆最早的主人——印第安土著已在

---

① 爱德华·B.泰勒:《原始文化》,连树声译,上海译文出版社,1992,第1页。
② 阿诺德·J.汤因比:《文明经受着考验》,沈辉等译,浙江人民出版社,1988,第22~55页。

那里生存、繁衍了数万年，为了回答由人口增长和基本资源匮乏之间的矛盾所构成的"环境挑战"，他们创造了自己独特的文化。例如，在墨西哥和中美洲地区，先后形成了奥尔梅克文化、玛雅文化、托尔特克文化和阿兹特克文化；在南美安第斯山地区，相继发育出查文文化、莫奇卡文化、蒂亚瓦纳科文化、印加文化。在美洲其他地区还遍布着各种不同发展水平的印第安人文化，诸如委内瑞拉、哥伦比亚的奇布查人；亚马孙河流域的阿拉瓦克人、图皮人；巴拉圭、阿根廷和巴西南部的瓜拉尼人；智利的阿劳乌干人；加勒比海地区的加勒比人等文化。其中，玛雅文化、印加文化和阿兹特克文化均达到了相当高的程度①。这些印第安土著文化就是现代拉丁美洲文化的原体，它在随后的岁月中遭遇到不同异质文化的挑战。

伴随西班牙和葡萄牙殖民统治而来的西方天主教文化是印第安土著文化首先面临的严峻挑战。数百年殖民统治的结果是印第安土著文化原体被打破了——种族结构、政治体制、司法制度、宗教信仰、经济发展模式以及人民的生活习惯、道德规范等，都突破了旧文化原体的束缚，并经过"挑战—回答"的运动，使拉丁美洲的原体文化发生了巨大变化。这样，在拉丁美洲的土地上形成了一种新的文化原体，即天主教文化与印第安土著文化相互融合而成的混合文化原体。这种文化是文化"涵化现象"的结果，也就是说，当相对弱势的印第安土著文化与在经济和文化上都较强大的天主教文化碰撞时，由于两种文化强弱的差异，印第安土著文化被迫接受了许多天主教文化的要素，从而产生了广泛的文化借替过程。所以，这种新的文化原体表现出与天主教文化极为密切的继承性，天主教因素在其中占据了核心地位。这也是众多学者将拉美文化视为天主教文化分支的根源之所在。

另外，印第安土著文化原体的许多要素则同样地保留在新的混合文化

---

① 关于古代印第安人文化的发展情况，可参阅乔治·艾伦·科里尔、雷纳托·洛萨尔多和约翰·沃斯主编《1400 – 1800 年的印加和阿兹特克国家》（George Allen Collier, Renato I. Rosaldo, John D. Wirth, eds., *The Inca and Aztec States, 1400 – 1800: Anthropology and History*），纽约学术出版社，1982；罗伯特·谢勒：《玛雅文明的日常生活》（Robert J Sharer, *Daily Life in Maya Civilization*），纽约格林伍德出版社，1996；诺曼·哈蒙德：《寻找玛雅文明》，浙江人民出版社，2000；乔治·C. 瓦伦特：《阿兹特克文明》，商务印书馆，1999；林恩·V. 福斯特：《探寻玛雅文明》，商务印书馆，2007 等。

原体内，并对之产生了很大的影响。欧亨尼奥·陈-罗德里格斯对此评论说，虽然"西班牙人用剑和十字架统治了美洲"，但是"新大陆也征服了自己的征服者，给予他们一种新的美学观点、新的思维方式、新的行动方式，从而具备了一种新的生存方式"①。这种拉丁美洲人所共同具有的、由新的思维方式和价值观念决定的"新的生存方式"便是一种新的文化。这种新的文化原体既不同于印第安土著文化，也与天主教文化相异。

然而，新的文化原体随后又遭遇到一系列新的"挑战"——伴随奴隶贸易传入的非洲黑人文化，与这种文化原体发生碰撞，并使后者吸收了一些前者的文化因素而呈现出新的特性；19世纪英国对拉美的经济渗透，又给拉美带来了基督教新教文化的一些因素；而20世纪美国文化对拉丁美洲文化的全面"挑战"，使后者发生了更加剧烈的变化。拉丁美洲的天主教—印第安土著文化的混合文化原体对这一系列"挑战"的回答，便造就了今天的拉丁美洲文化。这种文化"从它诞生的第一天起，它就是建立在三重文化，确切地说，多重文化的混合之上。它把玛雅人、阿兹特克人和印加人等印第安部落的文化和来自非洲沿岸的黑人民族的文化，以及许多来自欧洲的不同文化，不仅仅是西班牙和葡萄牙，还有法国、德国、荷兰和英国的文化，有机地结合起来并融为一体。在拉美文明史上，这种混合持续不断并不停地被创新，不仅仅是在人种或者生物领域，而且更重要的是在文化、饮食、技术、社会、经济、政治以及文明所涵盖的所有领域"②。因此，"这种文化已不是西方的、印第安人的和非洲人的文化，而是因地区和发展程度不同，而呈现出不同程度调和上述几种文化的独特的混合体"③。正是在这种意义上说，现代拉丁美洲文化是一种独特的文化。

二 现代拉丁美洲文化的特点

可见，今天的拉丁美洲文化并不能单纯地归类为隶属于天主教文化的

---

① 欧亨尼奥·陈-罗德里格斯：《拉丁美洲的文明与文化》，白凤森译，商务印书馆，1990，第67页。
② 卡洛斯·安东尼奥·阿居雷·罗哈斯：《拉丁美洲：全球危机和多元文化》，王银福译，山东大学出版社，2006，第7页。
③ 欧亨尼奥·陈-罗德里格斯：《拉丁美洲的文明与文化》，第329页。

一支"亚文化";相反,它是在印第安土著文化原体的基础上,经过一系列"挑战—回答"的文化碰撞运动而形成的一种独特文化模式。由于在拉美文化形成的历史进程中,伴随殖民统治而来的伊比利亚天主教文化拥有"不对称的"强势地位,"文化涵化"的结果,使天主教因素在其中占据了核心地位,这一点同样是不容否认的。除此之外,拉丁美洲文化还具有以下几个方面的特点。

第一,拉丁美洲文化的边缘性与从属性。当今拉丁美洲文化从其逐渐形成的起点和进程上看,主要体现为对外部强势力量的不断屈服。在地理大发现后,印第安文化原体逐渐屈服于外来的强势文化——西班牙、葡萄牙的天主教文化,并沦落为新的"天主教—印第安文化"的边缘;在工业革命和欧美资产阶级革命之后,几经混合的拉丁美洲文化又逐渐屈服于全球资本主义的中心——先是英国,后是美国,并进一步沦落为资本主义世界体系的边缘;如今,笔者认为,"中心—边缘"的二元结构仍然是当今世界格局的基本特征,包括拉丁美洲在内的广大发展中地区依然是世界体系的"边缘",它们在经济上依附于发达的"中心"、政治上缺乏基本的独立人格、在文化上也是被动的角色。在这种意义上说,拉丁美洲文化"从诞生那一天起,就是一种边缘的、被奴役的文明,它为西班牙、葡萄牙、法国、英国、荷兰或者美国而生存,根据这些强国和宗主国的要求发展经济,构造社会,而从未取得过属于自己的,围绕自己目标的或者根据自己的需要和最基本内需的发展。……所以,忽视在长时段范围内拉美处于边缘地区和被统治的事实以及相应的历史结构,我们就不可能理解今天的拉丁美洲"[1]。

第二,拉丁美洲文化的混合性。如前文所述,就整体而言,文化包括宏观的人文化和族文化。就以研究人类文化为对象的人文化而言,它当然是人类历史发展进程中各种文化碰撞、融合的结果,必然是一种混合文化。而就族文化而言,虽然它也是一些文化冲突融合的结果,但是这些文化混合过程一旦结束,它便表现出一定的稳定性和单一性。例如西方天主教文化和东亚的儒家文化,尽管也是文化融合的产物,但在文化的基本核心内容上却是相对单一的。

---

[1] 卡洛斯·安东尼奥·阿居雷·罗哈斯:《拉丁美洲:全球危机和多元文化》,第6页。

拉丁美洲文化则不然。由于各种异质文化对它的"挑战"仍处在不停的运动之中，因而这种文化的混合过程亦一直没有停息下来。同时，就拉丁美洲文化形成的历史进程而言，它的混合性亦是十分突出的，欧亨尼奥·陈-罗德里格斯的形象比喻便是明证。他说："印第安美洲的文化有如一条彩虹，在这条彩虹中可以分辨出在这个印第安—非洲—拉丁美洲大陆国内同时并存着七种文化的颜色，即西班牙文化、葡萄牙文化、印第安人文化、黑人文化、印第安伊比利亚文化、美洲黑人文化和全面混血人的文化。"①

第三，拉丁美洲文化具有剧烈的运动性。阿诺德·J. 汤因比说："文明（或文化）是一种运动，而不是一种状态，是航行而不是停泊。"② 文化之运动性是指一种文化虽然在一定时期内是固定模式化的，但是作为这种文化主体的人以及由这些人构成的社会，不断地面临来自其文化本身的各种主观和客观的"挑战"以及来自其他异质文化的"挑战"，为了回答这些"挑战"，这种文化的原体便不停地调整自己的"生存方式"，从而表现出一些不同文化原体的更替运动。在经济全球化飞速发展和知识经济时代曙光初现的当今世界，大量先进媒体的出现，使各种文化间的碰撞比过去任何时期更为激烈。这种文化冲突更多地表现为西方文化不断向发展中国家的所谓"后进文化"提出的"挑战"，它迫使后者在这种"挑战—回答"的运动中，不断地调整自己的"生存方式"，从而使它们的文化表现出更为明显的运动性。

今天的拉丁美洲文化是西方天主教文化与其他异质文化在美洲大地上碰撞、融合的产物。这种碰撞至今仍未结束，反而由于知识经济时代的来临和信息技术的发展变得愈发突出，而且西方文化的挑战则由过去那种露骨的殖民统治或半殖民渗透，转变成通过各种先进媒体的全面影响。同时，拉丁美洲文化现在不仅仍面临西方文化的"挑战"，而且更得面临东亚儒家文化的"挑战"——从战后拉美实施进口替代工业化，到 20 世纪八九十年代后全面向新自由主义发展模式的转变，我们能看到这种挑战的紧迫性③。

---

① 欧亨尼奥·陈-罗德里格斯：《拉丁美洲的文明与文化》，第 328 页。
② 汤因比：《文明经受着考验》，第 47 页。
③ 纳谷诚二、M·乌鲁蒂亚等：《发展的难题：亚洲与拉丁美洲的比较》，陈家海等译，上海三联书店，1992，第 67~69 页。

对于这些"挑战"的回答，已然使拉丁美洲的思维方式和价值观念发生了剧烈的变化，即发生文化模式的变迁。在这种意义上说，拉丁美洲文化至今仍表现出剧烈的运动性。

第四，拉丁美洲文化的外源性和模仿性。如前文所述，今天的拉丁美洲文化是在基督教-印第安土著文化的原体基础上，经过不断的"挑战—回答"运动，吸收一系列外来文化要素而形成的。这种文化原体本身便是混合而成的文化，在不断地面临外来文化，尤其是在各方面更为强大的西方文化的"挑战"下，便很难表现出对自己的文化结构的独创精神。相反，它是在一系列的"挑战"下，为适应和回答这些挑战所产生的新形势，而吸收了由这些挑战而传来的一些外来文化因素而形成的。这样，由这种文化的运动性和混合性所决定，拉丁美洲文化同样也表现出明显的外源性。这种外源性的文化结构具有两个突出的特点：一则由于它是一种开放型的文化结构，信息流量大，对外来事物反应快，易于接受外来文化要素的影响。19世纪拉丁美洲新独立国家很快接受英国的自由贸易政策的做法，便是由这一文化特性决定的（或者说至少起了很大的影响作用）。这种文化结构的第二个特点是，由于它主要由外来成分组成，基础脆弱，缺乏系统性和连续性。这实际上是使拉丁美洲各国在20世纪80年代普遍出现经济危机的一个深层次的文化因素，也是该地区普遍接受外源性新自由主义发展模式的一个深层次的文化根源。

三 结论和思考

通过对现代拉丁美洲文化的形成和特性的分析，我们可以得出下述结论：拉丁美洲文化并不能简单地归纳为西方天主教文化的一个"亚文化"分支；相反，它是多种文化在美洲大地上冲突、融合的结果。它具有许多与天主教文化不同的特性，即边缘性和从属性、剧烈的运动性、混合性和外源性。另外，由于在拉美文化形成的历史进程中，伴随殖民统治而来的伊比利亚天主教文化拥有"不对称的"强势地位，"文化涵化"的结果，使天主教因素在其中占据了核心地位，这一点同样是不容否认的。

在当今的发展中世界中，拉丁美洲独立最早，现代化进程的起步也最早。在19世纪初期，多数拉丁美洲国家就获得了政治独立，比绝大部分发展中国家要早一个多世纪，也比部分发达国家还要早。然而，经过两个世纪的努力，拉丁美洲国家仍然处在不发达世界之中，其发展水平远远落后于许多现代化进程起步更晚的国家和地区，如东亚四小龙、澳大利亚、加拿大等。为什么会出现这种局面呢？对于这一问题，一些学者进行了深入的探讨，从不同角度分析拉美现代化进程缓慢的原因。其中，文化因素亦广受关注。笔者认为，应当从两个层面来解读文化因素对拉美现代化进程发展迟缓的影响。

一方面，拉丁美洲文化中居于核心地位的天主教文化本身，不利于资本主义精神的产生和现代化进程的迅速发展[1]。对此，中国学者王晓德就一针见血地指出："拉美地区难以走出不发达状态，显然并不在于这一地区缺乏如资源、劳动力、资金等物质上的必需保证，而在于从独立以来很长时期没有形成一种与现代社会相一致的文化精神。拉美国家可以拥有资本主义社会的所有外在形式，但西班牙留给这块土地上的文化遗产却很难产生真正的资本主义精神。"[2] 美国学者戴维·兰德斯也强调说："当局千方百计阻止外来者染指西班牙在新大陆的财富。这种排外行径使西班牙在新大陆建立的帝国失去了最迫切需要的技术和知识，更不要说失去了文化多元性的优势……在这种模拟伊比利亚社会的环境中，完全没有北美式的技术、好奇心、首创精神以及公民利益。西班牙本身在这些方面就落后，原因在于其精神上的同质性与顺从性，其财富和虚荣心。"[3]

另一方面，拉丁美洲文化所具有的一些基本特点，在政治、经济等领域孕育了一些不利于现代化迅速发展的因素。在政治领域，拉美文化的基本特点滋生了考迪罗主义本质与欧美民主主义外衣相结合的独特政治制度，笔者将之称作"以极权主义的精神来追求的民主制度"，它是一种一元主义民主，强调的是权力的相对集中、政治精英的突出作用和政府的职团性质，即一种以各种团体为基本组成部分，按照等级和功能进行安排的政府体制。这种制度正是拉丁美洲文化混合性的一种延伸，是其文化模仿性的一种结果；在经济领域，独立后的拉丁美洲国家刻意模仿英国的自由主义经济政策，延续着殖民地时期遗留下来的大地产制度和单一经济结构，成为资本

---

[1] 参阅迈克尔·诺瓦克著《天主教伦理和资本主义精神》（Michael Novak, *The Catholic Ethic and the Spirit of Capitalism*），纽约自由出版社，1993。

[2] 王晓德：《试论拉丁美洲国家现代化步履维艰的文化根源》，《史学集刊》2004 年第 1 期。

[3] 戴维·S. 兰德斯：《国富国穷》，门洪华等译，新华出版社，2001，第 438～458 页。

主义世界体系中专门从事初级产品生产和出口的"外围国家",经济具有严重的对外依附性,其现代化进程步履维艰也就难以避免了①。这种局面既是拉丁美洲文化模仿性、混合性的一种结果,也是其文化从属性和边缘性的一种体现。

---

① 有关拉美国家经济依附性对其发展进程的影响,可以参阅:安德烈·弗兰克著《拉丁美洲的资本主义和不发达》(Andre G. Frank, *Capitalism and Underdevelopment in Latin America: Historical Studies of Chile and Brazil*),纽约每月评论出版社,1967;克里斯托瓦尔·凯伊著《发达与不发达的拉丁美洲理论》(Cristobal Kay, *Latin American Theories of Development and Underdevelopment*),伦敦罗特里奇出版社,1989;塞尔索·富尔塔多著《拉丁美洲经济的发展:从西班牙征服到古巴革命》,上海译文出版社,1981;特奥托尼奥·多斯桑托斯著《帝国主义与依附》,社会科学文献出版社,1992;费尔南多·恩里克·卡多佐和恩佐·法勒托著《拉美的依附性及发展》,世界知识出版社,2002;弗朗西斯科·洛佩斯·塞格雷拉主编《全球化与世界体系》(上、下卷),社会科学文献出版社,2003 等。

拉丁美洲古代史要略：重构

郝名玮[*]

内容提要：本文简要地重构了拉丁美洲古代史，旨在以此说明作者关于"拉丁美洲文化与现代化"的关系、拉丁美洲文化（特别是古代印第安人传统文化）对现代化影响的观点：历史是文化之本；文化是历史之魂。拉丁美洲古代历史和文化是从地下发掘出来的。拉丁美洲古代文化是拉丁美洲古代印第安人在其历史发展进程中独自创造的物质财富和精神财富之总和。西班牙人的入侵和征服中断了拉丁美洲古代历史的发展进程，但其历史之魂——文化犹存。拉丁美洲古代文化融入了历史新时期拉丁美洲的文化，继续影响着拉丁美洲国家历史、文化的发展，同时也影响着拉丁美洲国家现代化的发展。拉丁美洲古代印第安传统文化为拉丁美洲现代化的发展注入的是"正能量"，而不是负面影响。拉丁美洲国家现代化发展滞后的真正原因是新、老殖民主义的统治和对拉丁美洲古代文化的破坏和摧残。

关键词：拉丁美洲　现代化　文化　"正能量"

引　子

"拉丁美洲文化与现代化"这一论题绕不开的一个主要问题是拉丁美洲文化（特别是古代传统文化）对现代化的影响。大凡论说拉丁美洲国家现代化者，无不述及其古代印第安传统文化的影响。我们认为，要判明这影

---

[*] 郝名玮，中国社会科学院世界历史研究所，研究员。

响的好坏、深浅和大小，必须认清拉丁美洲古代文化；而要认清拉丁美洲古代文化，就得了解拉丁美洲古代史。这就是我们重构拉丁美洲古代史的缘由。

> 历史是文化之本，文化是历史之魂。
> 没有文化就没有历史，没有历史就没有文化。
> 文化即历史，历史即文化。

而所谓"重构"者，即根据考古新发现、研究新成果对我们自己原先的论述加以补充和修正也。拉丁美洲古代历史和文化是从地下发掘出来的。我们相信，随着考古发现的不断增多，拉丁美洲古代史会"重构""再重构"。

人类从亚洲向美洲迁移

公元前40000～公元前10000年间，源自中国华北、活动在亚洲东北地区的原始人群陆续越过白令海峡进入美洲。他们起初活动在今加拿大和美国西部地区，而后沿太平洋海岸和落基山东麓南下，公元前20000年前后进入墨西哥，公元前10000年前后深入南美洲。亚洲人及其后裔在美洲四处游移，过着渔猎、采集生活。公元前6000年前后，他们分别在河畔、湖边、沿海（如加勒比海和太平洋沿岸）、高原、山区、谷地定居或半定居繁衍生息，开始栽培作物（如玉米、马铃薯、棉花等）和驯养动物（如骆马、羊驼、豚鼠等）。定居生活为美洲文明史的发展奠定了基础。时至公元前2000年，美洲出现了两大文明发达地区，即中部美洲地区和安第斯山中部地区。

两大古文明地区的历史发展进程

美洲两大古文明地区的历史发展大致分为三个时期：前古典时期（公元前2000～公元450年）、古典时期（公元250～1000年）和后古典时期（公元900～1500年）。

公元前2000～公元前1000年这1000年间，人口不断增加，村落由小变大，出现了聚落群，产生了社会分工，手工业（如制陶业）与农业分离；

经济的发展推动了文化的发展、艺术品的生产，进而促进了贸易和人员的往来，有了共同的宗教观念、崇拜仪式和庙宇建筑；出现了社会阶层（权贵和平民）。在此基础上，今墨西哥西部地区、高原地带、墨西哥湾沿岸、尤卡坦半岛、恰帕斯州和危地马拉太平洋沿岸及今秘鲁、玻利维亚高原和山区、太平洋沿岸河谷地带先后出现了一些酋长国（cacicazgo，一译为"酋邦"）。酋长管辖着一定的地域，掌握着公共权力，实行集中管理，并拥有神权权威，是宗教领袖，享有一定的特权，其统领职位由其子嗣世袭。

在贸易往来、文化交流的影响下，少数自然和人文条件相对优越的地域经济、文化发展超过其他地区。公元前1000年前后，财富、权力进一步集中，阶级社会确立，产生了两个国家——奥尔梅克城邦和查文王国。

奥尔梅克（Olmeca）城邦地处今墨西哥维拉克鲁斯州南部和塔巴斯科州北部，面积约1.8万平方公里。公元前1200年，奥尔梅克人开始在圣洛伦索（San Lorenzo）建立美洲第一个城邦，并在区内、区外先后兴建了一些殖民城市；公元前900年遭外族入侵，奥尔梅克人放弃圣洛伦索，迁至拉文塔（La Venta），公元前500年都城又迁至特雷斯萨波特斯（Tres Zapotes）。奥尔梅克人种植玉米，驯养火鸡、犬，艺术成就（如石刻、泥塑等）卓异，创造了文字和历法，发明了球戏，建立了复杂的宗教和经济制度。通过贸易往来和文化交流，奥尔梅克影响遍及整个中部美洲地区，促进了各地政治、经济、文化的发展，为期约1250年（公元前1000~公元250年）。

查文王国都城查文德万塔尔（Chavín de Huántar），地处安第斯山中部地区的北部高原（今秘鲁境内）地带，为一宗教祭祀中心，由祭司掌管祭祀活动、指导农事活动、组织公共工程建设（如修建庙宇、宫殿，兴修水利等）。祭祀中心与周围村落相结合，形成了一种新型政治组织——神权政治国家。查文王国政治、经济、文化的发展带动了安第斯山中部地区太平洋沿岸和高原、山区各地的发展，形成了查文文化的"文化一统"时期。公元前200年前后，这"文化一统"被打破，太平洋沿岸地区、高原和山区一批政教合一的具有地方特色的国家，如莫奇卡（Mochica）、纳斯卡（Nasca）、帕拉卡斯（Paracas）、瓦尔帕（Huarpa）、蒂亚瓦纳科（Tiahuanaco）、普卡拉（Pucara）等，步入了列国发展时期，为期600多年（公元前200~公元450年）。各国农牧业大发展，耕种面积扩大，农作物达数百种，大批放牧骆马和羊驼，制陶、纺织、冶金等工业兴旺发达，工匠人数增多，工艺水平提高；城市扩展，人口增加。各国的发展应归功于国家职能的发挥。国家组织、指导了大型公共工程（如修建灌溉网、修筑梯田、修建庙宇和宫殿等）的建设和对外扩张活动。

公元 250~450 年，中部美洲地区和安第斯山中部地区历史发展先后进入古典时期，兴盛起了一批国家，其中国力较强盛、文化成就较著者为中部美洲地区的特奥蒂瓦坎（Teotihuacan）城邦、玛雅诸城邦和安第斯山中部地区的瓦里（Huari 或 Wari）帝国、蒂亚瓦纳科帝国。

公元前 200 年，特奥蒂瓦坎兴起于今墨西哥城东北约 42 公里处，公元 350~650 年为其鼎盛期，城池面积达 20 平方公里、人口约 20 万。国家实行神权政治，祭司执掌统治大权，以神的名义发号施令；其手工制造业、商业十分发达，拥有石器加工、制陶、木刻、皮革、纺织、制席等数百家作坊，从事当地贸易和长途贸易；建有"斜坡-层阶"结构的金字塔（如太阳金字塔、月亮金字塔、"克察尔科亚特尔"神庙等）、大型神庙、宫殿等，绘画、石刻精美，艺术成就辉煌。其政治、经济、文化影响通过贸易遍及整个中部美洲地区，带动了各地中小城邦［如今墨西哥境内的蒙特阿尔万（Monte Alban）、霍奇卡尔科（Xochicalco）、乔卢拉（Cholula）、埃尔塔兴（El Tajin）和今危地马拉境内的卡米纳尔胡尤（Kaminaljuyu）、蒂卡尔（Tikal）等］的发展。公元 750 年遭兵燹，城破国亡。

玛雅是一个地区、一个民族，有着统一的文明发展历史。玛雅文明孕育、发展、兴盛于今墨西哥的尤卡坦半岛、恰帕斯和塔巴斯科两州大部分地区，今伯利兹、今危地马拉大部分地区以及今洪都拉斯和萨尔瓦多的西部地区，整个地区面积达 32.4 万平方公里。根据其地理特征和文化发展状况，从南到北分为三个地区：太平洋沿岸平原和山麓地带、高原（分为南部高原和北部高原）和低地（分为南部低地、中部低地和北部低地）。其历史发展进程大致分为早期阶段（约公元前 1000~公元 250 年）、中期阶段（公元 250~1000 年）、晚期阶段（公元 1000~1500 年）。在早期阶段，太平洋沿岸、高原地带和中部低地兴起一些城邦，主要有伊萨帕（Izapa）、阿巴赫塔卡利克（Abaj Takalik）、埃尔巴乌尔（El Baul）、乔科拉（Chocola）、卡米纳尔胡尤、纳克贝（Nakbe）和埃尔米拉多尔（El Mirador）。这些早期城邦在中期阶段大多衰落，同时兴起了一批新城邦，主要有蒂卡尔、帕伦克（Palenque）、博纳帕克（Bonapak）和科潘（Copan）。公元 1000 年前后，这些兴盛一时的城邦相继衰落，北部低地和南部高原则先后兴起了一些新城邦，如奇钦伊察（Chichen Itza）、玛雅潘（Mayapan）、基切（Quiche）、卡克奇克尔（Cakchiquel）和楚图伊尔（Tzutuhil）。16世纪，整个玛雅地区被西班牙人侵占。

玛雅地区先后兴起的城邦均系独自发展，政治上一直没有形成统一体，但经济上互通有无，贸易十分发达。区域内的贸易往来促进了人员、思想上的交流，形成了文化上的传承，丰富了文化发展的内容。玛雅人的文化成就灿烂辉煌，具体表现在建筑、雕刻、绘画、数学、历法、文字等方面。玛雅人修筑的金字塔为神庙的台座，分层累积，少则二三层，多则至九层，最高者达47米，形制雄伟，岿巍矗立。玛雅更是世界上最早认识"零"这一数字概念的民族。

公元450年，安第斯山中部地区进入战国时期，历时1000年，分为前后两个阶段：前一阶段是两大帝国（蒂亚瓦纳科和瓦里）兴起、称霸时期；后一阶段为列国复兴、地方文化发展时期。

公元1～3世纪，蒂亚瓦纳科兴起于高原南部的的喀喀湖地区，发展成为一城邦；鼎盛于公元3～8世纪，农牧业、制陶业、金属加工业、境内和长途贸易高度发达；城市扩展，人口增加；建筑、石刻风格独特，形成了"巨石文化"，如著名的"太阳门"即为一整块长方形巨石。公元8世纪起，蒂亚瓦纳科向外扩张，进行殖民活动，掠夺本土稀缺的物资（如食盐、辣椒、玉米、古柯、玉石、珍贵木料等），其文化、经济、政治影响遍及今秘鲁高原、山区、沿海地带和今玻利维亚高原地区以及今阿根廷西北部地区和今智利北部沿海一带。公元12世纪，蒂亚瓦纳科帝国衰落、解体。

瓦里帝国是在瓦尔帕（Huarpa）古国的基础上形成的。公元前500年前后，瓦尔帕兴起于阿亚库乔（Ayacucho）地区，通过开渠筑坝修梯田，农业获得大发展；与沿海国家纳斯卡和帕拉卡斯交往密切，贸易往来频繁；金属加工技艺、制陶和纺织技术水平较高，从农村社会向城市社会过渡。公元500年，随着人口不断增加，耕地扩展受限，又逢气候变化、连年干旱，瓦尔帕开始衰落。公元6世纪末，瓦里国在瓦尔帕的衰落中兴起，在继承了瓦尔帕文化遗产的基础上，接受了蒂亚瓦纳科的文化、宗教信仰影响，迅速崛起，经济发展，人口增加，城市扩大，需求增长，中央集权强化，政治、军事力量大增，遂逐步向外扩张，公元6～7世纪兼并了南部和中部沿海地区，瓦里帝国形成。公元8～10世纪为瓦里帝国鼎盛时期，北界兰帕耶克（Lampayeque）和卡哈马卡（Cajamarca），南至库斯科（Cuzco）和阿雷基帕（Arequipa）。瓦里帝国通过建立起一套完备的行政机构加强统治，在帝国内修筑道路以便人员往来、信息沟通,采用结绳记事法,制陶、纺织、金属加工等业兴旺发达,生产呈专业化、规模化,开设有专业作坊,使用模具批量生产,产品质量显著提高。9世纪末10世纪初,帝国日趋衰落,1100年首府瓦里城(距今阿亚库乔市北25公里处)被毁,瓦里帝国解体。

瓦里和蒂亚瓦纳科两帝国的解体已是后古典时期的早期阶段(大约公元900~1200年)。帝国解体后,安第斯山中部地区进入后古典时期的晚期阶段(公元1200~1500年),即列国复兴和印加帝国建立、覆亡阶段。而在后古典时期,中部美洲地区则先后兴起两大城邦:早期阶段的托尔特克(Tolteca)城邦和晚期阶段的阿兹特克(Azteca)城邦。

瓦里和蒂亚瓦纳科两帝国解体后,安第斯山中部地区群雄并起,列国复兴,文化同一性消失,各地出现了新型文化。列国中最强盛、文化成就最显著者为奇穆(Chimu)国。奇穆国地处今秘鲁北部沿海地区,兴起于11世纪,1476年被印加帝国兼并。奇穆继承了莫奇卡文化、瓦里文化和蒂亚瓦纳科文化传统,其突出的成就反映在金属加工上,完全掌握了金属冶炼、锻造技术,还发展了镶嵌工艺,并发明了青铜冶炼技术。制陶业继承了瓦里的成就,使用模型制作,进行规模化、标准化生产。都城昌昌(Chanchan)坐落在莫切河谷,面积约28.5平方公里,人口达数十万,为政治、宗教中心,城市规划有致,建设有宫殿、庙宇、住宅、仓库、市场、菜地、工匠区等。昌昌古城是美洲古代城市建筑的典范。

公元12世纪,印加(Inca)国发祥于今秘鲁高原地区库斯科谷地,兴盛于十三四世纪。1438年印加开始向外扩张,先后征服了库斯科谷地的邻邦的的喀喀湖地区和卡哈马卡地区。1493年瓦伊纳克·卡帕克(Huaynac Capac)登基为王,统一安第斯山中部地区列国,形成统一帝国,疆土包括今秘鲁、厄瓜多尔、玻利维亚(不包括东部地区)以及智利北部和阿根廷西北部地区。1527年瓦伊纳克·卡帕克去世,两位王子瓦斯卡和阿塔瓦尔帕为争夺王位爆发内战,1532年阿塔瓦尔帕夺得王位。同年,西班牙人入侵印加帝国,谋杀阿塔瓦尔帕,占领首府库斯科,印加帝国灭亡。

印加帝国吸收了瓦里帝国和蒂亚瓦纳科帝国以及奇穆等国的文化传统,实行强有力的中央集权制,建立了一套完整的行政体制,统辖全国。修梯田、开沟渠,大力发展灌溉农业。天文、历法的发达又确保了农业生产的发展。专辟放牧场,饲养骆马、羊驼。房屋建筑多以巨石垒墙,发展成了举世瞩目的"巨石文化"。帝国境内修有通衢大道,连接全境各地,便于上情下达和下情上达、军力调动。纺织、制陶、冶金、医药等业兴旺,木乃伊的制作是帝国医学上的一大骄傲。使用结绳记事,名为"基普"(quipu)。印加帝国有没有文字,这"基普"是否就是一种文字,至今尚无定论。

公元700~800年间,托尔特克人从今墨西哥北部地区迁徙至位于今墨西哥城西北64公里的图拉地区,在继承特奥蒂瓦坎文化传统的基础上发展了起来,公元950年建立了城邦。首府图拉城建在山上,鼎盛时期面积达16平方公里,人口达6万。城中设有专门的石器、纺织、制陶等作坊,多民族聚居一城。山下为特奥特拉尔潘(Teotlalpan)谷地,萨拉多(Salado)河及图拉河流经其间。农民生活在谷地,专事农业生产,种植玉米、辣椒、豆类等作物。托尔特克人进行了政治革新,武士国家开始形成,政府趋于世俗化,实行"两头执政",即有两名最高首领:武士主持政务,祭司主持教务。图拉城邦与今普埃布拉州境内的夸乌奇南科(Cuauchinanco)、今墨西哥州境内的夸瓦潘(Cuahuapan)、今莫雷洛斯州境内的夸乌纳瓦克(Cuauhnahuac)和瓦斯特佩克(Huaxtepec)四城邦结盟,组建一最高委员会,设在图拉城。商人在联盟中起着重大作用。他们不仅从事贸易活动,还相互传递信息,肩负政治任务。托尔特克人的贸易活动范围几达今墨西哥全境,更远达今尼加拉瓜和哥斯达黎加。1150年前后,图拉城邦发生内讧,武士集团和祭司集团争权互斗,联盟瓦解,来自北方的奇奇梅卡人乘机入侵,迫使托尔特克人迁离图拉地区,一部分人前往尤卡坦半岛,一部分人移居墨西哥谷地和普埃布拉谷地。

1325年(一说1324年),阿兹特克城邦兴起于墨西哥谷地,1430年(一说1428年)与特斯科科(Texcoco)城邦和特拉科潘(Tlacopan)城邦结成"三方联盟",并充当盟主。阿兹特克人指挥"三方联盟"不断征战,向外扩张,进行殖民活动,势力扩及整个中部美洲地区。被征服的城邦、酋邦只是向"三方联盟"纳贡称臣,仍独立存在、自主发展,政治上形成了一种"中心-周边"式的松散的联合体制。阿兹特克人的经济生活以农业为基础。农业上的伟大创举是建造"奇南帕"(chinampa):为了扩大种植面积、增加生产,他们在湖区浅滩、洼地"围湖造田"以形成人工小岛或"挖沟造田"形成台地。阿兹特克人称这人工小岛和台地为"奇南帕",一年四季在上面种植庄稼(玉米等)和栽培瓜、豆、辣椒和花卉。首府特诺奇蒂特兰（Tenochititlan）城是全国手工业制造中心和商业中心。金银首饰和器皿、宝石、石雕、纺织、制衣、制陶、木刻等制作业百业兴盛，工匠来自他乡，产品大部分销往全国各地。从事长途贸易的商人形成了一个特殊的社会阶层。他们不光从事贸易活动，还充当间谍，收集情报，向"三方联盟"报告，成为"三方联盟"从事扩张活动、进行政治控制的参谋和助手。阿兹特克人十分重视教育，继承了奥尔梅克、特奥蒂瓦坎、玛雅和托尔特克的优秀文化传统，创造了图画文字，记录了其历史、宗教、历法、动植物等知识和税收、贸易等情况。西班牙人占领特诺奇蒂特兰时，烧毁了几乎所有的阿兹特克典籍。

跋　　语

西班牙人的入侵和征服中断了以阿兹特克为首的"城邦联盟"、玛雅诸城邦和印加帝国独自发展的历史进程，但其历史之魂——文化犹存。这文化——拉丁美洲古代印第安人在其历史发展进程中独自创造的物质财富和精神财富之总和——融入了新时期拉丁美洲历史发展进程，继续影响着拉丁美洲国家文化和历史的发展，并影响着拉丁美洲国家现代化的发展进程。从拉丁美洲古代史的发展状况来看，拉丁美洲古代印第安传统文化为拉丁美洲现代化的发展注入的是"正能量"，而不是负面影响。拉丁美洲国家现代化发展滞后的真正原因是新、老殖民主义的统治和对拉丁美洲古代文化的破坏和摧残。

拉美研究中的"哥德巴赫猜想"

张家哲*

自我开始进入拉丁美洲研究领域以来,大概已经过去几十年的光阴了!期间,我曾经研究和接触过的问题或课题可以说有很多很多,如印第安文化、拉美独立运动、拉美解放战争、拉美反帝反殖斗争、拉美文化、拉美历史、拉美现代化、拉美进口替代理论和政策、拉美对外关系,等等。在研究这些问题的过程中,我都找到了不同程度广度和深度的解答,自己对它们也是比较满意或满意的。但唯独有一个问题始终萦绕在我的脑际,我虽然多方思索探求,但至今也没有找到一个比较满意的答案。那就是:资源如此丰富、自然条件如此良好、具有悠久历史文化并在亚、非、美各大洲中独立得很早的拉丁美洲大陆和岛屿,却始终没有一个国家进入发达国家的行列,老是在"发展中国家"的行列中上下沉浮!

的确,曾经有不少学者从不同的角度对这一现象进行了解释,提出了这样和那样的理论和答案,但我始终都不能感到满意,认为它们只是其中的一种角度或理由。譬如,曾经提出很多的解释之一是"殖民地缘由论",即拉美曾长期是西、葡、英、荷等欧洲资本主义国家的殖民地,饱受这些国家的压迫、剥削和掠夺,因此发达不起来。确实,这种理论可以部分地解释拉美的长期不发达,但却不能全面地回答我上面提出的问题。因为,同样曾经做过殖民地的美国、加拿大、澳大利亚、新西兰、新加坡、韩国(日本殖民地),以及在拉美大多数国家独立时发达程度还远远落在后面的日本,现在都已步入了发达国家的行列,把拉美远远地甩在了后面,而拉

---

* 张家哲,上海社会科学院发展中国家研究中心,研究员。

丁美洲却没有一个国家步入发达国家行列。而有些欧洲国家，如德国、意大利及一些北欧国家，在拉美国家纷纷独立时，或是连国家都没有统一，全国尚处于四分五裂之中（德国）；或是尚处于奥匈帝国的殖民统治之下（意大利），或是当时的社会发展水平都未必高出墨西哥、阿根廷、智利等拉美国家（北欧国家），那为什么二百年之后，双方的发展程度却出现了如此大的差异呢？可以说，对这个问题的全面解答，就是拉丁美洲研究中的一个"哥德巴赫猜想"。

但是，我本人在有生之年恐怕已解决不了拉美研究中的这个"哥德巴赫猜想"了，不过我很想学习一下钱学森大师，像他在生前提出他的"钱学森之问"那样，提出几个"张家哲之问"，算是我对比我年轻的后继者们留下一份学术留言吧。

第一"问"：拉美的土著文明——印第安文明究竟达到了什么样的高度？在整个世界古代文明中到底处于什么地位？我觉得，对于这个问题我们应该给予一个客观、公正而实事求是的评价，不能因为某些政治需要，为了反对和批判欧洲殖民主义，或是为了满足我们的某些偏颇理论，一味地"拔高"和"赞颂"拉美土著文明，将它们拔高到不应有的高度！

第二"问"：如何历史地、客观地和实事求是地看待欧洲殖民者入侵拉丁美洲？是不是欧洲殖民国家和殖民者对拉丁美洲只有负面作用，而没有任何推动拉丁美洲历史前进的作用？如果没有西方殖民者的入侵，印第安人社会是否会"自发地"步入资本主义和现代化，与整个人类社会一齐走向现代文明社会？这个问题十分复杂和艰深，它牵涉到整个人类历史发展的规律。我觉得，马克思的《不列颠在印度的统治》一文，已经为我们提供了一把深入研究的钥匙。我有幸到印度进行了两次访问，有机会接触了印度社会的一些基层层面，随着我对印度社会观察的深入，我觉得马克思的见解非常深刻和科学。

第三"问"：如何历史地、客观地和实事求是地看待美国在拉丁美洲历史进程中的作用？美国是不是只起着"霸权、侵略、压迫、掠夺、剥削、阻碍"等负面作用，而没有一点推动、促进和援助作用？美国对拉美国家来说是不是也具有双重性？如果真的是只有负面作用，那又如何看待大部分拉美国家都把与美国搞好关系放在其对外关系的首位，尽量争取搞好与美国的关系（当然并不意味着一味迁就美国）？如何看待历史上许多国家，甚至大片国土被侵吞的墨西哥（1976年）都曾积极要求全国并入美利坚联邦呢？为什么拉美人首选的移入国家（合法与非法）是美国，乃至现在拉美裔移民已成为美国最多的少数民族呢？

第四"问"：包括印第安文化和混血文化在内的拉美文化对拉美社会的发展和现代化进程到底起着什么作用？拉美文化对于至今依然没有一个拉美国家能步入发达国家行列是否负有相应的责任和关联性？民族素质有没有高低？民族素质对于一个国家的发达程度是不是具有重大影响？

以上"之问"如有荒谬之处，望各位不吝指正。

全球化背景下的拉美印第安传播事业

李 菡[*]

内容提要：在全球化背景下，伴随拉美印第安社会运动的崛起和信息社会的发展，拉美印第安传播事业呈现区域性和专业性发展态势。印第安人以影像和互联网为主要媒介发展自己的传播事业，阐释自己的理念，展现印第安人的价值观和民族特性，增强外界对自身的认知，发挥影响社会和政治进程的重要作用。虽然印第安传播事业的发展面临经济、政治和社会资源等方面的局限，但是它作为一种自下而上的传播模式有利于推动传播民主化。这表明印第安人开始拥有话语权，获得了表达经济和社会利益诉求的渠道。印第安传播事业的发展在当今全球化背景下尤其具有重要意义。

关键词：拉丁美洲 印第安传播 土著传媒

一 印第安传播事业的含义

印第安传播[①]是印第安人利用传媒工具发展自己的传播事业，阐释自己的理念、价值观和民族特性，增强外界对自身的认知，促进相互了解，发挥影响社会和政治进程的作用。从社区广播和电视到电影，从视频艺术和报纸到互联网和社会媒体，印第安人利用这些工具打破大众主流媒体对本

---

[*] 李菡，中国社会科学院拉丁美洲研究所社会文化室，助理研究员。
[①] 本文中的印第安传播是以全球化为背景，强调印第安人在新世纪时期运用新科技实现信息传播，传播媒介包括广播、电视、互联网、电影、录像、纸质媒介等，印第安人的传统口头传播方式不在本文叙述之内。

族群的陈旧认识观念。

印第安人通过行使传播权争取社会权利，体现了当今时代日益加深的集体和社区参与传播的趋势。近二三十年，拉美印第安人的社会和政治主体性意识不断增强。属于印第安人的传播媒介是从印第安族群的整体视角出发，在社会活动家、导演、记者和学者以及基金会等的支持下构建的跨国传媒网络和共同体。印第安传播是对排斥、歧视和濒临灭绝境地的土著文化做出的回应，是在全球化浪潮中为维护生存权利和民族特性发出的声音。

拉美是世界土著传媒发展的重要地区，居住在这里的约4000万印第安人是推动世界土著传媒发展的先锋力量。2012年8月9日，联合国举办"世界土著人国际日"，主题是"土著传媒，加强土著声音"。在这次活动中，主办方放映了秘鲁印第安文化中心（CHIRAPAQ）制作的纪录片《时间之声》（Voces de los Tiempos），介绍了安第斯地区和亚马孙地区印第安人尤其是女性致力于土著传媒工作的过程。

二 印第安传播事业发展的两个因素：社会运动和信息社会

拉美印第安传播事业的发展是印第安社会运动崛起和全球化信息社会发展并相互作用的结果。一方面，印第安社会运动的崛起与种族意识的形成为印第安传播事业奠定了基础。另一方面，拉美社会各阶层融入现代信息社会的趋势明显，信息技术不仅在加强国家和地区社会团结方面具有重要作用，而且也是文化行动主义的战略工具。

（一）印第安传播事业与社会运动

近二三十年，拉美印第安人的示威游行、大型社会动员、反暴力和要求土地和自由的集体行动呈现不断崛起之势。20世纪90年代初，拉美印第安运动崛起的主要标志有厄瓜多尔印第安民族联合会（CONAIE）组织的全国大罢工（1991年），"Abya Yala 500年的杀戮"（1992年）[1] 抗议活动和

---

[1] "Abya Yala"一词来自巴拿马印第安人库纳族使用的语言，意指"丰饶的大地"。"Abya Yala 500年的杀戮"是指1992年拉美印第安人抗议西方世界庆祝"地理大发现"500周年而举行的一系列"反庆祝"活动。

墨西哥萨帕塔民族解放军发动的恰帕斯起义（1994年）。这一系列社会运动以反对全球化和新自由主义改革为背景，引起国内外的广泛关注。相较于20世纪70年代的印第安社会运动，90年代的社会运动呈现一大特点，就是注重运用各类媒介传播自身主张，争取外部关注。

印第安人通过媒介扩大影响，壮大社会运动，不仅获得公民社会的普遍支持和国际社会的认可，而且增强了族群的主体意识，成为国家政治权利的重要代表，印第安文化也成为国家文化的代表。拉美印第安人利用信息技术和媒体，努力传播政治自决、文化和种族平等这类新话语。因此，社会运动需要媒体来实现传播过程，两者有着密切联系。美国历史社会学家查尔斯·蒂利（Charles Tilly）认为："自18世纪社会运动刚刚兴起，报纸、杂志、小册子以及其他印刷传媒就在传播社会运动的消息，它们宣告即将开始的行动，评价这些行动，并对这些行动的成败予以报道。20世纪传播媒介的变革与扩展，为社会运动提供了前所未有的机遇和展示。"[1] 由此可见，媒体是反映社会运动发展的重要渠道。

随着21世纪传媒技术的迅猛发展，报纸、广播、电视等新闻媒体，互联网及社交媒体都对社会运动产生了全新的影响。20世纪80年代以来，印第安族群利用一系列传播媒介，如影像、广播和互联网等，传播印第安人的诉求、讲述印第安土著人在环境保护、经济发展、教育和卫生等方面所面临的问题，宣传本族群的口述传统、宇宙观、民族文化、历史和语言。与此同时，在一些国际会议和印第安文化传播活动中，许多机构和团体开始提出和关注印第安人对传播权的诉求。

印第安人不仅限于"网络行动主义"（cyber activism）[2]，而且也通过无线电传播报道印第安族群的信息，无论这种无线电传播是否属于印第安人的组织。所有这些举措都体现了该族群的传播战略，即有效联系族群内部各组织和成员，同时努力向大众媒体传递信息，把受众面扩大到所有公众。

---

[1] 查尔斯·蒂利：《社会运动 1768~2004》，胡位钧译，上海人民出版社，2009，第116~117页。

[2] 克劳迪娅·维亚格兰·穆尼奥斯：《印第安大众传媒的兴起：社会自我表征的集体行为与合法性》（Claudia Villagrán Muñoz, "Emergencia Indígena Mass Mediática: Acción Colectiva de Autorepresentación Social y Legitimación"），智利大学传播与影像研究所：《传播与媒介》第21期，第92页。

(二) 印第安传播与信息社会

在当代社会,"随着大众传媒向社会传播的信息的日益增多,社会经济状况较好的人将比社会经济状况较差的人以更快的速度获取这类信息。因此,这两类人之间的知识鸿沟将呈扩大而非缩小之势"[①]。"知识鸿沟"现象的存在和扩大是由社会经济地位的不平等造成的。而反过来,"知识鸿沟"的扩大又加剧了社会经济地位的不平等。在信息技术领域,各群体之间信息化程度差别较大。信息贫乏群体缺乏基本的信息设备和利用信息的能力,所以他们的发展潜力和参与机会就更少。同时,日益扩大的"数字鸿沟"将加剧种族冲突和贫富两极分化。由此可见,"知识鸿沟"和"数字鸿沟"都表明,社会经济地位是考察信息传播效果的主要变量。拉美是一个经济和社会发展严重不平衡的地区,作为拉美传统弱势群体,印第安人在经济、政治和社会领域处于边缘地位,他们获取和掌握信息传播的技能很低,日益被信息传播技术边缘化。

然而,面对全球化的挑战,信息社会在改变人们获知、传播和组织方式的同时,也为那些要求借助媒体融入现代社会的群体提供了机会。随着经济的发展,在新的传播技术投入市场和成熟之后,普及成本很快大大降低,这不仅有利于信息传播与知识普及,同时也为受排斥的群体提供了参与经济、社会和文化生活的有效工具。随着印第安人主动加入各类信息传播组织和掌握传播技术,他们不仅提高了获取信息的能力,而且建立了信息网络,加强了印第安各民族之间的交流和互动,推动和影响国家政治进程,改善自身处境。在这种情况下,通过媒体构建的印第安人的"抵抗场域",为"数字鸿沟"向"数字机遇"转变提供了可能。2010年,哥伦比亚召开"Abya Yala 印第安文化传播峰会",会议提出将传播视为印第安人的权利,强调传播自主权,包括以法律形式认可印第安人的传播权利,由社会和公共政策确保印第安人获取传播资源和技术。

[①] 沃纳·赛佛林、小詹姆斯·坦卡德:《传播理论——起源、方法与应用》,郭镇之等译,华夏出版社,2000,第274页。

三 印第安传播的主要媒介：影像和互联网

印第安人从20世纪70年代开始涉足媒体，尤其是广播。90年代以来，影像和互联网成为印第安人发展最快的媒介。

（一）影像

1991年，墨西哥全国印第安研究所（Instituto Nacional Indigenista）提出"印第安影像"一词。印第安人使用影视手段介入政治，记录历史和现实，保护自己的语言、文化和历史，同时将这些传统在代际中传承，维护该族群的特性。人类学家埃丽卡·沃瑟姆（Erica Wortham）认为："印第安影像如同土著、印第安人等词语一样，体现着印第安人争取民族自决的基本政治态度。"①

在非印第安人制作的影像作品中，印第安人以负面形象或只流于民俗形象而被边缘化。印第安影视的出现是对当今拉美影视作品忽视或异化印第安人的回应。科技发展带来影视制作成本下降，打破了发达国家和地区对影像的垄断，促进了电影的民主化进程。在纪录片和故事片创作中，印第安人打破了私营商业垄断，可以从自己的视角创作电影、系列片和纪录片，破除影视中的各种陈规，使用少数民族语言。此外，印第安影像的发展也是各村社集体参与的过程。因此，印第安影像具有与其他影像作品不同的特点：

（1）是一种集体且非专业制作模式。
（2）由印第安人制作。
（3）不以市场为导向。
（4）实行非资本主义方式的版权制和交换制。

印第安影像的内容涉及各民族的历史、文化、土地权利、传统医药、童工、教育、政治参与、女性、宇宙观和生态问题等。这些主题反映了印第安人的诉求，从30年前基本物质条件（土地、经济资源）上升到认可整

---

① 阿玛利亚·科尔多瓦：《扎根美学：走近拉美印第安影视》（Amalia Córdova, "Estéticas Enraizadas: Aproximaciones al Video Indígena en América Latina"），智利大学传播与影像研究所《传播与媒介》第24期，第81~107页。

个族群的文化、语言、艺术和思想诉求,从"被动地抱怨"走向"积极地建议"的战略姿态。① 这种诉求的变化与族群意识形成过程有着内在联系。在一些拉美国家,印第安人已从相互孤立的各部落发展成一个非集中化却又相互协调自治的族群,并呈现出社会主体性姿态。

印第安影像事业从单个媒体逐渐形成区域性的传播网络,这与拉美印第安传播与电影协调委员会(CLACPI)和玻利维亚影视制作培训中心这两个机构密切相关。

拉美印第安传播与电影协调委员会于1985年在墨西哥成立,并召开第1届拉美印第安电影节。它的成立是印第安文化传播事业的标志性事件。委员会最初是在以印第安人为主题的电影制作人的倡议下创立的,现已成为整个拉美地区印第安组织与个人展示影视作品的平台,以其独立视角向全世界呈现拉美印第安人的生存状态。拉美印第安传播与电影协调委员会由来自13个拉美国家的36个组织构成,其中包括诸多影像制作中心、基金会、传播中心和印第安组织机构。委员会举办的拉美印第安国际电影节是拉美地区乃至全世界最具影响力的土著电影。电影节每两年举办一次,现已在拉美9个国家连续举办了11届。电影节为媒体提供平台,形成一个共同体和区域性或国际性公共空间。电影节逐渐扩大了印第安影视作品的影响力,同时也为各国的印第安影视制作培训中心提供了创作空间,有力地推动了印第安文化的传播。

从20世纪80年代末到90年代中期,巴西、墨西哥、玻利维亚等国先后创建了影视制作培训中心。目前拉美已有十多个影视制作培训中心,其中尤以玻利维亚影视制作培训中心(CEFREC)最为著名。该中心于1989年在玻利维亚拉帕斯成立,创始人是玻利维亚著名电影导演豪尔赫·圣希内斯(Jorge Sanjinés)的儿子伊万·圣希内斯(Ivan Sanjinés)。玻利维亚影视制作培训中心是一家全国性的非营利性服务机构,致力于发展文化传播事业。

玻利维亚影视制作培训中心改变了当时影片制作主要限于人类学或种

---

① 胡安·弗朗西斯科·萨拉萨尔:《拉美的土著行动主义:信息传媒技术的文化构建战略》(Juan Francisco Salazar, "Activismo Indígena en América Latina: Estrategias para una Construcción Cultural de las Tecnologías de Información y Comunicación"),澳大利亚西悉尼大学《拉丁美洲和伊比利亚研究》杂志,2002年12月,第63页。

族学研究的现状，用电影来反映印第安普通民众的诉求、价值观，拍摄反映他们生活的影像。1995年，影视制作培训中心加入拉美印第安传播与电影协调委员会，开始筹备第5届拉美印第安电影节，推动和协调玻利维亚与其他国家印第安影视作品的制作和发行，并提出实施全国印第安传播计划。这是玻利维亚第一个关注印第安人的专业传播团队，他们深入尚未拥有电影甚至电视的印第安村社进行人员培训。经过4年的努力，影视制作培训中心于1999年在拉帕斯展映了第一批由印第安人自己制作的视听作品。自此，印第安人开始自己制作电影。该中心创建的全国视听传播网覆盖玻利维亚100多个印第安村社，创作了300多部作品，包括故事片、纪录片、音乐和教育节目。中心还参加了拉美、欧洲和北美等地举办的国际电影节，并获得了一系列奖项。

玻利维亚影视制作培训中心不仅在国内而且在阿根廷和智利建立了一批影视培训工作室，还与秘鲁、哥伦比亚和巴西等国家的影视制作培训中心开展合作。中心努力打破具有局限性的学院式培训模式，强调实践与理论相结合。

拉美印第安传播与电影协调委员会和玻利维亚影视制作培训中心的发展表明，印第安影视逐渐形成区域性和国际性的传播特征，不仅表明印第安影视的专业性增强了，规模扩大了，而且更强调传播过程，即通过建立一种新的模式，寻找印第安文化的特性和共性，赋予每个民族文化相同的地位和权利。这个传播过程也是对社会权利、印第安人现状以及反殖民化的认知过程。

（二）互联网

20世纪90年代以来，印第安人开始利用互联网建立网络社会组织运动。

1994年1月1日，萨帕塔民族解放军在墨西哥南部恰帕斯州发动游击队武装起义。这次起义被曼纽尔·卡斯特（Manuel Castells）称为"第一场信息化的游击运动"[①]。同时，奥利弗·弗勒林（Oliver Froehling）认为："恰帕斯起义很大程度上是通过互联网上的行为组织起来的，它集结了网络

---

① 曼纽尔·卡斯特：《认同的力量》，曹荣湘译，社会科学文献出版社，2006，第83页。

社区的支持者,这说明网络作为一种技术工具为社会运动提供的可能性和局限性。""由于网络空间和其他社会空间之间持续地相互联系,互联网才得以成功地将墨西哥南部组织起来,这避免了空间范围对于事件发生的制约。""互联网的作用在于它扩大了事件(恰帕斯起义)的范围,这使得事件的可见度提高,并且吸引了起义直接发生地之外的人成为事件的行动者。"①

恰帕斯起义的原因有三个层面,首先,这是一场反对当地部族势力和大庄园主,要求夺回土地,摆脱贫困、饥饿和落后的斗争;其次,以"民主、自由和公正"为最终目的,要求墨西哥政府实行社会变革;最后,起义发生在《北美自由贸易协定》生效之日,这也是一场反对新自由主义和全球化秩序的运动。互联网成为这场运动的信息平台,运动的参与者从萨帕塔民族解放军扩大到墨西哥国内外各社会阶层。他们不仅向起义者提供物资和经济支持,同时还组织示威游行,呼吁政府停止武力镇压,形成了一个"广泛的民间萨帕塔主义"。正是因为互联网的作用,这场运动超越了恰帕斯地区的地域限制,把影响扩大到全国和世界其他地区。因此,互联网是使这场运动得以产生、组织和扩展的重要媒介。

萨帕塔民族解放军及其国内外支持者利用互联网,绕过主流媒体,打破现有权力结构自上而下的控制方式,将革命信息和动态传播出去,引发公众社会的"共振效应",形成强大的舆论氛围,一场传统革命被网络"放大"成全球性事件,引发一场网络社会运动。最先利用网络推动运动发展的机构主要是国际非政府组织和墨西哥国内的一些非政府组织。不久,游击队首领马科斯(Marcos)意识到媒体的重要性,他通过手机、影像和互联网把恰帕斯地区的信息发送至全世界。因此,这个跨国萨帕塔主义网络信息首先来源于萨帕塔民族解放军和印第安人,其次来源于国内外媒体和非政府组织派驻恰帕斯地区的记者,最后是恰帕斯地区以外的关注和支持该运动的群体,他们通过网站、电子邮箱传播信息,以萨帕塔民族解放军为主题的官方和非官方网站达50多家。这些网站被视为开放的信息空间,设

---

① 奥利弗·弗勒林:《恰帕斯地区的网络空间"互联网和文字之战"》(Oliver Froehling, "The Cyberspace 'War of Ink and Internet' in Chiapas, Mexico"),《墨西哥地理回顾》87卷2册,第291~307页。转引自《现代集体行为中的新结构要素——网络助燃理论探讨》,《江苏社会科学》2009年第6期,第85页。

置公众议程，广泛吸引民众关注，使分散的个人意见汇集成舆论压力，利用国际公共舆论压力，避免墨西哥政府实施大规模武力镇压，并最终迫使政府签订了承认印第安人权利的协定。

恰帕斯起义表明，以前印第安人由于未掌握大众传媒资源，难以跨地区集结参与者而影响力不足，而今互联网则令形势大为改观，它具有多元民主与公平参与的潜能，有助于印第安人表达诉求和参政议政，成为印第安人整体性崛起的推动因素之一。

厄瓜多尔最主要的社会运动组织——厄瓜多尔印第安民族联合会也强调网络的重要性，虽然其影响范围不及恰帕斯起义，但从某种程度上却反映了印第安人致力于发展传播战略的趋势。

厄瓜多尔印第安民族联合会于1986年成立，1996年主导建立了印第安人政党"帕查库蒂克运动"。联合会从20世纪90年代初就利用电子和纸质简报宣传自己的政治态度，在全国公共领域产生影响，同时还建立传播机构，用于培养印第安人管理和运用媒体的能力，传播各类信息。1997年，联合会通过非政府组织"本土网"（Nativeweb）建立门户网站。2005年开始完全掌控自己的网站，不仅上传大量图片，而且还有2001年厄瓜多尔印第安人发动起义的视频。多媒体和互联网的综合运用对发展印第安文化传播具有重要作用。厄瓜多尔印第安民族联合会还提出实施推动公众参与的跨文化传播政策，构建一个全球性的抵抗活动空间。

由此可见，互联网的开放性和互动性不仅有利于印第安人获得更高的参与度和关注度，而且可以使他们在社会运动中传播自己的话语、形象和符号，通过理性方式传递本族群的思想，通过网络实现自我表达，建构集体，增强民族认同感。

四 印第安传播事业的意义及存在的问题

在拉美高度商业化的私人媒体和政权相结合的市场模式下，印第安传播作为一种自下而上的传播模式呈现出区域化和专业化态势，这有利于推动民主的传播。然而，囿于经济、政治和社会资源的匮乏，印第安人的传播能力和媒介接触能力十分有限。一方面，发达国家和地区对信息技术的垄断不利于印第安人获取信息技术及相关基础设施；另一方面，印第安语言如何在传播中获得与主体语言相等的地位也是传播战略面临的问题。

总之，印第安传播事业的发展进程表明，印第安人正在利用各种传播媒介把握话语权，开始拥有表达经济、政治和社会利益诉求的渠道。印第安传播在当今全球化背景下具有以下重要意义。

第一，作为一种维护自身文化和身份的传播战略，有助于宣传印第安人的宇宙观、民族特性、价值观、文化、语言和追求。

第二，作为抵御全球化冲击的反抗过程，提示人们如何应对迅猛发展的高科技对印第安人传统农作物经济和土地资源造成的破坏，如何实现民族自治，保护和合理利用自然资源，传播人类与自然和谐发展的生态计划。

第三，作为构建印第安族群发展与生活的新空间，强调全世界土著人之间相互学习，交流发展经验，建立一个可以替代资本主义发展模式的文明规划，其中包括可持续利用森林和水资源，推动新的替代性发展。

第四，作为推动文化间交流的机制，强调不带有歧视性地对待"他者"。这个"他者"是其他印第安民族或非印第安人。这种跨文化性在于不仅接受不同的"他者"，而且尊重文化的多样性和其他民族对世界文明作出的贡献。因此，印第安传播事业体现了这些具有特性的民族与世界和谐相处，以平等对话方式推动社会发展的进程。

第五，作为一种权力和公共权利，强调传播自主权，在多元文化和语言的框架下维护本民族的精神世界。

从电影《观鸟者》看全球化进程中的拉美印第安文化

韩 晗[*]

内容提要：在全球化进程不断深入发展的今天，拉美大陆正在经历着西方所提倡的现代化与印第安传统文化间的博弈。当现代社会面临诸如环境、资源等发展瓶颈时，印第安人不应被片面地视为社会问题；摒弃文化偏见，从平等的文化多样性角度出发，才能认识印第安文化的真正内涵。本文试从影片《观鸟者》所反映的拉美文化为背景，以印第安人思想"好的生活"（buen vivir）、"帕恰妈妈"（Pachamama）为线索，分析原住民提出全球化困境的文化解决之道。同时，简述全球化进程中印第安文化所遇到的文化偏见，并试探讨如何对待印第安文化的现实作用。

关键词：印第安文化 《观鸟者》 "好的生活" "帕恰妈妈" 文化本位偏见

全球化为我们带来便利的同时，伴随着新自由主义经济模式的发展，人们不可避免地陷入了盲目追求效率、过度开发的怪圈。经济危机、粮食危机、环境危机、能源危机随着"全球化"进程加快也向人们逼近。正如加勒特·哈定（Garrett Hardin）在《公用地之悲剧》（*The Tragedy of the Commons*）一文中展现的智慧和洞察力一样，人类再也不能继续加剧有限资源的消耗了。今天，各种资源面临着过度开发的境遇。因此，继续呼吁利

---

[*] 韩晗，中国社会科学院拉丁美洲研究所，助理研究员。

他主义是徒劳无益的。①

为解决上述困境,各国学者依托不同学科理论,提出了"绿色经济""生态社会主义"等观念。通过转变发展模式,实现良性全球化发展的共识也在各领域逐步形成。而最根本的解决之道,则在于转变人们的价值观与文化理念。众所周知,全球化的今天也是文化多元化的大发展时期。同时,多元文化的健康发展,远不仅是对于所谓"弱势"文化的保护,摒弃文化偏见或所谓文化"高级""低级"之分的观点才是根本。只有以平等的视角了解不同文化的历史积淀,才有可能更好地面对甚至解决今天全球化进程中的发展困境。

在全球化进程中,拉美印第安文化其实与之存在着辩证关系。西方所提倡的现代化与印第安传统文化间的博弈过程是相互影响且具有积极意义的。印第安人本能的"可持续"发展观,与随全球化进程席卷各国的消费主义发展方式正经历着胶着状态。电影《观鸟者》中经常提到的就是森林,但在影片中关于森林的画面却很少。对森林的砍伐是殖民主义、资本主义农业经济发展所不可避免的资源耗费。当工业化社会面临诸如环境、资源等社会发展模式困境时,印第安文化为其提供了已经历史证实的可持续发展道路。在一本印第安人著述的神学著作中,作者曾这样写道:"我们不是问题,我们是解决办法。"② 他们为何如此说?本文试从影片《观鸟者》所反映的拉美文化内涵出发,从印第安思想的角度分析全球化进程中的另类发展道路选择,并探究至今仍经历文化偏见的印第安思想的现实作用。

一 影片《观鸟者》背后的故事

2008年上映的《观鸟者》,是第65届威尼斯电影节的参赛影片。影片反映了印第安原住民和当地白人农场主间,围绕土地这一几百年来的根源问题产生的沟通、冲突和矛盾。本片故事发生地为巴西西部南马托格罗索州(Mato Grosso do Sul),在规模化种植农业发展过程中,世代居住于亚马

---

① 爱德华·霍尔:《超越文化》(Edward T. Hall, *Beyond Culture*),何道宽译,北京大学出版社,2010,第2页。
② 埃莱阿萨·洛佩斯·埃尔南德斯:《印第安神学文集》(Eleazar López Hernández, *Teología India Antología*),韦尔博·迪维诺出版社,2000,第6页。

孙森林的瓜拉尼-卡依奥瓦族人（Guaraní-Kaiowá）沦为失地印第安人。全球化进程带来了白人农场主对印第安人的新一轮殖民浪潮。前者通过维护强者利益的形式法律，从瓜拉尼人手中夺走了残存的土地。今天，几百年来在殖民史中饱受屠杀、疾病以及老殖民者剥削的瓜拉尼人苟活在保留地中，靠打短工、充当旅游道具模仿祖辈生活习惯艰难生存，一些年轻人因对生活失去信心，在极大的精神创伤中选择了自杀。在巴西无地农民运动的大背景下，瓜拉尼人聚集起来，在首领纳迪奥（Nadio）的带领下开始了抗争，希望夺回重若生命的土地。

本片的可贵之处在于所有桥段皆源自真实生活，有助于人们正确了解南美印第安人的真实困境。导演马可·贝奇斯（Marco Bechis）表示：《观鸟者》是给他的良师益友——阿根廷著名演员恩里克·阿里曼的献礼。他拍摄《观鸟者》的初衷——关注印第安人生存状态源于阿里曼的启发。本片选择了230位巴西瓜拉尼人参与拍摄。饰演印第安首领纳迪奥的演员就是夺回土地运动的真实倡导者并曾亲历片中诸多情节：年轻人自杀，瓜拉尼首领因参与夺回土地运动被白人农场主杀害，形式法律却并未保护他们等。

电影《观鸟者》是一部具有代表性的印第安题材电影，在真实展现瓜拉尼人生活现状的同时，深刻反映了印第安人在新殖民浪潮下所面临的诸多困境，影片从印第安人和白人两个视角，介绍了南美印第安人问题。

白人与瓜拉尼人在南美共生的几百年中，前者在殖民时代结束后借鉴西方法律体系，建立了有助于自身发展的现代国家机器。视土地为资源的土生白人在有待改进的法律体制下，获得大片土地的所有权，使用大型农机设备并进行农场化种植。他们视印第安人为阻碍现代化发展进程和规模化农业的最大阻力，时至今日仍对印第安文化存有诸多偏见。

而印第安人在今天则面临如何继续传承本民族文化，甚至是生存权的严峻问题。在印第安文化中，土地不仅是生活来源，更被视为生命的一部分，是印第安文化和精神根基。被迫进入保留地生活的原住民，所面临的并不仅是简单的生活方式或家园位置的改变，与传统生存空间的完全脱离和土地的丧失，对瓜拉尼文化发展造成了毁灭性破坏。印第安人不得不为了生存、重新获得他们的土地和重享他们的生活方式而努力。同时，印第安人的社会权利并未随着殖民制度的消失而完全恢复。他们在民主化进程遍布全球的今天，依旧面临政治、经济、社会保障、教育等基本权益难以保障的困境。

二 电影中的两视角——印第安人视若生命的土地与白人眼中的资源

这部电影英语片名为《观鸟者》(*Bird Watchers*)，意大利语片名意为《红色人的土地》，即《印第安人的土地》(*La terra degli uomini rossi*；拉美地区将其译为 *La tierra de los hombres rojos*)。

《观鸟者》，本意指现代旅游业发展项目之一，业已在全球形成固定游客追捧的旅游新趋势。影片立足于欧洲旅游者、土生白人的视角：影片开头是一群坐船参观亚马孙雨林的欧洲游客，他们拍照、观鸟、猎奇原住民的生活。雨林对于他们来说是景色、珍禽栖息地以及日常食物的来源地。同时，经伐木焚烧等方式开垦为良田的雨林，成为土生白人的资源。大豆、甘蔗等作物代替了印第安人的物质文化依托——雨林。

2009年秘鲁发生印第安人与政府间的冲突，起因就是现代发展观念与印第安传统文化的差异性。2006年加西亚第二次就任秘鲁总统以来签署多项法令，开放了印第安人居住的大片亚马孙雨林区，通过优惠政策鼓励外国投资者到那里进行投资、从事石油勘探和其他自然资源开发项目，希望借雨林自然资源的开发实现本国经济发展。但过分看重短期经济利益，使政府没能制定必要的开发规范。随后，未征求当地居民意见的开采活动严重破坏了当地的水源与环境安全，最终引发了当地人愈演愈烈的抗议。雨林印第安人提出：他们的抗议并非盲目抗拒发展，而是希望对亚马孙地区的开发能够尊重他们的文化，在开发资源的同时不损害雨林生态。他们遵循宇宙母亲传统文化观念、强调与自然和谐共生的做法不仅可以实现对不可再生资源的合理开发，同时也有助于这个多民族国家历史与文化的可持续发展。

《红色人的土地（印第安人的土地）》这一题目就反映了原住民的这一视角：他们坚守印第安文化中对土地的尊重及与自然共生的和谐思想。几个世纪以来，印第安人世代居于被誉为"地球之肺"的亚马孙雨林，在印第安人统御这片脆弱土地时，从未出现过"生态危机"等环境问题。而没有环境污染或可持续发展困境的根本原因并非他们"原始"或不事生产，亦不是因为所谓的人口稀少，在哥伦布"发现美洲"以前，南美大陆是拥有众多印第安人口的富饶之地。印第安人固守的文化观念值得人们了解与重视。因为今天严峻的环境问题不应仅依赖环保法律条文约束，更多的需要人们转变发展观，重拾对自然的关爱。

2008年，在玻利维亚首都拉巴斯召开了题为"印第安人民保护生物多样化：森林砍伐与气体排放对气候变化的影响"的国际会议，与会者包括来自美洲中心印第安委员会、亚马孙流域土著居民组织协调会（COICA）、联合国印第安问题常设论坛和美洲及加勒比印第安人发展基金等机构的专家、学者。来自各方的代表就在会上提出：印第安居民居住在全球生态体系最脆弱的地区，这里的热带雨林、沙漠、高寒地区、山区及岛屿等都是最易受全球气候变暖影响的地区，而日益严重的气候问题业已威胁了宇宙母亲、文化、环境及地区可持续发展。气候变化的主导因素是基于西方资本主义的发展模式，他们没能给予宇宙母亲足够的重视。21世纪全球平均气温将上升1.8℃~4.0℃，这将加速对拉美印第安人生存地区的影响。而印第安文化中尊重宇宙母亲的内涵对应对气候变化具有决定性的基础作用，通过这次会议以及印第安文化在拉美地区的发展，而逐步得到本地区及西方国家的认识和重视。

因此，我们看到印第安人遵循的古老文化观对今天的过度开发提出了有力质疑：对土地，印第安人遵从"帕恰妈妈"（Pachamama）思想中的自然观；对发展，他们坚持"好的生活"（buen vivir）理念中的共存发展观；同时，他们在500年不公的新旧殖民主义统治中，并未因至今依旧留存的文化偏见而丢失对自己文化的自信。

三　珍视土地的和谐自然发展观——"帕恰妈妈"思想

近4000万讲200多种不同语言的印第安人生活在拉美这片土地上。随着19世纪末以来的考古发掘进展和对现实印第安人口头文学的考察，印第安文化受到新的关注，但主要集中在少数人的专业领域。近几十年来，随着对自身文化价值的觉悟，一批印第安知识分子用印第安语直接撰写文章，而不仅作为"报告人"了。[①] 例如对印第安文化中宇宙母亲（帕恰妈妈）

---

① 索萨：《拉丁美洲思想史述略》，云南人民出版社，2003，第48页。

的研究与介绍，就是印第安学者不断努力的结果。他们将本民族的传统与文化内涵解读给世人。

"帕恰妈妈"在印第安文化中的核心作用，赋予了印第安人对自然的感恩与敬爱。神话中，印第安人所尊崇的太阳神通过他的光芒使他的妻子帕恰妈妈孕育了果实，被太阳照耀到的大地肥沃富饶，给人们带来丰收。[①] 因此，在南美洲安第斯中部地区，帕恰妈妈成为了印第安人的伟大神明。

在很多译文与理解中，Pachamama 被解释为"大地母亲"，但实际上帕恰妈妈不仅是"大地母亲"。它来自印加文化，在克丘亚（Quechua）语中 Pachamama 意为自然母亲。这个由两个单词组成的词汇代表了我们是土地的子孙，信徒们相信她是神明的恩赐。[②] mama 一词如果从语言学的角度来看是最早且最容易习得的单词，在中文、英文、法文、德文以及克丘亚语中发音惊人的相似。在汝纳西米（Runasimi，克丘亚语中对自己语言的称谓）语[③]中，毫无疑问 mama 是"母亲"的意思，但在表示我们脚下的土地、种植的田地的意思时，代替 pacha 的却是"Hallp'a"一词。因此在 Runasimi 语中，为世人所熟悉的"大地母亲"应写为"Hallp'amama"。[④]

印第安人认为帕恰妈妈，这位自然母亲并非定居在特定地区，而是广泛存在于日常生活中，具有宇宙性。因为帕恰妈妈一词中 Pacha 有着超越土地的内涵。它具有时间-空间的双重含义。没人能脱离这一时空及这一现实。也就是说，没人置身于 Pacha 之外。

基于如上认识，今天的人们进一步发展了该观念。太阳能带来的热能与光能维持着我们的生活，土地中的果实供我们繁衍。因此，pacha 这一具有时间-空间意义的传统单词实际意味着一种近乎于妈妈的角色，为人们带来物质、能量与精神食粮，因此称之为 Pachamama（宇宙母亲或者说

---

① 维克托·巴斯高贝：《土地与水，来自并生活在帕恰妈妈的肚子里》（Víctor Bascopé Caero, *Tierra y Agua, Vida desde y en el Vientre de la Pachamama*），参见 http://www.wftl.org/pdf/031.pdf，2008，第3页。
② 纳尔西索·乌兰西亚：《帕恰妈妈：造物主上帝的启示》（Narciso Vlencia Parisaca, *Pachamama: Revelación de Dios creador*），施乐出版社，1999，第34~36页。
③ Runasimi：印第安克丘亚语的前身，属印第安语中古老的一支，其历史可以追溯到4500年前。参见 http://www.concept-global.net/es/andinologia/importancia_runasimi.html。
④ 古斯塔沃·恩西纳、弗朗西斯科·费尔南多：《安第斯宇宙观中的原则-价值-家庭》（Gustavo Encinas Macuagua y Fancisco Fernando Salas Rojas, *Principios-valores-familia en la cosmovisión andina*），玻利维亚慈幼大学，2009，第22页。

是时空妈妈)。①

半个世纪前，西方科学家爱因斯坦认知了时空概念。但古代印第安学者 Hmawt'akuna 以朴素的认知方式悟出了这一内容，将其纳入其文化的核心深植于印第安人观念中，流传了千百年。②

今天，"帕恰妈妈"的观念随着人们对印第安文化认识的不断深入而日渐广泛。在拉美地区，教育、旅游、文化、环保等国际、地区及国内活动中经常能见到"帕恰妈妈"一词，它日渐成为人与自然关系、可持续观念和尊重资源等现代观念的代名词。2002 年，联合国环境规划署（PNUMA）出版了一本向全世界青少年介绍自然资源及环保观念的教材，并译成多种语言，该书即以《帕恰妈妈：我们的土地，我们的未来》命名，用以体现教材的主要内容。③

"帕恰妈妈"这一概念的流行表明了印第安文化中对时空的认识以及人与自然关系理解的先进性。作为印第安文化的核心内容之一，它对今天现代化发展道路提出了有力质疑。当很多人担心现代社会进程中的印第安文化危机时，当世人仍在质疑其文化的意义与传承可能时，印第安人遵循着祖先的文化与自然和谐共生。

在玻利维亚总统莫拉莱斯提出的"新十诫"中，第六条直接提出了尊重"宇宙母亲"，这不仅是对印第安文化的弘扬与发展，更为当今社会文明观发展提出新选择。他说："我们之所以能提出这些主张，是因为我们那个半球的印第安农民运动具有在环境问题上发言的伦理基础，是因为这些主张是在人类道德库中形成诞生的。"④

今天，在依旧顽强存活并不断发展的印第安文化中，"帕恰妈妈"已不仅是一个单词而是一个先进理念，纪念和表达着 500 多年来印第安幸存者的文化内涵，同时指明了今后的社会发展道路。

---

① 纳尔西索·乌兰西亚：《帕恰妈妈：造物主上帝的启示》(Narciso Vlencia Parisaca, *Pachamama: Revelación de Dios creador*)，施乐出版社，1999，第 14 页。

② 胡安·安赫尔：《帕恰妈妈不仅意味着大地母亲》(Juan Angel Orellana, "Pachamama no significa solamente Madre Tierra")，参见 http://www.laopinion-rafaela.com.ar/opinion/2009/08/01/h980181.php。

③ 特萨·戈维塞：《帕恰妈妈：我们的土地，我们的未来》，联合国环境规划署项目成果 (Tessa Goverse, *Pachamama: Nuestra Tierra-Nuestro Futuro*, Programa de las Naciones Unidas para el Medio Ambiente)，参见 http://www.unep.org。

④ 李蔺：《玻利维亚总统埃沃·莫拉莱斯提出当代"十诫"》，《环球视野》2009 年 1 月 19 日，参见 http://www.globalview.cn/ReadNews.asp?NewsID=16986。

四 拉美印第安传统文化中的和谐发展观——"好的生活"

随着公共空间私有化进程的逐渐加快，权力日益被集中在少数人手中，无论是生产进程抑或是国家自身发展进程。由此产生的社会反抗不仅仅是为了摆脱贫困而进行的呼喊，而是关于如何解决在各领域改善生存环境的问题。其实，当人们担心全球化进程会使印第安文化走向危机时，印第安文化却早已回答了发展困境问题——Buen vivir。一直被视为问题的拉美土著居民，早已在几百年前提出了一种可谓"现代化"的政治理念。

"好的生活"在拉丁美洲印第安人民看来，是打破现有权力模式的选择方案。"Buen Vivir"，本是从印第安语中翻译成为拉美国家通用语言（西班牙语），通常指个体、物质、享乐并持续的感受，其含义与相关的近义词 [buena vida（好的生活），（生活得好）vivir bien] 一致。而近期在西班牙出现的被异化了的"好的生活"（"buen vivir"）几乎被解释成了"吃、喝、睡觉"。真正意义的好生活，原本来自厄瓜多尔和玻利维亚的传统印第安语言。厄瓜多尔的克丘亚语为"Sumak Kawsay"，指的是一个不更好、不比其他人生活好、不持续渴望更好，而仅是最简单的好生活。在玻利维亚艾马拉语（aymara）中为"suma qamaña"，具有共同体含义，或许更确切地应译为"好的共存"（buen convivir），"好的社会"是为所有人的社会，内部包含了足够的和谐。[①] 可见，殖民语言与白人后裔虽然在几个世纪以来一直在拉美地区保持着绝对的统治优势甚至是某种理论领先性，但在哲学理论分析中，却仍未能理解拥有自己语言的各印第安部落的长久理念。

克丘亚人和艾马拉人提出的这种古老思想，并非欧洲人偏执理念中所认为的不求发展和停滞不前甚至是甘于落后的印第安观点，土著人的简单信条恰恰印证了一种和谐发展的思想，即均衡可持续地维持相对平衡的博弈状态，不以牺牲他人、他国的利益为前提而盲目谋取强大。在政治发展进程中，注重与经济、社会等方面的均衡性，努力构建一种真正民主，为

---

① 何塞·玛利亚·多尔多萨：《三种语言下的"好的生活"》（José María Tortosa, "Sumak Kawsay, Suma Qamaña, Buen Vivir"），阿利坎特大学，2009，参见 http：//www.fundacion-carolina.es/es-ES/... /NPTortosa0908.pdf，第1页。

了所有人的社会政治环境稳定，而非精英民主或法团主义，亦不是军政府式的跛脚统治，而是实行相对平稳的民主政治。同时，这种观念的提出以极简的单词表达，以近乎所有人可以接受的方式传承至今，客观上可以说是一种实现最广泛民主的基础，扩大了受众面，为提升参与式民主、公众参与程度提供了无限可能。

在玻利维亚，"好的生活"已被莫拉莱斯总统作为优秀安第斯文化的一部分，以政治思想的形式提出，当然它的含义远不止政治内涵，限于篇幅所限在此不再冗述。值得注意的是，当本土化思想作为解决政治发展进退维谷的新型政治选择或仅仅还只是个理论议题时，有些西方学者即开始质疑印第安思想如何能给予人们新的理论指导。

这些拉美本土传统观念在今天也对西方法律体系的本土化进程产生了深远影响。在20世纪80年代，拉丁美洲社会科学院厄瓜多尔分院一些有觉悟的研究人员与环境保护组织、全国性印第安组织一起，利用新法律提供的余地，对几个有代表性的印第安人村落进行了调查研究。① 研究者对印第安人社会中诸如领土资源、财产争端、仇杀、酗酒等各类案例进行了调查，跟踪观察部落居民如何在传统法和部族权威的指导下，以和谐、团结为调解原则，有效地解决争端，实行自我管理。研究者指出，支持印第安部落法律原则的文化背景是天人和谐的宇宙观。这是一种与优先私人利益的西方个人主义社会非常不同的文化存在，它重视的是共同的利益、集体的幸福。这些依赖部族法律解决的争端，是印第安文化在政治领域的外延，在现代政治体制中，如何将其纳入理论分析框架，是分析未来拉美地区现代化进程的一大考验。

五 文化本位偏见与全球化进程中的拉美印第安文化诉求

以地理环境的角度分析，人类文化可分为草原游牧文化、农村农耕文

---

① 吉娜·查韦斯、费尔南多·加西亚：《人的权利：多样化、认同与变化，印第安人和非洲裔厄瓜多尔人的法律民族志》（Gina Chávez V. Y Fernando García, *El Derecho a Ser, Diversidad, Identidad y Cambio, Etnografía Jurídica Indígena y Afroecuatoriana*），拉丁美洲社会科学院厄瓜多尔分院出版社，2004，第12页。

化、海岛渔猎文化等类型。由于地理环境影响产生的文化类型不同,因此常常出现不同文化类型之间的冲突和斗争。文化本位偏见意指两个不同民族文化从自己的文化本位出发,去看待别人的文化,这必然会出现本位偏见,必然会产生对另一方的诋毁、攻击、谩骂,进而产生冲突。但是,地理环境仅仅为文化的形成提供了物质基础,而不是文化形成的决定性因素。当印第安思想作为解决全球化发展困境的选择或仅仅是个理论议题时,有些西方学者即反驳称,支持原住民思想的人们有盲目夸大老旧文化内涵的意义,几百年前的观点如何能解决今天的危机?

这一观点一如 500 年来殖民主义遗留的顽症:西班牙史学家奥维多在《西印度史》中曾妄言全数印第安人人品低劣。然其人于哲学少有研究,于印第安人更疏于体验,对西印度众岛之任何一种语言一无了解。至今,殖民时期留下的偏见依旧,西班牙语中对印第安文化的误读仍在延续。影片《观鸟者》中,白人农场主的女儿在人类学家为游客讲解雨林珍禽时忽然说:"印第安人会吃人。"相隔几百年的观念却未因全球化的脚步而发展、改进。

学者韩毓海在《五百年来谁著史》中对尼采的精彩析评使我们更清晰地看到了伦理之争背后的火药味:19 世纪欧洲"好战文化"的形成,在尼采的"主人道德"学说中得到最为透彻的说明和最独特的表达。《论道德的谱系》这部在《资本论》第一卷出版后一年问世(1887 年)的经典著作,根本意义在于以"宣言"的形式,宣告了 19 世纪欧洲价值观划时代的突破,无情地践踏了一切人类文明既有的价值标准,并将其视为"奴隶道德""弱者的伦理",而将战争、征服、掠夺、杀戮和统治,称为"主人道德""强者的逻辑",认为后者才是"现代文明"的真正实质。尼采学说以"强者与弱者"的永恒对立,彻底颠倒了划分"野蛮与文明"的价值法则,从而将欧洲 19 世纪张扬的"强权即公理"的法则,视为人类新的价值观、新法律观的起源,以此重新书写了人类道德谱系。[1]

印第安人一如过去的廉价劳动力,《观鸟者》中砍甘蔗的短工住在半监狱式的大棚屋中,那场景让人联想起几百年前沦为矿山、庄园奴隶的印第安人住所。白人工头一如几百年前一样,用粗鲁的言语禁止他们唱歌,将印第安人依旧称为"indios",并将瓜拉尼语歌曲称为"垃圾歌"。殖民语言

---

[1] 韩毓海:《五百年来谁著史》,九州出版社,2009,第 194 页。

与使用它们的白人后裔在几个世纪以来一直在拉美地区保持着绝对的统治优势甚至是某种理论领先性。但所谓的强者文化却仍未能理解或不曾认识那些拥有自己语言的印第安文化内涵。

共存500年的土生白人不仅不了解印第安文化，甚至对印第安文化心存惧怕：西班牙人就库斯科的巨石建筑说"印第安人能与魔鬼通话"；古巴的殖民者非常害怕黑人的法术；墨西哥殖民者对阿兹特克人在祭台发出的声音十分恐惧。

影片《观鸟者》展现的土地占领过程，其中一段是印第安人进行的插箭仪式，白人虽强势将他们赶走，却因印第安酋长说会招致危险而不敢碰箭。随后白人的牛生病而死，他们恐惧地认为这是印第安人的诅咒。这体现了白人对异文化的隔阂、惧怕与疏远，同时也从侧面反映了印第安人的文化自信。

当我们在看待阻碍所谓全球化"发展"的印第安问题时，有必要辨析何谓真正的"全球化"，何为"盲目发展"。影片中所反映的印第安人，他们争取的并非矿产开采权或者森林的砍伐权，更不是有争议（转基因）作物的种植权，而仅仅是维持基本生计的土地。诞生于拥有"绿色之肺"美誉的亚马孙森林文化，让今天失去土地的印第安人何以为继呢？因此，在影片中，印第安酋长与白人农场主就土地进行斗争时，无声的辩白——把土壤视若生命的源泉，将其直接吃下的一幕令人印象深刻。

六 初步结论

在拉丁美洲，发端于外部的西方政治思想与法律体系作为社会存在的基础，是殖民统治和权力结构的组成部分。秘鲁社会学家阿尼瓦尔·基哈诺（Aníbal Quijano）在分析现代性观念产生的根源时认为：由于在形成统一的新世界时，世界正处于几个历史时代、不同文化表现交织的复杂期，因此殖民政权为寻求合法性的机制，便将西方文明作为实现所谓"进步"的唯一途径并强加于人。而那些处于这种观点和社会组织形式之外的所有东西都无一例外地被视为前现代性的或落后的。时至今日，印第安文化依旧被视为与西方当代政治思想乃至其他领域发展进程相左的"落后因素"。[①]

[①] 莫妮卡·布鲁克曼：《文明与现代性：拉丁美洲的印第安人运动》，马萨译，《拉美研究》2009年第5期，第41页。

因此，我们有必要在全球化进程中，摆脱固有的发展观和消费主义模式，寻求国际政治学中公民平等的真正内涵。当西方媒体以及政客们攻击拉美地区民主问题时，却忽略了殖民时期西方统治者在此移植的制度文化严重破坏了当地的社会平衡，引发了至今仍无法解决的无数社会动荡与失衡问题。毫无疑问，以西方为主导的现代观念指导着当今世界发展的潮流，但对于这片资源禀赋优越却在历史上遭遇政治、经济干预的地区来说，是否所有古老印第安文化都是愚昧、落后的？如何在西方政治基础上融入适合拉美的印第安思想，成为拉美地区研究的一大考验。

在影片中饰演纳迪奥的巴西瓜拉尼族人在采访中仅用一句话阐释了印第安人自信的自然观，他说："我们（印第安人）是森林（这块土地）的一部分，一直以来就是不可分开的，这不需要（纸质）证明，我们的存在就是证明。祖辈居住在南美大陆的印第安人在延续自己可持续文化观的同时，为今天全球化的食文化做出了无数贡献。人类社会大发展所依赖的土豆、玉米，乃至今天风靡欧美的可可、玛卡（maca）、马黛（mate）等均来自印第安人所敬重的自然文化观。"

今天，一直未被正确认识的印第安文化正在逐步获得独立的话语权，为当今世界社会发展进程提供了不同以往的新选择。许多印第安人对美洲大陆的称谓并未使用殖民时期留下的"亚美利加"（America）一词，而沿用了祖先留下的"阿比亚·亚拉"（Abya Yala）一词。因为早在哥伦布及其他欧洲人到达美洲以前，巴拿马和哥伦比亚的库纳人（Kuna）就将这片土地称为"阿比亚·亚拉"，意指"完全成熟的土地及充满活力的土地"，这一称谓不仅体现了印第安文化思想，同时表达了他们以自然为依托、希望实现良性发展的积极态度。①

印第安文化与全球化进程间存在着某种辩证关系。拉美大陆正在经历着西方现代化与印第安传统文化间的博弈，其过程是相互影响且具有积极意义的。当西方政治学理论发展进程与经济全球化的脚步走到每个人身边时，印第安文化为其提供了具有替代性意义的和谐发展道路。

---

① 佩德罗·马汀内斯：《阿比亚·亚拉社会、语言与教育问题间的关系》（Pedro Plaza Martínez, Relaciones entre Sociedades, Lenguas y educación en Abya Yala），《跨文化杂志》2012年第1期，参见 http://dondelapalabra.proeibandes.org/1_2012.php。

文化的多样性及民主的"全球化"与"本土化"

谭 融[*]

内容提要:"政治文化是一个民族在特定时期流行的一套政治态度、信仰和感情",影响着各种政治角色的行为和一个国家的民主化进程。在当今全球化时代,各民族和区域在发展中执拗地张扬着自身的文化个性,探索适合自己的发展路径,形成了不同的民主政治发展模式。各国的政治实践表明,一个稳定、有效的民主政府,不仅要依靠合理的政治制度和政府结构,还有赖于人们的政治价值取向。全球化的世界秩序,应该是一种更加宽容和多元的秩序,从而为非西方国家走适合自己的道路、为民主的"全球化"与"本土化"的结合提供更为广阔的空间。

关键词:文化多样性 民主化 全球化 本土化

多年来,民主究竟是单一的、源自西方的定义,还是独特的、随世界各国政治文化的不同在定义和实践上也有所不同?世界各国的民主化进程,应该一概参照西方的模式,还是应依各国政治文化的不同而有多种版本?这一直是个有争议的问题。本文试图从政治文化与民主政治之间的关系、从文化的多样性及民主的"全球化"与"本土化"的关系的角度,对这一问题加以探讨,分析当今世界发展进程中民主模式多元化的文化原因。

---

[*] 谭融,南开大学周恩来政府管理学院,教授。

一 政治文化及其与国家政治结构的关系

美国著名的比较政治学家阿尔蒙德认为:"政治文化是一个民族在特定时期流行的一套政治态度、信仰和感情。这个政治文化由本民族的历史和现在的社会、经济、政治活动进程所形成",① 是"国民的认知、情感"和"被内化了的政治制度",② 它"影响着政治体系中每一个政治角色的行动"。③ 美国另一位比较政治学家劳伦斯·迈耶称政治文化是"性情方面的特征",具有"主观性质","是个人受到某些刺激时促使其通过一定方式作出反应的内在状态"。"当这些特性被应用于政治对象,并且在人群中广为体现而使之具有典型意义的时候,它们就成为政治文化的一部分。"体现为"对权威的态度;对真理的信仰或观念;决策方式上的教条主义和实用主义;对于热爱、疏远、拒绝、信任或猜疑等行为的感觉;认识和见闻;一些基本的价值观念"。④ 美国政治学家鲁恂·W. 派伊认为,政治文化是政治体系(即国家)中客观存在的一套系统的政治主观因素,反映了一个社会的传统和公共机构的精神、公民的爱憎、大众的政治情感、领袖的活动方式和活动规范;它使个人的政治行为按照一定的方式运行,使政治体系具有价值取向,并且保证政治体系的某种一致性。⑤ 另一位美国政治学家罗纳德·英格尔哈特则提出,政治文化是一个民族独特的历史经验和人们早期持续学习的结果,它是一种持久的文化因素,成为一个民族特有的、相对稳定的文化模式。此种文化特性势必带来重要的行为后果。⑥

政治文化决定着人们的政治取向、对政治制度的态度以及对自身在政

---

① 加布里埃尔·A. 阿尔蒙德、小 G. 宾厄姆·鲍威尔:《比较政治学——体系、过程和政策》,曹沛霖等译,东方出版社,2007,第 26 页。
② 加布里埃尔·A. 阿尔蒙德、西德尼·维巴:《公民文化——五国的政治态度和民主》,马殿军等译,浙江人民出版社,1989,第 15 页。
③ 加布里埃尔·A. 阿尔蒙德、小 G. 宾厄姆·鲍威尔:《比较政治学——体系、过程和政策》,第 26 页。
④ 劳伦斯·迈耶等:《比较政治学:变化世界中的国家和理论》,罗飞等译,华夏出版社,2001,第 16 页。
⑤ 鲁恂·W. 派伊:《政治文化和政治发展》(Lucian W. Pye & Sidney Verba, *Political Culture and Political Development*),新泽西:普林斯顿大学出版社,1965,第 513 页。
⑥ 转引自王乐理《政治文化导论》,中国人民大学出版社,2000,第 171 页。

治制度中作用的态度。当一个国家的政治结构与其政治文化相适应时，这个国家的国民便会有认同感，人们的认知便趋于鲜明。反之，人们的思维就会出现混乱，就会因失去方向而感到无所适从。美国社会学家塔尔科特·帕森斯将政治体系划分为政治结构（政治行为的模式）和政治文化（政治行为的心理取向）两个部分，认为二者相互影响、相互牵制，忽略了任何一方都会导致对政治体系的片面理解。① 19世纪，托克维尔在考察了美国的社会与政治之后，充分肯定美国的法制，认为它对美国人的社会幸福具有很大的影响；与此同时他说："我又有理由确信，美国的法制的这种影响小于民情。"② 意即美国的法制是建立在美国民情的基础之上，而民情，就是美国的政治文化。

人们在过去的经历中形成的态度成为一种文化，影响着各种政治角色的行为和人们在政治生活中的诸种活动，成为政治活动的基础。此种态度和文化在不同的政治系统中表现为不同的"倾向性模式"，③ 从而影响着一个国家的民主化进程。因此，有必要从政治文化的角度去探讨各国的民主化倾向和发展模式，考察不同的政治系统所显现出的"政治文化与政治制度之间的相适性"。④

二 政治文化的多样性与民主模式的多元化

现时期，世界已进入全球化时代，然而人们从各国的发展中发现：各民族依然在执拗地张扬着自身的文化个性，依然在探索着适合自己的发展路径，由此而形成了各种不同的民主政治发展模式，如所谓"东亚模式""南亚模式""拉丁美洲模式"乃至"伊斯兰模式"和"非洲模式"，等等。不同地区和国家涌现出的新型的民主的"本土化"形态，显现出多种文化前提下不同区域和民族的人们对民主的不同解读和优先选择。

---

① 塔尔科特·帕森斯：《趋于综合性行动理论》（Talcott Parsons & Edward Shils, eds., *Toward a General Theory of Action*），坎布里奇：哈佛大学出版社，1951，第55页。
② 托克维尔：《论美国的民主》，董果良译，商务印书馆，1997，第356页。
③ 加布里埃尔·A. 阿尔蒙德：《比较政治制度》（Gabriel A. Almond, "Comparative Political Systems"），《政治期刊》（*The Journal of Politics*）1956年第3期。
④ 罗伯特·古丁、汉斯-迪特尔·克林格曼：《政治科学新手册》，钟开斌等译，生活·读书·新知三联书店，2006，第484~485页。

（一）东亚模式

东亚地处世界的东方，本身就包含多种文化。历史上这一地域没有经历过文艺复兴、启蒙思想运动和工业革命等西方人的现代化和民主化过程。长期以来居于主导地位的是儒家思想和文化传统，奉行"纪律、秩序、服从"等意识和伦理原则。强调等级制和对权威的尊重，强调孝悌、社会风俗礼仪和行为规范，成为儒家的价值结构和社会文化特征。在具有儒家文化传统的国家中，"公民社会"弱小，社会力量薄弱，政治过程常常沿着"人际关系"的轨迹运行。与西方自中世纪以来的宗教文化不同，儒家的伦理是人格化的，要求人们通过学习从道德和精神上发展、完善自身。强调政治权威为大众的利益而安排，由最具有道德自觉的人去负责。

长期以来，人们认为，这些保守和传统的原则阻碍了东亚的发展和民主化进程。人们认为在这种文化下，难以有强大的社会力量去推动社会的民主化进程。然而20世纪后期，东亚国家在经济上取得了巨大的成就，日本的腾飞和"四小龙"的出现，使人们开始用一种新的眼光去看待儒家思想原则，开始重新考虑东亚的发展伦理和制度化模型。人们重新对东亚国家政治发展的目标、价值及其体制选择进行审视和反思，一些人甚至开始探讨"亚洲价值"。[①] 人们发现，东亚国家的经济奇迹不是建立在民主政治的基础之上，这些国家的政府领导和组织了本国的发展和建设，在社会和经济发展中发挥着积极的作用。东亚各国政府无论是在国际体系中还是在同本国精英和社会集团的关系上，都保持着高度的自主，成为一种文化特性。

伴随着东亚国家的强大，人们看到，一方面，在"全球化"的冲击下，东亚国家日益富足，由此而越来越崇尚实用主义，越来越具有全球化心态，民主机制自上而下地得以发展。另一方面，东亚国家公民社会的力量依然孱弱，民主化进程的主动权掌握在改革所培植起来的精英手中，民主的进程取决于精英的态度和动力；在东亚的民主化进程中，政权的能力是重要决定因素；权威的地位保持着相对稳定性，成为东亚国家走向民主的重要

[①] 霍华德·威亚尔达：《民主与民主化比较研究》，榕远译，北京大学出版社，2004，第15页。

条件。人们看到，在改革和发展过程中，正是国家的能力和作用降低了东亚国家民主化进程所带来的风险，国家"决定"着社会秩序，通过任命和考试选拔所形成的官僚集团控制着国家的走向。国家是推动政治、经济和社会发展的主导力量，弱小的"市民社会"难以向国家提出要求，也无法成为独立于国家的力量。此种民主和现代化进程带有浓厚的东亚传统文化色彩，被一些学者称为"后儒家"民主模式。[①]

东亚国家所显现出的发展模式根植于它的历史文化传统。伴随着现代化进程，尊重权威、强调等级和权力集中等伦理精神渗透到政治生活中，出现了传统政治文化的现代性转化。国家在发挥自身动员社会政治资源的能力的同时，也在形式上采用了一些西方式的民主体制。由于东亚国家民众的经济生活发生了明显的改善，使他们表现出对政权的认同，使这些国家政权的合法性超越于其民主体制的现实表现。基于东亚发展的现实，一些学者提出，政治发展的目标和价值是多元的而非唯一的。在政府能力和作用以及政治秩序等方面，各国可以也应当做出适合本国现实的选择。[②] 如今，随着对东亚民主政治的发展和政治文化传统研究的深入，一些学者进而探寻东亚传统文化中所蕴含的民主内涵，认为开发和利用此种文化资源对于推动和促进东亚民主政治的发展具有重要意义。[③]

（二）印度模式

印度地处南亚，是一个具有古老文化和文明以及多种宗教和伦理传统的国家，被西方人称为东方"运转中的民主国家"。[④] 然而在发展类型上，印度并不归属于西方国家。长期以来，印度发展的动力源于两个方面：一是西方世界的自由主义法律、政治制度、现代教育和科学技术；二是它自身的文化传统。在现代化的路径选择上，它一方面承袭了西方的政治自由主义；另一方面则谋求独立，避免被纳入西方国家的势力范围。它不想抛弃从英国人那里承袭来的政治自由；同时希图凭借自己的多元文化，使自

[①] 霍华德·威亚尔达：《民主与民主化比较研究》，第98、105页。
[②] 陈尧：《新权威主义政权的民主转型》，上海人民出版社，2006，第16~17页。
[③] 郭定平：《东亚儒家文化与民主转型：一种理论分析框架》，载郭定平主编《文化与民主》，上海人民出版社，2010，第15页。
[④] 霍华德·威亚尔达：《民主与民主化比较研究》，第15页。

身趋于"多面向发展"。① 长期英国殖民统治的历史使这个国家在发展中表现为外来因素和本地因素的混合:具有多党派性,定期举行竞争性选举,却在政治过程中显现出不稳定性;在经济上至今仍居于不发达国家的行列。由于印度的民主制度并不像西方国家那样是资本主义经济发展的产物,相反,在很大程度上是移植的产物,因此,它在引入西方自由民主制度的同时,便不可避免地伴随着自身有着悠久历史的种姓制度和社会底层机制,就必然在其民主化进程中遭遇它自身独有的问题。

在印度这样一个有着根深蒂固的等级制的社会中,其民主化进程中显现出的突出问题是"人们政治能力的成长问题"。种姓等级制使印度的民主形成某种"参与序列",不同的社会和经济阶层按照序列进行政治参与。② 在社会和经济层面,印度的种姓和宗教文化表现出在社会事务上的服从和在宗教上的自由。人们在遵奉社会一致性的同时,允许文化层面的多元和宽容。当此种自由和宽容渗入其政治层面时,便显现出一种难以估量的价值。印度的民主化进程中,始终贯穿着"数量原则"、定期选举和"一人一票"原则,在政治权力的角逐中,中下层种姓联合起来,向上层种姓发起挑战,突出地表现出"参与"的特征,使印度传统的种姓等级制受到蚕食,使印度民众及其草根阶层得以加入民主化的进程中。③ 印度一方面实行西方的议会制,另一方面又保留着本土草根型的地方长老会,将西方的制度与自身的传统加以融合。尽管如此,深深根植于等级制和传统社会关系的印度人在政治上依然倾向于威权统治,社会充满派系和不信任,突出地表现为社区的冲突和分裂性。上层种姓和拥有土地所有权的势力,不肯放弃自身的优势地位,更不允许下层社会力量侵蚀他们固有的特权。

与西方国家公民政治能力的形成和公民社会的发展经历了几个世纪的演进,从而与其民主政治发展的进程相吻合的状况不同,印度政治参与机制的创建和成人普选权的实现均早于人们有效运用这些制度的能力的形成,因此印度的民主机制表现出脆弱性、不稳定性和不成熟性的特点。中产阶

---

① A. H. 萨姆伊:《印度:对西方发展理论的挑战》,载霍华德·威亚尔达《非西方发展理论——地区模式与全球趋势》,北京大学出版社,2006,第41页。
② A. H. 萨姆伊:《印度:对西方发展理论的挑战》,载霍华德·威亚尔达《非西方发展理论——地区模式与全球趋势》,第108~109页。
③ A. H. 索姆杰:《西方民主理论与非西方民主经历:印度》,载霍华德·威亚尔达《民主与民主化比较研究》,第113页。

级对政治极度冷漠，他们受过良好教育，具有一技之长，在社会上具有竞争力，却不认为自己对国家民主机制的发展有什么责任。他们热爱自由民主，对领导阶层的自私和腐败深恶痛绝，却不想伸出手去帮助政府改善管理，甚至不想与公共生活有任何瓜葛。[①]

印度的实践表明，仅仅有选举制和多党竞争，并不意味着真正民主政治的实现。不具有公共责任的代议政治很难称为真正的民主。民主政治的构建必须伴随公民社会的成长和人们政治能力的增强。因此，弘扬本土的优秀文化、发展教育、对社会进行道德呼唤，培植一个有责任心、有政治意识的社会阶层成为当今印度民主发展所面临的重要任务。

（三）拉丁美洲模式

拉丁美洲地处西方，是一个在地理上与美国相邻的区域。尽管如此，拉美人在心理上和政治上却与美国截然不同。拉丁美洲曾经是西葡殖民地，其思想和政治传统与西欧中世纪前现代的传统有着紧密的联系。尽管近代以来拉丁美洲国家不断受到西方现代文化的熏染，然而它从西欧中世纪所承袭的威权主义、等级制和自上而下的精英统治等传统，使它在其邻居美国大踏步地走向现代民主的时候，深陷泥潭，被远远地抛在后面。

根据盎格鲁-撒克逊的文化传统，天主教是与民主相排斥的宗教信仰。因为民主要求思想独立，而天主教则要求服从；民主认定人人平等，而天主教则承认社会等级；民主允许对成文法加以解释，而天主教则严密控制对神圣文本的解读。在西方人看来，与民主紧密联系的新教体系是唯一可接受的版本，然而他们忽视了民主还可能会有天主教的版本。事实是，自20世纪初以来，在拉美各国，天主教的教义和信仰一直具有持久的影响力，并在拉美国家社会整合的过程中发挥了重要作用。天主教的民主版本强调内部一致、有机结合和相互依存，将之置于平等和个性化之上。与新教自由主义传统下政府内部制约的制度安排不同，天主教版本下的制度安排强调对国家、政府的外部制约。它奉行法团有机模式，团体或者法团机构对权力和暴政具有一定的限制作用，尽管此种限制须在政治首脑自上而下的统一领导下进行。在此种文化传统下，权威具有至高无上的地位，但这并

---

① A. H. 索姆杰：《西方民主理论与非西方民主经历：印度》，载霍华德·威亚尔达《民主与民主化比较研究》，第119页。

不意味着权威无须受到限制。相反，其制度理念是：权威仅在世俗领域里具有至高地位，在更大的范围里它须受到神法和自然法的限制。在此种伊比利亚的传统下，由于缺乏更加合理、有效的内部制约机制，因此制度安排中更多地关注和强调道德的力量和"良知"的指导。

长期以来，拉美国家一直在呼唤改革，试图进行一种"有节制的"变革，即"通过有机的、管理严密的、中央集权型的、整合性的政治模式，将社会各种力量统合到国家所控制的轨道和政治过程中，在精英的支持和控制下去适应变革"。① 长期西方自由主义文化的熏染，使这一地区的人们很珍视自由和民主，也常常希望借助于西方的自由主义民主来改造自己。然而20世纪中后期拉美国家追寻多元主义政治民主的历程表明，在一个缺乏现实基础和历史根源的地区去追寻一种不符合自身情况的民主模式，注定会失败。拉美国家不合时宜地推行了错误的民主模式，导致了国家政治的动荡和经济的危机。拉美发展的实践表明，"当威权主义不再为人们接受时，自由主义在拉美情境中也屡屡受挫"。② 现实表明，北美的"市场化""小政府"和自由主义的民主化道路难以成为拉美国家现时期的最佳选择。

多年来，拉丁美洲的发展道路问题一直困扰着拉美人，成为一个争论不休的问题。美国学者霍华德·威亚尔达说："事实上，文化遗址都是发展的过滤器，是阻挡某些西方思想入侵，而让另一些西方思想进入的因素。"③ 拉美文化的混杂性，使之常常"以一种奇怪的、经常让人捉摸不透、迷惑不解的混乱方式将美国、欧洲、本土与西班牙传统混杂在一起，在其民主的进程中显现出民主与权威的奇特混合"。④ 拉丁美洲的发展历程表明，无论世界风云如何变幻，无论拉美人在前行的道路上怎样摇摆不定，有一点始终毋庸置疑，那就是在任何时候，本土民众对于文化和价值的认同，都是这一地区发展的关键性因素，都对拉美各国发展道路的选择有着决定性的作用。

---

① 霍华德·威亚尔达：《拉丁美洲对发展模式和发展理论的探索》，载霍华德·威亚尔达《非西方发展理论——地区模式与全球趋势》，第66页。
② 霍华德·威亚尔达：《拉丁美洲对发展模式和发展理论的探索》，载霍华德·威亚尔达《非西方发展理论——地区模式与全球趋势》，第64页。
③ 霍华德·威亚尔达：《比较政治学导论：概念与过程》，娄亚译，北京大学出版社，2005，第141页。
④ 霍华德·威亚尔达：《民主与民主化比较研究》，第173页。

（四）欧洲模式

不仅仅是西方发达国家与非西方国家和发展中国家的发展路径有所不同，即使在欧美国家之间，由于不同的历史传统，"自由主义"和民主的内涵也有所不同。欧洲人所说的"自由主义"，更多地具有经济哲学而非政治哲学的内涵；欧洲人所强调的民主，更多地强调"社会民主"和"福利国家"，而非仅仅是美国人所倡导的政治民主。欧洲各国发展的历史使那里的人们将对"社会权利"的关注置于优先地位。欧洲人普遍认为，社会问题是国家必须予以关切的事务，他们很少会像美国人那样，将大量的社会问题托付给市场去做。早在20世纪初，当德国政治开始走向民主时，负有盛名的《魏玛宪法》就高举社会民主和经济民主的旗帜，呼吁社会与经济的平等性，反映出欧洲人的民主观。

长期封建专制及民族国家发展的历史，使欧洲的民主具有浓厚的保守主义色彩，具体表现为政治过程中的统合主义传统，强调社会团结和社群主义，而非奉行美国式的个人主义。国家在政治、社会和经济的运行中居于重要地位，国家与社会保持着相对分离。在政治制度结构的设计上，欧洲国家更多地体现为代议制，由此去融合社会左翼和右翼等多种势力，而非如同美国那样，严格地在政府体制内奉行分权制衡原则。长期以来，欧洲大陆的社会运动显现出浓厚的"社会改良主义"色彩，"社会政策"成为国家政治的重要议题，而不像美国那样大刀阔斧地推行管理主义和市场化改革。

三 民主的"全球化"与"本土化"

一种西方的现代化理论提出："现代欧洲发展起来的现代性文化方案和那里出现的基本制度格局，将最终为所有正在现代化的社会和现代社会照单全收；随着现代性的扩张，它们将在全世界流行开来。"[①] 日裔美籍学者弗朗西斯·福山在其《历史的终结及最后之人》一书中提出"历史的终结"的观点，认为西方国家实行的自由民主制度是"人类意识形态发展的终点"

---

① 郭定平：《东亚儒家文化与民主转型：一种理论分析框架》，载郭定平主编《文化与民主》，第14页。

和"人类最后一种统治形式"。① 然而世界各国的发展尤其是非西方国家发展的现实表明,西方现代化理论所推行的政治和经济改革并不一定能够给广大的发展中国家带来发展和繁荣、自由和民主;相反,不少国家因此而陷入了政治动荡、经济危机、社会发展失调和文化扭曲等恶性循环。各国政治发展的现实表明,只有建立在本国历史文化和传统基础上的民主才有可能真正稳定和持久。一个稳定、有效的民主政府,不仅要依靠合理的政治制度和政府结构,还有赖于人们的政治价值取向。除非人们的政治价值取向支持本国所建立的政治系统,否则此种系统获得成功的机会便很渺茫。② 在民主与文化二者之间,"主要是文化影响民主,而不是相反"。③ 无视本国国情、盲目照搬西方民主模式的国家常常会出现水土不服的问题。

20 世纪后期以来,非西方国家及发展中国家在实践和反思中逐渐意识到了自己的文化价值,它们"找到了保持这些文化价值尊严与个性的理由","从中得到了安慰",④ 开始强调发展的内源性,主张根据自身的文化特征、思想和行动结构,去找出自己的发展类型和方式。他们提出:"有多少社会,就应有多少发展蓝图和发展模式。共同适用的统一发展模式是不存在的。"⑤ 强调历史文化传统的重要性,认为一个民族的文化是其发展的内在精神动力,它不仅决定着发展的基本方向,而且决定着发展的类型与模式。美国学者罗伯特·D. 帕特南在研究意大利的政府改革和公民文化传统时提出,尽管在过去的一千年里意大利经历了巨大的经济、社会、政治和人口上的变迁,"但是,有些东西却没有变化",公民传统具有"惊人的应变力",它"证明历史具有力量"。⑥ 著名的东亚政治专家鲁恂·W. 派伊在分析东亚政治文化时也提出,政治文化具有显著的持续性,政治文化的

---

① 弗朗西斯·福山:《历史的终结及最后之人》,黄胜强、许铭原译,中国社会科学出版社,2003,第 57 页。
② 加布里埃尔·阿尔蒙德、西德尼·维巴:《公民文化——五国的政治态度和民主》,第 546 页。
③ 罗纳德·英格尔哈特:《文化与民主》,载塞缪尔·亨廷顿、劳伦斯·哈里森《文化的重要作用——价值观如何影响人类进步》,程克雄译,新华出版社,2002,第 126 页。
④ 弗朗索瓦·佩鲁:《新发展观》,张宁、丰子义译,华夏出版社,1987,第 127、160 页。
⑤ 联合国教科文组织编《内源发展战略》,卢晓衡等译,社会科学文献出版社,1988,第 19 页。
⑥ 罗伯特·帕特南:《使民主运转起来——现代意大利的公民传统》,王列、赖海榕译,江西人民出版社,2001,第 189 页。

差异在决定政治发展进程方面具有决定意义。①

20世纪后期以来，民主化的发展进程在世界范围内突飞猛进。在全球化的浪潮中，西方的政治文明不断扩张。然而此种扩张不断遭遇阻力，使西方民主的全球化面临困境。在这一过程中，一些西方人发现，非西方国家的民主，并不是他们所熟悉的自由民主。② 实践证明，尽管西方人可以输出他们的文化要素，但却无法压制和消除非西方国家自身文化的核心要素。事实证明，对一个国家进行文化输出并非易事，此种输出有可能在其过程中"经历实质性的变化"。③

如今，世界已进入全球化时代，所谓全球化是指各个国家和区域间相互联系的程度日益增强，世界各国面临越来越多的共同问题，也越来越需要相互间的合作。然而，解决共同问题的"合作性"和"全球性"并不意味着实现以西方为主宰的世界大同和一体化。正如著名的英国学者戴维·赫尔德所说："全球化进程并不必然导致全球一体化的发展"，"全球化进程并不必然导致一种以统一的社会和政治不断发展为标志的世界秩序"。全球化"既不是一个单一的条件，也不是一个直线的过程"，而是"一个涉及经济、政治、技术、军事、法律、文化和环境等不同活动和相互作用的范围的多维现象。每一领域都包括不同的关系和活动模式"。各民族国家"会以不同的方式纳入到地区性和全球性潮流当中"。④

20世纪后期以来，在全球化时代文化普遍主义和相对主义的矛盾冲突下，一些人一直在试图寻求"一个关于世界政治的思维框架"。⑤ 然而现实是：随着权力和自信心的增长，非西方社会越来越伸张自己的文化价值，并拒绝那些由西方"强加"给它们的文化价值。美国哈佛大学教授塞缪尔·亨廷顿认为："在后冷战的世界中，人民之间最重要的区别不是意识形

---

① 鲁恂·W. 派伊：《亚洲权力与政治：权威的文化维度》（Lucian W. Pye, *Asian Power and Politics: The Cultural Dimensions of Authority*），坎布里奇：哈佛大学出版社，1985，第20页、vii 页。
② 参见塞缪尔·亨廷顿《再论文明的冲突》，李俊清编译，《马克思主义与现实》2003年第1期。
③ 加布里埃尔·A. 阿尔蒙德、西德尼·维巴：《公民文化——五国的政治态度和民主》，第5页。
④ 戴维·赫尔德：《民主的模式》，燕继荣等译，中央编译出版社，2004，第427、425页。
⑤ 塞缪尔·亨廷顿：《文明的冲突与世界秩序的重建》，周琪译，新华出版社，2002，中文版序言第1页。

态的、政治的或经济的,而是文化的区别。"他认为,"在未来的岁月里,世界上将不会出现一个单一的普世文化,而是将有许多不同的文化和文明相互并存"。全球政治将"在历史上第一次成为多极的和多文化的"。[①]

20世纪八九十年代以来,民主的"本土化"已日益进入非西方世界的发展日程。各国都在经历着这样一个过程,即引进外来文化并通过复制和提纯而使那些文化"本土化"的过程。在这一过程中,非西方国家提出,"我们将是现代的,但我们不会是你们"。[②] 非西方国家在实践中清醒地认识到,要想实现现代化,必须走自己的路,而不是走西方道路,必须在自己的传统、体制和价值观的基础上去实现自身的现代化。

世界发展的现实表明,当今全球化的世界秩序,应该更加宽容和多元,为非西方国家走适合自己的道路、为民主的"全球化"与"本土化"的结合提供更为广阔的空间,而不是试图以强权去重构他国文化。未来的世界必定是充满"多元文化"的世界,是能够宽容地接受文化的多样性与民主发展道路的多元化、多形态的和谐的大同世界与全球世界。

[①] 塞缪尔·亨廷顿:《文明的冲突与世界秩序的重建》,第5~6页。
[②] 塞缪尔·亨廷顿:《文明的冲突与世界秩序的重建》,第101页。

跨入新世纪以来中国对拉美文化的研究概况

徐世澄*

内容提要：跨入新世纪以来，随着中国和拉美关系的发展，特别是文化教育方面交流的扩大，中国关于拉美文化的研究成果明显增多，研究逐步深入。近十多年来，中国学者出版、发表了不少有关拉美文化的专著和论文，内容涉及拉美文化（文明）的综合或某一方面（思想、科技、民族、教育、音乐、美术、文学）或某一拉美国家的文化等方面。与此同时，我国出现了一股研究拉美古代文明的热潮，中国学者出版、发表了一些有关拉美古代文明方面的专著和论文。中国学者研究拉美文化的主要问题有：拉美文化的特点、拉美文明与中华文明的主要共同点和不同点、美国对拉美文化的影响、拉美文明的新发展、拉美文明与拉美现代化的关系、全球化与拉美文化、中拉文化交流等。

关键词：中国　拉美文化　研究概况

跨入新世纪以来，随着中国和拉美关系的发展，特别是文化教育方面交流的扩大，中国关于拉美文化的研究成果明显增多，研究逐步深入。

---

* 徐世澄，中国社会科学院拉丁美洲研究所，研究员；浙江外国语学院拉美所，所长。

2000年以来中国学者出版、发表的有关拉美文化的研究成果

近十多年来，中国学者出版了不少有关拉美文化的专著，内容涉及拉美文化或拉美文明的综合或某一方面（思想、科技、民族、教育、音乐、美术、文学）、某一国家的文化以及拉美古代文明等方面。

综合方面的专著有：钱明德、金计初《拉美文化与现代化》（2000，辽海出版社），王松霞、王传龙《涅槃与新生：拉美文化的面貌与精神》（2006，中国水利水电出版社），郝名玮、徐世澄《拉丁美洲文明》（2008，福建教育出版社），李多《拉美文化概论》（西班牙语版，2009，上海外语教育出版社），朱凯《西班牙-拉美文化概况》（2010，北京大学出版社），董经胜、林被甸《冲突与融合：拉丁美洲文明之路》（2011，人民出版社）等。某一方面的专著有：段若川《安第斯山上的神鹰——诺贝尔奖与魔幻现实主义》（2000，武汉出版社），索萨《拉丁美洲思想史述略》（2003，云南人民出版社），赵德明《20世纪拉丁美洲小说》（2003，云南人民出版社），黄志成《被压迫者的教育学：弗莱雷解放教育理论与实践》（2003，人民教育出版社），李建群《20世纪拉丁美洲美术》（2003，湖南美术出版社），朱景冬《拉丁美洲小说史》（2004，百花文艺出版社），陈自明《拉丁美洲音乐》（2004，人民教育出版社），吴德明《拉丁美洲民族问题研究》（2004，世界知识出版社），李明德等《拉丁美洲的科学技术》（2006，世界知识出版社），王雪《拉丁美洲音乐文化》（2009，人民音乐出版社），李德恩等《插图本拉美文学史》（2009，北京大学出版社），陆经生等《拉丁美洲文学名著便览》（2009，上海外语教育出版社），滕威《"边境"之南：拉丁美洲文学汉译与中国当代文学（1949—1999）》（2009，北京大学出版社），李德恩《拉美文学流派与文化》（2010，上海外语教育出版社），朱景冬《当代拉美文学研究》（2012，社会科学文献出版社）等。

介绍和分析某一拉美国家文化的专著有：王世申《阿根廷文化》（2001，文化艺术出版社），刘焕卿《巴西文化》（2003，文化艺术出版社）和王世申《秘鲁文化》（2010，文化艺术出版社）等。

近十多年来，我国出现了一股研究拉美古代文明的热潮，出版了一些

有关拉美古代文明方面的专著，主要有：许辉《奥尔梅克的发现》（2001，云南人民出版社），林大雄《失落的文明：玛雅》（2001，华东师范大学出版社），沈小榆《失落的文明：印加》（2001，华东师范大学出版社），张荣生《美洲印第安艺术》（2003，河北教育出版社），杨晖《印加》（2003，广州出版社），丁朝阳《玛雅文明》（2008，北京出版社）等。

有关拉美文化的论文主要有：刘文龙《全球化、民族主义与现代拉美文化的独特性》（《齐鲁学刊》2001年第5期），宋林峰《拉美文化与现代化》（载苏振兴主编《拉美国家现代化进程研究》第九章，第535～594页，2003，社会科学文献出版社），朱鸿博《文明的融合冲突与拉丁美洲的现代化》（《江汉大学学报》2006年第2期），徐世澄《中拉文化的特点、历史联系与相互影响》（《拉丁美洲研究》2006年第4期），驰骋《中拉文化对比及交流合作前景》（《当代世界》2007年第5期），王晓德《天主教伦理与拉丁美洲不发达的文化根源》（《拉丁美洲研究》2006年第4期），于兆兴、楚汉《巴西科学技术进步原因探析》（《拉丁美洲研究》2006年第3期），张宝宇《中国文化传入巴西及遗存述略》（《拉丁美洲研究》2006年第5期），刘承军《印第安文化与印第安政治运动的新崛起》（《拉丁美洲研究》2006年第5期），王晓德《拉丁美洲与美国文化外交的起源》（《拉丁美洲研究》2007年第3期），胡旭东《巴西的电影复兴》（《拉丁美洲研究》2007年第1期），程洪《浅析中国和拉丁美洲的文化贸易》（《拉丁美洲研究》2007年第4期），吴志华《巴西文化产业政策及措施》（《拉丁美洲研究》2007年第4期），林华《近年来阿根廷文化产业的发展及政府的相关政策》（《拉丁美洲研究》2007年第4期），陈众议《悖论中的民族性和世界——从拉美文学看民族意识的历史内涵与现实纬度》（《中国社会科学院院报》2007年2月13日），李北海《关于加强中拉历史文化交流的几点看法》（《拉丁美洲研究》2008年第1期），王晓德《美国"文化帝国主义"与拉丁美洲》（《拉丁美洲研究》2008年第1期），刘承军《"解放神学"死亡了吗？》（《拉丁美洲研究》2007年第1期），徐世澄《当代拉美文明思潮扫描》（载吴云贵主编《世界文明通论·当代文明（下）》第四编，第323～403页，2010，福建教育出版社），陈众议《拉美文化：发展与困境》（《文汇报》2012年6月25日）等。

研究的主要问题及主要观点

（一）关于拉美文化的特点

有的学者在谈到现代拉美文化的特点时指出："现代拉美文化一直保持着它的民族特性。在全球化和民族主义的双重作用下，现代拉丁美洲既持续不断地吸纳外来文化，同时又保持着本土文化的核心部分，这就使得拉美文化具有独特的个性：混杂性、外向型和开放性以及民族特性和世界主义倾向的共存。""现代拉丁美洲文化明显具有开放性特征。现代拉美文化形成一个矛盾而统一的复合体。拉丁美洲一直是各种文化交汇、碰撞、冲突、调和、融合的舞台，由此产生了一种杂交型文化，它具有开放性格和世界主义倾向，事实上这就是现代拉美文化的民族特征。"①

（二）关于拉美文化与中华文化的共同点和不同点

关于拉美文化与中华文化的主要共同点和相似之处，有的学者认为，中华文化和拉美文化均具有多元化和多源性。中华文化的起源有多个中心，长江、黄河都是中华文化的发祥地。古代中国有着不同的区域文化，这种不同区域的文化的格局导致了中华文化的多元结构。拉美文化起源于美洲印第安土著文化、欧洲基督教文化和非洲黑人文化等多种文化。拉美文化是一种多种文化混合的文化结构，多种异质文化汇集拉美，经过碰撞和冲突之后，趋向相互妥协、调和与适应，最终融合在一起，构成了拉美独特的文化。②

又有学者指出，中国和拉美文化又各自有自己的特点。中国文化的主要特点是：第一，延续性。中国文化传统自起源发展至今，延绵不绝，连续而从未被割断。第二，包容性。中国文化兼容并蓄，是一种"和合"文化。第三，凝重性。中国长期封建社会的农耕经济造成了中国传统社会的坚韧性，这一方面使中国文化保持长期延续性，另一方面也使中国传统文化到封建社会后期，日益显露出凝重的保守性格，缺乏积极进取的活力。而拉美文化的主要特点是：第一，与中国文化不同，美洲原有的土著文化

---

① 刘文龙：《全球化、民族主义与现代拉美文化的独特性》，《齐鲁学刊》2001 年第 5 期。
② 驰骋：《中拉文化对比及交流合作前景》，《当代世界》2007 年第 5 期。

的传统为中世纪末期欧洲殖民者对美洲的入侵和殖民所割断，欧洲殖民者打断了拉美印第安土著文化的发展，使印第安土著文化没能成为拉美文化的主体，而是以移植来的欧洲文化为主体，以美洲印第安土著文化和非洲黑人文化为次要成分。第二，拉美文化是"杂交"文化或"混合"文化，是欧洲基督教文化、美洲印第安土著文化和非洲黑人文化的汇合和融合。第三，开放性和独创性。与中国传统文化相比，拉美文化极少保守性和排他性，它善于引进和吸收其他文化的最新成果，具有很大的亲和力和很强的融合力。然而，它并不是生吞活剥，而是吸收、消化，变为己有，根据自身发展的需要，创造出具有自己鲜明特色的拉丁美洲文化。开放和创新并举是拉美文化兴盛发展之根本。①

（三）关于美国对拉美文化的影响

关于美国对拉美文化的影响，有学者认为："确实，美国不仅凭借其强大的经济实力，而且通过其先进的信息技术，向拉美源源不断地输送其流行文化，因此拉美成为美国文化扩散的首要地区。美洲经济一体化的发展趋势将会带动西半球各国之间文化的进一步交融，当然这是由美国文化为主导的进程。正是在上述的美洲经济关系发展的背景下，以流行文化为主的美国文化不断从广度和深度上渗入拉美各地。"②

有的学者认为，"文化帝国主义"是20世纪六七十年代在国际学术界兴起的一种影响很大的理论流派，主要涉及美国利用其文化优势来实现对不发达国家和地区的控制。拉丁美洲是美国文化产品"泛滥"的重灾区，所以拉美学者以一种激烈的批判精神在"文化帝国主义"话语中增加了发展中国家的声音。从整体上讲，拉美国家很难摆脱来自美国大众文化的影响，这是一个谁也无法否认的事实，但这些来自美国的文化产品所传输的内容并不会真正地改变当地人根深蒂固的文化偏好，而当地的相关机构却会从中获得启迪和借鉴，制作出适合当地人品位的类似文化产品，最终以具有本土的各种优势取代进口的同类产品。毋庸置疑，对于在经济上处于"弱势"地位的拉美国家来说，来自美国的大众文化对当地生活方式产生了很大的影响，也的确出现了让很多人感到十分忧虑的"美国化"现象或趋

---

① 徐世澄：《中拉文化的特点、历史联系与相互影响》，《拉丁美洲研究》2006年第4期。
② 刘文龙：《全球化、民族主义与现代拉美文化的独特性》，《齐鲁学刊》2001年第5期。

势。"文化帝国主义"与"美国化"这两个概念是有区别的,"文化帝国主义"话语并不能比较令人信服地解释拉美地区的"美国化"进程。①

(四) 关于拉美文化的新发展

关于拉美文化的新发展,有学者认为,美洲土著文化遗产的存在激励着拉美现代文化民族主义的成长,民族经济的成长为文化民族主义注入了新的活力。拉美地区出现了文化创造中心的多极化、意识形态的多元化和文化形式内容的多样化。由于这些新的要素的作用,当代拉美文化创造活动取得了举世瞩目的成就,特别是其文学作品和建筑艺术在世界文化领域独辟蹊径,赢得了巨大的声誉。这种成熟的文化已不可能轻易地为某种外来文化所取代,相反,面对全球化的冲击,它能够保持自己的特性。在全球化潮流和民族主义思潮双重作用下,现代拉美文化成为一个矛盾而统一的复合体。换言之,从近代初期西方资本对外扩张到当代经济全球化发展的漫长历程中,拉丁美洲一直是各种文化交汇、碰撞、冲突、调和、融合的舞台,由此产生了一种杂交型文化,它具有开放性格和世界主义倾向,事实上这就是现代拉美文化的民族特征。②

(五) 关于拉美文明与拉美现代化的关系

关于拉美文明与拉美现代化的关系,有的学者认为,拉丁美洲文明的形成和拉丁美洲的现代化进程之间是一个相辅相成的关系。当拉美不同文明的融合进程比较顺利的时候,也是拉丁美洲现代化进程较为顺利的时候,表现为社会和谐、经济发展和政治稳定。反之,当不同文明的融合不顺利和困难的时候,也是其现代化进程发生困难的时期,表现为社会冲突、经济停滞和政治局势的动荡。③

(六) 关于全球化与拉美文化

有的学者认为,拉美文化的形成和发展与全球化有着密切的关系:"从历史角度看,拉丁美洲文化的形成和发展是近代西方资本对外扩张的产物,

---

① 王晓德:《美国"文化帝国主义"与拉丁美洲》,《拉丁美洲研究》2008年第1期。
② 王晓德:《美国"文化帝国主义"与拉丁美洲》,《拉丁美洲研究》2008年第1期。
③ 朱鸿博:《文明的融合冲突与拉丁美洲的现代化》,《江汉大学学报》2006年第2期。

也就是资本全球化的副产品","拉丁美洲便成为文化全球化的最早范例,其主要成分是从16世纪初就移植而来的欧洲—基督教文化和残存的美洲土著文化,以及伴随奴隶制而来的非洲黑人文化","当代拉美的全球化进程是由美国主导的",然而,"当全球化潮流不断将外来文化传送到新大陆之时,拉美的民族主义思潮也在滋养着本土文化的成长,这就使得拉丁美洲文化有别于盎格鲁美洲文化"。①

有的研究者认为,经济全球化对各国如何保护本国的民族文化提出了挑战,拉美国家应该保护和发展具有本国特色的民族文化。2002年,秘鲁国家文化委员会发表《秘鲁文化政策纲要》,对国家文化发展战略提出了若干具有根本性调整的思路。《纲要》就全球化的实质及其对秘鲁文化的影响提出了独到的见解。《纲要》指出,20世纪末开始席卷世界的"全球化",实际上就是企图把人类的不同信仰、习俗、生活方式及对世界的不同认知,甚至不同的社会形态全部纳入同一模式。尽管全球化的推进是以人类几千年文明成就为基础,但却是按少数发达国家的经济、社会、政治、文化模式在进行,以牺牲大多数发展中国家自己的文化特色为代价。这些国家只能充当被动接受者的角色,成为那些工业发达国家文化产品的消费者。这样建立起来的世界"新秩序"将把人类的大多数排斥在外。这种全球化的设想始于16世纪西欧国家的殖民扩张,继而在19世纪已经工业化了的欧洲推行扩张政策时进一步得到贯彻,最后在20世纪后半叶由美国不断推行的霸权政策中达到顶峰。这种"全球化"在秘鲁的实现就意味着秘鲁民族几千年来形成的土著文化的消失,秘鲁自己的民族文化被外来文化取代或被迫接受外来文化,在世界其他地方则意味着一切非欧洲文化的生存受到威胁。《纲要》认为,文化政策应该是国家发展战略的核心内容,政治、经济和社会等方面的政策要与文化政策相互适应并密切协调,《纲要》提出以公民文化权、文化多样性和文化民主化作为三个基点的秘鲁文化发展思路。《纲要》认为,面对经济全球化的大格局,秘鲁要想使自己的国家和民族得到发展,就必须对文化政策作出全面的调整,作为应对全球化时代的策略。②

有研究者指出,拉美国家普遍支持联合国教科文组织于2005年10月通过的《文化多样性公约》,主张弘扬民族文化,保护文化的多样性。墨西哥

---

① 刘文龙:《全球化、民族主义与现代拉美文化的独特性》,《齐鲁学刊》2001年第5期。
② 王世申:《秘鲁文化》,文化艺术出版社,2010,第500~505页。

政府重视发展本国的民族文化，抵制外国文化的渗透。为此，政府调动社会各种力量来促进民族文化事业的发展。政府强调文化的最高任务是使墨西哥坚持独立、自由、民主、正义，把保护和发展民族文化与坚持民族独立联系在一起，主张通过继承和发展墨西哥的历史传统和文化遗产，增强民族主义意识，认为保护民族文化遗产同国家现代化不可分开。在保护和发展民族文化的过程中，强调墨西哥为多元文化的国家，要注意保持和发展各地区文化的不同特色。

巴西政府也努力树立和捍卫巴西文化特征，包括重视历史文化遗产的发掘与保护，重视巴西—非洲文化研究并按巴西—非洲文化及印第安文化模式保存、保护民族精神和种族的遗产，积极发展多元化、多样化文化，大力树立民族文化崇高的自尊地位。巴西政府规定11月5日为国家文化日，举办关于本国历史的讲座、研讨会、展览、游行并出版有关著作，增加本国视听作品的传播等。巴西政府积极繁荣民族文化，包括重视文化立法以营造良好的文化工业发展环境，加大政府对文化的投入，提倡创作自由以繁荣文化事业，制订鼓励发展计划以促进和繁荣文化生产等。

古巴政府强调发展民族文化，主张"高雅"和"大众"文化同时存在和发展，允许自由选择创作题材和艺术表演形式，但不允许以此为手段，宣传同社会主义相对立的有害思想。

阿根廷作为移民国家，各个移民群体都程度不同地沿袭着母国的文化。为避免不同文化在阿可能发生的冲突，阿政府制定了符合本国国情的文化政策，即努力促进各移民文化之融合，大力提倡群众参与文化生活，切实保证文化财产人人共享，积极推动与国外的文化交流。

委内瑞拉政府重视发展和保护本国文化，采取对文化放权和文化经费合理分配的文化政策；鼓励创作自由和文化财富的生产并保护文化艺术创作者，通过了保护著作权的法律；发展各地区特有的不同文化形式并研究其内在的文化联系，进行文化财富的交流；保护国家历史、考古、文献和艺术遗产等。委内瑞拉总统查韦斯于2006年6月4日参观首都加拉加斯维拉电影制片厂，并决定增加拨款，积极发展本国影视业，打造南美影视梦工厂，向好莱坞宣战，抵抗美国对南美国家的文化侵略。[1]

---

[1] 徐世澄：《当代拉美文明思潮扫描》，载吴云贵主编《世界文明通论·当代文明（下）》第四编，福建教育出版社，2010，第392~394页。

关于全球化对拉美社会的影响，有学者指出："马克思在《资本论》中预见和描绘过跨国资本时代，今天，所谓'全球化'，实质上是'美国化'或'西方化'，但主要是美国化；形式上则是跨国公司化。作为美国的'后院'，拉丁美洲率先品尝了跨国资本主义的苦果。尤其是墨西哥，这个曾经的'天堂'，20世纪80年代兴高采烈地加入北美自由贸易区，大多数墨西哥人以为傍了美国便可以高枕无忧，殊不知事与愿违。"

"如今，跨国资本汹涌，全球一村的时代已然来临。即使再小的事情，也可能产生严重后果，一如自然界的蝴蝶效应。同时，跨国资本主义的历史必然与发展中国家民族的传统及情感诉求构成矛盾。相对薄弱的经济基础和相应的上层建筑决定了发展中国家介入国际化、全球化狂欢必须付出高昂代价。墨西哥只是其中一个个案。这不仅止于发展中国家，发达国家同样面临源自跨国资本引发的现实矛盾、伦理危机和情感错位。而且强势文化对其他文化及其传统明显具有强迫性、颠覆性与取代性。千万不要自欺欺人地以为全球化只关涉经济。上层建筑、意识形态能与经济基础相割裂吗？而今，跨国资本正急剧地使发展中国家的民族自主性、民族传统由外而内、由内而外地面临威胁，而所谓的世界潮流其实主要来自美国，且并不以人的意志为转移。"

"墨西哥的未来不容乐观，两极分化和白热化的跨国资本与民族利益、富有阶级和贫困阶层之间的矛盾正严重威胁它的未来。同样，拉丁美洲其他国家也面临考验。以巴西为例，虽然GDP已跻身世界前六，但收入分配严重不公。社会矛盾加剧，黑势力猖獗，内战一触即发。"这就为"知识分子批判资本主义提供了有效的武器和证据"。①

（七）关于中拉文化交流

关于中拉文化交流的现状、重要性和未来的发展前景，有的学者认为，拉美与世界其他地区一样，对中国的观察在加深、提高并开始从历史文化的视角观察中国已经和正在发生的变化，观察中国未来的走向以及同世界各国的关系。中拉历史文化交流仍处于初级阶段。随着中国的进一步发展和在世界上影响的扩大，我们应进一步从广度和深度两个层次上加强与拉

---

① 陈众议：《拉美文化：发展与困境》，《文汇报》2012年6月25日。

美的文化交流，促进拉美对中国文化的深入了解，同时吸收和借鉴拉美优秀文化成果，使中拉关系的发展具有更稳固的基础。①

也有学者认为，进入 21 世纪以来，中国和拉美之间的文化交往与合作更加频繁和密切，文化交流为推动中拉关系的发展起着重要作用。通过展览、演出、互访等各种交流活动，拉美古代璀璨的玛雅、阿兹特克和印加文化，拉美现代独特的、多姿多彩的文化艺术，使中国观众大开眼界，对中国现代文化的发展起到了借鉴作用，拉近了中国人民和拉美国家人民的距离，增进了友谊。近些年来，在中国兴起了一股"拉美文化热"。中拉文化交流，不仅要把中国特色的文化介绍给拉美国家人民，而且要吸收、借鉴拉美文化，可促使双方更好地了解对方的价值观、历史、传统和文化背景，从而可以使政治和经济的交流与合作建立在更加稳固的基础上。中拉双方通过丰富多彩的文化交流与合作，为中拉不同文明的交融发展和促进中国人民与拉美人民之间的相互了解和友谊作出贡献。随着中拉政治经济关系的迅速发展，中拉文化交流与合作的前景更宽广。随着中拉文化相互交往的扩大和加深，必将推动中拉关系的发展；而中拉关系的进一步发展，必将推动中拉文化关系的进一步发展。②

近十多年来，中国学者对拉美文化的研究取得了一些可喜的进展，但是，实事求是地说，到目前为止，中国对拉美文化的研究还是不够深入和细致，相当一部分著述是属于介绍性的，而不是研究性的。此外，从事拉美文化研究的学者人数还不多，因此我们需要做出加倍的努力。

---

① 李北海：《关于加强中拉历史文化交流的几点看法》，《拉丁美洲研究》2008 年第 1 期。
② 驰骋：《中拉文化对比及交流合作前景》，《当代世界》2007 年第 5 期。

拉丁美洲的文化革命

马里奥·A. 卡德纳斯·玛达里亚加[*]

苏 婧[**] 译

内容提要：拉丁美洲地域辽阔，人口众多，资源丰富，但是却存在着诸多问题：经济增长率低、社会经济文化不平等、贫困人口数量多、政治不稳定。而从这些问题的表象，应该探究其深层次的原因即文化因素。所以要想解决拉丁美洲存在的问题，必须进行文化革命。这个革命意味着建立文化的统一体并且增强文化的竞争力，充分理解文化因素对经济增长的贡献，利用现代的信息技术传播文化革命的概念，让每一个拉丁美洲人都参与进来，实现整个地区的发展。

关键词：拉丁美洲 文化革命 文化统一 竞争力

概念阐述

这篇文章于2001年12月开始着手撰写，原来的题目是《文化革命》。[①] 文章的目的是根据阿根廷和拉丁美洲的现实来分析文化革命的意义。在这篇文章之前我的《新基础》一书里有一篇关于阿根廷的文化革命的文章。

---

[*] 本文作者马里奥·A. 卡德纳斯·玛达里亚加（Mario A. Cadenas Madariaga, 1930- ）是阿根廷法学家，曾任阿根廷驻拉美自由贸易协会的大使、政府经济部农牧业局局长。最近十多年致力于拉美文化革命研究。本文载于 http://www.revolucioncultural.com.ar，本译文已获得作者的授权。

[**] 译者苏婧，北京语言文化大学外国语学院讲师。

[①] 本文观点的详细阐释包含在作者的以下几本书里：《阿根廷，寻找的解决方案》（2006年）、《文化革命》（2001年）、《新基础》（1995年）、《经济的货币化》（2003年）。

而本文也借助了社会文化类推的方法来分析整个拉丁美洲地区的情况。在拉丁美洲，文化革命成为一个必要的和更加恰当的方式来实行这个地区所需要的转型，来关注社会问题的本质。

所以在这篇文章的开头我们首先对拉丁美洲的问题作一个概览，然后简要分析几个国家的现实，从阿根廷、乌拉圭和智利这几个国家开始，随后再将分析扩大到该地区的其他国家。

拉丁美洲的现实

拉丁美洲拥有 5.5 亿多人口，占世界总人口的 8.46%。国内生产总值为 2.2 万亿美元，占世界国内生产总值的 5%。拉丁美洲的面积为 2000 多万平方公里，比美国和加拿大的总面积还要大。但是在这片土地上却存在着诸多问题：经济增长率低、社会经济文化不平等、贫困和赤贫人口数量多，政治不稳定、民主不完善，共和政体和资本主义并存。

在进出口贸易方面，2005 年全世界进出口贸易总额为 10 万亿美元，拉丁美洲的进出口贸易总额为 6500 亿美元，占世界进出口贸易总额的 6.5%，中国占 7.5%（7500 亿美元），美国占 9.5%（9500 亿美元）。

拉丁美洲的发展现实告诉我们，虽然拉丁美洲也经历过发展良好的时期，但是在最近 50 年，伴随着二战和朝鲜战争的结束，有利因素也随之消失，整个地区进入了一个明显衰退的时期。这是因为拉丁美洲国家在实行进口替代战略时的规划欠妥，不了解真正的文化问题，并且忽视了货币政策的基本原则。总而言之，是由于实行了错误的发展计划。

在这段时间里，拉丁美洲大陆经历了各种思潮的政治、经济模式的试验，从古巴的马克思主义到阿根廷梅内姆的新自由主义，但都未能找到令人满意的答案。

美国的商业主义观念和签订双边或多边协定的提议也没能提供好的解决方法。而那些反对美国提议的国家如南锥体国家和委内瑞拉也没有有效的解决方案。2005 年 11 月举行的第四届美洲大会上这个问题依然悬而未决。

拉丁美洲的历史经历了一些非常重要的时期。如 19 世纪后半期至 20 世纪初，在自由主义倾向的共和制政府的领导下，虽然还缺乏民主，但拉丁美洲国家在各方面取得了很大程度的发展。二战末期，拉丁美洲各国有的是民主政府，有的是独裁政府。在这些政府的领导下，各国也抓住机遇发展自己的经济。20世纪50年代末，拉美各国都开始进入经济衰退时期，无法控制的通货膨胀就是社会需求与物质生产不足的矛盾的最好体现。

与盎格鲁-撒克逊的新大陆的对比

拉丁美洲的发展一直被拿来与新大陆的其他地区作比较。新大陆是15世纪末16世纪初发现的。除拉丁美洲外，新大陆还包括由美国和加拿大组成的北美洲和由澳大利亚和新西兰组成的大洋洲。这些地区的国家相对于拉丁美洲来说采取了种族隔离的政策，在建立国家后都由殖民者盎格鲁-撒克逊民族占主导地位。在发展经济和建立政治制度时也沿用了北欧的模式，并且在很大程度上承认人民的权力高于政府的权力。这些国家的令人瞩目的进步主要表现在重视教育、实行有利于最发达民族（英国和德国）的移民管理制度、建立能代表广泛社会阶层的政府、尊重私有制原则和培育实用主义精神。

经过四百多年的发展，北美洲和大洋洲的人均收入比拉美地区高7~8倍，政治体制更加稳定且具备广泛的民主代表性，社会不平等程度较低，有一个更加正确的家庭组成形式，其中美国还是世界头号强国。而拉丁美洲可能的唯一的优势就是拥有5.5亿人口（北美洲和大洋洲的人口总数为3.5亿）。但是拉美人民的受教育程度比北美洲和大洋洲要低得多，不同社会阶层的各方面差别也很大。

在四百多年的历史发展进程中，拉丁美洲、北美洲、大洋洲都经历了同样的国际环境，尽管对每个地区的影响都不一样。宗主国和殖民地之间的矛盾、独立战争或争取自治权的战争、奴隶制问题、内战、严重的世界经济危机和世界大战，这些因素都影响了新大陆的所有国家。但是20世纪的世界大战对美国、加拿大和大洋洲的影响要更大。

拉丁美洲的未来

我们已经审视了拉丁美洲的现实，但是我们不相信它的未来会由过去决定。拉丁美洲的文化变革能够完全改变它的影响，这也正是本文的基本观点之一。在最近的35年，按照美元为单位，美国的国内生产总值增长了12倍，巴西增长了23倍，墨西哥增长了19倍，中国增长了27倍（根据阿根廷外交部的统计)。设想在今后的 28 年，拉丁美洲通过深刻的文化革命，其国内生产总值以每年 10% 的速度增长，美国以每年 3% 的速度增长，那么拉丁美洲的国内生产总值将赶上美国。过去拉丁美洲总是处于边缘化的地位，没有可行的有效的地区发展计划。未来拉丁美洲将会在明确的方向指引下，以积极融入的姿态来面向飞速发展的世界。

只有广阔纷繁的文化现实能够解释存在的差异

将拉丁美洲和新大陆的其他地区进行比较会发现各种性质的差异。因此必须将这两个地区社会的基本现象加以关联来找到巨大差异的根源。

这些差异也体现在人们的精神层面。如宗教和伦理观、科学技术、政治社会制度、家庭组成形式、艺术、历史、种族和地理因素、习俗、情感、神话等。这些基本上是两个地区人民大众的精神层面的表现领域，而正是人民大众决定了每个地区的历史发展。

我们必须强调我们并不是历史宿命论者。人类自身经验也表明了人民意愿对改变统治力量的影响。很多时候人民的意愿会激励斗争的胜利。我们希望重新阐释这个理论来试图解释生产工具的发展，生产工具是文化的表现，生产工具的变革总是由文化变革所推动。

文化革命观点的综合与简要叙述：

1. 正如汤因比所说，文化是推动文明的伟大力量。像拉丁美洲这样的社会没有找到发展之路，是因为文化的繁杂将各种文化力量分化而削弱。需要有适合的国家发展计划，但是又没有能力去制订。尽管外国的发展计划反复被提议实施，但是并不适用。

2. 民族的形成必须有一个联系所有社会阶层的有效的文化统一体的存在。因此在西欧的罗马帝国覆灭后，并没有诞生新的民族。直到原来的拉丁民族和日耳曼民族、斯拉夫民族这些新的文化力量相结合，在拉丁美洲产生了一个完全特有的不同于欧洲、美国和加拿大的文化现象。在拉丁美洲原本存在两种文化力量：一种以土著人为代表，另一种以西班牙、葡萄牙人为代表。随后又有黑人奴隶补充进来，到 19 世纪大量欧洲移民陆续涌入这片土地。这些不同的文化传统的群体构成了共存各异的集合体，但是他们各自并没有进行文化上的融合。现在也依然是包含来自上述四种文化传统的四种不同世界构成的多元社会文化现实。文化统一至今仍未实现。

因此社会的不平等就是这些文化差异的直接反映。民族形成要求统一的文化作为民族的精神基础。

文化的统一并不排斥多元化，因为处于统一生活环境的各个民族依然保持其特点。而这种统一的生活环境如今并不存在。

3. 文化统一属于量的范畴，但是文化也必须有质的要求。文化的质是指一种文化在其存在的世界必须达到的竞争力的指标。如果一个社会的文化竞争力不够，那么这个社会将会比最先进的社会落后很多。在征服和殖民时期，西班牙和葡萄牙与英国、荷兰和德国这些国家相比较，他们的文化较落后。因为重商主义比伊比利亚半岛的封建主义能更好地适应社会的需求。如当时的西班牙将大量的黄金从殖民地运往国内，并没有用于本国的发展，却实际上让法国、荷兰、德国和英国的工业获益不少。如果实行另外的政策，西班牙可能还能维持欧洲霸主的地位。当缺乏文化统一和文化竞争力就会缺乏制定国家政策的基础，因而就只能提出适用于某个阶层的解决方案。这并没有将社会各阶层人民联合起来，而是将他们分裂开来了。

4. 在这些文化条件下，拉丁美洲处于一个前民主、前共和国和前资本主义阶段。拉丁美洲发展滞后的因素之一就在于占拉丁美洲人口大多数的混血种人、土著人和黑人。由于在拉美推行了普选，这些人也融入了政治生活中。欧洲移民和西葡血统的土生白人这两个群体虽然占拉美人口的少数，他们也有自身的问题。

有人提到，在同样的文化条件下，不完全民主的共和国在拉美发展更好，尤其是像阿根廷和乌拉圭这样的国家，他们奉行的是真诚的渐进的自由主义。但认为这些国家也可能会变得落后，则是很荒谬的。因为当所有的社会阶层实现文化现代化后，他们的将来只会更加进步。

5. 拉美的现实也说明了社会进步不依赖于个人行为或建立在关爱和社会责任基础上的企业行为。虽然关爱和社会责任是一个崇高的美德。社会进步也不依赖于市场法则和生产资料所有权的归属。今天在拉丁美洲，社会进步依赖于文化的统一和文化统一的有效性来推动整体的进步。对于现代有竞争力的文化来说，伦理美德起装点作用。

6. 社会进步也不依赖于以保护劳动者权益为目的的社会劳动立法。因为社会劳动立法并不能改善一个社会缺乏统一文化和竞争力的问题。如果没有生产力的快速增长，社会政策不可能取得成效。而生产力的提高又依赖于包括科学技术在内的文化。因此，在科学技术研究方面的投入必须至少占国内生产总值的2%。

7. 如果没有文化革命，我们将会步入一个恶性循环。不明智的人民不能选举出他们的领导人，不能适应复杂的共和体制，不能在市场上供给也不能购买质量好的产品。因为根本就不能生产这样的产品，也没有经济能力来购买。另外一个非常不利的影响就是不能形成必需的领导阶层。

8. 文化缺乏有效性与在经济增长进程中没有认识到文化因素的重要性有关系。也正是由于忽视了文化的因素，拉美的左派或右派所进行的经济改革才没有取得成功。近来的研究表明，文化技术要素在经济增长中比资本要素更重要。这两种要素对经济增长的贡献率分别为42%和37%。[①]

9. 不理解经济政策作为重要手段应该如何运转也是政治经济文明程度不高的表现。以货币政策为例，一个国家的货币发行量应该必须保证生产和交换。现在在发达国家，货币发行量的总额为国内生产总值的100%。不恰当地增加货币发行量会带来通货膨胀，货币发行量不够会使经济增长停滞。现在货币发行量的增长不依赖于金银的储备或外币储备，而是依赖于市场对货币的有效需求的总量。1971年美国开始进行货币政策的改革。拉丁美洲给予私人的银行贷款平均为其国内生产总值的28%，而发达国家的这个数值为84%。只有智利给私人的贷款达到了国内生产总值的66%。从28%到84%意味着拉美从现在给予私人的贷款6000亿美元增加到1.8万亿美元。反映在生产上，即在现有的国内生产总值增长的基础上，整个地区的国内生产总值还要增加54%。除此以外，还要考虑到增长的乘数效应。拉美的货币政策所带来的财富和发展是非常重要的，当然货币政策的改革需要认真计划和灵活实施。

10. 对于个人来说，如果个人的文化程度不高就会产生贫困问题。因为缺乏必要的知识来从事各种职业或进行生产活动。另外，拉丁美洲的大多数民众都缺乏获取利润或利益的自发刺激，生产能力也停滞不前。不同的社会阶层有不同的文化传统，这就产生了巨大的经济社会差异。而这也归因于经济体制。忽视了不同文化传统的社会阶层共存这样一个重要问题，所实行的政策就会产生不平等。

---

① 保罗·萨缪尔森：《经济学》第14版（Paul A. Samuelson, *Economics*），麦格劳-希尔教育出版社，第674页。

拉丁美洲文化与现代化

个人文化程度不高的另外一种表现就是缺乏能力来进行一项事业。因为他们不会集合组成一个企业的所有要素，如自然资源、劳动力、必要的设备和资本。他们也不知道应对整个企业的风险，不会评估风险，因此他们只能选择素质不高的劳动力。这也是拉丁美洲所有国家的普遍趋势。

在拉丁美洲的中上等阶层中，可以感受到他们的一种甘于平庸的精神。这是因为他们能够享受私人教育、医疗保障、安全的私人处所或拥有私人警察。由于众多没有工作的劳动力，他们能以相对便宜的价格来雇佣家庭服务员。有这么多的便利来满足他们的生活需要，他们就没有伟大的抱负。这些中上等阶层的资产阶级不理解以维护所有民众利益为目的的政治，因为从事政治活动不像私人商业活动那样能带来那么多财富。很自然在这种环境下就不会产生社会所需要的领导人，也不会有企业需要的企业家。企业家们也不会应对政治活动所带来的巨大风险，再加上拉美国家的政治不稳定，他们就更没有这种能力了。

在这种情况下，政治最终成为大投机者们的活动。这些大投机者们不去考虑真正的解决办法，也很难引入实际的革新。他们专注于提供大多数人需求的东西，通过烦琐的调查来获取民众的偏好。他们确信这是获得权力的道路。当他们行使权力时毫无责任感，没有道德感和爱国主义观，并不知道权力的界限范围。这也是无知的民众和平庸不负责任的资产阶级组合起来的结果。但是很明显这并不是合适的国家发展之路，也不是人民群众的重要问题的解决之道。

11. 在拉美政治这个大舞台上，文化的竞争力、崇高的美德和真正的解决办法必须战胜虚伪的政客们空泛狡猾的提议。就像那些伟大的运动员们战胜他们平庸的对手一样。在这种环境下也产生了许多伟大的爱国主义者。就像在衰落的罗马共和国一样，这些爱国主义者们维护国家的宝贵遗产，并且坚持他们的解决办法是可靠的。这就像一场类似于真理对谬论的斗争或哲学家对诡辩家的斗争。

在拉丁美洲，人民民主的概念没有深入人心。因为没有文化的依托，人民民主也不能实现。文化革命的引入使得民主成为可能。要实现民主需要所有人的努力，并且相信进步意味着每一天有效的改变。

12. 文化革命在如今有着无可比拟的优势。这种优势在古代甚至是在19世纪后半期都不存在。而在当今通信快捷的时代，当文化革命的思想适应了时代的要求后，就能够被迅速传播。虽然文化革命的内容会受到现今形势下受益者们的质疑，但是也应该大胆地提出文化革命。文化革命的价值是巨大的，闪耀着黄金般的光芒。

文化革命的当今优势在于新的思想的产生与整理、传播知识的新技术紧密相关，也是当今社会的需要。有了快捷的通信手段，社会与社会之间就有了自然的联系。这也是人们在通信手段中找到的一种更好的自我适应方式。也就是说，电视和电脑能比普通的印刷品更好地适应人类的思想。

文化革命针对拉美社会的所有阶层。尽管不同的阶层有各自的障碍和劣势，但是总是保留了其传统精神的精华。在他们前人的影响下，必须在短时间内实现由不发达社会向发达社会的转变。

文化革命借助电脑、信息技术，是因为必须要弥补教育者们本身文化水平所存在的缺陷。这并不是排斥教育工作者们，相反是要将他们融入进来，借助通信技术来向社会各阶层传播知识。要让每个国家最好的教师和教授了解文化革命的内容，这样人们就可以在新的岗位、职业或活动中得到伦理、经济、社会、科学技术等各领域的培训。按照这样的方式，拉美教育能够达到一个比较高的水平，不会因为家庭出身、文化传统和民族价值的不同而受到不平等的对待。教学的质量也要严格把握。在实行这项教育政策时不会出现大的冲突，因为不会拿走任何人已拥有的东西。即使是教育改革也将会尊重私立学校的自主权。

13. 拉美的人均国内生产总值在30年内会增长至现在的8倍。拉丁美洲已经做好了这个准备。拉丁美洲之前所表现出来的落后必须弥补，而且拉美也拥有必要的资源。当那些熟知发达国家情况的经济专家们向我们提出国内生产总值每年5%的增长率时，实际上犯了一个错误。他们把发达国家自身的增长率与发展中国家自身必要的增长率混淆了，处于不同发展阶段的国家，经济增长是有差异的。拉丁美洲在找到了发展之路后，其国内生产总值将会追上亚洲，甚至更高。拉丁美洲的国内生产总值现在为2.2万亿美元，美国的国内生产总值现在为13万亿美元。假如拉丁美洲的国内生产总值每年以10%的速度增长，美国以每年3%的速度增长，那么28年后拉美就能赶上美国的水平了。

右派和左派的解释都不令人满意

拉美传统政党对拉美现实的解释是尽管社会不平等让人很遗憾，但是也是一件很自然的事。新自由主义派认为社会不平等是由于市场和私有权的不正常运转所带来的缺陷。左派认为社会不平等是大国强权的结果。他们认为要解决这个问题必须对生产资料所有权进行变革。这个难题拉丁美洲至今也没有解决。

传统政党也实施了一些帮助贫困阶级的措施来改善他们的处境。其主要措施包括让穷人享有受教育权，给他们提供健康服务。

新自由主义派将很多公共服务进行了私有化，投资和国内生产总值也明显增加了。但奇怪的是，20世纪末随着拉美各国的货币对美元的固定汇率制度取消，一切都改变了。拉美货币的升值严重损害了出口，增加了进口和外债，也产生了严重的失业现象。

左派们颁布了很多有益于工人们的法令，如工作日时数和劳动条件立法。左派还推动建立工会，颁布行业集体协议、完善退休制度和增加工人收入。

在拉美，各派采取了诸多措施，如扩大受教育的权利，提供医疗服务，增加投资，遵循市场规则，完善社会保障制度和社会劳动立法。但是社会状况并没有因为这些措施而得到令人满意的改善。在智利实行了国家干预主义，在古巴对基本生产资料实行了国有化，在阿根廷对企业和重要的公共服务行业实行私有化，但是这些都并不是特别有效。

尽管拉美进行了上述改革，但是不发达地区的本质依然没改变，有时还会因为通货膨胀或外债累积而使境况雪上加霜。对于很多事情我们并不会感到吃惊，如古巴卡斯特罗的独裁、哥伦比亚的内战、墨西哥的政体不稳定，墨西哥、中美和加勒比地区大量居民向美国移民，毒品的生产、无地农民和失业工人运动、巴西经济增长低迷，委内瑞拉的国有化计划等。哥斯达黎加、智利、巴拿马的稳定并没有驱散遍布拉美大部分地区的对未来不确定的阴云。所有上述事件中没有一件酝酿出解决方案，只是社会不平等的表现，真正的解决方法依然没有找到。

还有一些偶然的因素对改变拉美经济不发达的状况也没有太大的帮助。如军方武装力量的干预对政治或社会秩序的改变。拉美的一些军方认为只要他们重建政权就能改变形势，就能弥补政党制度的缺陷。但是军事力量的干预和原有的政治力量的下台产生了严重的后果。这种后果在拉美很多国家都很明显。另外，军政府由于其职业原因不能很好地理解文化、政治、经济和社会问题，因此他们没有也不可能实行必要的变革。虽然在巴西和智利曾经的军政府实行的一些措施有助于后来各自国家的进步。

天主教在拉美也有重要的影响。天主教的确很关心社会问题,但是解决这些问题并不是他们的责任,而且他们也并没有提出符合需要的解决办法。

很多欧洲和美国的著名大学也专门对不发达国家的问题进行了研究。他们研究时是从他们发达国家的经济文化中心的角度和感受出发,但这并不能用来说明不发达国家的社会文化问题。所以他们的研究结果都不正确。

拉美革命的责任一定要落在拉美人的肩上。每个人都根据自己的能力参与进来,每个人都不应该将自己排斥在外。但是必须将那些煽动民众的行为排除在外。否则,依靠那些蛊惑民心的政客们就像我们为了获得真理而去借助诡辩或为了治病而去求助于庸医。

文化革命由于其逻辑的严谨和伟大的现实主义而具备可能性

拉美左派深受卡尔·马克思思想的影响,他们不能理解文化革命是因为马克思认为历史的发展最终由经济决定。拉美右派着眼于当前的利益,不愿意进行任何改变,他们对改革持不信任的态度,而且这项改革有可能会损害他们的利益。目前拉美的统治阶级大都有这种类似于右派的想法。

这些不同立场的政治力量着眼于其自身的利益,不考虑将来。这种保守主义也使得他们在思想领域缺乏变革的动力。而这种维持原状会随着时间的流逝而受到惩罚,因为历史并不会停下脚步。

2007 年 1 月于阿根廷布宜诺斯艾利斯省的奥利沃斯

墨西哥社会转型中文化方位的战略选择

洪国起[*]

内容提要：本文考察了20世纪以来墨西哥政治文化方位历经两次重大战略性选择的发展路径，重点分析了促成墨西哥革命制度党从崇尚"革命民族主义"转而推崇"社会自由主义"的国际环境、既定条件、官方党革命制度党内外政治生态变化及革命制度党指导思想改变等动因，阐述了作为意识形态的政治文化同国家现代化的相关性，在很大程度上取决于墨西哥社会中四股政治力量之间的博弈、整合的结果。其中，执政党革命制度党及其主要当政者的思维方式、世界观、价值观及其对文化的民族性和时代性关联的认知程度和处置方式，对国家的改革和现代化进程起着至关重要的导向作用。

关键词：墨西哥　社会转型　政治文化　现代化　战略选择

讨论文化与现代化关系的前提，是界定好"文化"这一概念的基本内涵。古今中外，有关文化的定义众说纷纭。本文使用的"文化"概念，是指对文化的内涵、层次性及其外延进行细化，从中分解出能够对经济、政治、社会发展产生推动或阻碍作用的政治文化。其核心内容，是指在政治文化层面上由"无数互相交错的力量"形成的合力（即政治学意义上的"主导型政治文化"），被当政者用来引领国家现代化进程的世界观、价值观及其思想体系。本文拟通过考察20世纪墨西哥政治文化的发展路

---

[*] 洪国起，南开大学拉丁美洲研究中心，教授。

径，试图阐明墨西哥社会转型中政治文化方位选择的特点及其对社会发展的意义。

一

纵观20世纪以来墨西哥政治文化的发展路径，大体上经历了世纪初和世纪末两次重大的战略性选择。1910年，在拉丁美洲这块古老的大陆上，墨西哥民众第一个举起反专制主义传统的革命旗帜，把统治墨西哥长达34年的铁腕人物波菲里奥·迪亚斯赶下台，经过多年曲折的斗争于1917年颁布了当时最进步的《1917年宪法》（*La Constitución de 1917*），以国家根本法的形式巩固了革命的胜利成果。到20世纪30年代，拉萨罗·卡德纳斯（1895~1970）总统依照《1917年宪法》确定的革命原则把社会改革引向深入，成为拉丁美洲地区力图触动社会结构，把政治革命引向社会改革的第一位总统。时至80~90年代，卡洛斯·萨利纳斯·德戈塔里（1948~ ）总统通过法定程序修改了《1917年宪法》中的核心条款和相关法律，进行了"社会自由主义"改革，使墨西哥成为拉美地区第一个融入北美自由贸易区（NAFTA）的拉美国家。这两次重大的历史事件，在拉丁美洲现代史上都占有特殊地位。他们的共同点是，都围绕着墨西哥宪政史上具有界标意义的《1917年宪法》进行。从政治文化方位选择的视角上看，它们的不同点是，第一次是着眼于制定一部体现"革命民族主义"精神的宪法，并认真付诸实施；第二次是修改宪法的核心条款，放弃"革命民族主义"的原则，走向"社会自由主义"的道路。由于这两位当政者在政治文化方位选择上有所不同，因而对墨西哥社会的发展也产生了不同的作用和影响。在现代拉丁美洲国家中，墨西哥"闯"出两个"第一"，特色耀眼，非同一般。美国著名的拉美史学专家、《简明拉丁美洲史》作者 E. 布拉德福德·伯恩斯，在该书（第4版）中曾对20世纪初爆发的墨西哥革命做出权威性的评论："墨西哥革命的弱点显然很多，但它仍然是拉丁美洲历史上的一个重要里程碑：它是20世纪将过去同现在和将来划分开来所做出的第一次努力。墨西哥革命完成了重要的社会、经济和政治改造。它指出了墨西哥今后的发展道路。"伯恩斯在认可墨西哥革命在拉美历史上具有"里程碑"意义的同时，又十分尖锐地提出一个问题："现在的问题在于，这一条道路是否可以导致真正变革和发展，如果可以的话，为什么墨西哥人偏离了这条道路？"① 伯恩斯在这里提出的问题，值得我们思考和研究。

在一个多元的世界里，一个主权国家的人民选择走什么样的道路，应当受到各国人民的尊重。作为史学工作者，这里需要我们思考和讨论的问题是：墨西哥人民为什么崇尚体现"革命民族主义"精神的《1917 年宪法》呢？从崇尚"革命民族主义"转而崇尚"社会自由主义"的历史是怎样演进的？有哪些历史条件和动因促成了这种转变？这种政治文化作用于社会的传导机制是怎样形成的？这一独具墨西哥特色的发展道路对我们有什么启示？等等。我们关注这些问题，意在总结历史经验，以史为鉴知兴衰，以人为鉴明得失。

二

人类历史进入 20 世纪，墨西哥现代化进程进入了社会转型的重要时期。墨西哥现代化的发展，很大程度上（非唯一因素）受制于墨西哥政治文化方位的战略性选择。

1910 年墨西哥爆发革命的时代背景和国内条件是，世界资本主义进入垄断资本主义阶段，基本矛盾趋于激化，亚洲觉醒，俄国革命和欧洲革命正在酝酿中；墨西哥波菲里奥·迪亚斯总统 34 年独裁统治促使国内阶级矛盾、民族矛盾进一步激化；经济上有所发展的中产阶级强烈要求政治上的发言权和经济上的发展空间，主张有效选举、反对独裁，保护民族工商业、反对垄断和特权②。但是，这些要求不仅遭到迪亚斯的拒绝，而且他还阴谋连选连任。从社会政治文化层面上看，墨西哥革命的爆发具有历史的必然性。墨西哥革命是墨西哥人民在独立以来所追求的"土地与自由""墨西哥

---

① E. 布拉德福德·伯恩斯：《简明拉丁美洲史》，王宁坤译、涂光楠校，湖南教育出版社，1989，第 250 页。2009 年，该书已由张森根先生主持/审校、王宁坤翻译出版了插图第 8 版，现作者朱莉·阿·查利普对原著内容做了较大修订和补充，对墨西哥革命的评价部分也做了改动。

② 《马德罗和巴斯克斯·戈麦斯政府纲领》（1910 年 4 月 20 日），马里奥·孔特雷拉斯、赫苏斯·塔马约编《20 世纪墨西哥文选》（1900～1913），第 1 卷（"Programa de Govierno de Madero y Vázquez Gómez"（Abril 20 de 1910），in Mario Contreras and Jesus Tamayo, Antologia, Mexico en el siglo XX. 1900–1913, textos y documentos, tomo I.），墨西哥国立自治大学出版社，1983，第 294～295 页。

人的墨西哥"① 的理想难以实现的情况下，不得不选择以暴力手段推翻现存政权，以图改变不合理的社会政治经济结构的革命义举。在拉美国家中，墨西哥能够第一个举起反传统的革命旗帜，是墨西哥人民文化自觉性提高的表现，是墨西哥"文化民族主义"（El nacionalismo cultural）形成的标志。

墨西哥革命经历了一个十分曲折、复杂的过程。从墨西哥跌宕起伏的革命斗争过程中可以清晰地看到以下事实：没有迪亚斯在竞选总统中妄图连选连任，对竞选对手弗朗西斯科·马德罗进行政治迫害，就不可能产生马德罗的《圣路易斯波托西计划》；没有马德罗《计划》中提到要解决农民土地问题等方面的内容，就不可能吸引南、北方各地农民起义队伍对马德罗的支持；同样，没有马德罗后来背弃农民起义的行动，也就没有农民领袖萨帕塔《阿亚拉计划》的出台；没有革命进程中工人、农民力量的不断壮大和各界联合起来在制宪会议上施压，就不可能打掉以贝努斯提阿诺·卡兰萨为代表的资产阶级保守派提出的宪法草案，而使得以弗朗西斯科·穆希卡将军为代表的革命民主派提出的包括土地改革等重要内容的宪法草案获得通过②。墨西哥《1917年宪法》文本的通过，是墨西哥革命取得政治上胜利的重要标志。墨西哥革命的历程表明，革命进程中政治文化方位的选择，充满了变数和不确定性。其最后结果，以国家宪法的形式把革命的成果巩固下来，这不是任何个人、政党、某个社会团体、政治派别主观臆造出来的，而是在特定的历史条件下，由当时社会上各派政治力量（也包括美国等外部势力）之间博弈、斗争和互动中形成的合力促成的。《1917年宪法》的问世，标志着20世纪初墨西哥主导型政治文化的形成，并为墨西哥社会的转型建立起必要的法制基础。

墨西哥《1917年宪法》是该国宪政史上的一个重要里程碑，是当时世界上资本主义类型宪法中最具革命性的一部宪法。由于当时俄国十月革命正在酝酿中，社会主义类型的宪法尚未问世，因而它也是当时世界上最民

---

① 胡利奥·杜兰·奥乔亚等：《墨西哥：革命的50年》第2卷，《社会生活》（Julio Duran Ochoa, etc., *Mexico. Cincuanta años de revolución*, tomo II, La vida Social），墨西哥，1961，第251页。
② 赫苏斯·席尔瓦·埃尔索格：《墨西哥革命简史》（Jesus Silva Herzog, *Breve historia de la Revolución Mexicana*），墨西哥–布宜诺斯艾利斯，1964，第252~253页。

主、最进步的一部宪法①。它的许多条款，特别是第 27 条和第 123 条，集中代表了 20 世纪初墨西哥政治文化的最高水平。它抵制了保守派的守旧思想，把直接关系民众，特别是劳苦大众切身利益的土地问题和国家主权问题，用规范性的法律语言写进国家宪法中。在对待财产问题上，经过激辩和斗争，制宪会议没有沿用当时广为流行并被普遍接受的"财产是神圣不可侵犯的"这一原则，而是直面迪亚斯时代土地问题空前尖锐的现实，从墨西哥国情出发，以社会利益为基础，毅然对财产权问题作了全新的界定和诠释。宪法明确规定，"国境线内所含土地与水流之所有权原属国家，国家过去和现在都有权将这些土地与水流的产权让予平民，构成私有财产"②。宪法还规定，"一切矿物，或埋藏于矿脉、矿层、矿块或矿床中的资源，其性质不同于土壤成分者，其直接所有权属于国家"③。这些条款从法律上确认了国家对这些财产和资源之所有权，拥有完全的合法性及不可侵犯性。这样就从根本上否定了依仗迪亚斯政权发财致富的国内外大庄园主、大资本家侵占墨西哥农民土地和损害国家主权的合法性，从而为新政权日后进行经济改革、推进国家现代化提供了强有力的法律依据。宪法第 123 条，对劳工（包括农业工人）劳动保护权及其社会福利问题作了详尽的规定。宪法对每一个墨西哥人应享有的权利的确认，特别是第 103 条、第 107 条，对公民权利的"保护"权的确认，不仅保证了公民的权利不受侵犯，而且也维护了宪法的尊严。尽管宪法的根本性质仍属于资本主义范畴，但是，它毕竟为资本主义制度下改善劳工生活状况、壮大民主力量、发展生产力创造了有利条件。这是墨西哥人民对法理学做出的独特贡献。由此可见，从宪法规范上看，墨西哥《1917 年宪法》，既不同于英国不成文的宪法，也有别于成文的美国宪法；就其政治文化的内涵来看，它既反映了墨西哥本民族历史文化的特点，又体现出 20 世纪初那个时代政治文化的特征。正是由于墨西哥人民做出这种政治文化方位上的选择，才使得国家的命运开始掌握在墨西哥人民自己的手中，为民族资产阶级走上政治舞台打开了大门，为解放社会生产力、发展民族经济、推动墨西哥走上工业化道路创造了有

---

① 参见拙文《略论墨西哥〈1917 年宪法〉的特点和意义》，载中国拉丁美洲史研究会《拉丁美洲史论文集》，东方出版社，1986，第 203 页；《墨西哥〈1917 年宪法〉和〈中华民国临时约法〉的比较与思考》，《南开学报》1986 年第 6 期。
② 《1917 年宪法》，见赫苏斯·席尔瓦·埃尔索格《墨西哥革命简史》，第 267 页。
③ 见赫苏斯·席尔瓦·埃尔索格《墨西哥革命简史》，第 268 页。

利条件。

　　作为20世纪初墨西哥政治文化的集中表现，墨西哥《1917年宪法》是革命的记录和总结，又是巩固政权、建设政权的一面旗帜和纲领。20世纪20~40年代初，是墨西哥人民为重建国家政权而斗争的重要历史阶段。在这二十多年中，由于受到国内外大庄园主和垄断资本势力的破坏以及社会保守势力的阻挠，也由于政党林立和社会不稳定，一个时期内土地分配进展缓慢；但是，在各地农民夺取土地斗争的强力推动下，历届政府迫于农民斗争的压力，或利用农民力量对付自己的政敌、稳定统治秩序，或出于发展民族资本主义的考虑，都先后程度不同地进行了土地分配。历届政府在分配土地之前，一般都制定了相关的法令和具体政策、措施，在中央和地方政府设立了土地委员会。虽然历届政府在分配土地的类型、方式、数目上有所不同，但总的趋势是分配的土地数目和受益的户数日趋扩大。1934年，拉萨罗·卡德纳斯出任总统后，《1917年宪法》得到了认真的实施。在他执政期间，为了巩固墨西哥革命的成果，卡德纳斯以《1917年宪法》为依据，强力推行了土地改革，分割、改造了封建大地产制，把4500万英亩的土地无偿地分配给近100万户印第安人和印欧混血人，这个数字约等于革命开始以来历届总统分配土地总和的两倍多，为建立资本主义土地所有制奠定了基础；将外国垄断资本控制的石油、铁路部门收归国有，维护了国家主权；在政治上进行了政党制度改革，将国民革命党改组为墨西哥革命党，并就党的思想原则、指导思想、组织结构进行了重大改革。卡德纳斯把包括工人、农民在内的广大民众吸收进党内，强化了党的社会基础；把过去按地区结构建立的党，改造成按工人、农民、民众和军人四个部门组织起来的职团结构型的党，加强了党的集中统一。有学者评价说："墨西哥革命党的建立，是重建1910年革命期间丧失的中央集中制进程中的一部分。这个进程早在革命斗争时期就已开始，卡兰萨曾提出并承诺树立中央的权威，这一进程到卡德纳斯改革期间达到了顶峰。"[1] 卡德纳斯在六年的任期内，依靠农民和城市工人的支持推进改革，农民和工人从改革中受益，"他是20世纪将权力基础移交人民群众的第一位拉丁美洲总统"[2]。

---

[1] 墨西哥学院历史研究中心编著《墨西哥通史》第4卷（Obra preparada por el Centro de Estudios Históricos, *Historia General de Mexico*, tomo 4），墨西哥，1977，第163页。

[2] E. 布拉德福德·伯恩斯：《简明拉丁美洲史》，第245~246页。

拉丁美洲文化与现代化

卡德纳斯能够认真实施《1917年宪法》绝非偶然。他出生在一个手工织工家庭，当过印刷工人，15岁参加革命活动，后来成为革命民主派的杰出代表，1930年被任命为国民革命党主席，1934年当选为总统，深得广大民众的支持。1934年9月12日，卡德纳斯当选总统的当天，《墨西哥时代报》在报道时强调指出："去年12月8日，在克雷塔罗市（Querétaro）召开的国家革命党代表大会上委派卡德纳斯为总统候选人两天之后，卡德纳斯就开始了在这个城市的竞选工作。他动用了他拥有的一切交通工具——飞机、火车、汽车、船舶、货运车和他自己的双脚——跑遍了全国各个州，上百个城市、农村及地图上找不到的小村落，他行走了三万公里的路，以设法了解人们的心愿。"[①] 卡德纳斯与其前任历届总统不同，他善于体察社会底层民众的迫切需求，他不把解决土地问题仅仅看成是消极地缓解农民情绪的权宜之计。他的治国理念是"没有经济独立，政治独立就是谎言"。他认为墨西哥是个农业国，"农业是国家的经济基础和支柱"，为了发展民族经济、满足人们的需要，必须进行土地改革，以最适宜的方式把农业组织起来。他的这些治国理念和改革举措，曾一度遭到国内外敌对势力和政治反对派的强烈抵制和反对。然而，在关键时刻，他总是站在人民大众一边。他顶住了各种政治压力，支持游行示威的工人的要求，下令将攻击政府的代表人物、他的"老上级"、前总统卡列斯流放到国外，并清除了政府中的卡列斯分子。被流放的卡列斯竟然在国外攻击"卡德纳斯政府是共产主义的政府"，诬称"这种出于天性的举动很可能挑动起一种法西斯式的反抗"[②]。墨西哥劳工联合会领袖比森特·隆巴尔多·托莱达诺发表声明，严厉批驳了卡列斯，强调指出："我们这个时代唯一能做的是在人民政府和法西斯制度之间做出选择。而卡德纳斯政府是人们进步的标志。"隆巴尔多排除了卡列斯有任何回国的可能性。他指出："上帝绝不会允许卡列斯再回到墨西哥，如果他回来，无产阶级将恭候他的到来并将

---

① 1934年9月12日墨西哥城消息：《当选总统卡德纳斯》（"Cárdenas, presidente electo", Ciudad de México, 12 de septiembre de 1934）。见《墨西哥时代报》（Tiempo de México）第二时期，第10号，第2页。

② 1936年6月1日俄克拉何马州塔尔萨消息：《卡列斯和莫罗内斯攻击卡德纳斯》（"Calles y Morones atacan a Cárdenas", Tulsa, Oklahoma, 1o. de junio 1936）。见《墨西哥时代报》（Tiempo de México）第二时期，第12号，第2页。

他重新驱逐出国门。"① 卡德纳斯坚持《1917年宪法》的"革命民族主义"原则,推动社会改革,得到了广大人民群众的广泛支持和响应。其结果是,人民得到了实惠,中产阶级得到了发展的空间,为建立现代资本主义制度、发展社会生产力、促进社会转型铺平了道路。

三

墨西哥《1917年宪法》是一部反映本国国情与人民需求,不简单照搬欧美国家政治思想的立宪文献的范例。正是从这个意义上说,《1917年宪法》是墨西哥人民文化自觉性提高的集中表现,是墨西哥"文化民族主义""革命民族主义"形成的一个重要标志②。这里要指出的是,1940年接替卡德纳斯出任总统的曼努埃尔·阿维拉·卡马乔到任后,立即宣布墨西哥革命的时代已经结束,发展经济的时代即将开始。卡马乔这些话原则上没有什么错误,关键在于,此后的事实表明,卡马乔政府及以后历届政府的着眼点,大多是修改《1917年宪法》中体现"革命民族主义"精神的原则条款和相关法律,对卡德纳斯政府时期推行的各项重大改革举措进行调整;至萨利纳斯执政时期(1988~1994年),就放弃了"革命民族主义"的指导思想,开始走上"社会自由主义"的道路。

萨利纳斯总统执政期间,把米格尔·德拉马德里执政时期开始推行的新自由主义政策推向了顶点。在开放市场、金融改革、税制改革等诸多方面出台了许多政策措施。尤其在私有化方面,不仅出售了过去被禁止出售的大型国有企业、银行、国家航空公司等,而且还出售了过去波蒂略总统执政时期已经国有化了的大型企业。在农村,不仅放弃了分配土地的政策,而且鼓励村社社员转让、买卖土地。在对外关系上,萨利纳斯总统还积极推动美、墨、加三国之间历经14个月的自由贸易谈判,最终于1992年8月

---

① 1936年4月12日,墨西哥城消息:《隆巴尔多·托莱达诺:卡列斯不会回来》("Calles no volverá: Lombardo Toledano", Ciudad de México, 12 de abril de 1936)。见《墨西哥时代报》第二时期,第12号,第2页。
② 据《墨西哥通史》作者介绍,进入20世纪,一股文化民族主义浪潮席卷西半球。拉美文艺复兴也始于墨西哥。文化民族主义在墨西哥的出现,是被欧洲颓废思想的信念弄得心灰意冷的表现,是对美国日益强大的影响做出的一种反应,是对墨西哥革命一种强刺激的力量。随着形势的发展,以后又陆续出现革命民族主义、经济民族主义等思潮。参见墨西哥学院历史研究中心编著《墨西哥通史》第4卷,墨西哥,1977,第348~349页。

2日达成协议。1994年1月1日，协议正式生效。自此，墨西哥成为以美国为主导的北美自由贸易区的一个成员国，实现了三个国家之间商品和资本的自由流通，美墨关系进入了一个全新的时期。

现在需要着重讨论的是，有哪些既定的前提条件和历史动因促使墨西哥重新进行政治文化方位的战略选择，从崇尚"革命民族主义"转向"社会自由主义"道路的。

一般说来，一个政党立党的指导思想，是指导党的全部活动的思想理论旗帜，十分重要。在不同的历史时期，是否需要根据实际情况改变党的指导思想以及怎样改变党的指导思想，这不取决于某一个人或某个政党的主观意愿。唯物史观提示我们，人们改造世界，第一，是在十分确定的前提和条件下进行的。第二，最终的结果是从许多单个的意志的相互冲突中产生出来的，而其中每一个意志，又是由于许多特殊的生活条件，才成为它所成为的那样[1]。考察20世纪上半叶与下半叶墨西哥所面临的国际环境和国内政治生态的变化及其内在的历史逻辑，我们至少可以得出以下几点认识。

（1）20世纪下半叶，时代主题由战争与革命转向和平与发展。随着第二次世界大战和冷战的结束以及东欧剧变、苏联解体，美苏之间的军事和意识形态的对抗已被全球范围的经济竞争所取代。国家要发展、社会要进步，已成为时代的主流。面对这种全新形势的到来，世界各国政要都在思考如何调整本国的发展战略。墨西哥的政治精英们也不例外。

（2）西方世界，首先是美国，利用世界人民对和平与发展的渴望，在全世界推行其全球化战略，利用发展中国家现代化进程中遇到的暂时困难，推销其新自由主义和全球治理的意识形态，为国际垄断资本扩大世界市场开辟道路。1982年，墨西哥暂时停止支付外债引发了20世纪第二次最严重的金融危机。墨西哥原先推行的进口替代工业化模式的弊端暴露无遗。墨西哥经济发展和人民生活遇到了严重困难。1985年墨西哥大地震给人民生活雪上加霜。面对这种严峻挑战，德拉马德里总统决定接受新自由主义发展模式，实行自由化的开放政策。1987年，墨西哥爆发了上百次的工人罢工，执政长达近60年的革命制度党受到保守派和左派两面夹击，组织内部发生分裂。要求变革的呼声日益高涨，社会变革势在必行。

---

[1] 参见《恩格斯致约·布洛赫》（1890年9月21～22日），载《马克思恩格斯选集》（第4卷），人民出版社，1972，第477～478页。

（3）伴随着时代主题的变化和新自由主义意识形态的冲击，官方党革命制度党内部的政治文化也在悄然发生变化。墨西哥政党制度形成较早，19世纪20年代成立了自由党和保守党。20世纪初，革命年代一度出现政党林立局面。1929年成立的国民革命党（革命制度党前身）是由众多派系联合组成。该党在长时期内处于执政党地位，党内的团结和社会稳定，得益于采用了职团主义的组织结构，把全国一切革命力量整合起来，而且创造了两个"奇迹"。然而，这并不意味着在革命制度党内部，在社会各个利益集团之间，在事关国家发展方向和重大政策问题上思想认识都是一致的。事实上，卡德纳斯的激进改革，一开始就遭到了大庄园主和大企业主阶级的坚决反对和强烈抵制。党内也有不同的声音和派别出现。只是在广大民众的支持下，卡德纳斯改革才得以进行下去。从20世纪40年代到80年代初，这种政治上的斗争和较量从未停止过。时至1982年债务危机引发经济危机之后，由于新自由主义意识形态对党内的思想渗透和影响，导致党内思想上的分化和组织上的分裂。在党内外政治生态发生变化的形势下，经济自由化和政治民主化思潮的汇合，加速了反对党的崛起，加之民众参政意识的增强，就从根基上动摇了革命制度党赖以生存的职团主义结构的基础。1988年总统大选到来时，从革命制度党分裂出来的"民主潮流派"，联合其他组织推举夸乌特莫克·卡德纳斯（前总统拉萨罗·卡德纳斯之子）为总统候选人，并在大选中获得30.59%的选票，居第二位；革命制度党候选人卡洛斯·萨利纳斯仅获得50.71%的选票。萨利纳斯虽然赢得了总统宝座，但是在墨西哥革命制度党一党执政多年的政坛上，跃出了一个"民主潮流派"（后形成"民主革命党"），且得到大比例民众的支持，无疑是给萨利纳斯敲响了警钟。为了扩大自己执政的社会基础，萨利纳斯先后于1989年、1993年、1994年进行了三次选举制度的重大改革，在议会席位分配方式的民主化、选举机构独立性的强化和选举程序透明化等方面为反对派提供了更大的发展空间，并以政治民主化的举措来确保其经济自由化政策的顺利实施。由于国家选举制度的变化导致各种利益集团的出现[①]，官方党革命制度党内部组织结构上的变化和政治文化方

---

① 斯蒂芬·D.莫里斯：《墨西哥政治改革：当代墨西哥政治概览》（Stephen D. Morris, *Political Reformism in Mexico: An Overview of Contemporary Mexican Politics*），林恩·瑞纳出版社，1995，第37~38页。

位选择上的失误，革命制度党指导思想上发生根本性的变化，也就难以避免了。

（4）革命制度党指导思想上的变化是根本性的变化。国民革命党创建之初，它以民众主义和民族主义为指导思想，明确表示要以《1917年宪法》作为党的纲领。1938年，卡德纳斯主持召开党的全国代表大会，将党的名称更改为墨西哥革命党，同样表示要遵守《1917年宪法》，并指出党的思想原则是革命民族主义思想与社会主义的混合。1972年，在革命制度党的"七大"上正式把"革命民族主义"确立为党的指导思想。1988年，萨利纳斯出任总统后，推出了他的"社会自由主义"理论，并通过召开革命制度党全国党代表大会，将"社会自由主义"确立为党的指导思想，取代了"革命民族主义"。几个世纪以来，墨西哥人民一直生活在侵占了他们大片国土的北方邻居——美国的阴影下。维护民族独立、国家主权和人民的尊严，是墨西哥人民多年来追求的神圣事业。墨西哥革命中形成的、体现"革命民族主义"的《1917年宪法》，已经成为历届总统必须遵循的内政外交的根本原则。在这样的政治文化背景下，萨利纳斯用"社会自由主义"取代"革命民族主义"，在党内外引起强烈反响，自然使人们心存疑惑、产生质疑。面对这种情况，萨利纳斯利用各种机会和场合向国会议员、政府公务人员和平民百姓阐释他的观点，他指出："经过75年，墨西哥革命已经建成了一个新的社会，现在面临着与过去不同的环境。""为了将进一步改善民主和社会公正的根本任务继续下去，为了维护墨西哥革命的原则及其制度的生命力，为了使《1917年宪法》中体现的社会契约得以恢复，就要重新唤起墨西哥革命的精神，保持过去那种革命的冲动和能力，以修正和确定由革命本质所标定的方向。"萨利纳斯为了给他推行的"社会自由主义"理论寻找根据，这里他讲了三点理由，然而，谁都看得清楚，这三点只不过是他为自己的极右思想涂抹上的几道"革命"色彩而已，其目的说得十分清楚，是要"修正和确定由革命本质所标定的方向"。萨利纳斯还针对一些人担心推行"社会自由主义"政策会损害国家独立和主权的问题强调指出，面对全球化的挑战，把国家看作施主，搞中央计划经济和保护贸易主义，"是一种傲慢的态度"。他要求人们的思想要适应国内外出现的新形势，树立"新的安全观"。在一个相互依赖的世界里，要保持国家独立、主权，就不能关上大门，发展对外经济贸易与维护主权并不矛盾①。萨利纳斯这番话,显然是承受着国际形势发展变化和国内经济衰退、政局不稳造成的巨大压力,处在风口浪尖上的一位当政总统为自己施政所做的辩护。然而,我们从中也从另一个角度看到了他之所以放弃"革命民族主义"、改为信仰"社会自由主义"的某些蛛丝马迹。《萨利纳斯:现代性的困境》一书的作者托马斯·博尔赫是这样解释的:"作为经济学家、政治家的萨利纳斯总统,试图以这样的理论来回应国际社会的挑战,回应全球化和互相依存的现实,回应对形势持盲目乐观和悲观主义两极态度的人,回应世界三大经济区的涌现,回应理论范式的危机,以期在国家与市场之间、在一个观望的社会和忙于公开辩论的社会之间找到新的交叉点。"② 博尔赫为萨利纳斯所做的辩解十分到位。但关键的问题在于,萨利纳斯的"社会自由主义"在本质上就是"新自由主义",它并没有"在国家与自由市场之间"找到平衡点。萨利纳斯总统的问题,不在于他面对经济全球化的新形势实行了改革开放的政策,而在于他忠实、全面地推行新自由主义政策,把私有化、自由化推向了极致;在理论上放弃了"革命民族主义"这面凝聚人心的旗帜,鼓吹"修正和确定由革命本质所标定的方向";在政治上代表国内外大资本家、大企业主和大地主的利益,把许多事关国家和民生切身利益的国有财产和战略资源都统统卖掉;在对外关系上屈服于美国的压力,鼓吹"要保持国家独立、主权,就不能关上大门"的怪论,最终导致改革的成果和社会财富都集中到国内外大资本家和大地主等少数人的手中,而社会贫困化却日益加剧。其利弊得失,后人自有评说。

1996年9月,革命制度党召开了党的"十七大",并作出决定:革命制度党重新举起"革命民族主义"的旗帜,摒弃"社会自由主义"的主张。③这虽说是一种"亡羊补牢",但毕竟反映出革命制度党对问题的一种反思和认识。然而,在实行总统一元化领导的体制下,墨西哥的一切政务都是总统说了算。在战争与革命的年代,左翼领袖卡德纳斯总统,在工农大众的

---

① 托马斯·博尔赫:《萨利纳斯:现代性的困境》(Tomás Borge, *Salinas: Los dilemas de la modernidad*),21世纪出版社,1993,第186~187页。
② 托马斯·博尔赫:《萨利纳斯:现代性的困境》,第175页。
③ 徐世澄:《连续执政71年的墨西哥革命制度党缘何下野》,《拉丁美洲研究》2001年第5期。

推动下，可以进行带有某种社会主义色彩的改革措施①。革命成果达到顶峰时，他做了最大努力，但他没有也不可能从根本上解决墨西哥经济结构和社会结构中的深层次问题。原因很简单，20 世纪初爆发的墨西哥革命，属于资本主义体系内资产阶级领导的民主主义革命范畴。资产阶级掌握国家政权这一"确定的前提"条件决定了改革的局限性，决定了总统只能做条件允许他做的事。卡德纳斯是如此，萨利纳斯的历史命运也不例外。在和平与发展的年代，萨利纳斯作为一个在显赫的官僚家庭出生、专家治国派中的精英，在新自由主义思潮的猛烈冲击下，决定选择新自由主义发展模式，这并不奇怪。同样道理，在埃内斯托·塞迪略担任总统期间（1992～2000 年），虽然革命制度党"十七大"作出重新举起"革命民族主义"旗帜的决定，可结果如何呢，塞迪略总统没有按照"十七大"的决定办事，而是继续奉行他们的新自由主义政策。历史再次证明，一个政党的指导思想，固然十分重要；但是，将党的指导思想停留在纸面上，束之高阁，而任凭总统按照他们自己的意志行事，其结果是可想而知的。这一案例所反映出的制度和体制层面上的局限性，值得人们深思。

通过以上几点简要分析，我们看到，在墨西哥发展的关键时期，以萨利纳斯总统为代表的当政者，做出了全盘接受新自由主义理论的政治文化方位的战略选择，并在实践中将其推向极致，绝非偶然。萨利纳斯的思想、言论和行动，代表了一种社会思潮。它标志着美国主导的经济全球化、全球治理化的意识形态及其新自由主义理论在墨西哥思想领域占据了上风，并淹没了墨西哥传统的"革命民族主义"，从此墨西哥彻底改变了过去实行的进口替代工业化战略的保护性政策，进而成为北美区域经济一体化的一部分。从国际资本主义发展的内在逻辑上看，有它产生的历史必然性；从墨西哥社会发展的历史角度上看，墨西哥加入北美自由贸易区，刚刚实践了十几年，可圈可点，可说是见仁见智。然而，有一点可见端倪，墨西哥加入北美自由贸易区之后，由于墨西哥社会经济结构发生了根本性的变化，加之国门大开，使得墨西哥在与美国的竞争中处于不利地位，就业、毒品、移民等社会问题日趋严重。不管今后哪个党派掌管国家政权，墨西哥都将面临严峻挑战。国际社会希望墨西哥今后能加快国家现代化进程，更期盼墨西哥广大民众，特别是边远地区的印第安人和印欧混血种族的农民，能

---

① 当时敌对势力曾诬称卡德纳斯要同苏联结盟，是共产党的同谋。

早日分享到他们理应得到的改革成果，以解决社会贫困化问题。至于墨西哥今后能否做到这一点，这只能由实践来回答。

四

从 20 世纪墨西哥政治文化的嬗变轨迹中，我们可以看到一种政治文化现象的存在，即作为意识形态的政治文化与国家现代化的相关性，取决于墨西哥社会中以下四股政治力量的整合结果。

（1）广大民众参政意识的提升及政治诉求的提出。墨西哥人民独立以来所追求的"土地与自由""墨西哥人的墨西哥"的理想，就是这种诉求的集中表现。这是墨西哥革命精神和改革动力所在，也是墨西哥社会转型的社会基础。

（2）知识精英对其民族历史使命的认同。以中产阶级为代表的知识精英，排除保守势力的干扰，制定和通过了《1917 年宪法》，并带头先后举起文化民族主义、革命民族主义、经济民族主义等思想旗帜，成为墨西哥政治文化的先导力量。

（3）社会各阶级、各利益集团和各党派政治上的博弈、竞争、互动和整合。这是催生政党诞生和政党政治发展的中坚力量。由政党整合社会各种政治力量形成的主导型政治文化，凡代表先进生产力发展要求，反映社会进步发展方向的文化，都属于先进的主导型政治文化，以此先进文化引领社会改革和现代化建设，必将起到推动社会发展和社会转型的作用。反之，对社会发展和进步必将起到阻碍作用。

（4）执政党及其主要当政者的思维方式、行为方式，尤其他们对世情、国情认识的程度，对文化的民族性和时代性关系的认知程度及其处置方式，对国家的改革和现代化进程起着至关重要的导向作用。20 世纪前半叶和中叶，执政党以革命民族主义、经济民族主义等为指导思想，引领社会改革，曾在一个时期内出现了被世人广为认知的"经济奇迹"和"政治奇迹"，使墨西哥多数人受益，也推动了国民经济、政治的发展和社会进步。此后，选择社会自由主义，亦即新自由主义为发展方向，虽说短期内对经济增长也有一定的刺激作用，但结果是富了少数人，穷了大多数人，社会两极分化日趋严重。

现代墨西哥发展的历史表明，以上四股政治力量的对比，不是一成不变的,是随着形势的发展而不断变化的。革命制度党执政时,党内有派,党外有党,党派轮流执政,就是各派政治力量消长、变化的表现和结果。时至20世纪80~90年代,萨利纳斯出任总统时,各种政治力量对比发生了很大变化。萨利纳斯希图通过选举制度改革扩大反对派民主的办法,巩固执政党的地位。但改革的最终结果,未能幸免于自己下野、反对党上台执政的历史命运。令人感兴趣的是,2012年7月2日,12年前失去执政地位的革命制度党推举的总统候选人恩里克·培尼亚·涅托,又当选为墨西哥新一届总统。对此,美国舆论界指出,华盛顿对涅托其人"知之甚少","是30年来第一位没有在美国精英学校如哈佛或耶鲁求学经历的墨西哥总统"。[①] 墨西哥革命制度党重新上台执政这件事本身,以及由此产生的这番出自北方邻居之口的评论,不仅耐人寻味,而且值得人们思考。

现代墨西哥发展的历史还表明,无论是革命制度党执政,还是国家行动党执政,抑或将来由其他政党执政,他们执政的理念都反映着他们所代表的特定阶级和阶层的利益。如果说有所不同的话,只是在政治倾向上有左、中、右翼之别。他们的共同之处,都是试图在维系自己的政党统治地位的前提下,将其主导型政治文化,通过总统国情咨文等形式传递至议会等国家权力机关,再由国家权力机关按照既定的法律程序审议批准,而后由总统将其形成治国方略、具体规划和相关政策,以此推动国家现代化建设和发展。在此,一种政治文化作用于国家现代化的传导机制的形成过程就展现在世人的面前。

---

① 阿根廷《号角报》7月2日报道。转引自2012年7月4日《参考消息》文:《墨西哥帅哥总统担子重》。

浅论墨西哥的文化革新运动与现代化*

韩 琦**

内容提要：1920～1940年墨西哥发生了一场文化革新运动，其包括反对封建迷信、提倡科学理性的反教权主义运动，倡导赞扬印第安人优秀品质、塑造民族精神的土著主义思潮，发展世俗教育和"社会主义教育"，利用大型壁画的公共艺术形式进行富有教育意义的大众宣传等。这场运动较为彻底地打击了传统宗教势力，建立起现代教育体系，提高了墨西哥人的民族自信心和凝聚力，确立了适应墨西哥现代化建设的核心价值体系，并为20世纪后半期墨西哥的现代化建设奠定了思想文化基础。经过这场文化革新运动的洗礼之后，一个新的墨西哥出现了。墨西哥案例说明了文化变革对现代化的重要意义。

关键词：墨西哥 文化革新 反教权主义 土著主义 教育改革 壁画运动 现代化

在紧随墨西哥革命后的1920～1940年，墨西哥发生了包括反教权主义运动、土著主义思潮崛起、教育改革运动、壁画运动等在内的文化革新运动，这场文化革新运动持续时间长、涉及范围广，从意识形态、文化内容、制度规范、生活习俗等方面都发生了一种从传统向现代的大转变，这场运动尽管有一定的局限性，但它的确有利于墨西哥革命成果的巩固，并为墨

---

* 本文是作者主持的国家社科基金项目"墨西哥20世纪前半期的文化革新运动和现代化研究"（项目批准号为13BSS026）的阶段性成果之一。

** 韩琦，南开大学世界近现代史研究中心和拉丁美洲研究中心，教授。

西哥20世纪第三个25年的政治稳定和经济发展双"奇迹"奠定了基础。深入研究这场文化革新运动的历史，无疑对理解文化革新与现代化的关系具有重要的启发意义。

一 反教权主义运动

反教权主义运动是反对天主教会在政治、经济、文化等领域的世俗特权，打破教会在现实生活中无处不在的地位及其影响的社会文化运动，它伴随着资产阶级的成长和自然科学的重大发展，首先发生在17～18世纪的欧洲，19世纪时扩展到世界其他国家。它倡导理性主义和人文主义，反对宗教迷信和神学的专制统治，主张政教分离、宗教宽容和信仰自由，是国家现代化的重要组成部分。

在墨西哥革命期间，天主教会支持独裁者迪亚斯，支持维多利亚诺·韦尔塔将军对付马德罗，与大庄园主站在一起，敌视民众和革命政府。因此，1916～1917年制宪会议的自由派代表认为自己有责任引导墨西哥人民远离保守的、无知的、不宽容的、迷信的、狂热的教会，如果他们不击败制宪会议中的代表教会的势力，教会支持的保守派将会发动另外一场使国家处于危险中的革命。① 结果，最后出台的《1917年宪法》对教会进行了严格的限制，主要体现在以下条款中。

> 第三条规定：鉴于第二十四条规定的宗教自由，教育服务应该世俗化，应该完全脱离宗教教条的影响；教育服务应该基于科学进步，应该与无知及其造成的结果、盲从、狂热和偏见作斗争。
>
> 第二十七条规定：教会无资格获得和拥有或经营不动产，没收教会的不动产，教会的各种建筑物为国家所有。
>
> 第一百三十条根据政教分离的历史原则制定，其中规定教会和宗教团体应根据法律成立。教会牧师无资格担任公职、无资格代表政党或参选人游说、无资格批评国家的根本法律、无资格为政治目的结社和集会、无资格继承近亲以外的人的遗产等。条款允许各州确定每个

---

① 菲利普·L. 拉塞尔：《墨西哥历史：从征服之前时期到现在》（Pilip L. Russell, *The History of Mexico: From Pre-Conquest to Present*），劳特利奇出版社，2010，第373页。

地区所需牧师的数量，外国人无资格担任牧师。禁止将违法者脱离陪审团审判。

第二十四条规定：任何人都有信仰他所喜欢的宗教和参加宗教仪式的自由，只要这些活动不构成违法。国会无权颁布法律建立或废除特定的宗教。通常情况下，所有的宗教活动都应在教堂内进行，特殊情况下需要在教堂外进行活动时必须服从法律管制。①

墨西哥宪法之所以这样规定，一是继承了18世纪波旁改革以来墨西哥历史上反教权主义的传统，特别是19世纪以来，国家与教会的冲突不仅表现在制度上，而且也表现在文化上。激进的自由主义者抨击教会问题，不仅涉及教士的权力和教会的财产，而且指出教会文化本身就是创造实用的、工业化的、开明的和品德优秀的"新人"的障碍。② 二是迪亚斯时期缓和了与教会的关系，教会势力大增，到20世纪初，天主教先后成立了天主教工会和国家天主教党，并提出了一整套土地改革政策，天主教恢复了它往日的势力、信任和目标，开始与世俗政府分庭抗礼。三是文化冲突成为革命政府关心的焦点。在1916~1917年制宪会议上许多激进分子谴责罗马教廷控制的教会是"国中之国"，承诺要结束教会与大庄园主和韦尔塔反对派之间的合作，他们抨击教士们用来毒害农民心灵的教会文化。③ 在改革派看来，现代国家的建立需要重新塑造整个的"传统文化"，这一过程涉及摧毁处于社会下层的大众文化中的"无知"和"迷信"，现代性的主要障碍是宗教，尤其是大众宗教或宗教"狂热"。因此，世俗化、对神圣世界的祛魅以及对神圣化的人类的崇拜取代对上帝的崇拜，就变成合理行为了。

墨西哥国家与教会之间的斗争经历了三个阶段。

1918~1924年是第一阶段。面对《1917年宪法》的反教权主义条款，天主教统治集团坚决抗议，教会高级人士发表了联名签署的抗议书。年轻

---

① 《墨西哥合众国政治宪法》（The Political Constitution of the United Mexican States），http://portal. te. gob. mx/... /political-constitution-united-m。
② 斯蒂芬·刘易斯、玛丽·凯·沃恩：《鹰和圣女：1920-1940年墨西哥的民族和文化革命》(Stephen Lewis and Mary Kay Vaughan (eds.), *The Eagle and the Virgin: Nation and cultural revolution in Mexico*, 1920-1940)，杜克大学出版社，2006，第141页。
③ 斯蒂芬·刘易斯、玛丽·凯·沃恩：《鹰和圣女：1920-1940年墨西哥的民族和文化革命》，第142页。

的天主教激进分子则组成了"天主教青年协会",他们的目标从最初的着力形成共同的信仰发展到后来的采取政治行动甚至武装行动。他们在1921年5月12日的一次抗议性示威游行中制造了流血冲突。教会力图控制工人运动,在1922年4月成立了全国天主教劳工联合会,联合了353个地方团体,会员人数达8万人。许多会员在参加1922年5月1日的游行示威中,手持武器,高喊"基督万岁!消灭布尔什维克!"的口号,袭击庆祝五一劳动节的工人队伍,向他们扔石头和开枪,伤者甚重。① 全国天主教劳工联合会利用其影响,极力阻止工人政治积极性的增长,呼吁他们不要走上"不信上帝、违抗当局、不服从富人"的道路。鉴于它的反动性质,政府不承认全国天主教劳工联合会是合法工人团体。1923年,奥夫雷贡政府(Álvaro Obregón,1920-1924)驱逐了保护教权派的罗马教皇的使节菲利佩,并停止建造瓜纳华托州古皮莱特山冈上已经开工的基督巨像,国家与教会的关系进一步恶化。1923年12月6日发生了在教权派支持下旨在推翻奥夫雷贡政府的德拉·韦尔塔领导的反动军人叛乱,教权派希望韦尔塔完全恢复天主教以前的权利。叛乱一度控制了全国1/3的领土,奥夫雷贡总统动员人民起来捍卫《1917年宪法》,反击叛乱者,最终在1924年初平定了叛乱。

1926~1929年的"基督派战争"(Cristero War)是第二阶段。1924年12月1日,普鲁塔科·埃利亚斯·卡列斯继任总统。教会开始担心新总统会采取反教权主义的行动,因此在1925年3月成立了"全国捍卫宗教自由同盟",旨在为取消宪法的反教权主义条文而斗争。1926年2月5日新宪法9周年纪念日时,墨西哥大主教何塞·莫拉·德尔里奥发表了一项声明,重申反对《1917年宪法》有关条款。卡列斯政府宣布此举是在反对国家的基本法,下令关闭教会学校和修道院,并驱逐200名外国教士。卡列斯决心"排除群众的狂热性",消灭宗教,以利于国家政权稳定和民族进步,② 因此,他的政府开始对宗教实行新的清洗。1926年7月14日,卡列斯签署了实施宪法第130条的法令,重申实行世俗教育,解散教会团体,禁止教士从事政治活动和外国人担任教会职务,剥夺教会占有不动产的权利,所有教

---

① 阿尔波罗维奇、拉甫罗夫主编《墨西哥近代现代史纲》,刘立勋译,三联书店,1974,第517页。
② 莱斯利·贝瑟尔主编《剑桥拉丁美洲史》(第4卷),涂光楠等译,社会科学文献出版社,1991,第621页。

士都要登记，同时还制定出许多旨在削弱教会在国家中地位的其他措施，最后宣布对违法者要施以罚款和处以6年以下的监禁。该法令在1926年7月31日生效。天主教分子的忍耐达到了极限，1926年8月1日，主教们停止了星期日所有公共礼拜仪式，钟声哑然，教堂空寂，礼仪搁置，圣事转入地下。教会还企图发动经济抵制，号召居民限制从食品到奢侈品的消费，并禁止教徒赴电影院、剧场、音乐会、舞厅和其他娱乐场所，"基督王万岁！"的标语到处可见。结果，教会的抗议和抵制活动很快演变为一场反对取缔教会的战争，即所谓"基督派战争"。从1927年1月1日起，在哈利斯科、科利马、萨卡特卡斯、瓜纳华托、米却肯、杜兰戈等州先后发生了基督派发动的叛乱，其武装力量在1927年为1.2万人，到1929年，基督派叛乱的区域扩大到17个州，武装力量达到5万人。[①] 这是一场反对反教权的中央政府的地区性叛乱，平叛过程十分缓慢。

从1927年10月开始，在美国驻墨西哥大使德怀特·惠特尼·莫罗（Dwight Whitney Morrow）的斡旋之下，卡列斯同主教团举行了一连串的谈判。但是，1928年7月17日，奥夫雷贡在被选为新总统两周之后被天主教激进分子何塞·德莱昂·托拉尔（José de León Toral）刺杀，此事严重损害了和平进程。直到埃米利奥·波特斯·希尔担任总统（1928~1930年）之后，才重新开启和平谈判。1929年5月1日，希尔告诉外国通讯记者说："只要天主教牧师愿意，他们可以重新举行宗教仪式活动，但条件是他们必须尊重本国的法律。"次日，流亡大主教莱奥波尔多·鲁伊斯·弗洛雷斯（Leopoldo Ruíz y Flores）发布了一条声明：主教们将不会要求撤销法律，只要求它们的实行更为宽松。1929年6月21日，在莫罗协调下，谈判双方达成一份协议，政府除了允许在墨西哥恢复礼拜之外，还对天主教徒做出三项让步：只有那些被任命为高级等级的牧师才需要登记；可以在教堂内（但不能在学校内）进行宗教教育；所有公民（包括牧师）均可以请求改革法律。另外，更重要的一条是，教会恢复使用财产的权利，牧师恢复在这些财产中生活的权利。[②] 尽管从法律意义上讲，教会不得拥有房地产，其先前的建筑设施依然属于联邦资产，但教会实际掌

[①] 菲利普·L.拉塞尔：《墨西哥历史：从征服之前时期到现在》，第376页。
[②] 维基百科：《基督派战争》（Cristero War），http://www.en.wikipedia.org/wiki/Cristero_War。

握着这些资产，这对双方都是合适的安排。政府承诺以一种和解的精神实施宪法，教会在表面上终止了对叛乱军队的支持。政府和教会之间协定公开之后，抵抗运动也慢慢地消散。1929年6月27日，墨西哥教堂的钟声几乎是三年里的第一次响起。战争夺去了包括平民和双方军人在内近20万人的生命。①

1932~1938年的"第二次反教权战争"是第三阶段。经过1929年国家与教会短暂的和解之后，从1932年开始官方反教权主义再度高涨。1933年12月，国家革命党修改了宪法第三条，宣布了教育的"社会主义"反宗教性质，当时的教育部部长纳西索·巴索尔斯（Narciso Bassols）认为，宗教是大众的鸦片，他建议国家向年轻人灌输一种"理性的"世界观。1934年7月，卡列斯总统在墨西哥天主教的大本营瓜达拉哈拉发出了他著名的"瓜达拉哈拉的呼声"，宣布"革命没有结束，因为其长期的敌人仍在威胁着它，并试图废止它的胜利成果。我们必须进入一个革命的新阶段，即心理学革命的时期"。②随之开始了新一轮针对教会的猛烈攻击，进一步削减官方批准的牧师数量。拉萨罗·卡德纳斯当选总统（1934~1940年）之后，修改后的宪法第三条获得批准，它增加了如下引文："国家赋予的教育应为社会主义教育，并且，除了摒除所有宗教信条外，还应通过给青年以对宇宙和社会生活的确切理性观念，来组织教导和活动，与狂热和偏见作斗争。"③ 在公众的头脑中，由于将修改后的宪法第三条与巴索尔斯早先提出的实施一种温和形式的性教育的建议相混淆，激起了1935年墨西哥西部基督徒的叛乱，大约有7500名基督徒参加了游击战。在此后3年的时间里，大约有100名教师被暗杀，有200人被毁容（经常是被割去耳朵），并有无数学校被焚毁。基督徒针对教师的恐怖活动迫使政府退却。④ 与卡列斯的锋芒毕露相对比，卡德纳斯的反教权主义则小心谨慎，他很快就放宽了反教权主义的政策。

到卡德纳斯任期结束的时候，教会和国家的关系已经和解。教会接

---

① 菲利普·L. 拉塞尔：《墨西哥历史：从征服之前时期到现在》，第376页。
② 唐纳德·霍奇斯、罗斯·甘地：《1910-1982年的墨西哥：改革或革命?》（Donald Hodges and Ross Gandy, *Mexico 1910-1982*, *Reform Or Revolution?*），伦敦，1983，第35页。
③ 唐纳德·霍奇斯、罗斯·甘地：《1910-1982年的墨西哥：改革或革命?》，第50页。
④ 斯蒂芬·刘易斯、玛丽·凯·沃恩：《鹰和圣女：1920-1940年墨西哥的民族和文化革命》，第290~291页。

受了墨西哥革命是不可逆转的事实,政府也停止了强制实施反教权的宪法。从1940年开始,教会开始靠近墨西哥的穷人,甚至有一部分牧师靠近了官方党的左翼。教会开始跳出数百年来的陈旧轨迹而走上了一条新的道路。

二 土著主义思潮崛起

土著主义是一种由知识分子、政治家和艺术家提出来的,认为墨西哥民族认同的根源应该在墨西哥印第安文化中寻找的思想。这一思想的拥护者有两个主要目的:一是提高印第安人的地位以便他们能够被纳入国家发展的计划中,二是将土著主义与民族主义结合在一起,加强全体国民的民族意识和凝聚力。拥有这种思想的政治家、小说家、人类学家、画家、记者倡导恢复印第安人的价值和习惯,以反对欧洲人的文化遗产。他们想改变此前占主流的关于印第安人落后的负面观点,并号召一种有利于贫困的印第安村社的社会改革。①

墨西哥的土著主义思想萌芽于大革命之前。在波菲里奥·迪亚斯时期,实证主义和社会达尔文主义强化了精英头脑中关于落后的土著人口是国家发展障碍的种族主义看法,但在一部分杰出的政治家和知识分子中,已经开始拥护通过教育和就业将印第安人纳入国家主流的观点。如1889年第一次全国公共教育会议上发行的一份报告坚持认为,白人和印第安人的知识能力是一样的。1900年,一些印第安人捍卫者摒弃关于印第安人懒惰和愚蠢的论点,认为他们天生勤奋、适应力强,有毅力,有艺术天赋。如当时的公共教育部部长胡斯托·谢拉（Justo Sierra）（1906~1910年）就争辩道,所谓印第安人种族低下是一种神话,相反,营养不良、工资微薄和不识字倒是应该受到责难的,教育家和政策制定者应该引起注意。② 如果不是种族因素而是文化和经济因素导致了印第安人的退化的话,那么就应该重

---

① 豪尔赫·拉腊因:《拉丁美洲的认同与现代性》(Jorge larrain, *Identity and modernity in Latin America*),威利出版社,2001,第98页。
② 艾伦·奈特:《种族主义、革命和土著主义:1910-1940年的墨西哥》,(Alan Knight, Racism, Revolution, and Indigenismo: Mexico, 1910-1940),载理查德·格雷厄姆编《1870-1940年拉丁美洲的种族思想》(Richard Graham Edited, *The Idea of Race in Latin America, 1870-1940*),得克萨斯大学出版社,1990,第79~80、87~88页。

新给予印第安人应有的地位。安德烈斯·莫利纳·恩里克在《国家的重大问题》中指出,印第安人是村社土地私有化的受害者,除非改变法律,否则将发生革命。他同时还呼吁恢复村社制度。他的著作对《1917 年宪法》第二十七条产生了影响。① 但在迪亚斯时期,这种萌芽的土著主义仅仅局限于沙龙,政府当时实行的教育和土地政策均有害于印第安人。真正的土著主义直到墨西哥革命尘埃落定之后才被提出来。

曼努埃尔·加米奥被认为是大革命之后的土著主义创始人。他是一位人类学家,被称为"墨西哥人类学之父"。1911 年,他从美国哥伦比亚大学获得硕士学位之后回到墨西哥国家博物馆讲授考古学。在 1916 年出版的《锻造祖国》中,他呼吁墨西哥人拒绝欧洲美学,采用土著标准来评估美丑、墨西哥艺术和考古学对象的意义,他认为,应该摒弃"西班牙的铁锤",将"印第安人的砧子"当做民族的标准。② 他极力主张"一种民族特性的形成"必须从对墨西哥的形形色色印第安人团体进行科学研究开始,从对土著艺术和文学的新认识开始,从对扭转 19 世纪的"致命地尊崇外国的方向"开始。③ 1917 年墨西哥政府设立了人类学部（the Direccion de Antropologia）,在这个机构中,加米奥与卢西奥·门迭塔·尼涅斯（Lucio Mendieta Niniez）、卡洛斯·巴绍里（Carlos Basauri）、米格尔·奥托·门第萨瓦尔（Miguel Othon de Mendizabal）一起,将社会科学的权威和民族主义的热情结合起来,以记录和推动墨西哥的印第安文化。④ 在加米奥从事的特奥蒂华坎项目的研究中,他试图通过对印第安人的考古、语言、文化、生活标准等一系列问题的深入研究而进入"墨西哥印第安人"的文化深层。

---

① 安德烈斯·莫利纳·恩里克:《国家的重大问题》（Andrés Molina Enríquez, *Los Grandes Problemas Nacionales*）墨西哥城,1909;见埃米利奥·H. 科里:《对波菲利奥时期墨西哥剥夺印第安人村庄土地的解释:恩里克未经考察的遗产》（Emilio H Kouri, "Interpreting the Expropriation of Indian Pueblo Lands in Porfirian Mexico: The Unexamined Legacies of Andrés Molina Enríquez),《西班牙美洲历史评论》（*Hispanic American Historical Review*）第 1 卷,2002,第 69~117 页。
② 曼努埃尔·加米奥:《锻造祖国》（Manuel Gamio, *Forjando Patria*）,墨西哥城,1916。
③ 莱斯利·贝瑟尔主编《剑桥拉丁美洲史》（第 4 卷）,涂光楠等译,社会科学文献出版社,1991,第 443 页。
④ 亚历山大·S. 道森:《从民族模式到公民模式:1920－1940 年墨西哥的土著主义和印第安人的再辩护》（Alexander S. Dawson, From Models for the Nation to Model Citizens: Indigenismo and the "Revindication" of the Mexican Indian, 1920－1940),《拉丁美洲研究杂志》（*Journal of Latin American Studies*）1998 年第 2 期,第 281 页。

他试着把考古学与土著居民教育结合起来，始终着眼于复兴和保存土著的艺术和文化。1922年他出版了两卷本的《特奥蒂华坎山村的居民》一书。

与加米奥同时代的何塞·巴斯孔塞罗斯并不是一位土著主义者。这位教育部部长（1920~1924年在任）的思想超出了对平均地权论的同情，也超出了将印第安人真正纳入墨西哥社会的设计。在他看来，无论是墨西哥人或更广范围的拉美人，其民族特性存在于种族和文化的混合之中。他倡导的是种族融合。他偏爱的教育计划是将经典作品（塞万提斯、莎士比亚、托尔斯泰等人的著作）的便携式图书馆用马背送到偏僻的山村，并仿照16世纪的托钵修士的模式，将文化使团（工作队）派往遥远的印第安人山村，去招聘和培训农村学校教师。他相信，没有人热爱印第安人，印第安文化已经死掉，墨西哥（和美洲）的未来属于混合种族。他主张："印第安人走向未来的唯一门户是现代文化，他们的唯一途径是拉丁文明所开辟的道路。"[①] 尽管巴斯孔塞罗斯的立场被认为是以西班牙文化为中心，但在20世纪20年代，正是由他推动了一场墨西哥的艺术革命，这场革命至少将印第安人和印第安人的历史搬到了墨西哥建筑物的墙壁上。

莫伊塞斯·萨恩斯（Moises Saenz）是继加米奥之后对印第安人政策发生重要影响的又一位关键人物。这位教育部副部长（1925~1928年）和加米奥曾同为哥伦比亚大学人类学教授弗朗茨·博阿斯（Franz Boas）的学生。另外，他还受到教育学家约翰·杜威的影响。他相信墨西哥20世纪20年代的经济、社会和文化问题可以通过"行为学校"来解决，这些学校将建立在所有农村社区，而不论其种族如何。"为实验社会经济的变革，农村学校必须成为实验室。农村教师必须服务于全体人民的利益，而不是将他们的贡献局限在正式指令的传统领域……他们在此任务中会得到流动的文化使团的协助，后者拥有的专家团队包括医生、护士、兽医、家庭经济学家、木匠、音乐家、剧作家、画家和其他人。"[②] 该计划的目的是要提高农民的生活水平和将农村居民纳入国家文化和社会的主流。

随着对墨西哥农村文化复杂性的日益熟悉，加上萨恩斯前往中美洲及

---

① 何塞·巴斯孔塞罗斯：《宇宙种族》（José Vasconcelos, La Raza Cósmica），布宜诺斯艾利斯，1948，第3、14页。
② 辛西娅·休伊特：《从人类学视角看墨西哥的农村》（Cynthia Hewitt de Alcantara, Anthropological Perspectives on Rural Mexico），劳特利奇出版社，1984，第14页。

南美洲旅行（在那里，他亲眼目睹了危地马拉和安第斯山区土著人的悲惨处境），最终使他对单一方法的社区发展计划的可靠性产生了怀疑。特别是20世纪30年代初在墨西哥米却肯州卡拉潘（Carapan）经过6个月的人类学研究之后，他发现联邦的农村学校被忽视甚至受到当地农民的敌视，公共教育部的"纳入"战略过于简单化。单靠西班牙语教学并不能完成将印第安人"纳入"主流社会的任务。[1] 卡拉潘的经验促使萨恩斯重新思考他自己有关社会政策和民族差异之间关系的立场。他在《墨西哥一体化》中认为，印第安社区的问题不是孤立的，而是印第安人被纳入更广泛社会中所遭受的剥削和不利条件的问题，这种情况根源于殖民征服。"在整个国家，印第安人被统治阶级不道德地抛弃，并遭受到最不公正的剥削。"萨恩斯敏锐地意识到土著生活的积极方面和保护印第安文化特别是印第安政府的重要性。他在1939年具有先见之明地写道："建立一种'间接'政府也许是可能的，印第安人通过这种政府可以有效地保护自己的组织，同时使它与该国其他地区建立联系。"[2] 萨恩斯的这种从土著主义向多元文化主义的转变在拉萨罗·卡德纳斯总统（1934~1940年）任期内得到了越来越多的支持。

尽管卡德纳斯政府于1935年12月成立了印第安人事务署（Luis Chavez Orozco任主任），但政府越来越倾向于将印第安人归属于工农大众，强调阶级高于种族的划分："解放印第安人的纲领实质上就是解放任何一个国家无产阶级的纲领。"[3] 政府的目标是在保护印第安人特殊文化的基础上实现印第安人阶级和社会的解放。因此，政府更多的是通过对作为农民的印第安人采取的普遍措施，而不是通过制订对土著的特殊计划来对印第安人施加影响。

土著主义重新发现了古代印第安文化，并把印第安文化当作国家文化的重要基石。印第安人的过去和现在将会成为一个自豪的源泉。墨西哥以

---

[1] 斯蒂芬·刘易斯、玛丽·凯·沃恩：《鹰和圣女：1920-1940年墨西哥的民族和文化革命》，第185页。

[2] 莫伊塞斯·萨恩斯：《墨西哥一体化》（Moisés Sáenz, México integro），利马，1939。转引自吉·汤姆森《墨西哥的文化复兴》（Guy Thomson, The Mexican Cultural Renaissance），见 http://www2.warwick.ac.uk/.../muralism_ and_ indigenismo_ 2011。

[3] 路易斯·贡萨雷斯：《卡德纳斯总统的那些日子》（Luis González, Los días del presidente Cardenas），墨西哥城，1979，第120页。

"正在变为褐色的国家"的方式，否定以欧洲或美国作为民族文化认同的参照标准，这对消除旧精英的合法性提供了一种手段，因而对革命领袖具有吸引力。土著主义成为官方的意识形态，宣称要"寻求对墨西哥被剥削的印第安人团体的解放和整合，将他们从大庄园主、卡西克和牧师的压迫下解放出来，融合到新的革命国家和民族之中"。① 因此，土著主义思潮的崛起是墨西哥民族意识觉醒的标志，也是墨西哥民族主义和民族国家建设的一个标志。

三 教育改革运动

教育改革运动包括20世纪20年代与反教权主义并行的教育世俗化运动和30年代的"社会主义"教育运动，其基本目标是塑造新人，塑造新型的墨西哥公民。

墨西哥革命打碎了迪亚斯政府的旧教育体系，革命之后，革命领袖们需要建立一种新的教育体系。在革命者看来，墨西哥之所以落后，是由于教会垄断了教育，阻碍了现代文化的传播。因此，在克雷塔罗制宪会议上经过激烈辩论之后形成的《1917年宪法》，其第三条成为新教育制度建立的法律依据，主要精神是教育世俗化和培养新人。第三条强调教育必须免费、非宗教性及教育主要由国民政府来领导。国家责任包括普及初等教育；扫除文盲；组织和训练富有墨西哥思想的职业教学人员；同学生家庭合作以便使全体学生不断进步；协调联邦与各州县的教育体制等。② 当时的口号是"教育就是救赎"，教育家们试图救赎孩子、成人、印第安人、妇女、农民、工人和整个国家。救赎计划不仅包括读写算，还有卫生和营养、体育运动和身体健康、道德和自律、良好的艺术和有用的技能。农业和工业的知识技能、积极参加社区活动、爱国主义和公民意识也得到了强调。③ 这种计划被称作整体教育或职能教育，可以通过美国著名教育学家杜威所提倡的创

---

① 艾伦·奈特：《种族主义、革命和土著主义：1910－1940年的墨西哥》，（Alan Knight, Racism, Revolution, and Indigenismo: Mexico, 1910－1940），载理查德·格雷厄姆编《1870－1940年拉丁美洲的种族思想》，第80页。
② 《墨西哥合众国政治宪法》，http://portal.te.gob.mx/.../political-constitution-united-m。
③ 迈克尔·迈耶、威廉姆·谢尔曼：《墨西哥历史进程》，第479页。

建"行为学校"来实现。

巴斯孔塞罗斯作为革命后的第一任公共教育部部长,对教育改革施加了强烈的影响,他以他的思想和行动使教育部在政府中处于重要地位,并确定了其各项基本目标和大部分的机构。在争取到政府的财政拨款后,教育部开始在全国范围内创建农村小学体系,被称作文化使团(工作队)的流动的教师培训机构,深入乡村,建设校舍,设立图书馆,组建小学和社区改善委员会。当地教师在学术科目、教学方法、卫生和营养、运动、音乐、农业、机械技艺等方面得到了培训。到1924年年末,已经有1000多所农村小学建立起来。政府印制了100多万本教科书赠送给那些有需要的学生,国家出版社出版了许多廉价的经典作品送到乡下,那些识字的穷人第一次读到了莎士比亚的著作。[①] 许多乡村学校位于土著人聚居区,教师的主要任务是推广西班牙语并使印第安人融入国家文化之中。卡列斯政府还在墨西哥城为各州的土著学生建立了一所寄宿学校,希望教育和训练各州的领导人和教师。

在奥夫雷贡和卡列斯两届总统任内,还创建了其他一些重要的教育机构。如为帮助上班母亲照料孩子,在城镇建立了幼儿园体系。1925年,一个公立中学体系也建立起来。另外,教育部还开设了夜校、青年人的职前教育学校、技术和职业学校,以及为青年农民开设的乡村农业学校。

教师通常都是年轻的理想主义者,他们不相信宗教。当他们参与到土改请愿、组织文艺演出、组织国家节日的爱国主义仪式等活动的时候,学校就成为乡村生活的重要中心,乡村也就成为教师与教会及其牧师斗争的重要场所。1926年卡列斯总统发动的对教会的反击激起了"基督派战争",教师成为反教权主义的积极参加者。新建立的国家革命党缺乏全国性的群众基础,教师便成为国家革命党借以发动农民运动和工人运动的政治工具。墨西哥教师联合会在1932年3月应运而生。

教育改革在20世纪30年代向纵深发展。1934年"最高领袖"卡列斯在他的"瓜达拉哈拉呼声"中宣告:"我们必须进入和征服孩子们的心灵和年轻人的思想,因为他们属于而且必须属于革命。"同年,执政党在"六年计划"中贯彻了他的这一思想,宣布中小学教育应该基于"墨西哥革命所

[①] 唐纳德·霍奇斯、罗斯·甘地:《1910—1982年的墨西哥:改革或革命?》,第34页。

支持的社会主义思想的方向和要求"。① 1934年12月，议会将"社会主义教育"纳入新修改的宪法第三条中。其中提到："国家将保证社会主义教育，在消灭一切宗教教育后将与宗教狂热和偏见作斗争。为此，学校将组织整个教学制度和自己的活动，使青年获得关于宇宙和社会生活的正确概念。"②

卡德纳斯最初曾赋予"社会主义教育"一词比较激进的含义。他在一次早期的演说中宣称："社会主义学校将竭力使学生认识到无产阶级的需要，加强他们的团结精神，为墨西哥社会和文化的统一进行准备工作。""学校将扩大自己的活动，直到与工会、合作社和农民团体密切地合作为止。"③ 虽然所谓新的"社会主义学校"实际上是老的"行为学校"，但不同的是它们肩负了意识形态的使命。卡德纳斯的顾问拉蒙·贝特塔在1937年写道："我们的社会主义教育试图谆谆教诲我们的孩子给予工人阶级和革命的理想以真正的同情。""我们希望他们相信分配土地和保护劳工的好处，我们希望他们认识到保护本国自然资源的必要性，并推崇工作的尊严。"④新的教科书强调平均地权论、劳动者尊严、历史唯物论、新的墨西哥化的民族认同，教师们特别注重以一种新的爱国主义的和革命的国家节日历法来取代传统的宗教历法日历。

"社会主义教育"在农村发挥了重要作用。卡德纳斯时期农村学校的数目快速增长，这些学校所要起的作用远远超出传授基本的读写算，卡德纳斯称，这些学校的教师要发挥社会和革命的作用。"农村教师是农民和孩子的导师，必须关心村庄的改善。教师必须在争取土地的斗争中帮助农民，在争取法定工资的斗争中帮助工人。"⑤ 教师们对实际社会需要做出了反应。如在拉古纳地区的土地改革中，农村教师在建立集体村社的一整套改革（教育、农业、技术和医疗等）中发挥了关键作用。在瓦哈卡，他们组织当地农民要求"土地和自由"以及在每村建立一所学校；在墨西哥州，他们鼓动农民占地；在米却肯，他们讲解农业立法，书写请愿书并通过有关机构加以实施。那些参与土改的教师深入第一线，从事农业生产，引进新的

---

① 迈克尔·迈耶、威廉姆·谢尔曼：《墨西哥历史进程》，第485页。
② 阿尔波罗维奇、拉甫罗夫主编《墨西哥近代现代史纲》，第644页。
③ 阿尔波罗维奇、拉甫罗夫主编《墨西哥近代现代史纲》，第645页。
④ 迈克尔·迈耶、威廉姆·谢尔曼：《墨西哥历史进程》，第485页。
⑤ 莱斯利·贝瑟尔主编《剑桥拉丁美洲史》（第7卷），江时学等译，经济管理出版社，1996，第34页。

庄稼品种和种植方法，向农民传授文化知识，帮助建立农民组织，他们为农民提供了实际帮助。

公共教育部还鼓励女教师加强与农民妻子之间的联系，帮助她们改善生育卫生条件，反对家庭中的大男子主义。妇女专家和教育部的技术人员根据欧洲最新的"家庭科学"制订了生育改革计划，希望妇女们生育出更为健壮的孩子，并能够作为自主的社会主人翁参与到现代社会生活中。所有婚姻要到政府登记，禁止早婚。农民母亲被要求学习现代营养学和医学知识，远离巫术和无用的草药。她们必须经常为孩子们洗澡和洗衣服，使用肥皂、建造厕所、焚烧垃圾、扑打苍蝇、喝开水。猪、鸡、狗等家畜的喂养必须与生活区隔离。居住空间必须分隔为厨房、客厅和卧室，并要求采用类似城市的家具和餐具。[①] 这些方面的要求有利于农村家庭摒弃旧的不健康的生活习俗。磨面机和缝纫机的引进也减轻了农村妇女的家庭负担。

卡德纳斯时期，革命的知识分子已经认识到，政府的政策应该在推动印第安人的社会、经济和精神解放的同时，保留土著文化的优秀特征和习惯。20 世纪 30 年代初期，公共教育部建立了地区性的"土著教育中心"，实际上是寄宿制学校，以便教育 15～20 岁的男孩和女孩。1937 年教育部设立了专门的"土著教育局"，负责监管 33 个地区中心。[②] 1939 年，卡德纳斯在视察雅基（Yaquis）印第安人寄宿学校时表示，雅基的老师应该在受训之后回到雅基教学，寄宿学校的主任也试图将雅基人的历史纳入学校的课程。在地区性土著会议上，印第安人的代表呼吁在土著学校进行双语教学，由住在印第安人社区的双语和双文化教师授课。这时，印第安人事务署也宣布，印第安人有权保留他们的语言和习惯，并号召建立双语学校，根据当地的习惯和需求由土著教师来授课。1940 年在米却肯州的帕茨瓜罗召开了第一届美洲印第安人代表大会，会议强调尊重印第安人的文化传统和土地权利。墨西哥签署了最后的会议宣言，其中提到："将印第安人纳入文明的陈旧理论（一种用来更好地剥削和压迫土著民众的借口）已经被帕茨瓜罗

[①] 玛丽·凯·沃恩:《革命中的文化政治：1930-1940 年墨西哥的教师、农民和学校》（Mary Kay Vaughan, *Cultural Politics in Revolution: Teachers, Peasants, and Schools in Mexico, 1930-1940*），亚利桑那大学出版社，1997，第 42～43 页。

[②] 迈克尔·迈耶、威廉姆·谢尔曼:《墨西哥历史进程》，第 487 页。

会议的美洲代表所抛弃。"① 1948 年，墨西哥成立了国家印第安人研究所，加强对印第安人问题的研究。

但是，社会主义教育运动也遭到了来自天主教派和右翼势力的强烈抵制。社会主义教育与反教权主义是联系在一起的，在有些地方发生了反教权主义的过火行为。因此，男女学生混校教育、性教育和医疗成为天主教学生运动和全国双亲协会诋毁的目标，天主教报刊攻击这是共产党的阴谋，将色情带入课堂。天主教学生进行了抗议、罢课和暴动，家长用孩子的脚投票，城市和农村中缺课的人数不断上升。天主教徒还与大庄园主一起反对平均地权论者，煽动暴力，破坏土改。教师们往往成为受害者。1935～1939 年，全国有 300 名教师被暗杀，许多人被割掉耳朵。②

实际上，所谓"社会主义教育"仍属于资产阶级世俗教育。卡德纳斯本人在 1940 年对"社会主义教育"作出了比较温和的解释，指出它"仅仅意味着承认不能隐讳不提的和前程似锦的现代科学知识。这些知识并不形成教条式的绝对系统，而是帮助人们理解社会生活和法制的新形式"。③ "社会主义"和"理性主义"经常交替使用，"社会主义"往往被看作现代化意识形态的替代物，它也体现了对文化凝聚力和民族团结的传统的渴求。"'社会主义'一度是官方路线，但后来（考虑到这个词的广泛灵活性）成了社会和睦和阶级均衡的同义词。"④

卡德纳斯时期（1934～1940 年），教育预算占整个政府年度预算百分比从 15% 提高到了 20%。同时，公立小学从 8477 所增加到 113016 所，中学（1935～1940 年）从 49 所增加到 116 所，工业、商业和技术学校从 19 所增加到 40 所，农业学校从 22 所增加到 55 所。1938 年文盲率比 1930 年时下降了 14%。⑤ 1935～1940 年农村学校增加了 4245 所。另外，政府增设了女子学校和工人教育中心；加强了边远地区的儿童教育；为军人子女创建了"军队子弟学校"；创建了国家工学院、国家人类学和历史学研究所、墨西

---

① 贡萨洛·阿吉雷·贝尔特兰：《人类学著作第 12 卷：方言》（Gonzalo Aguirre Beltran, *obra antropologica 12: lenguas vernaculas*），墨西哥城，1993，第 343～344 页。
② 何塞菲娜·索拉伊达·巴斯克斯：《墨西哥的民族主义和教育》（Josefina Zoraida Vázquez, *Nacionalismo y educación en México*），墨西哥学院，1975，第 178 页。
③ 阿尔波罗维奇、拉甫罗夫主编《墨西哥近代现代史纲》，第 647 页。
④ 莱斯利·贝瑟尔主编《剑桥拉丁美洲史》（第 7 卷），第 37 页。
⑤ 阿尔波罗维奇、拉甫罗夫主编《墨西哥近代现代史纲》，第 646 页。

哥学院；促进了诸如人类学、考古学、经济史学和语言学等人文学科的发展。① 墨西哥的教育取得了显著的成就。

四　壁画艺术运动

壁画艺术运动是墨西哥在20世纪20年代兴起的一场最初由政府倡导的以复兴本土文化为宗旨、以壁画这种大型公共艺术为主要形式的文艺复兴运动。在以"壁画三杰"著称的迭戈·里维拉（Diego Rivera）、何塞·克莱门特·奥罗斯科（Jose Clemente Orozco）和大卫·阿尔法罗·西凯罗斯（David Alfaro Siqueiros）领导之下，大量的反映民族主义的、社会和政治主题的壁画被创作在了公共建筑物的墙壁上，对墨西哥国家的重建、墨西哥现代壁画传统的形成以及对美洲其他地区壁画运动的发展均产生了重要影响。

墨西哥的壁画传统最早可以追溯到前哥伦布时期的奥尔梅克文明，玛雅人和阿兹特克人也都曾在他们的庙宇和陵墓的墙壁上创作壁画。在殖民时期，许多壁画被绘制在教堂的墙壁上用来传播基督教福音和强化人们对基督教教义的理解。最早利用壁画来宣传政治和社会主题的，是19世纪中叶的胡安·科尔德罗（Juan Cordero），他是第一个在他作品中表现哲学主题的墨西哥壁画家。但公认的最早的现代墨西哥壁画家是赫拉尔多·穆里略（Gerardo Murillo，1875-1964），他也被称为奥特博士（Dr. Alt）。当时的迪亚斯政府为了使墨西哥文化更加欧化，曾资助建立了圣卡洛斯美术学院，并派送有前途的艺术家到欧洲留学。作为圣卡洛斯学院骨干教师②的奥特博士认为，墨西哥艺术应该反映墨西哥人的生活。学院的培训和政府的作为仅仅是推动一种对欧洲艺术的模仿。因此，他和其他早期的壁画家向政府施加压力，要求政府允许他们在建筑物的墙壁上绘制壁画，以摆脱欧洲的形式主义③。1910年，奥特在圣卡洛斯美术学院组织了一个墨西哥本土艺术

---

① 米格尔·安赫尔·加略、劳拉·洛佩斯·德拉腊:《墨西哥历史：从革命到全球化》卷2（Miquel Angel Gallo and Laura Lopez de Lara, *Historia de Mexico, de la Revolucion a la Globalizacion*, Tomo 2），墨西哥城，2010，第126页。
② 他在1914年担任该院的院长。
③ 露丝·埃莱娜·迈内罗·德卡斯蒂罗:《壁画主义与墨西哥革命》（Luz Elena Mainero del Castillo, "El muralismo y la Revolución Mexicana"），墨西哥革命史国家研究所网站。http://www.inehrm.gob.mx/Portal/PtMain. 2012.

展，展出了具有民族主义意识和本土主题的绘画，推动了许多出现在后来壁画中的土著和民族的主题以及配色方案。① 由奥特创作的第一幅现代墨西哥壁画是使用由奥特本人发明的所谓"奥特色彩"绘制的一组女性裸体。奥特通常被视为墨西哥壁画运动的思想先驱和理论奠基者。对后来壁画家的另一影响来自通俗版画家何塞·瓜达卢佩·波萨达（José Guadalupe Posada，1852-1913年）。他在1871~1913年创作了将近2万幅木刻画、铅版画、锌版画，展现了他对革命前墨西哥社会的全面深刻的观察，他的创作生涯始终与民众的生活密切相关，他捍卫正义和自由事业，嘲讽欧洲风格，反对迪亚斯的独裁统治，其作品深受民众欢迎，成为1910年革命后具有民族倾向的艺术家的灵感源泉。②

壁画运动的兴起与巴斯孔塞罗斯有直接关系。1909年，巴斯孔塞罗斯参与创建了一个反对迪亚斯政府政策的小知识分子团体"青年雅典娜协会"（Ateneo de La Juventud），其中包括安东尼奥·古罗（Antonio Curo）、阿方索·雷耶斯（Alfonso Reyes）和何塞·巴斯孔塞罗斯（José Vasconcelos）。他们推动了一种民众主义的哲学理念，正好与奥特博士以及波萨达的社会和政治批评相一致。1921年，巴斯孔塞罗斯被任命为公共教育部部长。当时，全国大部分人口是文盲，政府急需一种方法来传播墨西哥革命的理想。巴斯孔塞罗斯从墨西哥壁画传统中受到启发，倡导通过建立一个由政府支持的壁画项目，用以赞誉墨西哥革命和加强以墨西哥混血种族为核心的民族认同感。③ 于是，政府开始聘请全国最好的艺术家绘制壁画，并将包括迭戈·里维拉、罗伯特·蒙特内格罗（Roberto Montenegro）在内的一批画家从欧洲召回。里维拉在欧洲受到当时的立体派（European Cubism）、抽象派等最新艺术流派的影响，并前往意大利研究了文艺复兴时期的壁画，此时已经具备了非常高超和娴熟的画技。

第一批由巴斯孔塞罗斯委派的壁画创作任务是由奥特博士、蒙特内格罗、恩西索（Jorge Enciso）等人在已经属于教育部的墨西哥城的圣佩德罗

---

① 大英百科：《民众主义艺术与墨西哥壁画复兴》（Populist art and the Mexican mural renaissance），http：//www.britannica.com/hispanic_ heritage/article-253341。
② 戴斯蒙德·罗什福特：《墨西哥壁画家：奥罗斯科、里维拉、西盖罗斯》，相广泓译，清华大学出版社，2004，第24页。
③ 杰奎琳·巴尼茨：《20世纪拉丁美洲的艺术》（Jacqueline Barnitz, Twentieth-Century Art of Latin America），得克萨斯出版社，2001，第45页。

(San Pedro) 和圣巴勃罗 (San Pablo) 教堂遗址创作的。但一般认为,壁画运动是从国立预科学校的壁画绘制开始的,在这里,"壁画三杰"第一次被聘请来创作壁画。紧随该项目之后的是教育部大楼、查平戈农业学校、国家宫、美术宫、国立医科学校以及其他建筑物上的创作。

最初,巴斯孔塞罗斯的理想主义哲学和形而上学的审美观影响了壁画家们的创作,但现实社会发生的政治事件很快扭转了这一方向,使他们倾向于更富有教育意义和政治意义的通俗艺术。1922年年末,参与国立预科学校壁画创作的壁画家们成立了一个技术工人、画家和雕塑家联合会,1923年年末,作为对阿道弗·德拉·韦尔塔叛乱的回应,联合会公开了它的宣言,主张集体创作应该帮助墨西哥民众进行反抗压迫的斗争,并能反映国家的本土传统;应该弃绝画架画和为知识阶层所独享的画,赞成"任何形式的纪念碑式的艺术,因为它们属于公共财产";"我们宣称在这个社会由陈腐的旧秩序向新秩序转变的时代,美的创造者们必须以最大的努力为人民创造出负载特定意识形态的作品。艺术再也不能像现在这样表达个人喜好了,它的目标应该是成为为所有人的、战斗的、具有教育意义的艺术"。[①] 这一宣言的发表标志着壁画不再是一种普通绘画形式,而是一种基于共同审美标准和艺术目标的创作活动,一种从理论和技巧上能够代表墨西哥的艺术。

20世纪20年代至40年代是壁画运动的兴盛时期,这个时期也正是墨西哥从一个文盲人数占多数的农村社会向现代工业社会转变的时期。在这个时期,全国各地产生了大量的壁画,其主题大多都与民族主义和社会政治有关,往往集中于墨西哥革命、印欧混血种人的民族认同、墨西哥文明史。墨西哥革命,特别是反对外国入侵、反对专制独裁、反对教权主义、要求"自由与土地"、维护《1917年宪法》等内容均在壁画中得到了反映,墨西哥革命受到了肯定和赞扬,壁画作为一种手段起到了让革命后政府合法化的作用。社会主义、马克思主义特别是阶级斗争思想是壁画反映的另一个主题。里维拉、奥罗斯科和西凯罗斯都公开承认自己的共产党员身份,他们的思想均坚定地倾向于左派。里维拉的社会主义政治态度已经融入他

---

① 何塞·克莱门特·奥罗斯科:《艺术与革命》,劳伦斯和维斯哈特出版社,1975,第24~25页。转引自戴斯蒙德·罗什福特《墨西哥壁画家:奥罗斯科、里维拉、西盖罗斯》,第47页。

的壁画主题和视觉形象中,非常公开地呈现在了公众面前。他们的许多壁画都取材于墨西哥文明发展的历史,这些壁画为壁画家们从本民族的过去探寻和提升不同层面上的民族内涵提供了机会,民族的过去被重新定位,从而形成了一部对现实有用的历史,并被作为代表现代墨西哥文化认同的视觉形象第一次出现在作为大型公共艺术产品的壁画上。由此,本土文化的内涵和重要性得到了新的阐释。壁画运动的本质就是要在艺术上确立墨西哥本土文化的民族认同。实际上这既是一场文化艺术上的变革,也是墨西哥民族艺术思想觉醒的标志。

墨西哥壁画家是一个联系密切的团体,他们自由地分享着思想和技术,但是,每个人的工作又是独特的。其中"壁画三杰"最有影响力。他们都认为,壁画艺术是绘画中的最高形式,是社会革命的一种重要力量。他们的工作创造了一个环绕墨西哥革命的神话,同样也推动了民族主义、马克思主义思想的传播。他们都赞美墨西哥,赞美她的人民、习俗和历史。他们都参与创造了一种具有墨西哥特点的视觉概念的新体系。然而,三人又具有不同的艺术表达方式。里维拉的作品具有理想主义和乌托邦式的特点,奥罗斯科的作品则是批评性的和悲观的,而西凯罗斯的作品最激进,大量集中于一个科学的未来。[①] 三者之间的差异与每个人的经历有很大关系。里维拉没有亲历墨西哥革命,整个革命期间他在欧洲留学。因此,他从来没有描绘战争的恐怖,他所感受到的是从革命中得到的社会效益。另外两个人经历了墨西哥革命,都在他们的作品中表达了战争的恐怖。

在"壁画三杰"中,里维拉在欧洲留学的时间最长(前后约12年),因此,他十分熟悉欧洲的现代艺术风格。但是,他并没有被动地承袭和模仿,而是非常善于通过发掘本土民族艺术语言来"共性表达"民族性和"个性表达"世界性,从而达到与世界对话和与民族风格融合的效果。他的作品如教育部大楼的壁画(1928年)和国家宫的壁画(1935年)大多以墨西哥历史人物和场景为主题,他"善于处理历史画面的复杂关系,常以简练入微的生动造型和注重画面黑白基调的结构组合,来产生壁画有序的多元空间的交错构成。他善于把西方立体主义的结构处理及民俗性的内容和

---

① 丽达·波马德:《墨西哥的壁画家:艺术三杰——奥罗斯科、里维拉、西凯罗斯》(Rita Pomade, "Mexican muralists: the big three—Orozco, Rivera, Siqueiros"), http://www.mex-connect.com/articles/ 2012。

夸张的形、色统一在壁画之中"。① 在采用略加修改的使用鲜艳色彩的欧洲风格的基础上,又模仿了印第安人壁画的特点,从而形成了更加朴实的风格。他最大的贡献是让印第安人的历史进入了现代墨西哥人和外国人的视野。

奥罗斯科擅长于表现人民的苦难和社会的残酷现实。他的作品体现了对美洲人民顽强不屈精神的深刻理解和同情,对历史创伤和不平等的无比愤意和反抗。他的历史文化观有独到之处。他认为:"现在美洲各族正日益明白他们自己的个性,因为它们是由土著和欧洲两大文化潮流融合混交而产生的。……在建立真正的美洲文明的问题上,两种文化具有同等重要的作用。"② 因此,在他看来,墨西哥的历史以及这个国家本身的身份问题,是复杂的、辩证的、难于解读的,并且处于不断地发展变化之中。追根溯源,它的身份不是单一的,而是具有多样性的。③ 所以,他并未全盘肯定前西班牙时期的墨西哥,也没有将西班牙人对墨西哥的征服看作自始至终只有消极意义的事。他既看到积极方面,同时又看到消极方面,并致力于把这种一分为二的历史观与关于墨西哥历史的具体观点结合起来。④ 如他在瓜达拉哈拉的壁画《西班牙征服墨西哥》(1939年)中就极为生动地表现了墨西哥民族传统的两重性。

西凯罗斯是"壁画三杰"中最年轻和最激进的。他18岁就参加了墨西哥革命,后来又参加过西班牙内战,七次被捕入狱,但他始终坚守自己的政治信仰。他把绘画当作战斗武器。他的壁画具有鲜明的民族性、革命性和浓烈的现实主义风格。他认为,革命的艺术不能单单依靠内容和形象的革命性,也同样要依靠与之相应的形式与审美的创造。⑤ 因此,他的壁画力求同建筑物本身的线条相一致,因而常常可以取得舞台的视觉效果,并把雕塑和绘画结合在一起创造出所谓的"雕塑绘画"的形式。另外,他在创作中使用了诸如低氮硝化纤维颜料、硝基漆、石棉、喷枪、蜡纸、模板等与技术相关的新元素,以及抛、甩、喷、滴、溅、泼等绘制方法。西凯罗

---

① 袁运甫:《墨西哥壁画:20世纪艺术的辉煌成就》,《美术观察》2004年第1期。
② 奥罗斯科1932年5月25日在达特默斯学院的谈话,转引自戴斯蒙德·罗什福特《墨西哥壁画家:奥罗斯科、里维拉、西盖罗斯》,第111页。
③ 戴斯蒙德·罗什福特:《墨西哥壁画家:奥罗斯科、里维拉、西盖罗斯》,第127页。
④ 戴斯蒙德·罗什福特:《墨西哥壁画家:奥罗斯科、里维拉、西盖罗斯》,第119页。
⑤ 戴斯蒙德·罗什福特:《墨西哥壁画家:奥罗斯科、里维拉、西盖罗斯》,第212页。

斯在壁画形式的革新方面做出了重要贡献,他的重要作品有电业工会大楼壁画（1939年）、美术宫壁画（1945~1951年）等。

壁画运动是墨西哥民族民主革命在艺术上的反映,也是印第安人古代艺术传统的继承和发扬。它发扬了印第安民族艺术的优秀传统,同时又勇敢地汲取西方现代艺术的成就,在此基础上创新了一种具有民族本土特色的现代壁画艺术。壁画家们用现实主义的表现手法,把墨西哥革命、土著主义、民族主义、农民和工人等重大题材展现在了公共建筑物的墙壁上,使艺术直接与人民大众见面,产生了鼓舞大众和教育大众的力量,从而使壁画成为真正属于人民的艺术。壁画运动为墨西哥民族认同的形成和国家重建做出了重要贡献,同时也成为现代壁画传统的滥觞。直到今天,在墨西哥几乎所有地方的政府大楼、学校和重要的建筑物上,都可以看到壁画。壁画已经成为一种广受欢迎的传播社会与政治理念的重要艺术形式。墨西哥艺术家至今仍然在壁画和其他艺术形式中重复着"混血"的主题。

墨西哥的壁画运动对世界艺术也产生了重要影响。墨西哥壁画作为反映社会和对社会的直接关怀的形象化作品进入了20世纪西方艺术的前沿,并成为一个有代表性的流派。壁画运动对美洲其他地区产生了直接影响。在拉美国家,受墨西哥壁画运动影响的著名壁画家有危地马拉的卡洛斯·梅里达（Carlos Mérida）、厄瓜多尔的奥斯瓦尔多·瓜亚萨明（Osvaldo Guayasamín）、巴西的坎迪多·波蒂纳里（Candido Portinari）。在美国,"壁画三杰"曾先后来到这里创作壁画,[①]他们的壁画因其色彩使用和表现形式的独特风格,让普通观众深受感染,在美国引起了一股壁画热。1933年12月,美国政府通过"公共工程艺术计划"向3700多名艺术家提供了就业机会,支持他们在公共建筑物上创作壁画或雕塑作品。1935年8月至1936年,又通过"联邦艺术计划"资助了近6000名艺术家和艺术工作者的艺术

---

① 奥罗斯科于1927年访问了纽约,最初他没有受到重视,经历艰难,最终收到了三所学校的邀请。其中在加利福尼亚州克莱尔蒙特的波莫纳学院创作了壁画《普罗米修斯》,在新罕布什尔的达特茅斯学院创作了《美洲文明》。里维拉于1930~1934年住在美国,在此期间,他在纽约的现代艺术博物馆举办了一次有影响的个人画展。他受邀为美国电气公司创作的题为《处在十字路口的人类》因将列宁头像放在中心位置而最终被损毁。西凯罗斯1932年来到洛杉矶,他创作的三幅壁画均因引起争议而被涂盖了。其中的《热带美洲》现在已经被重新修复。

创作。① 墨西哥壁画家还影响了诸如菲利普·古斯顿（Philip Guston）、本·沙恩（Ben Shahn）、杰克逊·波洛克（Jackson Pollock）等一批后来的美国著名画家。壁画作为政治信息的概念也被移植到了美国，尤其是墨西哥壁画成为激发美国西南部地区墨西哥裔美国人（Chicano）壁画运动灵感的源泉。②

五 结论

1920～1940年墨西哥的文化革新运动主要由上述反教权主义运动、土著主义思潮崛起、教育改革运动、壁画艺术运动所构成。反教权主义运动反对封建迷信的宗教价值观，倡导科学理性的新价值观；土著主义反对种族主义的白人偏见，倡导本土主义、民族主义和民众主义；教育改革打破了教会对教育的垄断，以世俗教育和"社会主义教育"提高墨西哥民众的心智和文化水平；壁画艺术运动则是通过视觉艺术形式向墨西哥大众宣传新社会的理想，批判旧社会的罪恶，激发墨西哥人的民族自信心和自豪感。另外，墨西哥文化革新运动还包括了同一时期以及其后的在文学（革命小说、诗歌）、电影、音乐、舞蹈、社会科学等领域的一些创新和建树。③

这场文化革新运动的确使墨西哥的精神面貌发生了新的变化。到20世纪40年代，大多数青年人已经学会或正在学习读写算。阅读有史以来第一次不再是一小撮精英或少数中产阶级的特权。墨西哥人对他们的祖国有了新的理解和评价。革命前的"法国化的墨西哥"（那种否定墨西哥本土人民和传统的肤浅模仿）现在成了墨西哥化了的墨西哥了。④ 学校课堂不再为宗教内容所充斥，学生们学习的是适应现代社会发展的文化知识，一些自然科学和人文社会科学的新学科、新领域被建立起来。大型壁画现在描绘和歌颂的是一个多民族的国家，墨西哥的本土艺术和手工艺品、舞蹈和音乐

---

① 张敢：《罗斯福新政时期的美国艺术》，《中国美术馆》2007年第2期。
② 丹尼尔·D. 阿雷奥拉：《墨西哥裔美国人的外观壁画》（Daniel D. Arreola, Mexican American Exterior Murals），《地理评论》（Geographical Review）1984年第4期；约翰·肯尼：《西南方的奇卡诺壁画运动：民众主义艺术和奇卡诺政治活动》[John Kenny, The Chicano Mural movement of the Southwest: Populist public art and Chicano political activism (PhD)]，新奥尔良大学博士学位论文（编号OCLC 3253092）。
③ 因篇幅所限，此文不再赘述。
④ 迈克尔·迈耶、威廉姆·谢尔曼：《墨西哥历史进程》，第488页。

受到重视和欣赏，并与全世界分享。革命之前先进知识分子提出来的"塑造祖国"的目标，在许多方面基本得到了实现。可以毫不夸张地说，经过这场文化革新运动的洗礼，一个新的墨西哥出现了。

尽管从今天的角度评价，这场文化革新运动具有一定的局限性，如提倡科学理性，忽视价值理性；提倡"社会主义教育"，部分地脱离了当时的社会现实；提倡土著主义，似有以一种新种族主义取代旧种族主义之嫌。但是，在当时，这场运动反对西方殖民文化、反对不平等的种族主义文化，倡导土著主义、民族主义和民众主义，确立了墨西哥现代文化的核心价值体系；它维护和捍卫了《1917年宪法》，巩固了新生政权，促进了墨西哥国家的重建；它从思想价值观、知识、人才、体制等若干方面为20世纪后半期墨西哥的政治稳定和经济发展奠定了基础；它提升了墨西哥的文化软实力和国际影响力，包括墨西哥壁画、革命小说、诗歌、电影等一系列文化成果不仅唤醒了墨西哥人的民族意识和民族认同感，而且对整个美洲乃至世界文化产生了重要影响，至今仍是一笔宝贵的文化遗产。

墨西哥文化革新运动给我们的启示是：（1）墨西哥文化并非是一成不变的，不能将墨西哥或拉美落后的原因总是归咎于它的"天主教落后文化"，其实这种文化已经发生了变革。（2）墨西哥文化革新运动本身就是现代化内容的一部分，它对促进墨西哥的政治现代化和经济现代化也发挥了不可忽视的作用。（3）文化革新运动包含了破旧立新两个方面，我们应该重视对国外文化现代化的研究，避免走向极端。比较而言，墨西哥的文化革新运动有不少值得我们借鉴和总结的经验教训。

试析墨西哥历史上的反教权运动

顾 蓓[*]

内容提要：反教权运动的主要内容是对天主教会世俗权力的剥夺，是近代民族国家成长的必经之路。在拉美各国中，墨西哥的反教权运动进行得异常激烈，自由派政府通过的多项法令遭到教会的强烈抵制，双方矛盾日益激化，冲突不断直至演变为内战。最终在经历残酷斗争后，墨西哥基本实现政教分离、宗教信仰自由等现代民主国家的基本原则。墨西哥反教权运动之所以过程曲折、代价惨重，天主教会的保守性固然是一个原因，世俗政府不顾本国国情、一味照搬国外观念的激进态度也是一个重要方面。

关键词：墨西哥 反教权运动 天主教会 自由派

一

反教权主义是对中世纪"教权至上"理论的一种反动，主要针对天主教会在政治、经济、司法及教育等方面的世俗特权，它伴随着欧洲新兴民族国家的成长而出现，同时也是各国近代化过程的一个重要组成部分。16世纪宗教改革期间，新教各国打破天主教会至尊地位，没收教产，实行一定程度的宗教宽容和信仰自由，基本达到了反教权主义的目标，之后新教思想家提出并完善政教分离和信仰自由的观点，成为现代宪政民主的理论基础之一。

---

[*] 顾蓓，湖北大学历史文化学院，讲师，博士。

在保留天主教信仰的国家里，除了宗教神学上的服从外，各国君主也同样在各个方面削弱和剥夺教会的特权，即使西班牙这个宗教信仰最为坚定的国家也不例外：国王不仅拥有主教提名权，以保证教会总体上的俯首听命，而且在国内各个主教区征收贡赋，向神职人员收取特别捐税[①]等；在殖民地，拉美的教会直接受制于西班牙政府，"教会政策成为1524年以后由西印度事务委员会协调出来的殖民政策的又一个方面。王室保留为教会各级任命提名候选人的权利，并承担以农牧产品什一税支付薪金以及建造和资助大教堂、教堂修道院和医院的义务"[②]。1700年路易十四之孙费利佩成为西班牙国王，法国波旁王朝的宗教策略开始影响该国，即在表示宗教虔诚的同时，尽量削减罗马教廷对本国教会的影响，王权对经济、政治和人事加强控制，使教会的运行符合专制王权的需要。而启蒙运动的深化，又使王室能够以"理性主义"为借口加强对教会的压制。具体到殖民地，1717年王室下令禁止在美洲建立新的修道院，1754年禁止教团干预信徒设立遗嘱，1767年更是将势力极大的耶稣会逐出美洲[③]。之后王权还试图废止教会的司法豁免权，而庞大的教产更是其觊觎的对象，1804年的《整顿法令》[④] 宣布没收从出售教会不动产中得到的资金以及教会在殖民地所拥有或经营的流动资金，该法令对墨西哥的影响很大，因为教会资本是墨西哥经济发展的主要动力，很多人从教会基金里借贷。西班牙政府因短视和贪婪损伤了教会和有产者的利益，在墨西哥引发了普遍的信任危机，极大地动摇了西班牙的殖民统治。在教会内部，本土教士由于饱受压制和排挤，不满情绪不断积累，当时机成熟时，这些人依靠在民众中巨大的号召力成为独立运动的领导。

从1810年伊达尔戈神父发动并领导的"多洛雷斯呼声"到1821年完全脱离西班牙殖民帝国，墨西哥的独立之路漫长而曲折，即使如此，1812年的宪法仍宣布取消包括宗教裁判所在内的一切司法特权和特别法庭，1813年通过法令减少捐税、什一税和教区捐款，规定任何人都可以担任教会和

---

① G. R. 波特主编《新编剑桥世界近代史》第一卷，中国社会科学出版社，1988，第473页。
② 莱斯利·贝瑟尔主编《剑桥拉丁美洲史》第一卷，经济管理出版社，1995，第494～495页。
③ 刘文龙：《墨西哥通史》，上海社会科学院出版社，2008，第81页。
④ 即《关于转让不动产和收取宗教活动及慈善机构资金以加强王家代金券》。

政府的职务①等。虽然政局的动荡使得许多法令并未得到真正贯彻，但至少表明新生国家继承了宗主国的反教权主义。另外，天主教会从未打算坐以待毙，总是利用一切机会争取曾经的权益，如收回被王权控制的人事任命权，保留司法豁免权，在经济方面更利用免税特权获得大量土地和抵押品，成为名副其实的"国中之国"。

独立仅是漫长征途的开始。由于没有一个强有力的人物或团体具有统合墨西哥社会各阶层的能力和权威，如何填补西班牙王权撤离后遗留的权力真空，保证新生国家的生存就成为一个至关重要问题；另外，宗主国野蛮的殖民统治造成墨西哥贫穷落后，如何发展经济，取得北邻美国那样的成就也是政府必须面对的难题。代表"传统的权力和特权的所有者的利益"②的保守派主张维护现有秩序，在宗教问题上则是保护天主教的权威。

作为其对立面的自由派，多是属于过去被主流经济和政治权力结构排斥在外的人，他们希望通过变革改善自身状况，因此思想更为开放，主张效法欧美，实行代议制民主和联邦制，保障个人自由，经济上自由放任，鼓励竞争。在宗教方面，自由派受法国启蒙思想家的影响，虽然没有公开否定和抛弃信仰，但同样认为天主教会是社会进步发展的最大阻碍，如教会掌握大量财富却享有免税权，危害国家财政，阻碍经济的自由竞争；司法豁免权嘲弄国家权威，也违反法律面前人人平等的原则；教规要求教士和信徒首先效忠教会而非国家，导致社会离心倾向；教会通过布道和教育操纵人们的思想，阻碍科学知识和民主自由思想的传播；相关仪式烦琐、节庆众多，浪费信徒宝贵的时间；教会反对信仰自由，控制新教徒进入墨西哥，这些人往往是能干的技工和财力雄厚的投资者，而这正是国家经济发展所急需的资源；等等。总之，在自由派眼中天主教会是众多问题的焦点，他们相信只要能将这个最大的障碍扳倒，墨西哥就能走上民主富强的康庄大路。

1833年，政府通过了一系列改革法案：不得强制征收什一税；男女僧侣可以自由撤回他们的誓愿，允许还俗；教会职位由国家任命；一切户籍登记（出生、结婚、死亡）由国家从教会中接管；停办教权主义的堡垒墨

---

① 阿尔彼罗维奇、拉甫罗夫：《墨西哥近代现代史纲》上册，刘立勋译，三联书店，1974，第126、135页。
② 林被甸、董经胜：《拉丁美洲史》，人民出版社，2010，第167页。

西哥大学，成立公众教育部；撤销北方传道团，将其总价值达1500万比索的教会贵重物品收归国有，以抵偿内外债务等①。这些法案是在国会极端自由派代表法里亚斯的推动下通过的，是对教会特权的第一次全面的进攻。

这一系列法案不仅遭到教会的强烈抵制，也引起保守派的极大恐慌，他们打出"宗教和特权"的口号进行反击，最终利用自由派的内争于1834年将之全面废除，教会的第一次危机解除。

这次改革自由派暂时失利，加深了其对教会的敌意，深化了对教会"反动恶魔"的成见；而教会的态度则趋向封闭和强硬，与保守派的联合更加紧密，抗拒一切损害自身利益的政策和法令。双方相互仇视，誓不让步，使得后来反教权运动难以通过谈判妥协的方式和平进行，最终激化为武力冲突，在很大程度上影响了墨西哥历史的进程。

二

法里亚斯改革虽然失败了，但至少在一个方面取得了成效，即打破了教会对教育的垄断，科学知识与民主思想广泛传播，自由派思想的影响进一步扩大，他们的很多主张，如彻底清除封建主义、建立立宪政府、废除教会与军队的特权、没收教产投放到流通领域以刺激经济发展等，得到越来越多人的支持和肯定。一俟时机成熟，自由派将再度发起对教会的全面进攻。

1856年，政府颁布《莱尔多法》，主要针对广受诟病的教产，法令禁止教会团体拥有不动产，"剥夺教会占有土地、房屋和其他不动产的权利，教堂、礼拜堂和僧屋除外。至于未出租的不动产，教会可在法令颁布之日起的三个月内售予任何买主。教会财产获得者所付的钱均归僧侣支配"②。1857年的新宪法沿袭了《莱尔多法》对教产的剥夺，并增添了废除强制性宗教誓约仪式和教育世俗化的条款。

---

① 派克斯：《墨西哥史》，三联书店，1957，第161页。
② 阿尔彼罗维奇、拉甫罗夫：《墨西哥近代现代史纲》上册，第258页。《莱尔多法》的本意是通过剥夺教产培养一大批小土地所有者，然而事与愿违，广大贫苦的民众缺乏购买能力，教产成为有产者投机的对象，原先就存在的大地产制得以加强，墨西哥社会的贫富分化进一步扩大。

拉丁美洲文化与现代化

自由派的一系列法令触及了教会利益的核心——教产,并试图削弱教会在信仰和教育方面的影响,结果激起教会的强烈反对,由于军队的参与,抗议迅速演变为内战(1858~1861年)。一方面财力有限,一方面希望打击教会权威,政府鼓励自由派军官掠夺教会财产以充军费,但政府军的行为很快失控,在其占领区出现了枪毙僧侣、抢夺焚毁圣物和神像等过激行为;而保守派军队一旦取胜就进行残酷的报复,双方手段日趋极端残酷。

教会的武力抵抗坚定了胡亚雷斯政府的决心,一系列法案连续出台:一方面将教会财产收归国有、宣布政教分离和信仰自由、封闭所有的男女修道院和宗教团体、提倡教徒不必向教会缴纳强制性的苛捐杂税等;另一方面接管原来属于教会的民事权,如婚姻和户籍登记移交国家机构办理,改革国民教育制度等,反教权运动在广度和深度方面达到空前的规模。内战结束后,胡亚雷斯政府追认了上述系列法案,宣布僧侣在政治上和物质上负责赔偿内战损失,驱逐了教皇使节和四位主教,墨西哥的政教关系跌至低谷。

历时三年的内战以自由派的获胜告终,但是代价惨重、两败俱伤。战争耗费了大量的社会资源,极大地延误了墨西哥经济现代化进程;内战导致地方武装势力坐大,中央在重建权威的过程中出现拉美典型的独裁倾向,影响了政治现代化的进程;改革并未惠及广大民众,却要由他们承担战争的损失,造成阶级和种族矛盾激化,为教会和保守派散布反政府言论创造了条件。墨西哥的虚弱引发了列强的觊觎,特别是法国。拿破仑三世扶植马克西米利安的计划虽然最终失败,但法军的干涉及反法战争令混乱的墨西哥形势雪上加霜。

尽管如此,反教权运动仍取得重大进展:被没收的土地和产业再也无法收回,教会作为对墨西哥最重要的贷款来源的经济霸权已不复存在;教会再也不能对人民征税;神父在法律上的特权、天主教至高无上的法定权力以及教会对教育事业产生的影响,都已无法恢复到1857年以前的那种状况[1]。内战中自由派军官的一些极端的反宗教行为也在某种程度上"洗净了国家三百年来教会的控制所积累的毒害;削弱了宗教迷信的力量,又教导

---

[1] 莱斯利·贝瑟尔主编《剑桥拉丁美洲史》第五卷,胡毓鼎等译,社会科学文献出版社,1992,第494~495页。

了墨西哥人可以冒犯教士而不致上干天怒受到打击"①。一系列革命成果使墨西哥自由派自信满满,认为教会的倾覆指日可待。

但自由派低估了对手的顽强和重生能力,认清形势后的天主教会开始进行修复和内部改革:行政重组,提高效率;增加教士数量并加以培训;继续发展宗教教育和出版事业;派遣神父和修道团深入民间,为普通百姓提供宗教安慰,在广大农村重新树立起教会的权威。相关的措施取得明显的成效,连自由派也承认如果公平选举的话,受到民众尊崇的教士恐怕会成为议会的多数派。②

教会实力的恢复也得益于墨西哥社会思潮的变化。拉丁美洲是欧美各种政治和社会思潮的大实验场,19世纪中期孔德的"实证主义"流行,在墨西哥培育出新一代"科学家派",他们摒弃老一代自由派的浪漫理想,只相信科学进步,最关注物质水平的发展,这些人包括金融家、技术官员和知识分子,他们集中在大城市里,对城市底层、外省以及农村的情况既无知也不感兴趣,更倾向于保守主义、寡头政治和专家治国论③。迪亚斯的独裁正是在这种情况下出现的。

迪亚斯从内战后十年的政局动荡中得出结论,将天主教会推向敌对面会影响政权的稳固,因此他巧妙地在教会和反教权派之间取得平衡:一方面继续没收教会财产,在公开场合宣布尊重宪法,不明确表示对教会的支持;另一方面又表示"个人信仰即使有所偏差,也应得到尊重",释放和解信号,在他的默许下,教会通过对铁路、矿山、电报和制造业的投资以及教徒捐献再度积累起巨大财富,教会仪式得到恢复,遭驱逐的各教团先后回归。教会投桃报李,在舆论上宣扬迪亚斯统治的合法性,"又和从前在西班牙国王之下一般成为专制政治的工具了"。④

与独裁者的合作以及显著的复兴势头,成为新一轮反教权运动的借口。1917年颁布的新宪法,在重申过去改革法令的同时,剥夺教会的所有法律地位,禁止在教堂建筑之外的地方举行公共祈祷,教堂及教士数量由政府

---

① 派克斯:《墨西哥史》,第200页。
② 让·梅耶:《基督派叛乱:夹在教会与国家之间的墨西哥民众,1926—1929》(Jean A. Meyer, *The Cristero Rebellion: The Mexican People between Church and State, 1926—1929*),剑桥大学出版社,1976,第8页。
③ 刘文龙:《墨西哥通史》,第230页。
④ 派克斯:《墨西哥史》,第237页。

决定；教士不得享有投票权；禁止宗教刊物评论国事，一切初级教育必须是非宗教性的①。面对政府的挑战，教会反应不一，既有誓不妥协的抵制派，也有寻找和平途径的温和派，甚至罗马教廷也出面调解，但政府态度强硬，双方的紧张关系在1926年达到高潮：新法令将一切触犯与宗教法规相关的行为等同于刑事犯罪。主教们决定从7月31日起停止礼拜以示抗议，总统卡列斯威胁道："要是你们不愿意服从，留给你们的只有通过议会或诉诸武力来解决。"②议会对主教们的请愿以及由大批天主教徒签名提出改革的要求拒绝受理，墨西哥再次陷入内战的深渊。抗议很快演变为暴乱，由原来的5个州蔓延到13个州，持续三年，到最终被平定时已经消耗了国家45%的预算，造成了10万多人的伤亡。③

经过美国的调停，1929年政府与教会最终达成妥协：政府没有废除以往的相关条款，但表示不再强力推行；承诺不干涉教会在精神方面的自主性，前提是神父同意登记；允许在教会学校中开设宗教课；僧侣必须尊重法律和世俗当局的命令等。经过三年的沉寂，墨西哥上空再次响起弥撒的钟声。

三

在拉丁美洲各国独立和现代化的进程中，天主教会是一个无法回避的问题，虽然总的趋势是教会影响力下降、放弃大部分世俗权利，最终实现政教分离，但各国国情迥异，反教权运动的表现形式、规模和影响也不尽相同，墨西哥的反教权运动持续一百多年，政教关系长期紧张，几经反复，国家为实现相应的目标所付出的代价极为惨重。

传统上，天主教一向被认为是阻碍民族独立、反对社会进步的消极力量。不可否认，作为超国家的宗教组织，教会的利益和着眼点势必与独立民族国家的利益相抵触；金字塔式严格的等级制度，使得教会本能地厌恶现代社会宣扬的自由、民主和平等；中世纪以来享有的独尊地位，令教会仇视任何质疑和攻击，不惜一切代价保卫自身权利。宗教改革重创了天主

---

① 莱斯利·贝瑟尔主编《剑桥拉丁美洲史》第四卷，社会科学文献出版社，1991，第621页。
② 莱斯利·贝瑟尔主编《剑桥拉丁美洲史》第五卷，第177页。
③ 莱斯利·贝瑟尔主编《剑桥拉丁美洲史》第五卷，第178页。

教会权威，使其丧失了欧洲的半壁江山，而启蒙运动更通过质疑基督教信仰本身动摇了天主教存在的基础，面对外界的步步紧逼，教会日益保守封闭，态度也更趋僵化强硬。1832年，教皇格里高利十六世发布通谕，谴责信仰自由是一种源于"被污染了的冷漠的喷泉"的"荒谬的和错误的思想"①，令具有进步共和思想的天主教信徒左右为难；1864年教皇庇护九世发表《现代异端学说录》，抨击理性主义、政教分离和宗教宽容原则，谴责"罗马宗座可能而且应该同意进步、自由思想、现代文明并与之相协调"的主张②。为了与民族主义和自由主义相抗衡，教廷发展出维护教皇最高权威的"越山主义"，并最终在1870年将"教皇永无谬误"确立为正统教义。教廷拒不妥协的态度适得其反，不仅没有重建权威、赢得尊重，其自绝于历史潮流之外的做法更强化了自由派描绘的保守顽固的反动形象，被认为是一切进步发展的障碍，应该被彻底地抛弃并扫进历史的垃圾堆。

罗马教廷的自我封闭直接影响了墨西哥的天主教会，使得后者在服从和自保的双重压力下一次次做出错误选择，它同王权、保守派和独裁者结盟，为维护自身利益抵制一切变革，从而站到了墨西哥民族的对立面，置新生国家的生存和发展于不顾，就长远而言却是得不偿失，在自由派政府的多次攻击下步步后退，丧失了特权和威信。

反教权运动的困难和挫折固然可以归咎于教会的冥顽不灵，世俗政府的态度和方法也并非始终正确和无懈可击，可以说，教会强硬的抵制在很大程度上是对政府过激政策和极端手段的被迫回应。

如前所述，在新生国家未来的发展方向上，自由派和保守派存在分歧，前者厌恶西班牙的一切，认为是它导致了墨西哥的落后和混乱，为了彻底摆脱前宗主国的影响，他们引进欧美的政治制度、法律条文和经济体制，希望通过全方位的效仿使墨西哥走上民主富强的道路。

美好的设想如果脱离具体的现实就会沦为镜花水月。具体到宗教问题，自由派是以美国宪法为蓝本，希望实现政教分离和信仰自由，但他们没有意识到，首先，美国宪法中的相关条款是新教思想中政教关系理论长期发展的结果，并不适用于天主教传统深厚的墨西哥；其次，美国的政教分离"是建立在政府与各教派之间的相互信任之上"，州与联邦政府都承认并保

---

① J. R. 波尔：《美国平等的历程》，张聚国译，商务印书馆，2007，第96页。
② 威利斯顿·沃尔克：《基督教会史》，孙善玲等译，中国社会科学出版社，1992，第656页。

护教会的权益，如对用于宗教事务的财产实行免税，各州制定禁止亵渎神明的法律等①，但这种信任和宽容在墨西哥政教关系中并不存在。

由于墨西哥自由派从一开始就对天主教会抱有成见（反之亦然），而且虽然宗教法令借鉴美国，政府具体的处理方式却更接近法国大革命中的雅各宾派，后者不仅将教会视为自由平等的大敌，更制定了一系列法令，希望通过急风暴雨的行动彻底清除天主教，达到以国家崇拜取代上帝崇拜的目的。雅各宾派去基督教化的极端做法造成社会的混乱和动荡，为其最终的覆灭埋下伏笔。墨西哥1856年宪法和1926年法令的相关条款就过于"全面"，涉及教会的经济、司法、教育乃至宗教仪式等各个方面，政府的目的是想一劳永逸地完成反教权任务，但急进的结果却是激化矛盾，将持开明立场的教士推向反面，迫使教会联合各派反动势力以求自保，直至发展到武力抵抗。

墨西哥自独立以来就长期陷入局势不稳、政府短命、地方叛乱频发的混乱状态，一个重要原因就在于政府缺乏过去王权统治的合法性，而政府统治的合法性中古时期是来自上帝，这需要教会的参与和帮助，在现当代则来自人民，前提是成熟发达的公民社会与完善的宪政民主制度。就墨西哥而言，不管怎样竭力否认，这个前殖民地仍保留了浓厚封建色彩，民众自觉意识薄弱，人权、民主、自由等理念仅停留在纸面上，家长式专制传统深厚，影响到即使是最开明的自由派的言行。在这种情况下，要想维持统治就必须有教会的支持，从后者那里获取合法性和神圣性，因为天主教会不仅是上帝的仆从，也是广大天主教徒的牧羊人，享有世俗政府缺乏的精神权威，可以对信徒进行思想控制和道德约束。西班牙殖民当局的统治得以长期维持，关键在于其反教权政策仅限于削弱教会的世俗特权，从未妄想在宗教信仰方面取而代之。自由派由于没有充分了解本国国情，一味照搬他国经验，在国家根基尚浅的情况下贸然废除传统，向教会发动全面攻势，结果动摇了自身存在的法理基础，引发无休止的纷争混乱，破坏了新生国家最重要的发展前提——社会稳定，导致墨西哥现代化之路一波三折，违背了自由派希望国家繁荣富强的初衷。相反，迪亚斯统治墨西哥30多年时间，政局基本稳定，重要的原因就在于他沿袭了西班牙式传统：既

---

① C.W. 克劳利主编《新编剑桥世界近代史》第九卷，中国社会科学院世界历史研究所译，中国社会科学出版社，1992，第198页。

没有完全废除反教权法令，维护了革命成果，又不过分逼迫，给予教会一定的自主性和发展空间，换来教会在舆论和思想上的支持。事实上，在他统治时期，工业快速发展，经济繁荣，社会财富增加，墨西哥现代化取得突出成就。

需要指出的是，天主教会并不像一般认为的那样顽固不化、抱残守缺，作为有着悠久的集体民主传统的组织，当面临巨大社会变革压力时，教会会将主教、学者、修道院长、教士召集在一起开会讨论，根据情况采取相应措施，进行改革，从而渡过一次次危机，虽然不免滞后，但毕竟做到了"与时俱进"。19世纪70年代意大利统一运动消灭了存在千年的教皇国，教廷终于意识到大势已去，僵化保守的立场开始松动，在继续捍卫教会利益的同时，开始将重心转向服务民众和社会福利事业，1891年利奥十三世发表通谕《新事物》（*Rerum Novarum*），主张以工人、雇主和国家的特殊权利和义务为基础，通过改革社会关系以解决劳资冲突[1]。通谕在墨西哥得到迅速响应，为了吸引不断增加的产业工人，1910年天主教工人中心成立，会员人数达到1.2万人[2]；20世纪20年代，天主教工会和天主教劳工联合会先后成立，协会反对阶级斗争，号召雇主给予工人公平报酬，通过互助会筹集资金，开办学校、医院和商店等为工人提供帮助[3]。直到现在，天主教会在医疗卫生、教育培养、道德训诫、社会福利等方面仍然起着重要的作用。

经过一百多年的斗争与反斗争，世俗政府与天主教会的冲突终于在1929年结束，反教权运动实现了其基本目标：政教分离，信仰自由，政教双方各司其职，相安无事。墨西哥从20世纪30年代开始继续其现代化进程。2000年，虔诚的天主教徒福克斯当选总统，有美国学者高度评论他"出人意料的胜利"，认为这"标志着天主教和革命政治传统的和解"，自1821年以来就一直折磨墨西哥的宗教冲突就此"画上了句号"[4]。

---

[1] 席林：《天主教经济伦理学》"中译本导言"，中国人民大学出版社，2003，第4页。
[2] 莱斯利·贝瑟尔主编《剑桥拉丁美洲史》（第五卷），第621页。
[3] 阿尔彼罗维奇、拉甫罗夫：《墨西哥近代现代史纲》（下册），第518页。
[4] 夏立安：《墨西哥革命新解——一种"小传统"的命运》，《世界历史》2002年第4期。

1810～1910年墨西哥城市化问题初探

王文仙*

内容提要：殖民地时期，墨西哥的城市体系具有依附特征。独立战争时墨西哥城市格局产生暂时的新变化。1859年改革法以及美国内战推动墨西哥城市化进程出现新趋向。迪亚斯统治时期，全国铁路网的形成及工业化的发展进一步促进了墨西哥城市化进程，但基本上延续了殖民地时期的城市体系特征。

关键词：墨西哥　1810～1910年　城市化

拉美国家的城市化问题已经引起学术界的普遍关注，研究时段大多集中于20世纪后半期，对19世纪的城市化问题探究较少，且多侧重于宏观角度①。本文拟探讨拉美主要国家墨西哥1810年至1910年的城市化问题，从微观视角分析近一个世纪以来推动及影响墨西哥城市化进程的主要因素。由于殖民地时期的历史对全面理解墨西哥城市化有重要的意义，本文将开始研究的历史时段确定于19世纪初期的民族独立之前。因此，为了更好地

---

* 王文仙，中国社会科学院世界历史研究所，副研究员。

① 目前国内学术界有六篇论文论及拉美19世纪城市化问题：周厚勋：《拉美城市化的发展与演变》，《拉丁美洲研究》1991年第3期；马凤岗、郭晓宁：《试论殖民地时期拉美城市的建立及其对拉美社会的影响》，《山东师范大学学报》（社会科学版）1994年第6期；杨启藩：《墨西哥人口城市化回顾与展望》，《拉丁美洲研究》1996年第1期；马凤岗：《19世纪末20世纪初拉美城市化的发展及对拉美社会的影响》，《临沂师专学报》1996年第2期；韩琦：《拉丁美洲的城市发展和城市化问题》，《拉丁美洲研究》1999年第2期；刘文龙、罗平峰：《近代拉美与美国城市化的不同进程与经济职能》，《拉丁美洲研究》2000年第5期。

展现墨西哥民族国家建设时期城市发展的历史,以墨西哥政治时局的变迁为依据,大体划分为三个历史时段:殖民地晚期到独立之前、独立后至19世纪70年代、19世纪70年代至20世纪初期。

一

殖民地时期,西班牙在新西班牙总督区(今天的墨西哥)建立了几百个大小不一的城市或城镇,构成了包含不同等级的城市体系,这不仅便利于其军事和政治控制,而且有利于其最大限度地掠夺殖民地的农矿资源及劳动力。城市是"西班牙美洲社会和机构商业化的重要中心",也是"西班牙政治秩序的堡垒"[1]。

18世纪中期,新西班牙的城市体系初步形成,从东南部的梅里达(Mérida)(尤卡坦半岛)延伸至西北部旧金山(San Francisco)的小村庄上加利福尼亚(Alta California),以墨西哥城为中心,然后至西班牙和欧洲。殖民地城市体系内各个城市的功能因其所处的地理位置及殖民统治的需要而定,具有几种不同类型。其一,像墨西哥城(la Ciudad de México)、瓜达拉哈拉(Guadalajra)、梅里达(Mérida)属于行政—军事城市类型;其二,维拉克鲁斯(Veracruz)、阿卡普尔科(Acapulco)和马萨特兰(Mazatlán)是港口城镇;其三,瓜纳华托(Guanajuato)、帕丘卡(Pachuca)、萨卡特卡斯(Zacatecas)、圣路易斯波托西(San Luis Potosí)以及塔斯科(Taxco)是采矿中心城市。1790年,墨西哥城人口达113000人,第二大城市普埃布拉(Puebla)人口为57000人,第三大城市瓜纳华托人口为32000人[2]。

西班牙波旁王朝对海外殖民地进行重大经济改革之后,殖民地的工业(尤其是纺织业)、采矿业以及农牧业都有不同程度的发展。19世纪初,新西班牙每年向欧洲出口31.2万公斤棉花[3]。维拉克鲁斯港口

---

[1] 莱斯利·贝瑟尔主编《剑桥拉丁美洲史》第2卷,经济管理出版社,1997,第99~100页。
[2] 罗伯特·V. 克姆珀、安雅·彼得森·劳斯莱斯:《1821年以来墨西哥的城市化:一种宏观—历史方法》(Robert V. Kemper and Anya Peterson Royce, "Mexican Urbanization Since 1821: A Macro-Historical Approach"),《城市人类学》(Urban Anthropology)1979年第8卷第3期,第269页。
[3] 陆国俊、郝名玮主编《新世界的震荡——拉丁美洲独立运动》,上海社会科学院出版社,1991,第23页。

（Veracruz）是墨西哥和西班牙货物交换的唯一中心。虽然波旁王朝对殖民地实行"自由贸易",但自由是相对的,殖民地的发展仍然以宗主国的经济利益为中心,以发展出口经济为主,从各个地区搜刮的农矿产品首先聚集在墨西哥城,然后运送至维拉克鲁斯,再运送到西班牙;反之亦然,欧洲工业产品经由西班牙,先到达维拉克鲁斯,最后再由墨西哥城负责分配给内地城市及地区。西班牙成为连接殖民地和欧洲的"中转站",殖民地被间接地绑在了资本主义经济体系的边缘环节。这也说明,殖民地时期墨西哥的城市化体系具有被剥削和依附的特征,反映了殖民地的经济、社会、政治及宗教制度。

如果没有19世纪初期独立战争的爆发,也许殖民地的经济就一直这样继续维持下去。但是,持续十几年的独立战争打断了波旁王朝在殖民地进行的改革进程,更对殖民地社会产生重要影响。在战争年代,农业生产破坏最为严重,采矿活动几乎完全停止,尤其是殖民地晚期最繁荣的农业、采矿业中心埃尔巴希奥（Bajío）地区。一方面,大庄园的灌溉系统及田地遭到严重破坏;另一方面,大量男子当兵入伍,抑或战死,劳动力流失,农业生产无法正常进行。同时,矿井没有矿工采矿,而且一些矿井被埋没,机器被损坏,矿区中心走向衰落。例如,1793~1803年,主要的采矿中心瓜纳华托人口增加大约42%[1]。这主要归因于围绕现在瓦伦西亚（Valenciana）地区采矿业的繁荣,但是这一增长因独立战争而被打断,经济几乎全面崩溃,城市人口波动比较大。而另外一些小的采矿中心,像安甘格奥（Anangueo）则完全被遗弃。在这种情形下,周边依靠矿区生存的农产品市场逐渐消失。此外,独立战争还迫使一些农业生产区重新安排生产活动。例如,在战争年代,米却肯（Michoacán）、哈利斯科（Jalisco）以及维拉克鲁斯的小规模种植甘蔗的地区几乎被遗弃。结果,库考特拉（Cuautla）—库埃纳瓦卡（Cuernavaca）地区变成唯一的甘蔗种植中心,通过墨西哥城供给广阔的腹地市场。战争期间唯一没有被影响的地区是北部省份、萨卡特卡斯采矿区以及南部地区。

独立战争产生的另一个后果是,居住在城市的西班牙人被迫离开墨西

---

[1] 基斯·A. 戴维斯：《19世纪墨西哥城市人口趋势》（Keith A. Davies, "Tendencias demograficas urbanas durante el siglo xix, en Mexico"),《墨西哥历史》（*Historia Mexicana*）1972年第21卷第83期,第497页。

哥，这个过程一直持续到 1821 年以后。他们不但带走了大量财产，而且还间接影响到城市的结构及该城市与整个墨西哥城市体系的关系。他们留下的空缺在未来岁月由英国、法国和美国人填充。1827 年，墨西哥政府颁布《驱逐法》，估计约 3/4 的西班牙人离开了墨西哥（在墨西哥的西班牙人大约有 15000 人），间接影响到 10000 个家庭，被转移的资产大约为 1200 万比索。①

独立战争还导致大量移民的出现。比如，一些大庄园主全家迁往受战争影响较小的城市；同时，为躲避农村战乱，穷人和季节工人也纷纷来到城市寻找谋生出路。例如，战争期间墨西哥城、克雷塔罗（Querétaro）和瓜达拉哈拉吸引了不少移民。1793～1820 年，墨西哥城人口增加 37%，增加的人口主要来自受战争影响的地区②。1803 年瓜达拉哈拉只有 19500 人，到 1823 年，人口升至 46804 人。③ 这些人口的临时迁移为城市发展提供了不同机遇。但是，人口外流使得一些城市衰落了。例如，1805 年莫雷利亚的人口有 21000 人，到 1822 年只有 11890 人④。巴希奥地区的一些小城市以及墨西哥城周围的小城镇，像圣安赫尔（San Angel）、塔库巴亚（Tacubaya）、圣奥古斯丁（San Agustin），在战争年代几乎都成了空城。墨西哥城市化进程不仅受政治和经济转型的严重影响，而且也受到人口迁移和传染病的影响。例如，1826～1827 年，梅里达深受传染病的影响，49000 人死于天花。1833 年，52000 人死于霍乱⑤，同年，在维拉克鲁斯，死亡人数是 11000 人⑥。

独立战争对殖民地时期形成的城市体系也产生了影响，城市发展格局出现暂时的新变化。1812 年，起义军占领了维拉克鲁斯，为了维持同内地的贸易，西班牙开放了墨西哥湾沿岸的坦皮科（Tampico）、图斯潘

---

① 亚历杭德拉·莫雷诺·托斯卡诺:《1810-1910 年墨西哥城市格局变迁》（Alejandra Moreno Toscano, "Cambios en los patrones de urbanización en México, 1810-1910"），《墨西哥历史》（Historia Mexicana）1972 年第 22 卷第 2 期, 第 165 页。
② 基斯·A. 戴维斯:《19 世纪墨西哥城市人口趋势》, 第 502 页。
③ 亚历杭德拉·莫雷诺·托斯卡诺:《1810-1910 年墨西哥城市格局变迁》, 第 167 页。
④ 亚历杭德拉·莫雷诺·托斯卡诺:《1810-1910 年墨西哥城市格局变迁》, 第 169 页。
⑤ 基斯·A. 戴维斯:《19 世纪墨西哥城市人口趋势》, 第 507 页。
⑥ 理查德·E. 博耶:《墨西哥的城市：19 世纪研究透视》（Richard E. Boyer, "Las ciudades mexicanas: perspectivas de estudio en el siglo XIX"），《墨西哥历史》（Historia Mexicana）1972 年第 22 卷第 2 期, 第 155 页。

（Tuxpan）和阿尔瓦拉多（Alvarado）以及太平洋沿岸的圣布拉斯（San Blas）。这些港口的开放打破了殖民地居垄断地位的"墨西哥城—维拉克鲁斯"贸易路线，带动了一些区域贸易的发展。例如，随着坦皮科的开放，圣路易斯波托西成为货物运送到内地的分配中心，并由此控制了到萨卡特卡斯和卡托塞（Catorce）矿区广大地区的商品供应。而在西部，圣布拉斯港口成为商品运送分配中心，瓜达拉哈拉由此受益。在太平洋沿岸，马萨特兰供给库利亚坎（Culiacán）、科萨拉（Cosalá）和阿拉莫斯（Alamos）的采矿中心，贸易港口瓜伊马斯（Guaymas）为阿里斯佩（Arizpe）和奇瓦瓦（Chihuahua）维持远至广州（Canton）和加尔各答（Calcuta）地区的关系。这种情形维持的时间很短，独立后，又重新恢复了殖民地时期旧的贸易路线，维拉克鲁斯成为唯一的"海关"港口，但是，这些地区的贸易并没有因此消失，而是转入"地下"，成为主要的"走私"中心。最好的例证是，独立后圣路易斯波托西地区的贸易趋于繁荣，那是因为它是北部矿区分配美国及欧洲产品的"非法"贸易中心①。

独立战争给墨西哥的经济发展带来严重后果，有些地方的生产需要很多年才能恢复到独立之前的发展水平。独立战争破坏了许多中心城市的发展，使之走向衰落。而独立战争的积极作用之一是推动了城市新格局的形成，尤其是沿岸港口城市及与之密切相关的内地城市。

二

独立后的墨西哥没有迎来稳定的社会环境，而是陷入政权更迭频繁、政局混乱的状态，墨西哥处于内忧外患之中。19世纪40年代，在同美国的战争中墨西哥丧失了55%的领土，基本上改变了国家的疆域。独立后近半个世纪的时期内，墨西哥处于"革命和政治改革"的时代，社会动荡，经济发展情况乏善可陈。

政治独立没有推动墨西哥的城市化发展进程，殖民地时期形成的城市体系一直持续到19世纪前半期。这个时期城市化发展缓慢，人口和经济增

---

① 亚历杭德拉·莫雷诺·托斯卡诺：《1810-1910年墨西哥城市格局变迁》，第172页。

长几乎没有突出的表现。但是政治独立没有降低墨西哥城在全国城市排名中的支配地位，1824年联邦特区的成立给予这个城市特定的政治—管理职能。墨西哥城因其人口规模，作为政治、宗教、文化中心以及各种产品分配和消费中心，依然处于全国城市首位，在城市发展方面，倾向于在周边地区发展工业生产。距离墨西哥城较近的城市（如普埃布拉、托卢卡、克雷塔罗、帕丘卡）仍然附属于首都。布斯塔曼（Carlos Maria Bustamante）于1834年指出，墨西哥城是整个共和国的伟大象征，就像巴黎是欧洲的一个伟大部分一样[1]。独立后，普埃布拉被视为全国第二大城市，是全国主要的制造业中心之一。1852年，墨西哥主要大城市排名依次为：墨西哥城、普埃布拉、瓜达拉哈拉、瓜纳华托、梅里达、莫雷利亚[2]，与独立前几乎没有什么变化。

19世纪50年代末至60年代，墨西哥的城市化进程出现新的发展趋向，这种变化与国内外重要的政治、社会和军事因素密切相关。从国内来看，对城市发展产生重要影响的是自由派于1856年颁布的《莱尔多法》和1859年《改革法》，宣布剥夺教会和印第安人村社拥有土地的权利，法令实施的结果是"土地成为了资本主义产品"[3]，原先的零碎土地被集中起来。《改革法》对改变城市体系提供了很大的推动力，为密集的中心城市地区开启了城市发展的新机遇，而且为城市规划提供了外围发展的土地。19世纪60年代，推动墨西哥城市体系发生变化的国际背景是美国内战。在墨西哥现代城市体系逐渐发展的过程中，美国发挥了重要作用。美国内战的爆发有利于墨西哥一些地区的发展，墨西哥西北部是受益地区之一。

1861年5月，美国总统林肯宣布对所有南部港口实施联邦封锁，终止南方邦联大部分的国际船运。1861年后期，南方大多数港口之间的交通因为封锁而被中断，棉花贸易被中止，南方邦联的经济遭受打击。封锁引发

---

[1] 参见理查德·E. 博耶《墨西哥的城市：19世纪研究透视》，第153页，脚注23。
[2] 参见理查德·E. 博耶《墨西哥的城市：19世纪研究透视》，第157页，表9：墨西哥：主要城市的人口和排名。
[3] 古斯塔沃·G. 加尔萨·默罗迪奥：《1870-1920年技术创新和墨西哥城的扩张》（Gustavo G. Garza Merodio, "Technological innovation and the expansion of Mexico City, 1870-1920"），《拉丁美洲地理杂志》（*Journal of Latin American Geography*）2006年第5卷第2期，第111页。

粮食及其他用品的短缺，南方邦联被迫从墨西哥进口商品及武器。由此，一条交通路线形成：彼德拉斯·内格拉斯—蒙特雷—马塔莫罗斯港口（Piedras Negras—Monterrey—Matamoros），这条线路对蒙特雷的发展十分有利。1803年，蒙特雷还只是一个拥有7000人口的小城镇，主要的经济活动是畜牧业（饲养牛），与其他北部城镇相比，采矿业也不具有多少重要性。独立战争后以及自由改革时期，蒙特雷开始作为重要的区域商业中心出现。19世纪30年代与得克萨斯（Texas）的战争和随后的墨美战争为蒙特雷在美国内战期间发挥重要的中介作用奠定了基础，蒙特雷商人由此积累了财富。19世纪后半期，蒙特雷成为墨西哥北部的主要城市和工业中心。美国内战结束后，原先的交通路线停止使用。19世纪70年代，蒙特雷的重要性逐渐下降。

受益于美国内战而发展的另一个地区是尤卡坦（Yucatán）半岛。墨西哥独立后，实行对外开放的贸易政策，欧洲或美国的制成品开始输入，与国内产品进行竞争，墨西哥的纺织品受到美英廉价纺织品的排挤。尤卡坦半岛的棉花生产受到严重影响，1847年的种族战争完全摧毁了墨西哥的棉纺织业。美国内战期间，欧洲的棉花供应短缺，在高价格的刺激下，尤卡坦半岛的棉花种植进入新阶段。1863年，尤卡坦半岛出口4000包棉花，每包300磅，目的地是欧洲市场；1864年，虽然对农业生产来说是个坏年份，但是尤卡坦半岛的棉花出口重新达到了100万磅。[1] 随着美国南方邦联的失利，棉花价格走低，尤卡坦地区的棉花种植随之走向衰落。此后，龙舌兰代替了棉花，尤卡坦地区继续发展出口经济，维持同外部市场的联系。1879年，美国的棉花生产才恢复到内战前的水平，期间，棉花作为新品种被引进到奇瓦瓦，1864年开始在锡那罗亚（Sinaloa）南部种植，也正是在这个时期，墨西哥的棉花种植得以繁荣发展。

19世纪60年代末，墨西哥城市格局出现了变化，1869年之前普埃布拉是第二大城市，1869年后，瓜达拉哈拉作为西部高地的地区中心繁荣起来，人口大约为65000人[2]，与普埃布拉并列成为第二大城市。这在很大程度上归因于瓜达拉哈拉工业的恢复，尤其是棉花的生产以及地区间贸易的增长。

---

[1] 亚历杭德拉·莫雷诺·托斯卡诺：《1810-1910年墨西哥城市格局变迁》，第176页。
[2] 参见基斯·A. 戴维斯《19世纪墨西哥城市人口趋势》，第493页，表格5：1803~1900年瓜达拉哈拉城的人口。

同时，瓜纳华托和巴希奥地区一些城市的重要性逐渐下降。虽然曾经得到英国资本的支持，但是瓜纳华托的白银开采趋于枯竭，几乎成为"死亡之城"①，部分人口迁往更加安全的采矿区，例如帕丘卡。此外，巴希奥地区的城市走向衰落，这是因为维拉克鲁斯不再是唯一的贸易流通港口。作为墨西哥第二大港口的坦皮科在美国内战时期，得到外国商人的资助，他们面向内地，贸易远至西部的萨卡特卡斯和圣路易斯波托西地区，刺激了当地经济的发展。1869年，墨西哥主要大城市排名为：墨西哥城、普埃布拉、瓜达拉哈拉、瓜纳华托、莫雷利亚、梅里达②。

总的来看，1821～1870年墨西哥国内的政治状况严重影响并束缚了城市的发展，虽然受国际因素的影响，城市格局出现微小的变化，人口出现小幅增长，但是基本处于"停滞"状态。

三

19世纪70年代至20世纪最初十年，尤其是迪亚斯统治时期，墨西哥历史进入新的发展阶段。政治"和平"稳定，经济发展，社会各个方面出现新的变化，城市发展格局也出现了新趋向。如果说1880年之前交通不畅是阻碍城市和地区之间交流互动的主要因素，那么1880年后，这个问题得到一定程度的缓解，尤其是铁路的修建及全国铁路网的逐渐形成，大大推动了城市化进程。而且，在工业化进程的推动下，城市由被动接受外来因素的影响转而主动寻求发展。

1873年，从墨西哥城至维拉克鲁斯港口的铁路线贯通，这是墨西哥第一条铁路线。1880年开启了墨西哥的铁路时代，随后经历了三个时段的铁路建设"热潮"：1880～1884年、1887～1892年、1898年到迪亚斯时期结束。1910年，墨西哥的铁路线长达11568英里（约合19280公里）③。铁路

---

① 罗伯特·V.克姆珀、安雅·彼得森·劳斯莱斯：《1821年以来墨西哥的城市化：一种宏观—历史方法》，第270页。
② 参见理查德·E.博耶《墨西哥的城市：19世纪研究透视》，第157页，表9：墨西哥：主要城市的人口和排名。
③ 罗伯特·W.兰达尔：《对墨西哥革命之前的铁路测算》（Robert W. Randall, "Mexico's Pre-revolutionary Reckoning with Railroads"），《美洲》（The Americas）1985年第42卷第1期，第19～20页。

的修建把城市同首都以及主要港口连接在一起，但是也标志着沿线小城镇的衰落。例如，国际铁路线从拉雷多（Laredo）出发，与中央铁路线在托雷翁（Torreón）汇合，同时连接到蒙特雷和萨尔蒂约，后来又经圣路易斯波托西到墨西哥城。20世纪初期，四通八达的铁路网把国内市场联系得更加紧密，尤其是北部太平洋的采矿中心以及科阿韦拉州（Coahuila）和杜兰戈州（Durango）的商品农业区。科阿韦拉州的托雷翁是受铁路影响最明显的城市之一，几乎一夜之间作为棉花生产的主要中心繁荣起来。1892年托雷翁还是个小村庄，只有200个居民，1910年发展成为拥有34000人口的城市①。19世纪最后30年以农产品出口为基础的经济的快速增长，巩固了梅里达作为贸易中心的地位，尤其是1881年，普罗格雷索港口（Progreso）至梅里达铁路线的开通，进一步加强了梅里达的贸易中心地位。

1880年，墨西哥存在两个相对独立的城市—地区交流体系：一个是墨西哥城—普埃布拉—瓜达拉哈拉—巴希奥，这个最复杂的体系与殖民地城市旧格局相适应，对北部老矿区和谷地新农业区很重要。另一个体系围绕蒙特雷，并延伸至受影响的广泛地区（圣路易斯波托西—奇瓦瓦—马塔莫罗斯—雷诺萨）。②铁路网的形成，大大改善了这种相对独立状态，将大部分城市连接在一起，促进了城市间的交流，推动了产品在地区间的交换，某些产品可以常年进行长途运输，相对改变了产品流通的旧格局。以龙舌兰酒为例，殖民地晚期，受交通不畅的影响，龙舌兰酒的市场范围一般限制在120公里之内，因为龙舌兰酒的发酵时间很短，而且新酒必须在两天内消费完，否则就会变质。在铁路修建之后，一夜之间，龙舌兰酒就可以运输到沿线各个城市。

全国铁路网的建立对形成以墨西哥城为中心的城市体系具有关键作用，有益于出口部门的发展及新的经济利益中心的形成，这些部门一般都分布在墨西哥城。1884年，墨西哥主要城市排名为：墨西哥城、瓜达拉哈拉、普埃布拉、蒙特雷、梅里达、瓜纳华托③。1895年现代第一次人口普查包含

---

① 罗伯特·V.克姆珀、安雅·彼得森·劳斯莱斯：《1821年以来墨西哥的城市化：一种宏观—历史方法》，第271页。
② 亚历杭德拉·莫雷诺·托斯卡诺：《1810–1910年墨西哥城市格局变迁》，第180页。
③ 参见理查德·E.博耶《墨西哥的城市：19世纪研究透视》，第157页，表9：墨西哥：主要城市的人口和排名。

55 个最重要的城市,其中有 47 个已通铁路。① 1900 年,墨西哥总人口为 1360 万人,其中 140 万人居住在城市,城市人口比例为 10.5%。② 随着铁路的发展,墨西哥城、瓜达拉哈拉、托卢卡、阿瓜斯卡连特斯(Aguascalientes)作为商业和加工业中心迅速发展;但是普埃布拉、莫雷利亚、特拉斯卡拉(Tlaxcala)、莱昂(León)、瓜纳华托等则缩小为局限于区域市场的城市。

这个时期工业化的发展推动了城市化进程。1835 年,墨西哥只有 1 个纺织厂③。在随后的几十年,政局混乱,且墨西哥政府关注的焦点之一是土地问题而非工业,墨西哥的工业发展缓慢,一直处于萌芽阶段。独立后的半个世纪里,墨西哥仍然是初级产品的出口地和制成品的进口地,主要的进口产品是奢侈品。这个时期工业化对城市的影响很小,二者几乎处于"平行"发展状态,相互影响很小。迪亚斯时期,政府通过吸收外国资本鼓励工业化和城市化,并且将国家经济重点偏离生计农业。墨西哥的工业化进程实际上真正开始于 1890 年左右,因为那时建立了利用现代技术生产消费品和中间产品的大工厂。可以说,19 世纪 30 年代中期到 1890 年是工业化进程的酝酿准备阶段。1890~1910 年,全国铁路网将更广阔的国内市场连接起来,加上 1896 年商业税的取消,这些有利条件大大刺激了对大规模工厂的投资。19 世纪 90 年代以来,一些工业部门经历了进口替代过程(proceso de sustitución de importaciones),完成了工业及经济的转型,一些产品的生产实现了自给自足,但是那些非常特殊的产品,如某些中间产品和

---

① 连接到铁路网的城市有:La ciudad de México, Puebla, Guadalajara, Querétaro, Morelia, Veracruz, Orizaba, Córdaba, Jalapa, Toluca, Celaya, León, Guanajuato, Aguascalientes, San Luis Potosí, Saltillo, Monterrey, Zacatecas, Durango, Torreón, Chihuahua, Hermosillo, Ciudad Juárez, Nogales, Laredo, Tampico, Pachuca, Mérida, Campeche, Oaxaca, Ciudad Victoria, Ciudad Valles, Monclova, Lerdo, Fresnillo, Perote, Apizaco, Atlixco, San Miguel de Allende, Irapuato, Silao, Pénjamo, Tulancingo, Pátzcuaro, Tehuacán, Izúcar de Matamoros, Cholula。参见恩里克·卡德纳斯·桑切斯著《墨西哥的经济落后始于何时? 1780-1920 年墨西哥 19 世纪经济》(Enrique Cárdenas Sánchez, *Cuándo se originó el atraso económico de México, la economía mexicana en el largo siglo XIX, 1780-1920*),新图书馆出版社,2003,第 146 页,小注 13。

② 古斯塔沃·加尔萨:《1900-1988 年墨西哥城市化中大城市的特征》(Gustavo Garza, "El carácter metropolitano de la urbanización en México, 1900-1988"),《人口和城市研究》(*Estudios Demográficos y Urbanos*) 1990 年第 5 卷第 1 期,第 45 页。

③ 恩里克·卡德纳斯·桑切斯:《墨西哥的经济落后始于何时? 1780-1920 年墨西哥 19 世纪经济》,第 314 页。

资本产品，仍需继续进口。以棉纺织业为例，其增长率远远高于全国的工业生产水平，达到 6.4%。1888 年，仍有 31.5% 的国内市场需要进口。1900 年，这个数字下降为 10.6%。1910 年基本上就实现了自给自足。同样，1897 年棉花产量是 2.65 万吨，1910 年达到 4.65 万吨，进口量是 1300 吨，也实现了自给自足。①

以墨西哥主要城市蒙特雷的发展为例，19 世纪四五十年代，因缺少资金和相应的劳动力，蒙特雷虽然努力发展工业，但是收效甚微。1856 年蒙特雷创办了大型纺织厂②，加工业虽有发展，但仍然处于初期阶段。19 世纪 60 年代，利用美国内战期间形成的贸易路线，蒙特雷"所积累的资本用于进行工业化"③，但是工业发展十分缓慢。19 世纪 70 年代中期，蒙特雷只拥有一个重要的棉花作坊和两个蜡烛厂，另有两个加工厂，主要加工来自城市周边的矿石。19 世纪 90 年代和 20 世纪的最初十年，蒙特雷创办了一些新工业，包括拉美第一家钢厂（1900 年成立），这时转变为墨西哥主要的制造业中心。经济扩张引起人口增长：1880～1895 年蒙特雷人口增长 42%，1895～1910 年增长 39%，增速高于墨西哥其他主要城市。1910 年，蒙特雷城市人口达到 78528 人④，成为墨西哥第四大城市。蒙特雷人口增长情况使其成为工业化推动下地区城市化的典型。

1910 年，作为农矿产品的出口国，墨西哥已经完成了之前规划的现代化进程，在电能源使用方面取得重大进展，这是现代化的一个标志及发展工业国家的重要因素。电气化是国家基础建设的第二大投资项目，仅次于作为进步最重要象征的铁路，可用于冶炼、工业、通信、照明及家居使用方面⑤。墨

---

① 恩里克·卡德纳斯·桑切斯：《墨西哥的经济落后始于何时？1780-1920 年墨西哥 19 世纪经济》，第 201 页。
② 罗伯特·V. 克姆珀、安雅·彼得森·劳斯莱斯：《1821 年以来墨西哥的城市化：一种宏观—历史方法》，第 283 页。
③ 弗雷德里克·莫罗：《拉美工业化和城市化地区发展中城市的作用（概要）》（Fréderic Mauro, "El rol de las ciudades en el desarrollo regional en América Latina Industrialización y urbanización (Información resumida)"），《墨西哥社会学杂志》（Revista Mexicana de Sociología）1972 年第 34 卷第 1 期，第 71 页。
④ 参见基斯·A. 戴维斯《19 世纪墨西哥城市人口趋势》，第 509 页，表格 9：1846～1910 年蒙特雷城的人口。
⑤ 莉莲·布里塞尼奥·塞诺西艾恩：《墨西哥城的光'宴'，百周年的照明》（Lillian Briseño Senosiain, "La fiesta de luz en la ciudad de Mexico. El alumbrado eletrico en el Centenario"），《序列》（Secuencia）2004 年第 60 期，第 92 页。

西哥城重新恢复了殖民地时期以来的无可争议的垄断地位，电报把首都和其他大部分主要城市联系起来。迪亚斯统治晚期，墨西哥20世纪城市化的某些趋势已经形成：墨西哥城居于首位，维拉克鲁斯作为主要的对外港口而在政治和经济上依附于外国，巴希奥地区形成多功能城市的布局，西部海岸港口的重要性逐渐降低。政府为实现工业化和现代化所做的努力使墨西哥参与国际经济的力量更强，鼓励了城市化进程的向心性发展。"城市的现代性至少始于波菲利奥时期。"①

不发达地区进行的城市化不是发达国家城市化过程的复制。在欧美，城市化主要是工业化的直接后果之一，而"拉美国家的城市化早于工业化，并且与工业化无关，发展起来的几种模式也与欧美非常不同"②。研究不发达、外围和依附地区工业化和城市化的著名学者曼纽尔·卡斯特（Manuel Castells）曾经指出，对不发达地区而言，"不发达"和"依附"是影响城市化进程的主要力量③。1810～1910年墨西哥的城市化进程充分说明了这一点。在成为独立的民族国家之前，经济发展以出口经济为主，完全以宗主国的经济利益为中心。独立后的最初几十年，由于没有解决好政治问题，社会不安定，经济没有大的发展，几乎处于停滞状态，城市发展缓慢。19世纪七八十年代国内环境稳定之后，墨西哥重新发展出口经济，"外国资本的作用增强，依附性工业化真正开始"，这种发展模式几乎是殖民地时期经济发展模式的延续。早期的"城市化进程因时空变迁呈现出明显的周期性波动"④，城市化的决定因素"不是工业化，而是农业和矿业部门财富的积累"⑤，是"依附"的城市化。

---

① 伊拉·德戈塔里·拉维拉:《一种城市化模式？19世纪末期的墨西哥城》(Hira de Gortari Rabiela, *Un modelo de urbanización? la ciudad de México de fines del siglo XIX*)，第52页。
② 芭芭拉·弗雷塔格·罗亚内特:《城市和地区发展》(Barbara Freitag Rouanet, "Ciudades y desarrollo regional")，载《拉美通史》（第七卷），《拉美民族规划：1870–1930年它们的方式和构成》(*Historia general de América Latina*, VII, Los proyectos nacionales latinoamericanos: sus instrumentos y articulación, 1870–1930)，联合国教科文组织，2008，第141页。
③ 书评：莉莲·德拉格评曼纽尔·卡斯特著《城市问题：一种马克思主义方法》(Review by Lillian Trager, The urban question: a Marxist approach, by Manuel Castells)，《城市人类学》(*Urban Anthropology*) 1980年第9卷第4期，第398页。
④ 罗伯特·V. 克姆珀、安雅·彼得森·劳斯莱斯:《1821年以来墨西哥的城市化：一种宏观—历史方法》，第285页。
⑤ 芭芭拉·弗雷塔格·罗亚内特:《城市和地区发展》，第141页。

阿根廷现代化进程中的
文化立法研究

沈 安[*]

内容提要：文化现代化是一个国家或地区现代化进程的重要组成部分。文化现代化对经济、政治和社会现代化具有重要的促进作用。立法或法制建设是现代化进程的制度化建设的重要组成部分。同样，文化立法也是国家现代化和文化及文化产业有序发展的重要条件，而这也正是我国现代化建设过程中严重长期缺失的一环。因此，研究拉美国家现代化进程中的文化现代化的发展进程及文化立法进程，对我国文化现代化及文化立法建设，推动文化产业的发展，都具有重要的现实意义。阿根廷是文化及文化产业较为发达的拉美国家，文化立法也起步较早，比较健全，对拉美地区的文化及文化产业的发展具有重要的影响。因此，本文结合阿根廷文化立法的历史发展与现状作一初步的分析。

关键词：阿根廷　文化立法　文化现代化

文化现代化是一个国家或地区现代化进程的重要组成部分。文化现代化对经济、政治和社会现代化具有重要的促进作用。按照苏振兴主编的《拉美国家现代化进程研究》的论述，广义的文化包括科技、教育、文学、艺术、企业文化等诸多方面[①]。

拉美地区各国独立后的现代化历史进程中，也包括文化的现代化进

---

[*] 沈安，新华通讯社世界问题研究中心，研究员。
[①] 苏振兴主编《拉美国家现代化进程研究》，社会科学文献出版社，2006。

程。虽然拉美各个国家的文化背景和源流不同,历史条件不同,文化现代化进程也不尽相同,但总体上还是有着许多共性的。概括起来可以说,伴随着政治和经济的发展,它们的文化发展都经历了以下四个大体相似的过程:(1)从封建殖民地文化向独立的民主自由文化的转变过程。(2)都经历了由自由无序到通过立法逐步规范发展的过程。(3)文化事业及文化产业都经历了从兴起到迅速发展的进程。(4)都经历了文化立法不断完善的过程。

立法或法制建设是现代化进程的制度化建设的重要组成部分。同样,文化立法也是国家现代化和文化及文化产业有序发展的重要条件,而这也正是我国现代化建设过程中严重长期缺失的一环。因此,研究拉美国家现代化进程中的文化现代化的发展进程及文化立法进程,对我国文化现代化及文化立法建设,推动文化产业的发展,都具有重要的现实意义。阿根廷是文化及文化产业较为发达的拉美国家,文化立法起步较早,也比较健全,对拉美地区的文化及文化产业发展具有重要的影响。因此,本文结合阿根廷文化立法的历史发展与现状作一初步的分析。

一 阿根廷文化立法简述

阿根廷是一个比较重视立法的国家,在国家治理方面,一般都是立法在先,令随法行。以政策代法律的现象较少。在实行改革时,也是先行立法,制定政策措施,然后付诸实施。当然,在某些法律较难以达成一致或通过的情况下,行政部门(政府)也往往以政令或法令的形式,贯彻其政策,以致立法滞后于实践,但这种现象在文化领域相对较少。总体来看,阿根廷的文化立法起步较早,涉及面也较宽。初期立法主要是规范、推动和保护民族文化及相关行业的具体或单项法律,后来逐步涵盖到各领域,迄今各个方面都有相应的立法和法规。

20世纪90年代以来,阿根廷实行全面对外开放,国内立法逐步与国际接轨。进入21世纪以来,世界形势发生变化,各国政府和人民对文化领域许多问题形成新的认识,联合国及世界贸易组织等国际组织在文化艺术、信息、知识产权、世界文化艺术品贸易等方面也不断达成新的共识或协议;阿根廷文化产业迅速发展,其影响和意义日益突出;外来文化的影响不断增强,保护民族文化及产业的需要日益迫切。在这种新形势下,阿根廷与时俱进，不断修改文化立法，使之不断完善。近几年，阿根廷在全国范围展开一场大讨论，酝酿起草新的文化方面的总法律——国家文化法。

二 阿根廷现行文化立法的基本特点

综观阿根廷现有各项文化法律，大致有以下一些鲜明的特点。

（一）立法目的明确而全面

阿根廷立法目的表述明确而全面，避免失之于片面。总体来说，其立法的目的是：既保护和推动民族文化及文化产业的发展，又促进文化的对外交流；既维护本国文化市场，保护人权、言论自由、新闻自由，又重视规范文化产业的生产和销售；既保证文化事业的自治发展的民主权利，保障文化事业单位和企业及从业人员的利益、权利与义务，又保证国家在文化治理和发展方面的主导作用与基本权力及义务；既维护公营文化事业，又大力推动私营文化事业或产业的发展。

（二）以法治理文化，立法涉及方方面面

阿根廷现有的与文化事业和文化产业相关的法律有30多部，加上科技、教育等方面的法律，总计40多部。基本上涵盖了文化、科技、教育、传媒等各个领域。新闻、出版、电影、电视、无线电广播、视听、唱片、互联网、音乐、戏剧、艺术、美术、制作和生产、进出口、著作权、文化遗产保护、文化设施及经营单位和设施、协会、基金会等文化组织，都有相关的立法。在此基础上，阿根廷制定颁布了相应的行政法规和条例等。这里要说明一下，限于篇幅，本文对科技、教育领域的立法问题暂不讨论，以下所列相关立法也不包括这两个领域。

除国家级立法外，各省和自治市（首都）也有相应的法律。其中首都布宜诺斯艾利斯市通过的一些立法也具有全国性意义。

国家级的主要法律有：

> 文化和文化产业类法律：
> 知识产权法 LEY 11723
> 知识产权登记制度法 LEY 26306

文化财产与遗产保护法 LEY 25750

成立国家艺术基金法 LEY 1224/58

阿根廷音乐传播国家利益法 LEY 19787

视听知识产权法规 DECRETO 746/73

阿根廷音乐词作者与作曲家协会法 LEY 17648

图书和阅读发展法 LEY 25446（即图书出版法）

出版人义务法规 DECRETO 16697/59

书商活动保护法 LEY 25546

艺术品国际流通法 LEY 24633（1996年颁布，适用于在世及已故不到50年的艺术家的作品。上述作品永久性或临时性输出输入国境，必须经本法指定之国家权威机构鉴定并批准，才能取得输出或输入许可证）

建立阿根廷作家协会法 LEY 20115

成立音乐词作者和作曲家协会法 LEY 17648

国家戏剧法 LEY 24800

戏剧表演及剧务工作者免税法 LEY 25037

国家电影发展法 LEY 17744（即电影法）

电影资料馆及国家影像档案法 LEY 25119

传播和媒体类法律：

无线电传播法 LEY 22285（即无线电广播法）

视听通信服务法 LEY 26522（即广播电视法）

国家电信法 LEY 19798（2004年修改时把互联网接入服务的内容纳入该法）

全国无线电广播电台和电视台在每天节目开始时必须播放国歌法 LEY 25646

电视转播国家足球队比赛法 LEY 25342

关于成立国家通讯社公司的总统法令 Decretro 2507/2002（附：国家通讯社章程）

总统府新闻国务秘书处所属媒体安排传播旅游节目空间的规定 LEY 25944

新闻企业管理雇员条例 LEY 13839/46

涉及文化领域的其他法律：
商标法 LEY 22362
软件工业促进法 LEY 25922
刑法
民法
保护消费者权利法

审议中的法案：
成立国家图书委员会法
民族音乐保护法
互联网电子通信管理法

起草中的法律：
国家文化法

（三）注重民主立法程序

20世纪80年代初，阿根廷结束军人独裁统治，恢复民主制度后，在立法方面注重民主程序，特别是一些重要法律的制定，一般要经过长期广泛的民主讨论，以集思广益，做好起草法案的基础工作。2008年，联邦政府提议制定一个囊括文化各个领域的完整的法律——《国家文化法》，作为指导国家文化事业及文化产业发展的总法。同年成立由国家（联邦）、省、市最高文化当局负责人组成的联邦文化理事会，负责起草《国家文化法》草案。众议院文化委员会协调草案的筹备，组织全国各省市的研讨会。为保证该法的完整性和代表性，在起草、制定和通过程序上必须完全符合民主程序。① 为此，在全国24个省和市举行研讨会，对文化法展开广泛的大讨论。参加讨论者范围极为广泛，包括社会各个方面，议题也十分广泛，许多建议也十分具体。

---

① 见《国家文化讨论论坛》（Foro de debate por una Ley Nacional de Cultura），http://www.leynacionaldecultura.com/。

例如，在某省的文化法讨论会上，一些"人民办文化"所属的非政府组织在讨论文化法时提议，把国家预算的0.1%用于支持大约3000种民间的社会文化活动。这些活动包括：民间节日、民间节庆（庙会）活动、视听、唱片、文学、舞台活动、文化团体、组织、集体和单位的活动，依照法律和制度制定公共政策，以实现这些文化事业和产业的可持续发展。其具体建议如下。

1. 社区、市、省和全国级别的民主参与。

2. 国家通过资源投入、设施、培训和建立制度，加强和支持非国家的公共文化行为。

3. 有效地把地方发展与社会经济计划项目在民主参与政策的范畴内有效地结合起来。

4. 推动立法，以保护和加强地方、市、省和全国级别的文化生产。

"全国社区剧院网"把"文化站点"作为基本途径来推动其发展和基础，在全国范围内制定相关的全国性法律。①

（四）与国际接轨，强调国内各法之间的协调一致

在制定相关立法时，在总结国内立法实践经验的同时，还吸收了国际法的原则和其他国家的立法经验，做到国内法与国际法接轨。其立法依据除本国宪法及相关法律外，还参考借鉴相关的国际条约和一些国家的立法原则和规定。

例如，《视听通信服务法》② 在注解中详细解释了该法的立法依据。其引用的国内法和国际法包括：阿根廷国家宪法、有关文化方面的国内法律、联合国及所属机构与组织的条约和协议，如《人权公约》《联合国教科文组织关于文化多样性的宣言》，2003年和2005年两次世界信息社会峰会通过的宣言及行动计划、欧盟2005年提出的关于审议"电视无国界"（TVSF）组织的建议，《美洲人权公约》《联合国千年宣言》《约翰内斯堡宣言及行动

---

① 见《联邦制定过程和由众议院文化委员会参与的国家文化组织法》（Proceso de elaboracion federal y participativo de la ley nacional de cultura organizado por la Comision de Cultura de la Camara de Diputado de la Nacion）2010年6月7日。http：//www.leynacionaldecultura.com/.

② 见《视听通信服务法》（Ley de Servicios de Comunicacion Audiovisual，Ley 26522）2009年10月10日颁布，阿根廷总统府文化国务秘书处网站，http：//www.sinca.cultura.gov.ar。

计划》《蒙特雷宣言及行动计划》，2000年通过的《人权言论自由原则声明》、经合组织提出的《编辑自由协议》《国际电信联盟的协议》，世界贸易组织相关条约和协议，如《多哈回合谈判文件》，国际人权法院在保护文化多样性方面的裁定权条款等。在介绍上述文件时，还大段引述了其中的一些重要条款。

与此同时，各单项法在涉及其他法律时，均注意与各相关法律的协调，并在条款中明确表述与相关法律条款的关系，以防止各种法律之间发生相互冲突。

（五）注重保护民族文化及本国文化产业

其主要涉及三个方面：（1）企业的资本和产权结构方面限制外国资本的渗入和控制。（2）通过市场份额制等制度保护本国市场和本国文化产品。（3）通过资金援助、税收优惠或政府采购等手段，扶持本国文化产业。

1. 在资本和产权构成方面，对外资所占的份额做了明确的限制性规定

《视听通信服务法》第29条规定，视听服务供应者为商业性机构（企业）时，其注册资本中外国资本所占的比例至多不超过30%，无论是直接拥有还是间接拥有。许可证有效期为10年，到期时可延长。

《文化财产与遗产保护法》[①] 第2条、第3条规定，从事文化财产与遗产保护事业的传媒企业必须是本国资本的企业，外资参股最高限额为30%，其投票权最高也为30%。在与其他国家签署了投资协议的情况下，这些限额可按协议规定的对等原则和限额适当扩大。

文化企业不得将其产品内容的控制权转让给外国公司。

传媒企业包括五类：（1）报社、杂志社、普通出版社。（2）《无线电传播法》规定的无线电广播服务和补充无线电广播服务。（3）视听和数字产品内容的生产者。（4）互联网入网供应者。（5）通过公共渠道进行的传播企业。

2. 保护本国文化产品及其国内市场份额

市场份额制主要在电影和电视产品及新闻产品方面实施，具体如下。

---

① 见《文化财产与遗产保护法》（La Ley de Preservacion de Bienes y Partimonios Culturales, ley25.750），2003年6月18日颁布，阿根廷总统府文化国务秘书处网站，http://www.sinca.cultura.gov.ar。

(1) 电影"银幕份额制"

《国家电影发展法》①规定，国家实行"银幕份额制"来保护和支持国产影片在国内的市场份额。该法第9条规定，国内电影院厅必须执行国产影片"银幕份额制"的规定。每个放映周均需按规定安排一定数量的银幕放映国产影片。违反"银幕份额制"的影院将被处以中止放映或罚款的处分。

此外还规定：

①国产影片和进口外国影片须在获得电影局颁发的许可证后方可在电影院放映。

②对国产影片实行补贴制度。

③影片的进出口须按《电影法》的规定在电影局备案。

④国产影片2年内不得在电视上商业播出。

(2) 电视台播放国产影片的"屏幕份额制"

《视听通信服务法》第67条规定，提供电视节目的视听通信服务实行播放国产影片"屏幕份额制"，即各类电视台应按规定的份额播放国产电影和视听节目，具体规定如下。

①开放的电视台：每年8部国产长片，其中可选择至多3部国产电视电影片，二者的多数均应为本国独立制片商的产品。

②其他电视台：即所有国内订户电视服务供应者和覆盖全国人口20%以下的公开电视服务供应者可采用提前购买播放权的方法来实施份额制，即按上年销售总额的0.5%的比例购买本国出品人制作的电影或电视电影。经批准播放非国产影片的电视台，应将其上年该项销售额0.5%的比例购买本国出品人制作的电影或电视电影。

(3) 电视新闻及节目比例制

《国家视听通信服务法》对电视台必须播出的国产新闻、电视节目的比例、时段都做出了限制性规定。第65条规定如下。

1) 广播电台

①私营和非国营广播电台

A. 播出的音乐节目内容中，至少必须70%为国产音乐。上述比例的内

---

① 见《国家电影发展法》(Ley de Fomento de la Actividad Cinematografica Nacional, 第17741号法)，2001年10月10日颁布。http://www.infoleg.gov.ar/infolegInternet/anexos/.../norma.htm。

容必须均衡地分布在节目中。

B. 至少30%的播出音乐必须为本国音乐，即作者或表演者应为本国人。50%的节目应为独立制作的作品，即作者或表演者拥有商业权利的作品。

C. 播出的新闻节目中，50%必须是自己的产品，包括本地新闻或信息。

②省、首都和省辖市的公立广播电台或国立大学广播电台

A. 播出新闻节目中，必须至少60%是本地新闻或自产新闻和信息。

B. 全部节目的至少20%应为教育、文化和公共事务。

2）开放的电视服务（开放的电视台）

①至少必须播出60%本国产节目。

②必须至少30%是自产新闻，包括本地新闻信息。

③150万以上人口城市的地方电视台必须播出30%独立自产节目。60万人以上城市为至少15%。其他城市为10%。

3）订户固定接收的电视服务（收费电视）

①必须包括阿根廷国家电视广播电台公司（Radio Television Argentina Sociedad del Estado）、国家公共电视台和国家参股的所有其他电视台的节目和信号。

②应按照地方、地区和国家的优先顺序排列节目单。

③非卫星订户电视服务至少应包括一个当地电视台的节目，并按照本法有关公开电视节目的规定的条件。人口在6000人以下的城市的电视服务可由地区电视台提供服务。

④非卫星订户电视服务必须包括公开电视的原产节目，其覆盖面应与服务面相同。

⑤非卫星订户电视服务必须包括其服务所在地的省、直辖市、市国立电视台和国立大学电视台的节目。

⑥卫星订户电视服务必须包括省、直辖市和市级国家及国立大学提供的公开电视节目。

⑦卫星订户电视服务必须至少包括一个自己的国产电视节目，并要符合本法有关公开电视台的规定的条件。

⑧所有订户电视服务的频道单中必须至少包括一个南方共同市场国和拉美国家的电视频道，这些国家必须是阿根廷与之签署了协议的，同时还必须按照本法第77条的规定进行注册。

4）移动电视，相关法律另有规定。

3. 通过资金扶持、税收优惠和政府采购等手段扶持文化事业的发展

（1）资助和补贴制度

主要办法有：直接补贴、优惠信贷和设立发展基金。

如《电影法》规定，国家对从事国产电影的生产和放映的企业给予一定的补贴，并对电影的摄制提供优惠贷款。

同时，法律还规定，在国家主持下，设立发展基金，以支持各类文化事业。相关法律都有专门条款规定设立相应的发展基金。基金的来源主要为来自文化产业的税收等，用途为扶持文化事业及产业的发展。为此，法律还规定成立相应的基金管理、监管、审计制度及机构，规范申请和使用制度。

以国家电影基金为例，《电影法》的规定大致如下：

①基金来源主要是与影视业有关的税收收入的一部分。其中影院票房收入税的10%（由影院按票价无偿上缴），影片录像制品收入税的10%，联邦无线电传播委员会税收项下收入的25%，依《电影法》规定而产生的收益、罚款等收入，捐赠款、基金产生的利息和收益，贷款收益，基金前年度未用的节余款，基金向第三者提供服务所产生的收益。

②电影基金的主要用途是：支持电影局的各项开支，补贴本国电影的生产与放映，为影片拍摄提供贷款，参加本国举办的电影节活动，等等。

③《电影法》对本国影片生产和放映等补贴和贷款办法做了明确规定。

④对长片、短片、新闻电影、境外销售、合拍、电影资料馆和电影企业，有专门章节做出规定。

⑤对违反补贴或贷款规定的行为要依法给予相应的处分。

（2）税收优惠

主要有以下几个特点：其一是税率较低。其二是有明确的减免税规定。其三是税收全部用于文化事业的扶持。相关法律对税率、税收用途及比例等均有明确规定。

如《视听通信服务法》第97条规定，视听通信服务方面的税收用于以下方面。

①25%用于国家电影委员会。

②10%用于国家戏剧委员会。

③20%用于阿根廷国家广播电视公司。

④28%用于联邦视听通信服务管理局。

⑤5%用于视听通信服务受众保护机构的运作。

⑥10%用于视听通信特别项目,支持社区、边境和原住民视听通信服务,支持其数字电视项目。

⑦2%用于国家音乐委员会。

(3) 通过政府采购扶持图书出版业

《图书阅读物发展法》① 规定,"通过国家(政府)采购促进国内图书出版业。国家依法购买本国作者作品第一版的至少5%,用以充实公共图书馆"。

(六) 与时俱进,不断修改相关法律,以适应新的形势与需要

除有关文化法律外,对其他法律中与文化有关的条款也进行了修改,如2008年修改刑法,对信息犯罪的处罚做出了修改。对网吧、互联网、信息犯罪(包括利用电子通信手段传播有害信息、制造和传播虚假信息、造成信息伤害、制造和传播病毒、中断通信、攻击网络、篡改信息证据、制造假数据)、传播性犯罪(制售和传播色情产品)行为的处罚做出了新的规定。

(七) 国家对文化事业实行自治管理

阿根廷法律明确规定,国家对文化事业实行自治管理,相关法律对政府文化管理机构及其职能、权力、领导人员组成、预算都有明确规定。政府内设的文化管理机构,均为自治机构,而与一般的行政机构不同,由政府及相关文化界或地区代表人士组成。以联邦视听通信服务管理机构和国家电影局为例,简要介绍如下。

1. "联邦视听通信服务管理机构"

《视听通信服务法》规定共设6个不同的机构,分别履行执行、顾问咨询、监督等职能。

(1) 执行机构:联邦视听通信服务管理局。其领导机构由联邦政府任命的7位人员组成。该局向各省派出代表机构。法律对其职能、预算和领导

---

① 见《图书阅读物发展法》(Ley del Fomento del Libro y la Lectura, Ley 25.446),2001年7月26日颁布。http://www.wipo.int/wipolex/zh/details.jsp?id=6906.

机构的设置都有明确规定。

（2）顾问和咨询机构：联邦视听通信服务理事会。其职能是作为国家政策的顾问和咨询机构。由省市两级政府代表、各媒体、工会及土著人组织的代表组成。

（3）视听通信与儿童节目顾问理事会，其职能是就少儿节目提供顾问咨询，组成与理事会相同。

（4）立法监督：国会两院视听通信促进和监督委员会。负责对上述机构的工作进行监督和评估，对相关人员的任命提出建议，接受和评估上述机构提交的报告。

（5）消费者保护机制：视听通信服务受众保护律师。其职能是受理视听通信受众提出的相关咨询、投诉和要求，代表受众个人或集体的利益，向相关企业进行调查和质询，举行听证，向有关政府、国会或法院提出建议和要求。

保护律师由国会两院委员会提名，由国会任命，任期4年。任命前须进行公示，接受社会各界提出批评质疑。

（注：这是阿根廷特有的，其职能相当于消费者保护协会，但是由国会任命的官方法定非政府官员，并有较大的法律权力，一般由德高望重的资深律师担任该职。）

（6）行政监督机构：国家视听通信服务监察署和国家审计署，前者为国家政府内设监察机构，主要职能是监管相关机构与从业者的服务，受理投诉，协调处理争端等。后者为国家财政和财务审计机构，主要审计财务执行情况。此外，议会相关委员会也拥有监督职权。

2. 国家电影局（全称为国家电影及影视艺术局）①

《电影法》规定，该局由三部分组成：

（1）领导机构。

（2）联邦代表大会。

（3）顾问理事会。

领导机构由局长和副局长组成，负责《电影法》的实施，主管全盘业务。

---

① 西班牙文为：Instituto Nacional de Cine y Artes Audiovisuales（INCAA）。

电影局领导机构的责任和职权是：推动电影事业的发展，扩大本国电影的传播，对外电影交流和销售，管理电影基金，检查和监督电影业界的守法情况，对违法者实施处罚，向联邦代表大会提交年度经济和技术工作报告、制定实施《电影法》所必需的法规，以及其他法定职能。

联邦代表大会由各省市文化局局长或副局长组成，由国家电影局局长主持，每年至少举行一次会议。其主要职能是制定相关政策，研究有关电影事业的事务。

联邦代表大会的职权是：制定推动国家电影发展的措施，维护和加强国家电影事业发展的空间，接受并审议顾问理事会和电影局提交的年度报告，向国家财政及审计部门提供财务、报告文件，任命《电影法》规定由其任命的5名顾问理事会成员，等等。

顾问理事会由联邦政府任命的11名成员组成。其中5人由联邦代表大会提名，每个文化区1人。其余6名成员由电影业界的法人单位或工会提名（其中2人为导演、2人为制片人、1人为技术人员、1人为演员）。

顾问理事会的职权是：审议并通过或否决电影局领导机构依照《电影法》所采取的行动，任命负责评估补贴或贷款的项目的遴选委员会等。

阿根廷高乔文化的形成、演变与传承

李紫莹[*]

内容提要：阿根廷高乔人和他们所代表的高乔文化从17世纪形成演变至今，从最初的亡命之徒形象演变为阿根廷人所推崇的自由精神的代表，已经成为阿根廷民族及其精神的象征符号。高乔文化在阿根廷通过旅游推广、民间活动、音乐、文学等形式得以传承和张扬，在现代化色彩日益浓重的当代世界，保持住了这一独特文化传统的昂扬风姿。

关键词：阿根廷　高乔文化　高乔人

阿根廷高乔人和他们所代表的高乔文化从17世纪形成演变至今，早已成为阿根廷民族及其精神的象征符号。

一　高乔文化的载体——高乔人的定义与形成

一般认为，高乔人是指主要分布在阿根廷的潘帕斯草原地区以及乌拉圭和巴西南部，历史上靠游牧生活，现代则以放牧为生的人群。

最初的高乔人混合了西班牙人和印第安人的血统。在西班牙殖民统治的17世纪，殖民者中一些胆大妄为之徒从布宜诺斯艾利斯进入广阔的草原地区，他们中的一些人甚至是负罪逃亡至此。他们与居住在安第斯山东麓的普埃尔切人（puelche）、阿劳科尼亚人（araucania）和查鲁阿人

---

[*] 李紫莹，对外经济贸易大学区域国别研究所拉美中心，副教授。

（charrua）等土著印第安人混居并混血。在这个过程中，他们逐步练就了惊人的捕捉和驯服野马的技艺。这些野马是16世纪从西班牙殖民者的队伍中跑散出来的坐骑的后裔，这些坐骑成为了南美洲当地马种最早的祖先。幅员广阔、水草丰美的潘帕斯草原地区有成群的野马和野牛在游荡，它们成了居无定所的高乔人的坐骑和食物。

随着殖民统治的深入，潘帕斯草原成为了西班牙人主要的牧场。粗放式的经营使得牛马经常逃离管束，变成了成群的野牛和野马。高乔人临时受雇于牧主，做些赶牛、宰牛、运送牛皮的工作。欧洲移民的大量涌入，使传统的以西班牙人和印第安人混血为主的高乔人的成分发生了很大变化。底层的欧洲移民也开始在牧场上寻找工作，苏格兰人、爱尔兰人、英国人、意大利人、西班牙的巴斯克人都开始成了高乔人的一员。而巴斯克人以其勇敢的性格、健壮的身体、敏捷的思维和优秀的控马技能特别为传统的高乔人所接纳。[①]

到了20世纪，贵族和富人看上了潘帕斯草原利润可观的畜牧业和小麦种植业。围栏放牧进一步推广，草原被分割成了若干牧场，高乔人失去了自由活动的地盘，逐渐依附于固定的牧场，成为固定的放牧者和牧场的警卫。

随着南美洲畜牧业的不断发展，畜群数量的不断增加，高乔人以及从事与其相似行业的放牧人人数也不断增加。不仅仅在阿根廷和乌拉圭，也在巴拉圭和巴西南部地区，甚至在秘鲁、智利、玻利维亚、哥伦比亚、委内瑞拉也出现了很多以放牧和守卫牧场为生的人群。有资料把他们也称为"高乔人"。其实，在不同的国家，这些人的称谓是不一样的。在阿根廷和乌拉圭，无论是马背上的牧牛人还是牧场主本人都被称为高乔人；在智利放牧人被称为"huaso"（农人）；在巴西的南部地区，放牧人因其特有的技术又被称为"jineteado"（驯马者）；而在巴拉圭，放牧人通常被叫做"牛仔"，但是他们往往还同时从事耕种的工作，每个家庭都有他耕种的土地，他们认为依靠这样的方式养活自己的家庭天经地义，而整天全靠在马背上游荡来挣钱或碰运气是"傻事"。但耕种的工作被阿根廷传统高乔人认为"是女人才做的活"。

---

① 参见理查多·E. 罗德里格斯·莫拉斯《高乔人的社会历史》（Rodríguez Molas, Ricardo E., *Historia Social del Guacho*），拉丁美洲出版中心，布宜诺斯艾利斯，1982。

其实，今天在南美的很多国家，这些所谓的"高乔人"已经不再具有这个词本身所代表的含义，只有阿根廷的高乔人仍然尽最大可能保留着他们粗犷的形象。

二 传统高乔文化——高乔人的特点

时至今日，高乔人高超的驯马术及其充满男性气概的生存方式仍然会引发人们浪漫的联想。

每当说到高乔人，人们就会想起他们优美而独特的服装和高超的驯马术。结实的肌肉、古铜色的皮肤、深褐色的眼睛是他们的经典形象。黑色宽沿毡帽，黑色刺绣的细羊毛紧身上衣，束脚的白色灯笼裤和高筒皮靴是高乔人的典型装束。马裤两侧的边线时常有彩绣点缀，腰间扎一条镶满银饰的宽腰带，脖颈间系着红色丝绸领巾，骑在马上，潇洒而矫健。

高乔人的驯马术令人叹为观止，似乎他们可以预知胯下牲口的变化与动作，人在马上或左或右辗转腾挪，仿佛人马一体。高乔人在马上是为了牧牛，几个高乔牛仔驱赶或圈套牛群甚至野牛到他所希望的地方。与美国牛仔在马背上手持一圈套索圈套牲口不同，阿根廷高乔牛仔的套索非常长，往往在手中绕很多圈，套索的一端固定在马鞍上。在一次成功的出击中，套索在空中被抖出长达10米的蛇形弧线，最终准确地套在目标牲畜身上。这种在外人看来简直可以称为绝技的技艺，是高乔人生存的基本能力，这种能力承自他们的父辈。高乔民谚说："胯下没有一匹嘶鸣的骏马，就根本说不上是高乔人。"

有三样东西是高乔人的标志：他的马——这是他在这片土地上的自由王国、他的佩刀和他的女人。

在高乔人在外游牧的漫长而疲惫的一天中，马黛茶和佩刀是他在马上必不可少的伙伴。传统上，一个高乔牛仔的佩刀是不允许被别人触碰的。这是他们防身的武器，也是他们在野外割肉做饭的工具。在今天，佩刀作为高乔人的典型特征之一，具有了更多的象征意义。

周六的晚上是高乔人结束一周的工作聚在一起休息的时刻，他们不喜欢陌生人的参与。在这样时刻的高乔人，或者纵情高歌，或者寻衅滋事，全凭当时的兴致。一旦面对挑衅，一个真正的高乔牛仔是不能犹豫的。拔刀刺向对手的脸几乎就在一瞬间。如果这还不能结束争斗，那么就要战至死亡。刀在高乔人手中舞动如蛇影，直至胜利或者毙命。

高乔女人则很少出现在公众的视线中，她们的全部工作都在家中，洗衣、做饭、照顾孩子和家门口一块小小的园地构成了她们生活的全部内容。足不出户，是她们的主要特点。在阿根廷这样一个天主教为主要宗教的国家，高乔女人甚至几年不去镇上的教堂做礼拜。直到当代，仍有许多高乔女人从来都没有正式与她们的丈夫成婚。对此，她们是这样说的："这是我们古老的传统。高乔人自古以来就是一个游牧的部族，一向游离于法律之外。一个高乔牛仔没有时间和精力来对付婚姻、照顾孩子。高乔女人宁愿选择这种结合方式。我们更看重男人的自由。"① 除去阿根廷的潘帕斯地区，这样的高乔女人在南美其他地区几乎已经不存在了。

三 高乔文化的演变

今天，高乔人以他们手中生牛皮制作的牲口套索、随身佩带的锋利刀具加上男人最引以为傲的马背姿态早已成为阿根廷民族的象征符号，代表着他们崇尚自由的精神。

然而，这一切并非一开始即如此。

在相当长的一段时间里，高乔人仅仅被看作是离经叛道的亡命之徒。直到将近19世纪，高乔人的形象才从亡命徒演变成了民族英雄。有两个因素在这场演变中起到了决定性的作用。在政治上，拉美独立运动风起云涌，以圣马丁为首的南美解放者看到了高乔人在南美地区严酷的山地游击战中的巨大潜力，大量起用高乔人参战。而高乔人不负众望，在这场脱离西班牙宗主国统治、赢取自由独立的战争中英勇作战、吃苦耐劳、屡建奇功。阿根廷的资料中说，"在独立战争中的高乔人，仅凭一匹骏马、一把佩刀、一柄长矛就可以杀敌并存活"。②

在文化上，1872年何塞·埃尔南德斯的经典史诗《高乔人马丁·菲耶罗》发表。"自由生活就是我的荣光／像鸟儿在天空一样／我在地面没有巢穴／四处

---

① 罗伯特·莱萨特：《高乔人》（Robert Laxalt，"The Gauchos"），《国家地理》（*National Geographic*）1980年10月总第158期，第493页。
② 罗伯特·莱萨特：《高乔人》（Robert Laxalt，"The Gauchos"），《国家地理》，第497页。

流浪迎接风浪/当我在高空展翅飞翔/无人追随无人依傍。"① 埃尔南德斯为正在找寻自身文化认同与标志符号的年轻的阿根廷民族提供了一个丰满而独特的载体——马丁·菲耶罗体现了阿根廷人人推崇的自由精神和粗犷个性。

四 高乔文化在阿根廷当代的传承

(一) 旅游热点折射高乔文化

高乔文化中的崇尚自由与英雄主义精神深深地烙在了阿根廷的民族个性中。今天，在布宜诺斯艾利斯最繁华的步行街——佛罗里达大街，所有的时尚纪念品店中都摆满了生牛皮的套索、银色的踢马刺、色彩鲜艳的poncho（斗篷——一种高乔服装），以及印满高乔人形象的图片、书籍和木雕。每一个阿根廷人，从语言到行动，仿佛都对于高乔事物有一种热烈的自我认同。在阿根廷甚至有一句在其他西语国家从不使用的特有的西班牙语表述：Háceme una gauchada（请帮我做件高乔式的事——请给我帮个忙）。

每一个到访过阿根廷的游客，都会被带到典型的牧场去观赏高乔装束的牛仔表演各种马上技艺，品尝特色食品，带回一份自由无羁的心情。

最能体现高乔文化的当数驯马节。长期以来，为了保持和发扬本民族的优秀文化，在阿根廷的许多州每年都举办驯马节或包括驯马比赛在内的民俗节，各州甚至各个小的城镇都会选派自己的优秀选手参加比赛。比赛使用的所有马匹都是未经驯化的野马。年轻的参赛者们一身高乔骑手装束，首先在别人控制着马匹的时候骑在马上，双手扣紧缰绳，随着一声哨响，失去控制的马儿飞快地冲向场地，时而前腿扬起，时而后退倒立，时而大声嘶鸣，企图甩掉自己背上的骑士。比赛的骑手则用自己精湛的骑术和超人的胆量与骏马抗争，身体紧贴马背，双腿夹紧马腹，用力撕扯缰绳，力图保持在马背上的时间，这也是比赛的赛点所在，以此来决定胜负。有的骑术精湛的骑手，甚至在被马甩落马背时，仍能凭借紧握缰绳的双手之力将整个身体悬空侧在疾驰的骏马边，找机会一跃再次上马，赢得阵阵喝彩

---

① 何塞·埃尔南德斯：《高乔人马丁·菲耶罗》，(José Hernandez, *El Gaucho Martín Fierro*)，拉丁美洲出版社，1972，第15页。

和掌声。比赛一般都会分为配鞍和不配鞍两组,当然后者的难度就更大了。最终获胜的骑手将得到证书和奖杯,更让他们感到荣耀的是人们长时间的欢呼和掌声,鲜有比赛设立奖金,阿根廷人在这样的比赛中更看重的是张扬勇敢顽强的高乔精神。

整个驯马节是高乔人风俗和精神的一场巡礼,阿根廷人民以这种形式纪念自己的民族习惯,彰显自己的民族精神,保留自己的民族传统。

(二) 高乔音乐始终在阿根廷的音乐舞台上占有一席之地

尽管与世界所有的地方一样,传统在无法阻挡地凋谢。湿润的潘帕斯大草原仍然为高乔音乐保留了一片最后的乐土。

游吟歌手(PAYADOR,也译为巴亚多尔)的即兴演唱是高乔音乐的核心和灵魂。阿根廷人中有句话:没有哪个高乔人不是好歌手。高乔人的生活环境造就了他们吃苦耐劳、坚毅勇敢的性格,闲暇时他们喜欢饮酒弹唱,倾诉心中的孤独和忧郁,即兴的曲调与歌词中,处处流露出这个民族血脉中的浪漫之情。这始终是阿根廷人民引以为骄傲的民族文化特色。有一首民歌这样唱道:"我的桑巴被人叫做穷丫头,因为她出生在农民家,用一把对不准弦的吉他伴奏,土库曼的乡亲们世世代代歌唱她。"[①]

阿根廷的高乔歌手即弹即唱,他们指尖流淌出来的旋律是这片土地生活的韵律与节奏,他们唇齿间吟唱的是底层人民的生活现实与朴素情感,他们是漂泊于这块土地上的艺术之魂。阿根廷杰出诗人莱奥波多·卢贡内斯曾经写过一篇题为《巴亚多尔》的长散文,赞美民歌和民歌手的永恒。深受这种音乐精神与艺术气质的影响,阿根廷人都能歌善舞,而具有高乔气质和底蕴的游吟歌手更是代代传承,始终活跃在阿根廷的民间文化活动中。在包括驯马节在内的许多民间节日中,我们都能听到他们的即兴演唱。即兴演唱的游吟歌手多是四五十岁以上的男性。他们身穿传统服装"poncho",怀抱小吉他,在充满韵律的节奏中吟唱各州的自然风貌、物产风俗,即兴的歌词衬托着节日的气氛和人们的热切心情。岁月与风霜在他们的额头眼角留下了痕迹,也赋予了他们的歌声以无尽的感染力。他们略带沙哑忧郁的歌声体现着这个混血民族与自然抗争的顽强精神和孤独忧伤的诗人情怀。

---

① 索飒:《丰饶的苦难——拉丁美洲笔记》,广西师范大学出版社,2003,250 页。

在高乔传统音乐的节日上,高乔人也略微改变了他们几个世纪以来独自舞蹈和弹唱的习惯,现代高乔人更喜欢带着他们的女人共同起舞,共同抒发对生活的热爱之情。

(三) 以诗歌为代表的高乔文学生机勃勃

高乔诗歌不仅要求描写乡村的题材和环境,而且要求使用高乔人自己的语言。19世纪是"高乔诗"的兴盛时期,从伊达尔戈到埃尔南德斯,几代高乔诗人为阿根廷文学扎下了民族的根。埃尔南德斯的著名史诗《高乔人马丁·菲耶罗》是高乔诗歌的里程碑,这部夹叙夹议的长篇史诗描写的是一个高乔的歌手和英雄,在文学中树立了高乔人的形象。阿根廷当代文学巨擘博尔赫斯在谈到《高乔人马丁·菲耶罗》时说:"我相信,《马丁·菲耶罗》是阿根廷人至今所写的最经得起时间考验的作品……是我们的《圣经》,我们的经书。"[①] 阿根廷文学家坚持和发展了高乔文学这一传统。20世纪初,卢戈内斯等现代派诗人在改造语言及文学风格方面作出大胆尝试,为1922年"马丁·菲耶罗派"的诗歌革新开辟了道路。在阿根廷文学最精彩的当代部分,博尔赫斯、科塔萨尔等文学大师在进一步摆脱格律上的束缚的同时,继承了高乔文学追求自由的思想内涵和忧郁浪漫的精神特质,使阿根廷文学终于脱颖而出,成为一种结合世界性与民族性,融会整个西方文明并且勇于创新的生机勃勃的文学。[②]

时至今日,阿根廷国内重要的文化奖项很多都以"马丁·菲耶罗"来命名,一方面显示了高乔文化的巨大影响力,另一方面也表现出阿根廷文化界对本民族传统文化的珍爱与维护。

现代化的公路修进了潘帕斯大草原,这片草原就不再是诗人笔下高乔人自由的天堂了,相反,交织的公路仿佛成了约束他们自由的樊篱。高乔人说:"作为一个高乔人,危险是我生命的一部分。"不可否认的是,束缚是冒险的终结。然而,值得庆幸的又是,现代化的高楼大厦,飞速发展的交通和通信,并没有撼动高乔文化在阿根廷的根基。阿根廷人仍然用他们最传统的手工制作方式向全世界输出他们引以为自豪的高乔工艺品;阿根

---

① 博尔赫斯:《博尔赫斯谈艺录》,王永年、徐鹤林、黄锦炎等译,浙江文艺出版社,2005,第62页。

② 参见盛力著《阿根廷文学》,外语教学与研究出版社,1999。

廷的诗人仍然用他们自由的吟唱、忧郁的目光讴歌和审视自己出生的这片土地；高乔人的孩子们最爱的娱乐仍然是在广阔的草原上纵马奔驰……高乔文化在阿根廷现代化的演进中始终保持住了自己自由而昂扬的风姿，作为阿根廷民族的代表符号嵌入了阿根廷人的日常生活，也深深地镌刻进了阿根廷人民的心中。

乌拉圭文化个性的形成与特点[*]

董经胜[**]

内容提要：殖民地时期的高乔文化是乌拉圭文化的原型。19世纪中后期，欧洲移民为乌拉圭文化注入了新的元素。20世纪初，何塞·巴特列-奥多涅斯的改革，奠定了现代乌拉圭民主与福利国家的基础，也对现代乌拉圭文化个性的形成具有决定性的影响。乌拉圭的文化是一种包容性、多元的文化，也是一种平和、务实、反对奢华的文化，这一文化个性提高了乌拉圭人的幸福指数。但同时，在这种高度发达的福利制度下，乌拉圭人渐渐养成了一种注重休闲、享受人生的生活态度。这种文化个性，在20世纪后期经济陷入危机的背景下，又妨碍了乌拉圭发展经济、摆脱困境、走出危机。

关键词：乌拉圭　高乔文化　何塞·巴特列-奥多涅斯　现代化

前　　言

什么是文化？在不同的学科和不同的背景之下，文化有着不同的含义。它常用来指一个社会的知识、音乐、艺术和文学作品，即社会的"高文化"。有些人类学家，例如克利福德·格尔茨，强调文化具有"深厚意蕴"，用它来指一个社会的全部生活方式，包括它的价值观、习俗、象征、体制以及人际关系等。有的学者，例如塞缪尔·亨廷顿、劳伦斯·哈里森等关

---

[*] 本项研究得到恒源祥（集团）有限公司的资助，特此致谢。此外，本文外文参考文献注释从略。

[**] 董经胜，北京大学历史学系，副教授。

注的是文化如何影响人类的进步,他们从纯主观的角度界定文化的含义,认为文化是指一个社会中的价值观、态度、信念、趋向以及人们普遍持有的见解。① 实际上,所谓"高文化"属于更专业的领域研究的对象,本项研究中采纳亨廷顿等学者对文化含义的理解。

在很大程度上,文化个性决定了一个国家和民族的命运。亚力克西斯·德·托克维尔认为,美国的政治制度之所以行得通,是因为文化适宜于民主;马克斯·韦伯在解释资本主义兴起时,认为它基本上是一种植根于宗教信仰的文化现象。② 丹尼尔·帕特里克·莫伊尼汉指出:"保守地说,真理的中心在于,对一个社会的成功起决定性作用的是文化,而不是政治。"③ 丹尼尔·埃通加-曼格尔认为,"文化是制度之母"。④

20世纪60年代,韩国和加纳两个国家的人均国民生产总值大致相等,初级产品、制造业和服务业在经济构成中的比例基本相近,接受的经济援助水平也差不多相等。但是,三十年后,韩国成了一个工业巨人,经济水平名列世界第十四位,大量出口汽车、电子设备等高级制成品,人均收入接近希腊的水平。而加纳却没有发生类似的变化,它的人均国民生产总值只有韩国的十四分之一,经济至今仍以农业为主,矿产品、可可和木材为三大支柱产业。发展快慢如此悬殊,原因固然很多,但是文化的差异是一个重要的因素。亨廷顿指出,韩国人珍视节俭、投资、勤奋、教育、组织和纪律。加纳人则没有这些品质。⑤ 丹尼尔·埃通加-曼格尔认为,包括加纳在内的非洲国家,之所以贫困、政治集权和缺乏社会公正,原因在于传统的文化价值观和态度,如权力高度集中,不注重未来,不抓紧时间,不爱工作,压制个人的首创性、成就感和节约,相信巫术,等等。瑞典学者冈纳·默达尔认为,受宗教影响深刻的文化因素是南亚地区现代化的主要

---

① 塞缪尔·亨廷顿:《文化的作用》,塞缪尔·亨廷顿、劳伦斯·哈里森主编《文化的重要作用:价值观如何影响人类进步》,新华出版社,2010,第8~9页。
② 劳伦斯·哈里森:《文化为什么重要》,塞缪尔·亨廷顿、劳伦斯·哈里森主编《文化的重要作用:价值观如何影响人类进步》,第29页。
③ 塞缪尔·亨廷顿:《文化的作用》,塞缪尔·亨廷顿、劳伦斯·哈里森主编《文化的重要作用:价值观如何影响人类进步》,第8页。
④ 劳伦斯·哈里森:《文化为什么重要》,塞缪尔·亨廷顿、劳伦斯·哈里森主编《文化的重要作用:价值观如何影响人类进步》,第37页。
⑤ 塞缪尔·亨廷顿:《文化的作用》,塞缪尔·亨廷顿、劳伦斯·哈里森主编《文化的重要作用:价值观如何影响人类进步》,第7页。

障碍。在那里,种姓制度"趋向于使现有的不平等变得格外僵化和顽固",而且"加强了人们普遍轻视和厌恶体力劳动的态度"。①

既然文化对一个国家、一个民族的发展和进步如此重要,越来越多的社会科学家日益重视文化因素,从文化的角度理解各种社会,分析它们之间的差别,解释它们的经济和政治发展状况。也就是说,文化个性的研究成为当代世界学术研究的热点领域。

拉丁美洲文化的统一性和差异性

拉丁美洲是世界上一个重要的文化区。拉丁美洲的文化是三种主要的文化——土著印第安文化、欧洲基督教文化和非洲黑人文化——在长期的碰撞、融合的基础上形成的,整个拉丁美洲地区的文化具有明显的相似性。但是,由于各个地区的自然环境和资源的不同,土著印第安人的人口密度、土著文明发展程度的差异,由于非洲黑人人口比例的不同,以及由于欧洲征服者和移民的来源的不同,拉丁美洲各不同国家、不同地区之间的文化也存在着巨大的差异性。即使是在同一国家甚至同一地区,不同的人口集团的文化也有明显的区别。因此,有的学者将拉丁美洲文化又划分为许多亚文化,最简单的分类是将拉美文化分为三类:(1)伊比利亚-印第安-美洲文化,以墨西哥、秘鲁等地的文化为代表;(2)伊比利亚-非洲-美洲文化,以巴西文化为代表;(3)伊比利亚-美洲文化,以阿根廷、乌拉圭、哥斯达黎加等国的文化为代表。其实,这种分类方式是非常粗略的。一方面,即使是在同一类的文化范围内,仍存在许多不同类型的文化;另一方面,文化的边界与国家的边界是不同的,同一国家内不同地区间可能存在不同的文化,有些地区的文化与他国文化的相似性大于与本国其他文化的相似性。最明显的例子是,巴西南里约格朗德州与乌拉圭明显属于同一文化类型,而与圣保罗文化大相径庭。

在拉丁美洲,乌拉圭的文化具有明显的与众不同之处,其根源在于乌拉圭民族独特的形成经历。概而言之,乌拉圭的文化是西班牙文化传统适应当地的环境形成的高乔文化与欧洲其他国家(如意大利和西班牙)移民

---

① 劳伦斯·哈里森:《促进社会进步的文化变革》,塞缪尔·亨廷顿、劳伦斯·哈里森主编《文化的重要作用:价值观如何影响人类进步》,第362页。

文化相互融合的基础上逐步形成的一种混合文化。这种文化反映了当地的自然环境的影响,镌刻着西班牙殖民征服的历史遗产,融入了不同民族文化的新鲜血液。

为了深入了解乌拉圭文化,让我们首先简单追溯它的形成过程,然后在此基础上对其主要特征进行总结。

高乔文化：乌拉圭文化的原型

乌拉圭是拉丁美洲最年轻的国家,乌拉圭文化也是拉丁美洲最年轻的文化。一位历史学家写道,直到大约1805年,乌拉圭还没有历史。18世纪,西班牙人在墨西哥和秘鲁已经定居了两个世纪,并建立了墨西哥城和利马这样的大都市,但这时的乌拉圭仍未建立永久性的西班牙人定居点。西班牙殖民者征服美洲,主要的动力是获取黄金、白银,迅速致富,但是在乌拉圭,他们没有发现黄金和白银。更重要的是,与墨西哥和秘鲁不同,在乌拉圭没有大批的定居的、有组织的印第安人,可供西班牙人役使或征收赋税。当地的印第安人主要是查鲁亚人（charrua）和查纳人（chana）,他们处于游牧状态,勇敢好斗、凶猛无常。1516年,西班牙船长胡安·迪亚斯·德·索利斯（Juan Diaz de Solis）率领的船队在今蒙得维的亚以东70英里处登陆,这是第一批在乌拉圭登陆的欧洲人。但是,他们登陆之后,立刻遭到查鲁亚人的袭击,除了一位船上的侍者外,索利斯和所有登陆者皆被杀。此后三百年的时间内,查鲁亚人一直对西班牙人的生命财产构成严重的威胁。

在长期的殖民地时期,在乌拉圭这块土地上活动的主角,一是野牛,二是高乔人（gaucho）。

一方水土养育一方文化。地理环境与文化的形成是密不可分的,因为地理环境决定了人们获取基本的生存需要的来源和方式。乌拉圭的文化是在其独特的地理环境中形成的。在乌拉圭,整个国土的四分之三是天然草场,年均降雨量在39~41英寸之间。气候温和,温度基本上在华氏50度到72度之间,很少有霜冻。乌拉圭的土壤厚度比不上阿根廷的潘帕斯草原,经常有岩石露出地面,这对农业生产不利,但对畜牧业并无大碍。另外,在乌拉圭草原,没有对牲畜构成严重威胁的野生动物。1603年,西班牙人从布宜诺斯艾利斯将马和牛用船运到乌拉圭,这些马和牛在乌拉圭草原上迅速繁衍生息，形成大批的野马和野牛。于是，当地的印第安人学会了骑马，驰骋在草原上，猎取牛、马，对现实不满的西班牙人和梅斯蒂索人（印欧混血种人）也加入其中，由此出现了最初的乌拉圭人——高乔人。高乔（gaucho）一词源于印第安词汇 guacho，意为"孤儿"。高乔人的祖先或为印第安人，或为西班牙人，或为印欧混血种人。

乌拉圭草原上有了野牛，随之就有了高乔人。但是，只是在大约1775~1875年间，高乔人人数大量增加并形成一个独特的社会集团。在这一百年左右的时间内，牛皮成为乌拉圭最主要的产品。当地的克里奥尔人（土生白人）反抗西班牙的贸易垄断，他们与法国、英国、荷兰、葡萄牙商人进行非法的走私贸易，用牛皮交换各种生活用品。因此，牛皮的商业价值倍增，猎取野牛的高乔人随之人数大增。18世纪末19世纪初，由于欧洲的战争导致了对于牛皮的极大需求，乌拉圭草原上的高乔人处于它的黄金时代。除了牛皮之外，当地的庄园主也从高乔人那里换取牛肉，制成腌肉，输往巴西的甘蔗种植园供当地的黑人奴隶食用，甚至跨越大西洋输往欧洲。

无尽的草原、不计其数的野牛和野马，造就了高乔人独特的秉性，也奠定了乌拉圭文化的最初根基。

草原上骑马、打猎的生活方式，养成了高乔人勇敢好斗、具有进攻性的品质。高乔儿童的玩具是锋利的刀子、套索，长到4岁，就能骑马打猎。18世纪末，西班牙人菲利克斯·德·阿萨拉（Felix de Azara）在观察了高乔人的生活方式后写道，由于高乔人从小就对切断牛的脖子习以为常，"他能轻而易举地切断一个人的脖子，这样做的时候，他极为冷静，没有任何激情"。在独立战争期间，高乔人成为勇敢的战士；在独立以后，高乔人成为考迪罗（caudillo，地方军事首领）武装的主要来源。高乔人的勇敢和好斗的精神，一直延续下来。20世纪中期后，乌拉圭经济出现危机，政府采取经济自由化政策，工人社会福利下降，乌拉圭出现了许多大规模的工人罢工。1962年，左派还成立了游击队组织——图帕马罗斯（Tupamaros），开展武装斗争。他们以抢劫、暗杀、绑架外国外交人员等方式，劫富济贫，给政府施加压力。2010年就职的乌拉圭总统穆希卡年轻时就参加了图帕马罗斯，后成为该游击队的负责人。

高乔人酷爱自由，拒绝接受任何约束。1817年，英国商人萨缪尔·海埃（Samuel Haigh）来到南美洲，并在那里生活了十年。他写道："什么人也比不上高乔人更真诚、自由和独立。"除了身上穿的衣服外，骑一匹马，一把大约十四英寸的刀,斜挎在腰带上,或者插在靴子上,这就是他的全部装备。"凭借简单的武器和一匹好马,高乔人就是自己世界的贵族。他没有主人,他不耕作任何土地,几乎不知道政府是怎么回事。"高乔人的宗旨是"不要把我关起来"。即使后来,由于草原上野牛被捕杀殆尽,有的高乔人被农场雇佣,他们也经常没有任何理由地随意离开工作场所,他们对工作、对雇主的义务毫不在乎,完全按照自己的兴致行事。高乔人对自由的无限热爱,对于后来乌拉圭民主制度的建立,起着至关重要的作用。

高乔人生性慷慨,不看重金钱和物质利益。他们在草原上自由自在地游荡,偶尔捕杀一头野牛,获取生牛皮或者牛脂,以供出售,而新鲜的牛肉就成为他们自己消费的美味。草原上的野马和野牛不计其数,如果一位高乔人想得到一匹马,出门就有几百匹马;如果他感到饿了,使用来自印第安人的流星锤,他可以轻而易举地捕杀一头野牛,吃掉很少一部分牛肉,而将其余部分随意丢弃。偶尔他也可以捕杀一只鸵鸟,换换口味。高乔人生活简单,一个简陋的草棚,就是他们的栖身之地。牛肉、鸵鸟蛋、富含维生素的马黛茶是他们的食物。牛皮是他们制作绝大部分衣物、部分家具甚至门窗的材料,牛的头骨是他们的凳子,牛粪是他们的燃料。牛为他们提供了生活中所需要的几乎一切,而大草原上的牛似乎又是取之不尽的,因而,高乔人根本无需为生计发愁,更不必对生活进行规划。高乔人不看重金钱,不看重物质财富。如果在赌博中输掉了所有的钱,他会脱下身上的衣服,继续赌下去,直到身上一丝不挂为止。高乔人对人慷慨,随时愿意与他人分享自己的一切。高乔人对金钱的淡泊,一直影响到现在乌拉圭人的处世方式。例如,在著名的"乌拉圭回合"旧址圣·拉斐尔(San Rafael)酒店,完全找不到与"乌拉圭回合"有关的文字与图片,该酒店尽管具有历史纪念意义,但它的功能终究是住宿和就餐,若因曾举办过一次重大的国际活动,就被"开发"为热门的旅游景点,成为赚钱的工具,不符合乌拉圭文化的本性。[①]

另外,高乔人具备男子汉气概,性格外向,享受生活,追求浪漫,能歌善舞。高乔人喜爱乡村的宁静,厌恶城市的喧嚣。这些都可在今日乌拉圭文化中看到某种痕迹。乌拉圭人维森特·罗西(Vicent Rossi)写道:"生

---

① 余熙:《约会乌拉圭》,世界知识出版社,2011,第95页。

于拉普拉塔河国家的每一个人，其灵魂深处都或多或少地潜伏着一个真正的高乔。"换句话说，高乔文化是乌拉圭文化的原型，对乌拉圭文化的发展影响巨大。

欧洲移民与欧洲文化的影响

长期以来，乌拉圭是西班牙和葡萄牙两大殖民帝国、后来是阿根廷和巴西两国不断争夺的战场。1828年，在英国的调停下，乌拉圭作为阿根廷和巴西的缓冲国，获得独立。但是，独立后，红、白两大政党内战不断，巴西和阿根廷两大邻国以及英国、法国等欧洲国家不断插手，使得乌拉圭政局长期动荡不安。19世纪中期以后，随着面向出口的、资本主义经营方式的大牧场的出现，乌拉圭的经济、政治和社会面貌发生了重要变革。乌拉圭从大乱走向大治，经济繁荣，政治民主，人民生活和福利水平极大提高，成为"南美洲的瑞士"。欧洲移民大量到来，给乌拉圭传统的高乔文化注入了新的因素，经过不断地融合，乌拉圭独具特色的文化特性逐渐成熟。

19世纪中期，欧洲国家工业化和城市化的发展，导致对于农牧产品的巨大需求，而乌拉圭的牛肉、羊毛备受青睐。高乔人传统的猎取野牛的方式显然满足不了这一需求。于是，现代畜牧业随之发展起来。乌拉圭牛肉、羊毛的主要买主英国为乌拉圭引进了高质量的牲畜品种，并提供了刺铁丝，以供修建篱笆圈地之用，还投资在乌拉圭修建了肉类加工厂，修建了铁路，引进了将肉类出口到欧洲的冷冻船。所有这些，为乌拉圭现代畜牧业的发展创造了条件。大庄园主不断圈地，建立畜牧场，高乔人的生存空间越来越小，不得不沦为畜牧场的雇工。拒绝进入畜牧场的高乔人被当成罪犯，像野兽一样被赶尽杀绝。

经济发展扩大了对于劳动力的需求，外国移民蜂拥而至。1840~1852年，由于内战，乌拉圭的人口从20万下降到13.2万人，但此后，由于大量外国移民的到来，人口迅速增加。根据普查，1860年，乌拉圭人口为22.3万，其中1/3是外来移民（出生在外国）。此后30年内，这一外来人口比例基本没有发生大的变化。1889年，首都蒙得维的亚的人口中，外来移民超过47%；而在20岁以上的人口中，外来移民的比例达到71%，20岁以上的男性人口中，外来移民的比例达到78%。由于外国移民的大量到来，1850~1900年，乌拉圭的人口增长了7倍，增长率居拉美国家之首。显然，

19世纪后半期,乌拉圭是一个移民国家,一个"从船上走下来的人们"建立的国家。根据统计,目前,祖父母、外祖父母四人皆为外国出生的,约占乌拉圭人口的17%;祖父母、外祖父母四人中至少有一人为外国出生的,约占乌拉圭人口的46%。

根据国际学术界对于移民史的研究,移民被同化、融合是一个双向的过程。一方面,为了融入当地主流社会,移民被迫放弃自身原来的种族身份、文化和社会特性;另一方面,当地的主流社会也由于移民的到来而发生某种程度的转变。乌拉圭的情况正是如此。正是在19世纪末20世纪初,在乌拉圭经济繁荣的黄金时代,乌拉圭的民族性、文化个性逐渐形成,而这与外国移民的贡献、与外国移民对乌拉圭传统文化的改造有着密切的关系。正如乌拉圭学者拉蒙·迪亚斯(Ramón Díaz)所言:"1871~1887年是乌拉圭经济增长最快的时期,那时人均国民收入与英国、法国和德国相当,也是乌拉圭人口大量增长的时期,这是由于欧洲移民为了寻求发财机会蜂拥而来,他们带来了勤奋工作和节俭的风气,这些品质为我国过去的伟大奠定了基础。"

乌拉圭的外国移民主要来自意大利、西班牙和法国,也有小部分来自葡萄牙、德国、瑞士、奥地利和不列颠群岛。第一次世界大战后,也有来自东欧和中东的移民。其中,意大利和西班牙移民最多。据估计,目前,乌拉圭60%的人口的祖先中有西班牙人;40%的人口的祖先中有意大利人。

由于以意大利人和西班牙人为主体的欧洲移民的进入,乌拉圭的种族构成中,白人占据了绝对的优势,在很大程度上,乌拉圭基本上成为一个种族单一的白人国家。正因为如此,乌拉圭摆脱了困扰许多拉美国家的种族矛盾和冲突。在一些拉美国家,如墨西哥、危地马拉、秘鲁、玻利维亚等,由于存在大量的印第安人,来自欧洲的社会、经济、政治和文化准则与当地印第安人的生活方式截然不同,这些国家的印第安人顽强地拒绝被同化。只有经过几代人的种族混血,产生大量的梅斯蒂索人(印欧混血种人)之后,不同文化的隔阂才能逐渐消除。直至今天,在一些国家,印第安人如何融入主流社会的问题依然没有得到彻底解决。然而,在乌拉圭,印第安人的数量本来就较少,殖民地时期,印第安人遭到殖民者的大肆屠杀,到18世纪,印第安人数量减少到不足1万人。1831年4月11日,共和国军队与查鲁亚部落在萨尔斯普埃德斯(Salsipuedes)进行了最后的决战,幸存的查鲁亚人不到三百人,妇女、儿童和老人都被关押在蒙得维的亚,甚至有一小部分人被送到巴黎，作为一个特殊人种供人类学家进行研究。1850年左右，纯粹血统的印第安人在乌拉圭已不存在。因此，乌拉圭基本上没有受到印第安人问题的困扰。

18世纪末19世纪初，黑人一度占乌拉圭人口的20%，但后来，由于以意大利人、西班牙人为主体的欧洲移民的进入，黑人在乌拉圭人口中的比重下降，目前黑人占乌拉圭人口的9%，远远低于巴西和美国。巴西、美国文化形成过程中，曾经历了欧洲文化与黑人文化的冲突问题，直到今天，黑、白种族地位的差异和种族矛盾仍未完全解决。但在乌拉圭，由于黑人占人口的比重较小，基本上没有经受黑白文化的严重冲突。

与印第安人、黑人相比，来自欧洲的白人移民能够比较容易地融入乌拉圭社会。由于文化的同源性，意大利人和西班牙人之间的隔阂比较容易消除，特别是意大利人，很快就能进入当地社会。来自其他国家的人数较少的移民也基本上如此。

因此，19世纪中叶后，由于印第安人的消失，由于黑人比重较小，由于欧洲移民的到来，乌拉圭基本上成为一个种族上较单一的白人国家。欧洲移民带来了欧洲的文化。卡尔彭特（Carpenter）和库伦斯·里昂（Currens Lyon）在1969年出版的一部著作中写道，与南美洲其他国家相比较，乌拉圭文化更加接近于欧洲文化。奥林（Olien）在1973年出版的一部著作中也注意到，与拉丁美洲其他文化团体相比较，由于欧洲文化的影响，乌拉圭人在文化上更加类似于美国人。

"南美瑞士"

欧洲移民对于乌拉圭文化的最大改造在于，大都市文化取代农村高乔文化成为乌拉圭文化的主体特征。

因为乌拉圭大规模的牧羊场和牧牛场只需要很少量的劳动力，所以来到乌拉圭的欧洲移民绝大多数没有前往农村，而是在城市特别是首都蒙得维的亚的商业和服务业部门就业谋生。因此，早在20世纪初，乌拉圭就成为世界上城市化水平最高的国家之一，而首都蒙得维的亚又是全国唯一的大都市。1975年，虽然全国人口只有276万，但有123万人居住在蒙得维的亚。萨尔托和派桑杜虽然也是乌拉圭重要的城市，但远远比不上首都。

全国第二大城市萨尔托的人口只有蒙得维的亚的1/16。高乔人厌恶、蔑视城市生活，而移民则喜爱城市。19世纪末，乌拉圭国家分为两个截然不同的实体。一方面，首都蒙得维的亚是一个世界性的、现代化的城市，有大量来自欧洲的移民，欧洲的文化特色非常明显。另一方面，乌拉圭内地人口稀少，依赖于农业，西班牙文化特征更加明显。政治上，在首都，红党占优势；在内地，白党占有优势。经济上，首都依赖于商业和新兴的工业，内地依赖于畜牧业。但是，由于首都人口集中，又是政府所在地，首都的城市文化成为乌拉圭文化的主流。

在殖民地时期，乌拉圭先是西班牙、葡萄牙，后来是阿根廷、巴西争夺的战场；独立以后，红、白两大政党内战不断，乌拉圭政局和社会一直动荡不安，甚至处于无政府状态。19世纪晚期，成千上万的欧洲移民来到乌拉圭，他们与当地的政治斗争毫无瓜葛，而对经济发展做出了重要的贡献。对于欧洲移民来说，经济增长、政治稳定符合他们的利益。1903～1907年和1911～1915年两次执政的何塞·巴特列-奥多涅斯总统代表了以欧洲移民为主体的城市工人阶级和中产阶级的利益和政治要求，在乌拉圭进行了一系列的改革。

1912年，乌拉圭实施保护关税政策，刺激了制造业的发展。为了限制外国特别是英国资本的渗透，巴特列在保险、铁路、电话和酒精蒸馏等部门建立了一些国有企业。1911年将共和国银行全部收归国有后创立了一家国有银行。巴特列认为，以前乌拉圭之所以社会不稳定，原因在于富人和穷人之间差距过大，为了降低贫富差距，巴特列大力推行社会福利政策，颁布法律，保证工人有权组织工会。1914年和1916年，先后立法实行八小时工作制和周六日工作制。1914年立法规定，妇女享有分娩前后各一个月的假期，同年颁布《预防工伤事故法》和《遇难工人赔偿法》，1916年批准了《退休金法》。在20世纪中期，乌拉圭的社会福利水平高于绝大多数欧洲国家。巴特列重视发展教育事业。1912年9月通过立法成立各省中学。巴特列执政第一年创办商学院，1906年建立农业学校和兽医学校，1915年把职业学校扩建为工业学校，并建立工程学院、建筑学院、女子学院。乌拉圭成为南美洲识字率最高的国家，识字率达90%。巴特列采取措施扩大民主。1907年设立了最高法院。1917年，乌拉圭颁布了新宪法。宪法规定实行总统直接选举制，增设国家行政委员会，与总统共同执政，并分享总统的权力。建立按比例代表制选举产生的两院制的立法机构。减少军人在政治中的作用,教会与国家分离。1903 年和 1907 年两次通过《自由离婚法》,削弱了教会的权力。① 通过巴特列的改革,乌拉圭在 20 世纪的前 30 年,从一个"曾经陷于混乱、专制、文盲、社会不平等以及受外国剥削的国家"变为民主与福利的典范,成为"南美瑞士"。②

劳伦斯·E. 哈里森(Lawrence E. Harrison)是美国著名的文化研究学者,对于拉美文化有着独到的研究,他在《不发达是一种思想状态:拉丁美洲实例》(Underdevelopment is a State of Mind: the Latin American Case)一书中,为促使拉丁美洲的文化朝着有利于推动社会进步的方向发展,提出了七项建议,其中第一项就是发挥领导人的作用。他认为,在历史上,曾经出现过许多领导人,极大地改变了他们领导的社会的价值观和态度,例如俄国的列宁、土耳其的凯末尔、美国的林肯和富兰克林·罗斯福、印度的甘地和尼赫鲁、中国的毛泽东,以及在拉丁美洲,古巴的卡斯特罗和委内瑞拉的罗穆路·贝当古。该项研究认为,在这些人物之外,还应增加乌拉圭的巴特列。罗塞尔·H. 菲茨吉本(Russell H. Fitzgibbon)指出:"过去两个世纪中,在世界上还没有哪一个国家曾出现过一位人物,对国家的生活和个性的深远影响能与巴特列对于乌拉圭的影响相提并论。"他认为,19 世纪 80 年代,乌拉圭作为一个民族国家,还没有形成完全成熟的个性和目标方向,乌拉圭民族童年的文化特征是野性的、无政府主义的高乔文化,到 19 世纪后期,乌拉圭民族的童年时代已经过去,但成年期尚未到来,而大量欧洲移民的到来,为乌拉圭注入了"新的精神",为乌拉圭民族带来物质上和心理上的变革,一个成熟的民族文化最终形成,而在此过程中,巴特列发挥了关键性的推动作用。正是在巴特列执政期间,奠定了乌拉圭民主与福利国家的基础。

虽然在 20 世纪 30 年代世界经济危机之后,乌拉圭开始发展本国工业,但是直到 20 世纪 50 年代,乌拉圭的经济仍然依赖于几种畜牧产品的出口,牛肉、羊毛、皮革等占出口总值的 90% ~ 95%。尽管这种经济模式使得乌拉圭经济受到世界市场需求和价格波动的影响,但是在 20 世纪 50 年代初以前,出口规模、价格、汇率等对于乌拉圭的国际收支是有利的。当时,乌

---

① 林被甸、董经胜:《拉丁美洲史》,人民出版社,2010,第 311 ~ 312 页。
② E. 布拉德福德·伯恩斯:《简明拉丁美洲史》,王宁坤译,湖南人民出版社,1989,第 236 ~ 237 页。

拉圭国内通货膨胀率很低，经济健康、稳定，乌拉圭银行吸引了大量的外国存款。在政治上，经过巴特列的改革，乌拉圭成为民主的典范，政治稳定，社会保障制度完善，人民享受到较高的生活水平和生活质量，人均寿命达到70岁。因此，在一些学者看来，当时的乌拉圭不是一个欠发达的、"标准的"拉丁美洲国家，而是一个类似于欧洲、美国的"发达"国家。

乌拉圭的文化个性

民主与福利制度的实施，物质生活的极大改善，对乌拉圭人的价值观、生活态度，对乌拉圭文化特性的形成和发展产生了直接的影响。

乌拉圭的文化是一种具有凝聚力的文化。在专制制度下，政权被控制在少数特权人物和特权阶层手中，国家的利益等同于社会上层集团的利益，绝大多数民众享受不到经济利益和政治权利。在这种政治制度下，社会上层将国家当做谋取私利的工具，社会下层也将自己看做本国、本民族的"局外人"。只有建立民主的政治制度，才能促进各地区、各阶层的民众对于政治的参与，增进人民对于国家的认同感，增强民族文化的凝聚力。在乌拉圭，由于巴特列政府时期民主制度的建立，乌拉圭人在心理上对于国家的认同感大大高于其他拉美国家。在巴西，人们可能在心理上认为自己是圣保罗人、米纳斯吉拉斯人、南里约格朗德人，而非巴西人；在哥伦比亚，他可能认为自己是波哥大人、安蒂奥基亚人或者其他地区的人；在秘鲁，他可能认为自己是来自利马的西班牙人或来自安第斯山区的印第安人。也就是说，一个人将自己认同于某个地区或某个种族集团。但是，对乌拉圭的绝大多数人来说，不论他属于红党还是白党，无论他是蒙得维的亚的商人还是内地的农民，不论他是天主教徒还是无神论者，他们都认为自己是乌拉圭人，他们自称为"东岸人"（因乌拉圭位于乌拉圭河东岸，自殖民地时期，当地人就自称为东岸人）。在乌拉圭人眼中，国家的利益高于党派、地区、教派的利益。由于高度的民族凝聚力，乌拉圭文化是一种统一的文化，而非许多不同文化的聚合体。乌拉圭人在谈及自己的国家的时候，充满自豪感。他们认识到，虽然乌拉圭不能像其大国邻居那样，更不像美国、俄罗斯、中国那样在国际事务中发挥巨大的影响力，但是他们感到，思想、心灵和灵魂的力量弥补了其领土的狭小和人口的不足，弥补了丰富矿藏、重工业和文明历程的缺乏。他们坦承，乌拉圭没有传统意义上辉煌的历史，不是一个经济和军事强国，但是，他们会自豪地告诉你，乌拉圭政府是世界上最民主的政府之一，乌拉圭的教育体制在拉美可能是最好的，乌拉圭的健康福利服务在西半球是为数不多的。

乌拉圭的文化是一种包容性的文化。民主的政治文化是一种协商、妥协的文化。没有妥协，就没有民主。乌拉圭文化中有一种追求适度、避免走极端，有一种善于妥协、容忍异见的精神。乌拉圭前总统桑吉内蒂有一句著名的箴言："不可能所有的思想都得到承认，然而所有的人都应该得到尊重。"① 乌拉圭文化的宽容精神体现在许多方面。乌拉圭是一个宗教宽容的国家。天主教受到高度的尊重，但教会失去了对社会生活的控制权。而且，乌拉圭在实现宗教宽容的过程中，没有像某些拉美国家，例如墨西哥那样发生大规模的战争和流血冲突。长期以来，拉丁美洲是一个大男子主义盛行的地区，拉丁美洲的性别关系是"严峻的父权制，其根深蒂固只有阿拉伯世界堪与之相比"。乌拉圭的高乔文化也是一种大男子主义文化，但是，乌拉圭的妇女地位提高较早，目前，乌拉圭的妇女地位远高于其他拉美国家。早在1905年，乌拉圭就通过法律，规定离婚合法化。妇女不仅在国会和政府内担任重要职务，在各行各业也发挥重要作用。据统计，在乌拉圭，妇女占劳动力的比例为41%，而在厄瓜多尔只占26%。乌拉圭在1946年的司法改革中明文规定，已婚妇女享有充分的法律行为人资格和夫妇权利平等，而智利直到1999年仍保留着古老的父权制。乌拉圭尊重不同种族的文化传统和平等权利，反对种族歧视。2004年，乌拉圭通过了《反对种族主义、歧视和排外法》，明确反对因"种族、肤色、宗教、民族、人种的"不同以及其他可能的差别对任何人进行歧视。2008年1月，乌拉圭议会通过《第18250号移民法》，规定"国家将尊重移民及其家庭的文化特性，并将鼓励他们保持与来源国之间的联系"。

乌拉圭文化是一种多元的文化。乌拉圭是一个移民国家，由于乌拉圭实行种族宽容的政策，各个不同种族都为乌拉圭文化的形成作出了贡献。大约40%的乌拉圭人的祖先中有意大利人。意大利独立和统一运动的英雄加里波第曾在乌拉圭生活，并在乌拉圭内战中站在红党一边在海上作战。意大利移民对于乌拉圭的劳工运动影响很大，最直接的后果是，乌拉圭是

---

① 余熙：《约会乌拉圭》，第139页。

拉丁美洲第一个以法律的形式确定八小时工作制的国家。意大利移民对于乌拉圭文化的影响还在首都蒙得维的亚的建筑中体现出来。建于19世纪的议会大厦等著名建筑物都体现出意大利的风格。此外，乌拉圭的饮食风格也受到意大利的明显影响。黑人对乌拉圭的音乐、舞蹈特色的形成做出了贡献，最著名的是黑人击鼓乐"坎东贝"（Candombe）。演奏"坎东贝"的鼓，形似中国陕北的"腰鼓"，但比腰鼓要大好几倍。这种鼓通常有四种，一个是小鼓，一个是可以敲打出钟声一样声音的鼓，一个是可以发出像钢琴一样声音的鼓，还有一种低音鼓。"坎东贝"成为真正的乌拉圭的标志，而不再仅仅属于黑人的音乐。一位乌拉圭黑人在接受采访时说："我觉得，在每年的1月和2月，在狂欢节上，我们都是同样的肤色，我们所有人都成了黑人。生活在德国的乌拉圭人听到坎东贝后，第一个反应是，哦，这是来自家乡的音乐。""坎东贝"已被联合国教科文组织列入《人类非物质文化遗产名录》。[①] 据估计，10%的乌拉圭人有巴斯克人祖先。巴斯克人对乌拉圭的饮食风格贡献颇多。巴斯克人以对工作的投入、倔强顽强、诚实、团结而享有很高的声誉。巴斯克人还富有反抗精神。据说，当巴斯克人最初来到乌拉圭时，得知执政党是红党，于是他们立刻加入了白党。瑞士移民成立了乌拉圭第一个农业区，他们还将奶酪制造业引入乌拉圭。乌拉圭最早的榨油厂、面粉厂、蜂蜜制造厂是俄罗斯移民建立的。特别有趣的是，俄罗斯移民将向日葵引种到乌拉圭。犹太移民以其卓越的生意天赋和对知识的探究促进了乌拉圭商业和科学艺术的发展。根据2001年Interconsult的调查，33%的被调查者表示找不到任何一个可以代表乌拉圭的公众人物，8%的人甚至认为乌拉圭是一个文化多元的国家，不能简单地找一个人来代表乌拉圭，14%的人选了时任总统霍尔赫·巴特列，7%的人选了黑人音乐家鲁本·拉达（Rubén Rada），6%的人选球员恩佐，4%的人选了作家马里奥·贝内德蒂，4%的人选了歌手海梅·鲁斯（Jaime Roos）。而关于最能代表乌拉圭特色的音乐的调查问卷中，源自非洲的坎东贝舞和打击乐、探戈、民间音乐和热带音乐都占了差不多的比重。这样多样化的答案充分证明了乌拉圭文化的多元性。

乌拉圭的文化是一种平和、务实，反对奢华的文化。受多元文化的影

---

① 余熙：《约会乌拉圭》，第35页。

响，乌拉圭人具有一种开放、平和的心态，在生活中讲究务实，反对华而不实的铺张。长期以来，与美国相比，拉丁美洲人更加看重"面子"，更加注重衣着等外部形象，更加注重他人对自己的评价。但是，这一特征在乌拉圭表现得并不十分突出。根据中国记者余熙的观察，在乌拉圭的7月18日大街，高档豪华的商店较少，大多数店铺均显中低档次，店堂普遍比较拥挤，室内光线黯淡，所售商品也多为大路货，其中不少是来自中国的便宜日用品。他感到，乌拉圭人的消费观念比中国人要实在、平和得多，商家似乎刻意避免渲染和煽动消费者滋长非理性的购买冲动。乌拉圭极少有购买者从事抢购性消费。人们习惯量入为出，节约和俭朴是社会普遍崇尚的价值观念。① 余熙还注意到，乌拉圭总统穆希卡的办公室只有大约八平方米，总统办公桌的桌角，摆放着一只普通的水杯，内插几朵不起眼的、颜色洁白的栀子花。这种栀子花通常三四朵被扎成一把出售，每扎售价仅两个比索，合人民币六角多。② 一个城市的风格可以折射出文化的个性，乌拉圭首都蒙得维的亚以其平和、朴实、宜居的风格给外来人留下了深刻的印象。有位学者将拉美城市的风格比作女人：布宜诺斯艾利斯是一个世故的巴黎女人；里约热内卢是一个快乐的、无拘无束的舞女；利马是一个拥有殖民地贵族气质的少女；而蒙得维的亚是一个穿着整洁、充满智慧但并不十分引人注目的妻子，你可以与其共度长期而快乐的人生。

全球化时代乌拉圭文化面临的挑战

当代世界，全球化进程不断加快，世界各国、各地区的经济联系日益紧密，文化融合日益深入。美国文化以其强大的经济力量为后盾，冲击着世界的每一个角落。任何民族文化如果要在当代世界拥有一席之地，一方面要努力保持自身的民族性，另一方面要不断吸收新的、先进的外来文化营养，克服本民族文化的惰性，与时代同步。

乌拉圭文化以其凝聚力、包容性以及多元、平和的特性与乌拉圭的民主制度、福利制度相得益彰。但是，社会福利制度和政治民主制度只有建立在自主的、健康的经济基础之上才能巩固。也就是说，乌拉圭社会福利

---

① 余熙：《约会乌拉圭》，第41页。
② 余熙：《约会乌拉圭》，第119页。

制度的本质是,利用国家作为社会各阶级利益调解人,进行收入再分配,缓和社会矛盾。这种办法在经济繁荣时期行得通,但在经济危机时期则无法持续。1955年后,乌拉圭的经济从繁荣走向危机,人民生活水平下降,大量乌拉圭人移民国外。社会矛盾加剧,游击队活跃,民主制度瓦解,1973年,军人接管政权。乌拉圭危机的根本原因在于经济依赖于畜牧产品出口,受制于国际市场。但是,与乌拉圭经济结构类似的新西兰,同期却成功地摆脱了经济、社会和政治危机。究其根源,文化的差异在其中起了重要的作用。

长期以来,由于自然条件优越,人口较少,加上20世纪初巴特列政府时期的社会福利制度的建立,造就了一个"幸福的乌拉圭"。乌拉圭人民的生活水平明显高于大多数拉美国家。在这种高度发达的福利制度下,乌拉圭人渐渐养成了一种注重休闲、享受人生的生活态度。罗塞尔·H. 菲茨吉本写道:"消遣、娱乐属于自己,对于这一点,乌拉圭人比绝大多数拉美人认识更加深刻。"在乌拉圭,休闲不是属于有钱人、有闲阶层的专利,而是属于每一个乌拉圭人。"享受人生是这个伟大的小国的最大特点之一。"乌拉圭人喜欢运动,尤其喜欢足球的程度超过多数拉美国家。乌拉圭人喜欢到海滨度假,喜欢划船,喜欢钓鱼,喜欢旅游,喜欢各种休闲娱乐活动。在很多情况下,学习、工作要为休闲让路。乌拉圭著名思想家、文学家何塞·恩里克·罗多在他的名著《爱丽儿》(Ariel)中写道:"所谓悠闲,就是不把时间纯粹花在经济活动上,这是一种较高的生活质量的体现。尊严与高贵的悠闲密切相关。"乌拉圭著名的参议员多明戈·阿莱纳(Domingo Arena)在为限制每星期的工作时间辩护时说:"工作的人总是受制于人,不管他的工作性质是什么。"① 在乌拉圭,国立大学没有暑期课程(summer session),所有即将入学的学生都在海滨度假。在一年的绝大多数时间内,政府办公部门只上半天班。工作人员平时上午休息,下午办公;而在夏天,上午办公,下午时间到海滨度假。这种生活态度提高了乌拉圭人的幸福指数,但是也养成了一种惰性,使乌拉圭人在一定程度上失去了危机感,一定程度上失去了吃苦、创新的精神。这样,在经济陷入危机的情况下,难以及时做出有效的应对措施。

---

① 江时学:《西方文明对拉美发展模式的影响》,《亚太研究论丛》第四辑,北京大学出版社,2007,第150页。

20 世纪 50 年代中期以后，乌拉圭的羊毛、皮革、肉类等主要出口产品在国际市场上的价格下降，而进口的制成品价格却没有下降。由于城市人口激增，国内消费的牛肉大量增加，乌拉圭用于出口的牛肉大量减少，由此导致外汇短缺，外汇短缺致使工业生产所需要的设备进口困难，工业生产随之下降。乌拉圭经济陷入了持续的危机。在这种形势下，只有增加畜牧业的产量，才能摆脱困境。但是，可供放牧的土地已经完全被占据，依靠增加畜牧业生产规模来扩大产量已不可能，只有转向集约型的生产才是出路。新西兰的经验表明，转向集约型的生产方式可使畜牧业年产量增加 2~3 倍。但在乌拉圭，畜牧业主的态度成为集约化生产的障碍。长期以来，他们就远离自己的庄园，生活在城市里，习惯于将庄园的生产交给经理人员打理，自己尽可能地不问不闻。对很多庄园主来说，每公顷牧场只要能带来 7 美元的收益，他们就很满足。他们对于提高产量没有兴趣。显然，这不是一般企业家的心态。乌拉圭政府也没有采取切实可行的措施，如通过农业科学研究、咨询、教育等方式帮助农场主摆脱危机。政府习惯于再分配，而不是扩大生产。从这个意义上讲，乌拉圭的文化更接近消费性的文化，而不是生产性的文化。从这个角度来看，乌拉圭的文化又与其他拉美国家的文化有着明显的共同之处。

全球化的进程不断加快，世界各国、各民族文化的相互影响和渗透不断加深。20 世纪末以来，拉丁美洲的文化正在不断地变化。包括乌拉圭在内的绝大多数拉美国家实现了向民主政治和市场经济的转变，就充分说明了这一点。拉丁美洲的文化为世界文明作出了重大的贡献，但同时，拉美文化中也有很多不利于经济发展和社会进步的因素。为此，一些拉美人已经行动起来，积极地倡导文化的变革。例如，秘鲁人奥科塔维奥·马维拉在秘鲁销售日本丰田汽车达三十年之久，曾多次去过日本。他认识到，日本与秘鲁的根本区别在于，日本儿童学习了进步的世界观，而秘鲁的儿童却没有。1990 年，他在利马成立了"人力发展研究所"，倡导"发展十诫"：秩序、整洁、准时、负责、成就、诚实、尊重他人权利、遵守法律、职业道德、节俭。十年的时间内，两百万秘鲁学生参加了该研究所安排的学习班。"发展十诫"在秘鲁境外也得到了提倡，在尼加拉瓜担任过两届教育部部长的温贝托·贝利将"发展十诫"列入他的教育计划的核心内容。墨西哥蒙特雷理工学院本部的院长拉蒙·德拉培尼亚提倡在该学院各个系统都宣扬"发展十诫"。① 在拉美国家,越来越多的有识之士认识到文化变革的重要性。文化的传承与革新,将是新世纪拉美文化当然包括乌拉圭文化发展的必然趋向。

---

① 劳伦斯·哈里森:《促进社会进步的文化变革》,塞缪尔·亨廷顿、劳伦斯·哈里森主编《文化的重要作用:价值观如何影响人类进步》,第364~365页。

智利阿连德的"社会主义道路"思想及其历史遗产

贺 喜[*]

内容提要：智利阿连德政府的"社会主义道路"研究是拉美政治研究的重要议题。阿连德的"社会主义道路"思想是"人民团结阵线"政府实施改革的指导思想。本文在解读大量原始资料的基础上，系统梳理了阿连德的"社会主义道路"思想。阿连德的思想是个有机统一的整体。阿连德本人是坚定的宪政主义和民族主义政治家，其政治理想是在宪法和现存政治体制的框架内，采取和平手段和渐进主义步骤逐步过渡到社会主义。具体来说，阿连德在政治上主张变资本主义的两院议会制度为社会主义的一院制人民代表大会制度；在经济上主张没收美资铜矿公司在智利的产业，征收大地主的庄园以满足无地少地农民的需要，逐步建立起社会主义的公有制经济体系；阿连德在外交方面主张摆脱对美国的依附，从智利本国的立场出发，在兼顾社会主义阵营、第三世界国家、拉丁美洲国家和发展中国家利益的前提下，展开全方位的独立自主外交。尽管阿连德的改革事业功败垂成，但他仍然留下了宝贵的历史遗产。阿连德在怎样推进改革、发展与公平的关系、如何看待跨国公司的作用、怎样改造国际政治经济秩序等方面都做出了深刻的思考，值得学术界进一步研究和总结。

关键词：智利 阿连德 社会主义道路

---

[*] 贺喜，天津外国语大学拉丁美洲研究中心，讲师，博士。

"对阿连德及其人民团结阵线的研究，是智利研究中最令人感兴趣的话题。"[1] 1970年阿连德入主莫内达宫，国际拉美研究学界对阿连德本人及其"社会主义道路"的研究也随之展开。四十余年来，关于"人民团结阵线"政府和阿连德"社会主义道路"的研究，不但是国际拉美研究学界的热点问题，更是研究拉丁美洲左翼政治思潮时绕不开的学术议题。根据美国学者克里斯蒂安·古斯塔夫森（Kristian Gustafson）的统计，国际学术界每100本研究智利的专著就有至少50本集中在阿连德时期。[2]

尽管"人民团结阵线"政府仅存在了三年，但阿连德对智利的现代化道路模式做了有益的探索，留下了宝贵的历史遗产。国内外学术界对阿连德政府"社会主义道路"的研究大多集中在"人民团结阵线"政府的政治经济改革以及这一时期的美智关系方面；然而，阿连德本人的"社会主义道路"现代化思想却没有得到应有的关注。

阿连德的"社会主义道路"思想不仅是他个人的政治思想，也是"人民团结阵线"各个组成党派施政理念的综合体系；他的"社会主义道路"是个有机统一的整体，有着丰富的现代化内涵；"人民团结阵线"政府的实践就是对阿连德"社会主义道路"现代化思想的贯彻和执行。因此，系统研究阿连德的"社会主义道路"现代化思想，有助于我们深入考察"人民团结阵线"政府改革的成败得失。

本文以阿连德当政时期上百篇重要讲话稿和访谈录为原始资料，首先归纳他对20世纪六七十年代智利国情的判断，接着从内政和外交两个角度系统梳理阿连德"社会主义道路"的现代化思想，最后揭示其历史遗产。[3]

---

[1] 约翰·L. 雷克特:《智利史》，郝名玮译，中国大百科全书出版社，2009，第264~266页。
[2] 克里斯蒂安·古斯塔夫森:《敌意的干涉：美国在智利的隐蔽行动，1964–1974》（Kristian Gustafson, *Hostile Intent: U. S. Covert Operations in Chile, 1964–1974*），华盛顿：波多马克图书出版社，2007，第10~11页。
[3] 本文的主要参考资料有：詹姆斯·科克罗夫特主编《萨尔瓦多·阿连德读本：智利民主的声音》（James D. Cockcroft eds., *Salvador Allende Reader: Chile's Voice of Democracy*），墨尔本：海洋图书，2000；霍安·加尔塞斯主编《智利通往社会主义的道路》（Joan E. Garces eds., *Chile's Road to Socialism*），米德尔赛克斯：企鹅图书，1973；萨尔瓦多·阿连德:《智利共和国总统萨尔瓦多·阿连德博士于1972年12月4日在联合国大会上的发言》（Salvador Allende, *Speech Delivered by DR. Salvador Allende President of The Republic of Chile Before The Central Assembly of The United Nations, December 4, 1972*），华盛顿：（转下页注）

一 阿连德对20世纪六七十年代智利国情的判断

对智利国情的判断,是阿连德"社会主义道路"现代化思想的逻辑起点。正是因为认清楚了20世纪六七十年代智利国情的症结,阿连德才根据自己的施政理念,开出了治理国家的药方——"社会主义道路"。

阿连德认为,前任弗雷政府留给他的是一个危机四伏、动荡不安的社会。智利经济的发展愈加依附于外国资本。由于外资公司及其在智利的利益关联体掠夺了经济增长的绝大多数利润,导致国内通货膨胀现象愈演愈烈,普通民众被排斥在现代化进程之外。社会阶层之间的贫富差距越来越大,阶级冲突也日益趋于尖锐。来自外资公司的干涉一再打断智利独立自主地探索现代化发展道路的步伐,使得国家的独立徒有虚名。①

民生问题始终是阿连德关注的焦点议题。1969年年底,他代表"人民团结阵线"发表竞职演说时,曾尖锐地指出了智利民生问题的严峻性。阿连德谈到,弗雷政府的一系列政策失误使得国内贫富差距越来越大。五十万家庭缺乏必备的生活配套设施,普通工人的工资收入甚至达不到最低生活标准,绝大多数底层家庭都有人为生活所迫去打黑工,日益飞涨的物价导致底层民众的生活成本不断上涨,智利普通人的生活成本在过去五年中上涨了十倍。相当多的民众吃不饱饭,在十五岁以下的儿童中,约一半以上存在营养不良现象。地主阶级占据了国内的大多数土地,却任由良田抛荒,而国家每年都要花费大量外汇进口粮食。②

阿连德进而指出了智利现存问题的症结。他谈到,智利过去是殖民主

（接上页注③）智利驻美国大使馆,2003;雷吉斯·德布雷:《阿连德和德布雷的谈话》,复旦大学历史系拉丁美洲研究室译,上海人民出版社,1973。这些学术著作基本包含了阿连德从1939年到1973年9月11日之间重要的讲话稿、接受媒体采访的访谈录以及与一些政治人物的谈话记录等。这些珍贵的一手资料有助于我们全面、准确地理解阿连德的"社会主义道路"思想。

① 萨尔瓦多·阿连德:《我们胜利的目的:在国家体育馆的就职演说,1970年11月5日》,参见霍安·加尔塞斯主编《智利通往社会主义的道路》,第52~66页。
② 萨尔瓦多·阿连德:《人民团结阵线的施政纲领:社会党、共产党、激进党、社会民主党、统一人民行动运动和独立人民行动的施政纲领演说,1969年12月17日》,参见霍安·加尔塞斯主编《智利通往社会主义的道路》,第23~51页。

义社会,现在仍然处于新殖民主义阶段。智利落后的根源是国家现存的政治经济体制带有严重的依附性质。这种依附性体制在国内层面导致少数人压迫多数人,在国际层面造成大国压迫小国,智利和广大发展中国家一起用自己的落后和贫困支撑起了发达国家的繁荣。①

诸多在智利有巨额投资的外资企业中,美资公司的势力最强大。阿连德谈到,美资公司自20世纪初期进入智利以来,经过半个多世纪的经营,已经彻底掌握了智利的经济命脉,其具体表现形式有:美资跨国公司掌握了智利全部的铜、铁和盐矿;控制了智利的外汇和金融行业,并通过国际金融机构影响着智利政府的经济决策;美资公司用转移资产和降低工人薪水的方法转移了大量的高额利润;美国的大众文化在智利文教领域也逐渐掌控了话语权。美资公司为了保护它们巨额的经济利益,还试图在智利培育起一个全面依附于华盛顿的上流社会。正是对美国资本的全面依附,使得智利国家的独立徒有虚名。②

除了美资跨国公司之外,阿连德也批判了智利本国资产阶级的政治角色。智利本国的大资本家、大庄园主以及跨国公司在智利的利益关联阶层共同构成了国家的上流社会阶层,他们对普通民众的命运漠不关心,其首要关切的是挣钱。阿连德进一步谴责了本国资本家不负责任的短视行为:"我们的资本家经常以停工要挟政府,以期望得到更多的补贴;他们仅根据本阶层的喜好决定生产什么,而从不考虑普通民众真正的需求;资本家把大部分利润都存入外国银行;他们经常用欺骗和镇压相结合的手腕压制工人的合理要求;上流阶层通过垄断国内基本生活用品市场、牺牲普通民众的利益以满足本阶层的需求。"③ 1970年,阿连德在与德布雷谈话时一针见血地总结道:"我们的特权阶级用人民的苦难换来了外国资本带给他们骄奢淫逸、醉生梦死的生活。"④

---

① 萨尔瓦多·阿连德:《我们胜利的目的:在国家体育馆的就职演说,1970年11月5日》,参见霍安·加尔塞斯主编《智利通往社会主义的道路》,第52~66页。
② 萨尔瓦多·阿连德:《人民团结阵线的施政纲领:社会党、共产党、激进党、社会民主党、统一人民行动运动和独立人民行动的施政纲领演说,1969年12月17日》,参见霍安·加尔塞斯主编《智利通往社会主义的道路》,第23~51页。
③ 萨尔瓦多·阿连德:《人民团结阵线的施政纲领:社会党、共产党、激进党、社会民主党、统一人民行动运动和独立人民行动的施政纲领演说,1969年12月17日》,参见霍安·加尔塞斯主编《智利通往社会主义的道路》,第23~51页。
④ 雷吉斯·德布雷:《阿连德和德布雷的谈话》,第10页。

在指出智利现阶段存在的严重问题后,阿连德呼吁民众相信智利人自己可以克服现阶段存在的难题。阿连德指出,智利拥有丰富的矿产资源以及绵长的海岸线,国家具有巨大的经济发展潜力;根据测算,如果合理开发全国的土地,智利可以养活 3000 万人口,而当时全国的人口仅 750 万。①

根据自己的政治信念,阿连德开出了治疗国家发展症结的良方,即走"社会主义道路"。这一设想可以概括如下:以工人农民为阶级依托,以动员民众为政治基础,通过多元主义、民主和自由的途径,走议会道路的方式,和平过渡到社会主义;在此过程中,要避免流血牺牲和武装冲突,用最小的代价建成社会主义。②

二 阿连德"社会主义道路"思想的施政理念

阿连德的"社会主义道路"思想的施政理念由三部分构成,分别是政治改革、经济改革以及社会文化改革。这三部分互为关联,是个不可分割的有机统一整体。"人民团结阵线"政府执政时期的诸多改革活动,都是对阿连德"社会主义道路"思想的贯彻和执行。

(一) 政治改革

政治改革是阿连德"社会主义道路"施政思想的重要组成部分,阿连德对政治改革的总体设想是在尊重宪法和现存政治体制的前提下,通过民主选举的方式,变资本主义性质的两院制议会制度为社会主义性质的人民代表大会制度,从而达到改变国家政体的目的。

阿连德关于政治改革的设想,既有学理性质的思考,也有实践层面的操作。他首先论述了政治改革的理论意义和目标;其次阐述了政府权力的来源和基础,界定了总统的权限和职责;再次从立法、行政、司法、军队四大方面设计了新政府的政治架构;最后探讨了公民权利的内容和扩大民

---

① 萨尔瓦多·阿连德:《人民团结阵线的施政纲领:社会党、共产党、激进党、社会民主党、统一人民行动运动和独立人民行动的施政纲领演说,1969 年 12 月 17 日》,参见霍安·加尔塞斯主编《智利通往社会主义的道路》,第 23~51 页。
② 萨尔瓦多·阿连德:《五一国际劳动节于圣地亚哥广场的讲话,1971 年 5 月 1 日》,参见詹姆斯·科克罗夫特主编《萨尔瓦多·阿连德读本:智利民主的声音》,第 73~85 页。

主的方式。

阿连德首先从学理层面论述了政治改革的重要意义。阿连德从国际共产主义发展史的角度对比了俄国的十月革命和智利的"社会主义道路"。他谈到，俄国革命的成功是对马克思经典理论的有益补充，列宁用他的革命活动证明了可以通过阶级斗争的暴力形式，在资本主义发展相对滞后、帝国主义链条相对脆弱的国家实现社会主义。而智利的"社会主义道路"则是对马克思主义理论的又一次有益探索，阿连德想证明可以在不改变资本主义国家政治架构的前提下，采用非暴力形式，用多元主义、民主和自由的途径，建设成社会主义。由于这是一条前人尚未走过的道路，智利没有现成的模式可以模仿，只能靠着民众的政治热情和阶级觉悟来实践社会主义，并以此来丰富马克思主义的理论宝库。①

阿连德提出政治改革要完成的两大任务，其一是用社会主义性质的宪法取代资本主义性质的宪法，其二是改变国家的政体。政治改革的理论目标是建立"民主的、民族的、革命的、人民的政府"，建设"完整的、科学的、马克思主义的社会主义"②；实践目标则是打破大资本家和大地产主对权力的垄断，让工人阶级掌握国家政权。③

阿连德接着界定了政府权力的来源和基础。他认为人民的支持和政府的责任心构成了"人民团结阵线"政府的执政基础。④ 阿连德在竞选宣言中，极为重视底层民众的生活问题，他谈到政治改革的目标是让儿童能吃饱饭，让每一个家庭要免受饥饿、失业、疾病的困扰。⑤ 工人阶级是阿连德最为倚重的阶级力量，他说："'人民团结阵线'如果能激发起广大工人阶

---

① 萨尔瓦多·阿连德：《智利通往社会主义的道路：当选以来首次在国会的演说，1971 年 5 月 21 日》，参见詹姆斯·科克罗夫特主编《萨尔瓦多·阿连德读本：智利民主的声音》，第 89～113 页。
② 雷吉斯·德布雷：《阿连德和德布雷的谈话》，第 56 页。
③ 萨尔瓦多·阿连德：《智利通往社会主义的道路：当选以来首次在国会的演说，1971 年 5 月 21 日》，参见詹姆斯·科克罗夫特主编《萨尔瓦多·阿连德读本：智利民主的声音》，第 89～113 页。
④ 萨尔瓦多·阿连德：《关于国内秩序和纪律：在智利共产党中央委员会全体会议上的讲话，1970 年 11 月 26 日》，参见霍安·加尔塞斯主编《智利通往社会主义的道路》，第 69～71 页。
⑤ 萨尔瓦多·阿连德：《智利通往社会主义的道路：当选以来首次在国会的演说，1971 年 5 月 21 日》，参见詹姆斯·科克罗夫特主编《萨尔瓦多·阿连德读本：智利民主的声音》，第 89～113 页。

级的革命热情，那么就得到了相当重要的依靠力量。"① 总之，阿连德希望新政府通过让工人阶级掌握基本的生产生活资料来控制国家的经济命脉，把这一阶级锻造成新政府的坚强柱石。

阿连德界定了总统的权限和职责。他谈到，总统权力的根本目的是为民众服务，重点为工人、农民和中产阶级中的进步分子服务。② 针对智利中右翼党派的疑虑，阿连德指出，他并非是一个政党的总统，而是整个国家的总统。他当政后将坚决抛开政治立场和分歧，保证所有公民都有出版、结社和言论自由的权利，并欢迎各界人士对总统进行合法的监督。③

新政府的架构和职能，是阿连德政治改革的核心部分，他从立法、行政、司法和军队四大方面做出了解读。阿连德改革立法机构的设想是通过充分发动民众，以广泛参与的方式建立起服务于工人阶级的新立法体制。④ 立法改革将从制度上保证普通民众有权参与各级国家机关的管理和决策事务。"人民团结阵线"政府将采取一些具体的立法改革措施：以民主化方式改革现存的立法机构，使之能切实满足民众的利益诉求；在汇聚普通民众政治观点的基础上，建立新的一院制人民代表大会制度；新的立法机构将用严格的法律体系保障人民的尊严和荣誉，捍卫每一个公民自由和发展权利，保护其私有财产神圣不受侵犯；政府将重视底层阶级的政治参与，保证人民有权参与和自己生活息息相关的本地区政治事务。⑤

阿连德还认为，"人民团结阵线"应该有高度自治的、具有独立属性的司法机构，而司法机构应该在人民代表大会的支持下开展各项工作，其成

---

① 萨尔瓦多·阿连德：《智利通往社会主义的道路：当选以来首次在国会的演说，1971年5月21日》，参见詹姆斯·科克罗夫特主编《萨尔瓦多·阿连德读本：智利民主的声音》，第89~113页。
② 萨尔瓦多·阿连德：《人民团结阵线总统在智利铜矿工会剧院的演说，1971年2月21日》，参见霍安·加尔塞斯主编《智利通往社会主义的道路》，第101~102页。
③ 萨尔瓦多·阿连德：《政务管理中的诚信问题：对政府各部门一把手的演说，1970年12月15日》，参见霍安·加尔塞斯主编《智利通往社会主义的道路》，第72~73页。
④ 萨尔瓦多·阿连德：《人民团结阵线的施政纲领：社会党、共产党、激进党、社会民主党、统一人民行动运动和独立人民行动的施政纲领演说，1969年12月17日》，参见霍安·加尔塞斯主编《智利通往社会主义的道路》，第23~51页。
⑤ 萨尔瓦多·阿连德：《关于民主、革命与内战的对决：对国会的第三次年终述职演说，1973年5月21日》，参见詹姆斯·科克罗夫特主编《萨尔瓦多·阿连德读本：智利民主的声音》，第222~231页。

员也应由人民代表大会指派产生。① 阿连德强调新政府的行政机构应该是为人民服务的机关;"人民团结阵线"主张中央政府的权力应受地方政府的节制②;阿连德强调政府公务员要和工人一起参加一线生产,他认为只有这样才能增强新政府的威信和公信力。③

关于军队和警察的政治角色,阿连德也做了深入的探讨。他主张军队的首要职能是国防,其基本任务是捍卫国家的主权和独立;"人民团结阵线"会通过给予军方物质利益,让军人在保持国防职能的前提下,积极参与社会主义经济建设。④ 智利军队的高度职业化倾向以及中立主义传统一直是阿连德赞扬的重点内容。阿连德强调智利的军队是国家的,而不是某个党派或者政客的私家武装,这正是智利与其他拉美国家最大的差异。⑤ "在智利,人们遇到困难时会请律师,而其他拉美国家则是请军方出山。"⑥ 阿连德进一步呼吁,新政府要通过提高军官薪酬来换取他们的政治忠诚。⑦

最后,阿连德论述了公民的政治权利和政治民主问题。他认为,公民的政治权利,是"社会主义道路"的核心问题。早在20世纪30年代,他就萌生了只有民主社会主义才能挽救智利的想法,而民主社会主义的核心要义在于政府对公民权利的尊重和保障。⑧ "人民团结阵线"当政后,阿连德多次发表演说对这一问题进行阐述。

---

① 萨尔瓦多·阿连德:《人民团结阵线的施政纲领:社会党、共产党、激进党、社会民主党、统一人民行动运动和独立人民行动的施政纲领演说,1969年12月17日》,参见霍安·加尔塞斯主编《智利通往社会主义的道路》,第23~51页。
② 萨尔瓦多·阿连德:《关于民主、革命与内战的对决:对国会的第三次年终述职演说,1973年5月21日》,参见詹姆斯·科克罗夫特主编《萨尔瓦多·阿连德读本:智利民主的声音》,第222~231页。
③ 萨尔瓦多·阿连德:《工会与工人中的贵族:对政府各部门一把手的演说》,参见霍安·加尔塞斯主编《智利通往社会主义的道路》,第112页。
④ 萨尔瓦多·阿连德:《人民团结阵线的施政纲领:社会党、共产党、激进党、社会民主党、统一人民行动运动和独立人民行动的施政纲领演说,1969年12月17日》,参见霍安·加尔塞斯主编《智利通往社会主义的道路》,第23~51页。
⑤ 萨尔瓦多·阿连德:《关于军队与警察:接受外国媒体的采访录,1971年5月5日》,参见霍安·加尔塞斯主编《智利通往社会主义的道路》,第135~137页。
⑥ 雷吉斯·德布雷:《阿连德和德布雷的谈话》,第35页。
⑦ 萨尔瓦多·阿连德:《智利通往社会主义的道路:当选以来首次在国会的演说,1971年5月21日》,参见詹姆斯·科克罗夫特主编《萨尔瓦多·阿连德读本:智利民主的声音》,第89~113页。
⑧ 萨尔瓦多·阿连德:《1939年智利医疗和社会的真实性》,参见詹姆斯·科克罗夫特主编《萨尔瓦多·阿连德读本:智利民主的声音》,第35~42页。

阿连德在就职演说中谈到，公民权利的核心内容是普通民众有权利推翻跨国公司及其在本国的食利阶层强加给人民的苦难，通过广泛的政治参与，掌握国家的命运。[1] 阿连德强调，新政府会尊重包括反对派在内的所有公民的政治权利。[2] 阿连德在接受德布雷采访时曾说，智利没有一个政治犯，[3] 没有一个记者因为与政府的政见迥异而蹲监狱，每一个公民的政治自由都得到了充分的保障，[4] 每一个团体的政治信仰也得到了足够的尊重。[5] 公民权利的核心内容是有效的政治参与，政治参与是每个公民应有的权利，民众广泛的政治参与是通往社会主义的必由之路。[6] 与公民权利紧密相关的是公民的自由和平等，每一个公民都有为社会主义建设贡献力量的自由；每一个自食其力的劳动者，都有享受工作的自由。[7] 公民权利的另一个重要关联词是政治平等，阿连德保证新政府将消灭同工不同酬现象，使得每一个公民都能根据自己的劳动取得与之相符的报酬；每个公民的政治尊严和政治人格都将是平等的。[8]

阿连德还精辟地论述了民主政治的具体含义以及实现民主的途径。政治民主具有普适性，是所有智利公民都有权利享受的，而非上流社会的专

---

[1] 萨尔瓦多·阿连德：《我们胜利的目的：在国家体育馆的就职演说，1970年11月5日》，参见霍安·加尔塞斯主编《智利通往社会主义的道路》，第52~66页。

[2] 萨尔瓦多·阿连德：《智利通往社会主义的道路：当选以来首次在国会的演说，1971年5月21日》，参见詹姆斯·科克罗夫特主编《萨尔瓦多·阿连德读本：智利民主的声音》，第89~113页。

[3] 萨尔瓦多·阿连德：《这里代表着智利的人民：在圣地亚哥街道对市民的演说，1972年3月18日》，参见詹姆斯·科克罗夫特主编《萨尔瓦多·阿连德读本：智利民主的声音》，第146~155页。

[4] 萨尔瓦多·阿连德：《拉丁美洲从不发达中走出来：在联合国拉丁美洲和加勒比经济委员会第十四届会议上的发言，1971年4月27日》，参见霍安·加尔塞斯主编《智利通往社会主义的道路》，第125~133页。

[5] 萨尔瓦多·阿连德：《智利和世界：在联合国贸易和发展会议开幕式上的致辞，1972年4月13日》，参见詹姆斯·科克罗夫特主编《萨尔瓦多·阿连德读本：智利民主的声音》，第156~175页。

[6] 萨尔瓦多·阿连德：《关于民主、革命与内战的对决：对国会的第三次年终述职演说，1973年5月21日》，参见詹姆斯·科克罗夫特主编《萨尔瓦多·阿连德读本：智利民主的声音》，第222~231页。

[7] 萨尔瓦多·阿连德：《我们胜利的目的：在国家体育馆的就职演说，1970年11月5日》，参见霍安·加尔塞斯主编《智利通往社会主义的道路》，第52~66页。

[8] 萨尔瓦多·阿连德：《我们胜利的目的：在国家体育馆的就职演说，1970年11月5日》，参见霍安·加尔塞斯主编《智利通往社会主义的道路》，第52~66页。

利。民主的含义表现在很多方面，即在政治上建立能反映民意的人民代表大会制度和司法机构；经济上让民众掌握国家的基本生产资料。唯有如此，民主才有坚实的物质基础和制度保障。民主政治的基本准则是维护政府的合法性、重视制度建设、尊重公民的政治自由、走非暴力道路、建立以国营经济为支撑的公有制经济结构。

关于民主政治的巩固手段，阿连德主要依靠发动普通民众的政治参与来实现。他在各种场合都谈到，只有普通民众更多地参与政治，生产出更多的商品，才能更有效地保卫智利的民主政治体制。[①]

阿连德认识到，工人阶级是保卫民主的阶级依托力量。阿连德界定了"工人阶级"的含义，现阶段自食其力的劳动者、一切没有把自己的幸福建立在剥削他人基础上的公民，都属于工人阶级。[②] 工人阶级是走"社会主义道路"最重要的依靠力量。只有不断地发动工人阶级，激发他们的革命热情，提高他们的阶级觉悟，才能更好地保卫民主。[③] 智利要成为以工人阶级为依托的发展试验田。[④] 阿连德论述了工人阶级的政治角色，工人阶级不能仅仅是资本家压榨的对象，而应该成为国家的主人。[⑤] 一旦工人阶级被发动起来后，他们将成为革命机器的宣传员和发动机。阿连德在执政后宣布：智利从阿里卡到麦哲伦，从安第斯山脉到太平洋的每一寸土地上的每一份资源都属于工人阶级。[⑥] 为了激发工人阶级的政治热情，"人民团结阵线"在每一个工厂建立基层工会，这些基层工会将成为民众政治利益的代言人、

---

① 萨尔瓦多·阿连德：《关于民主、革命与内战的对决：对国会的第三次年终述职演说，1973年5月21日》，参见詹姆斯·科克罗夫特主编《萨尔瓦多·阿连德读本：智利民主的声音》，第222~231页；萨尔瓦多·阿连德：《这里代表着智利的人民：在圣地亚哥街道对市民的演说，1972年3月18日》，参见詹姆斯·科克罗夫特主编《萨尔瓦多·阿连德读本：智利民主的声音》，第146~155页。
② 萨尔瓦多·阿连德：《对外国的声明：接受外国媒体采访录，1971年3月17日》，参见霍安·加尔塞斯主编《智利通往社会主义的道路》，第115~117页。
③ 萨尔瓦多·阿连德：《组织与生产：在智利社会党中央委员会闭幕式上的致辞，1971年3月16日》，参见霍安·加尔塞斯主编《智利通往社会主义的道路》，第113~114页。
④ 萨尔瓦多·阿连德：《五一国际劳动节于圣地亚哥广场的讲话，1971年5月1日》，参见詹姆斯·科克罗夫特主编《萨尔瓦多·阿连德读本：智利民主的声音》，第73~85页。
⑤ 萨尔瓦多·阿连德：《五一国际劳动节于圣地亚哥广场的讲话，1971年5月1日》，参见詹姆斯·科克罗夫特主编《萨尔瓦多·阿连德读本：智利民主的声音》，第73~85页。
⑥ 萨尔瓦多·阿连德：《参与与动员：瓦尔帕莱索大学第一届贸易协会暑期学校开学仪式上的演说，1971年1月13日》，参见霍安·加尔塞斯主编《智利通往社会主义的道路》，第90~100页。

工人锻炼其参政水平的大熔炉,新政府的各项政策也能通过基层工会体系贯彻到全国的每一个角落。①

(二) 经济改革

经济改革是阿连德"社会主义道路"思想的重要组成部分,也是改革能否成功的关键所在。阿连德把国家的落后归结于外资公司及其在智利利益关联者的盘剥,他认为经济改革是实现智利第二次独立的重要内容。

阿连德的经济改革设想有着内在的思想逻辑。他首先指明了经济改革的目标;接着阐述了经济改革的几个关键部分,即征收跨国公司、推动土地改革、实施银行业改革、扶持中小企业等。

阿连德在竞选宣言中,论述了经济改革的目标。经济改革的本质是体制改革,其目标是为了结束现存的代表大资本家和大庄园主利益的资本主义经济体制,建立代表人民利益的社会主义经济体制。经济改革应达到如下具体目标:国家的生产计划要以满足民众的基本生活需要为目标,减少专供上流社会消费的奢侈品的生产;以提高劳动报酬的方式让所有的劳动者实现同工同酬;摆脱外资对智利经济的控制,实现智利真正的经济独立;合理利用各种资源以促进经济发展、满足民众的基本需求;大力发展贸易,促进出口的多样化发展;采取切实有效的政策稳定货币汇率,治理通货膨胀,稳定经济形势。阿连德特别强调,国家干预和市场调节对于经济发展同等重要。②

关于社会主义经济部门的构成,阿连德认为,新经济部门将由公有制经济部门、私营经济部门和混合制经济部门三部分组成。

"人民团结阵线"在智利历史上第一次把公有制经济的概念引入了宪法。③ 阿连德界定了公有制经济部门的概念,即公有制经济部门是单一的、

---

① 萨尔瓦多·阿连德:《人民团结阵线的施政纲领:社会党、共产党、激进党、社会民主党、统一人民行动运动和独立人民行动的施政纲领演说,1969 年 12 月 17 日》,参见霍安·加尔塞斯主编《智利通往社会主义的道路》,第 23~51 页。

② 萨尔瓦多·阿连德:《人民团结阵线的施政纲领:社会党、共产党、激进党、社会民主党、统一人民行动运动和独立人民行动的施政纲领演说,1969 年 12 月 17 日》,参见霍安·加尔塞斯主编《智利通往社会主义的道路》,第 23~51 页。

③ 萨尔瓦多·阿连德:《这里代表着智利的人民:在圣地亚哥街道对市民的演说,1972 年 3 月 18 日》,参见詹姆斯·科克罗夫特主编《萨尔瓦多·阿连德读本:智利民主的声音》,第 146~155 页。

由政府和工人阶级代表共同管理的、能在最短时间内发挥最大经济潜力的部门。① 阿连德将通过推进国有化运动来建立公有制经济部门。关于公有制经济部门的重要性,阿连德曾宣称:铜是智利的工资,土地是智利的口粮。② 没有公有制经济部门,不能称之为社会主义。③

阿连德接着阐述了私有制经济部门和混合制经济部门。智利新政府会向私有制经济部门派出监督机构,以切实保障工人的各项合法权益。能否给予工人合理的报酬,将成为私营经济部门获取政府补贴的衡量标准。中小企业是私营经济部门的重要组成部分,新政府将通过扶持中小企业的方式发展私营经济。④ 对于一些特殊的行业,"人民团结阵线"政府将通过和私人资本家共同出资经营的方式,建立混合制经济部门。⑤

阿连德接着论述了在具体经济领域推进经济改革的方式。阿连德最为重视的是没收美资铜矿公司,彻底掌握国家的经济命脉。铜是智利的工资,智利不允许外国人掌握自己的工资。⑥ 阿连德征收美资铜矿公司的核心概念是"超额利润",他规定,新政府将征收那些年均利润率超过12%的跨国公司。⑦ 按照这一标准,智利将把大型的铜矿公司收归国有,并同时派出本国的专业技术人员经营管理。新政府会按照3%的年利率,以分期付款方式,

---

① 萨尔瓦多·阿连德:《智利通往社会主义的道路:当选以来首次在国会的演说,1971年5月21日》,参见詹姆斯·科克罗夫特主编《萨尔瓦多·阿连德读本:智利民主的声音》,第89~113页。
② 萨尔瓦多·阿连德:《青年的使命、任务和农业改革:在圣地亚哥广场的演说,1970年12月21日》,参见詹姆斯·科克罗夫特主编《萨尔瓦多·阿连德读本:智利民主的声音》,第66~72页。
③ 萨尔瓦多·阿连德:《智利通往社会主义的道路:当选以来首次在国会的演说,1971年5月21日》,参见詹姆斯·科克罗夫特主编《萨尔瓦多·阿连德读本:智利民主的声音》,第89~113页。
④ 萨尔瓦多·阿连德:《五一国际劳动节于圣地亚哥广场的讲话,1971年5月1日》,参见詹姆斯·科克罗夫特主编《萨尔瓦多·阿连德读本:智利民主的声音》,第73~85页。
⑤ 萨尔瓦多·阿连德:《人民团结阵线的施政纲领:社会党、共产党、激进党、社会民主党、统一人民行动运动和独立人民行动的施政纲领演说,1969年12月17日》,参见霍安·加尔塞斯主编《智利通往社会主义的道路》,第23~51页。
⑥ 萨尔瓦多·阿连德:《五一国际劳动节于圣地亚哥广场的讲话,1971年5月1日》,参见詹姆斯·科克罗夫特主编《萨尔瓦多·阿连德读本:智利民主的声音》,第73~85页。
⑦ 帕特里西奥·梅勒:《人民团结阵线和皮诺切特独裁:一种政治经济学分析》(Patricio Meller, *The Unidad Popular and the Pinochet Dictatorship: A Political Economy Analysis*),纽约:圣马丁出版社,2000,第49页。

三十年内付清赔偿金。①

关于征收美资铜矿公司的目的，阿连德称"人民团结阵线"政府通过征收活动，既能充实新政权的经济基础，也能结束国家在经济上对外资的依附，实现国家的经济独立，还能改善民众的生活状况。他声明，如果美资公司采取任何措施干涉智利内政，那么新政府将停止向它们支付赔偿金。② 此项政策严重危及了美资铜矿公司在智利的巨额利润，遭到了它们的疯狂抵制。面对来自美资公司的诸种干涉行动，阿连德一再坚持，声称征收铜矿公司是维护民族尊严和国家荣誉的伟大举动，此事能否成功，不仅关系到智利是否能彻底实现国家经济独立，更关系到智利能否拥有完整的主权。阿连德接受采访时，喊出了"宁可站着啃面包，也不跪着吃鸡肉"的口号，呼吁社会各界采取措施积极应对跨国公司的干涉活动。③ 1972年，阿连德在联合国大会上专门发言谴责了美资公司的干涉活动，他援引《联合国宪章》和1803号决议，坚持认为怎样开采本国资源，是一国内政，不容外国干涉。

改造银行业也是阿连德经济改革的又一重要组成部分。阿连德谈到，改造银行业的目的是为了彻底扭转银行为少数人服务的局面，让新的银行为国家和人民服务。只有代表人民利益的政府掌握了金融行业，银行才能发挥出最大功效。为此，"人民团结阵线"采取了一系列措施来改造银行业。从1971年开始，下调银行的最高利率。调整特定经济领域和商业活动的利率，以利于给中小企业发放贷款。扩大贷款的发放范围，以扶持更多的底层民众，根据全国的地理格局重新调整银行的布局。④

土地改革是阿连德"社会主义道路"思想的重要构成部分。阿连德重点论述了开展土地改革的必要性和应采取的措施。阿连德在1969年的竞选宣言中就谈到了智利现存土地制度的不合理性。一方面，占人口极少数的

---

① 萨尔瓦多·阿连德：《论铜的国有化：在圣地亚哥宪法广场的演说，1970年12月21日》，参见霍安·加尔塞斯主编《智利通往社会主义的道路》，第78~83页。
② 萨尔瓦多·阿连德：《论铜的国有化：在圣地亚哥宪法广场的演说，1970年12月21日》，参见霍安·加尔塞斯主编《智利通往社会主义的道路》，第78~83页。
③ 萨尔瓦多·阿连德：《在收音机节目秀伟大的旅程中接受智利记者的采访录，1972年9月10日》，参见詹姆斯·科克罗夫特主编《萨尔瓦多·阿连德读本：智利民主的声音》，第176~199页。
④ 萨尔瓦多·阿连德：《论银行业的国有化：在收音机和电视机前的讲话，1970年10月30日》，参见霍安·加尔塞斯主编《智利通往社会主义的道路》，第84~89页。

大地产主占据了大量的土地,并将相当多的土地抛荒,广大农民却没有自己的土地。另一方面,国家每年都要花费大量外汇进口粮食。根据测算,智利的土地如果得到合理利用,可以养活三千万人口(当时智利人口总数尚且不足一千万)。因此,智利土地问题的症结在于不合理的土地制度。①阿连德进而谈到了推进土地改革的具体措施,新政府将确定土地征收的标准,并将超标的土地收归国有;政府会组织民众垦荒,并优先给小农、无地农民和农业工人分配土地;新政府将首先对大地产展开征收活动,并逐渐推进对中小地产的征收;②"人民团结阵线"政府将向阿劳坎人等原住民补偿一定限额的土地。③

(三)社会文化改革

社会文化改革也是阿连德"社会主义道路"思想的有机构成部分。阿连德指出,社会文化改革的根本任务是解决国内日益尖锐的民生问题,塑造"社会主义新人"。

民生问题是阿连德思考社会文化改革的起点,他在竞选宣言中谈到,新政府将致力于解决以下民生问题:建立现代工资制度,消除工资歧视现象,赋予工人阶级决定最低工资标准的权利;扩大社会保障的覆盖面,保障民众的生活安全感;给民众提供预防和治疗并重的新型医保体制;给民众提供住房保障,实现居者有其屋;重点保护妇女和儿童的权益不受侵害;保证工人有权组织工会。④

教育问题是阿连德社会文化改革的核心问题。阿连德教育改革的目标是保证人民能受到完善良好的教育;教育改革的具体做法是:扩大教育规

---

① 萨尔瓦多·阿连德:《人民团结阵线的施政纲领:社会党、共产党、激进党、社会民主党、统一人民行动运动和独立人民行动的施政纲领演说,1969年12月17日》,参见霍安·加尔塞斯主编《智利通往社会主义的道路》,第23~51页。
② 萨尔瓦多·阿连德:《人民团结阵线的施政纲领:社会党、共产党、激进党、社会民主党、统一人民行动运动和独立人民行动的施政纲领演说,1969年12月17日》,参见霍安·加尔塞斯主编《智利通往社会主义的道路》,第23~51页。
③ 萨尔瓦多·阿连德:《五一国际劳动节于圣地亚哥广场的讲话,1971年5月1日》,参见詹姆斯·科克罗夫特主编《萨尔瓦多·阿连德读本:智利民主的声音》,第73~85页。
④ 萨尔瓦多·阿连德:《人民团结阵线的施政纲领:社会党、共产党、激进党、社会民主党、统一人民行动运动和独立人民行动的施政纲领演说,1969年12月17日》,参见霍安·加尔塞斯主编《智利通往社会主义的道路》,第23~51页。

模,保障低收入阶层家庭的儿童接受教育的权利,同时大力发展职业技术教育、技能教育和体育教育等;新政府将以充沛的经费支持大学开展中立的学术研究。①

文化改革也是阿连德极为重视的内容。他谈到,新政府将用阶级兄弟感情取代个人主义,国家将努力营造尊重劳动和劳动者的风气,鼓励底层民众的文化创作活动。他呼吁智利要摆脱文化上的殖民地地位,实现国家的文化独立。②

"人民团结阵线"政府社会文化改革的最终目的是塑造社会主义新人;让普通民众意识到,他们的工作是为了维护本阶级的利益,从而更好地投身于社会主义建设事业。③

三 阿连德"社会主义道路"思想的外交构想

外交思想是阿连德"社会主义道路"思想的重要构成部分。阿连德外交思想的根本目标是维护国家的独立和尊严。阿连德在竞选宣言中,阐述了新政府外交政策的总体方针,即遵守《联合国宪章》,国家之间不论大小强弱,都应相互尊重主权和领土完整,互不侵犯、互不干涉内政。新政权将抛弃意识形态和政治立场的分歧,以民族自决和维护国家利益为基本原则,和世界上所有国家发展外交关系。④ 在此基础上,阿连德系统论述了新政府开展外交实践的设想,以拉丁美洲作为外交立足点,以社会主义阵营国家为意识形态归属,重点发展同第三世界国家的关系,谨慎处理对美事务,努力改变不合理的国际政治经济秩序,建立能代表广大发展中国家利

---

① 萨尔瓦多·阿连德:《人民团结阵线的施政纲领:社会党、共产党、激进党、社会民主党、统一人民行动运动和独立人民行动的施政纲领演说,1969年12月17日》,参见霍安·加尔塞斯主编《智利通往社会主义的道路》,第23~51页。
② 萨尔瓦多·阿连德:《人民团结阵线的施政纲领:社会党、共产党、激进党、社会民主党、统一人民行动运动和独立人民行动的施政纲领演说,1969年12月17日》,参见霍安·加尔塞斯主编《智利通往社会主义的道路》,第23~51页。
③ 萨尔瓦多·阿连德:《智利通往社会主义的道路:当选以来首次在国会的演说,1971年5月21日》,参见詹姆斯·科克罗夫特主编《萨尔瓦多·阿连德读本:智利民主的声音》,第89~113页。
④ 萨尔瓦多·阿连德:《人民团结阵线的施政纲领:社会党、共产党、激进党、社会民主党、统一人民行动运动和独立人民行动的施政纲领演说,1969年12月17日》,参见霍安·加尔塞斯主编《智利通往社会主义的道路》,第23~51页。

益的国际政治经济新秩序。

（一）以拉美国家为外交立足点

拉美国家是"人民团结阵线"政府外交事务的立足点。阿连德首先揭示了拉美国家发展落后的根源，接着设计了新政府对拉美各国开展外交活动的具体政策。阿连德外交思想首要关切的是对拉美国家的外交政策。

阿连德谈到，拉美国家发展滞后的根源在于外资的盘剥，他总结了外国资本控制拉美国家的几大常用手段，即外国资本先控制能源和原料领域，接着将触角伸向工业、银行业和服务业，然后试图掌控文化和科技领域，最后在投资国制造出一个全面依附于外国资本的上流社会。因此，只有推进结构变革，打破对外资的依附，拉美国家才能走上独立自主的发展道路。①

阿连德设计了"人民团结阵线"政府对拉美国家的外交实践。智利将本着友好协商的精神，通过谈判方式解决和邻国的边界争端。智利将积极支持拉美国家争取二百海里海洋权限的合理斗争②。新政府将以支持安第斯条约组织的方式努力推动拉美地区一体化进程。③ 共同的历史命运使得拉美国家面临着同样的发展难题，拉美国家理应团结起来在国际组织中发出一个大陆的声音。阿连德提到，拉美的希望在于发展，"我们已经落后了五百年，再也等不起下一个五百年了！"④

大力发展与古巴的关系，是"人民团结阵线"政府开展拉美外交的重头戏。阿连德曾多次引用卡斯特罗的名言——"古巴是智利可以用鲜血和

---

① 萨尔瓦多·阿连德：《人民团结阵线的施政纲领：社会党、共产党、激进党、社会民主党、统一人民行动运动和独立人民行动的施政纲领演说，1969 年 12 月 17 日》，参见霍安·加尔塞斯主编《智利通往社会主义的道路》，第 23~51 页。
② 萨尔瓦多·阿连德：《人民团结阵线的施政纲领：社会党、共产党、激进党、社会民主党、统一人民行动运动和独立人民行动的施政纲领演说，1969 年 12 月 17 日》，参见霍安·加尔塞斯主编《智利通往社会主义的道路》，第 23~51 页。
③ 萨尔瓦多·阿连德：《智利和世界：在联合国贸易和发展会议开幕式上的致辞，1972 年 4 月 13 日》，参见詹姆斯·科克罗夫特主编《萨尔瓦多·阿连德读本：智利民主的声音》，第 156~175 页。
④ 萨尔瓦多·阿连德：《参与与动员：瓦尔帕莱索大学第一届贸易协会暑期学校开学仪式上的演说，1971 年 1 月 13 日》，参见霍安·加尔塞斯主编《智利通往社会主义的道路》，第 90~100 页。

生命去信赖的朋友",强调古巴对智利的重要性。① 早在20世纪60年代初,他就旗帜鲜明地反对美国对古巴的经济封锁,"美国对古巴任何形式的侵略和制裁,都不仅是侵犯了哈瓦那,也是损害了全世界弱小国家的主权,更是冒犯了智利乃至整个拉丁美洲"。② 阿连德上任之初,就率先建立了和古巴的外交关系。1971年年底,卡斯特罗访问智利期间,阿连德曾和他一起接受记者采访,就通往社会主义的智利模式和古巴模式的异同点做了完整的阐述。智利和古巴都坚持走社会主义道路,那么这两条道路有什么异同?阿连德在送别卡斯特罗的演讲中,对此进行了阐述。③ 智利和古巴的革命道路有共同之处,两国的革命都是对拉美两百年革命传统的继承和发扬,两国的斗争对象都是帝国主义及其在国内的食利阶层,两国革命要解决的问题也是拉美国家在发展道路上遇到的普遍难题,两国的革命道路都异常坎坷,革命任务也将异常艰巨。两国革命的差异性主要体现在暴力与和平的手段之争。④

(二) 以社会主义阵营国家为意识形态归属

发展同社会主义阵营国家的关系,是阿连德外交实践的重要环节。共同的意识形态归属,是智利和社会主义阵营国家发展外交关系的前提条件。阿连德谈到,智利的"社会主义道路"是对马克思主义经典理论的补充和完善,也是对社会主义实现方式的有益探索。⑤ 阿连德时期,智利先后与古巴、中国、蒙古、朝鲜、越南民主共和国等一大批社会主义国家建立了外交关系。阿连德极为重视与中国的关系,他谈到,正式和中国建交,即表明了智利在重重压力下依然能行使主权国家的基本权利,也为智中两国发

---

① 萨尔瓦多·阿连德:《在圣地亚哥国家体育场发表的告别卡斯特罗演说,1971年12月4日》,参见霍安·加尔塞斯主编《智利通往社会主义的道路》,第135~145页;萨尔瓦多·阿连德:《关于军队哗变事件向全国人民的报告,1973年6月29日》,参见詹姆斯·科克罗夫特主编《萨尔瓦多·阿连德读本:智利民主的声音》,第232~239页。
② 威廉姆·萨特尔:《智利与美国:冲突中的帝国》(William F. Sater, *Chile and the United States: Empires in Conflict*),阿森斯:佐治亚大学出版社,1990,第133页。
③ 萨尔瓦多·阿连德:《在圣地亚哥国家体育场发表的告别卡斯特罗演说,1971年12月4日》,参见霍安·加尔塞斯主编《智利通往社会主义的道路》,第135~145页。
④ 萨尔瓦多·阿连德:《阿连德和卡斯特罗联合接受记者奥古斯托·奥利韦拉·贝塞拉的访谈录,1971年11月》,参见詹姆斯·科克罗夫特主编《萨尔瓦多·阿连德读本:智利民主的声音》,第126~134页。
⑤ 萨尔瓦多·阿连德:《五一国际劳动节于圣地亚哥广场的讲话,1971年5月1日》,参见詹姆斯·科克罗夫特主编《萨尔瓦多·阿连德读本:智利民主的声音》,第73~85页。

展经贸往来和文化交流打开了广阔的空间。

(三) 重视发展与第三世界国家的关系

阿连德深入思考了第三世界国家的历史命运,他谈到,由于有着共同的历史命运,智利与广大亚非拉国家以及社会主义阵营国家理应在国际舞台上团结起来,共同争取自己的利益。①

1972年,联合国贸易和发展会议在圣地亚哥召开,阿连德到会致欢迎词,并系统阐述了他对于第三世界国家命运的思考。阿连德谈到,现阶段第三世界国家的发展环境不断恶化,其根本原因应该归结于不合理的国际经济秩序以及来自发达国家的剥削。②正是帝国主义的剥削造成了第三世界国家的贫穷;而帝国主义又靠剥削第三世界国家维系着自己在国际经济链条中的有利地位。③

影响第三世界国家发展的因素很多,阿连德重点谈了三个问题,即债务、资源自主权和技术问题。阿连德指出,发展中国家的巨额债务必须引起国际社会的高度重视,其产生的根源在于不合理的国际贸易体系;资源自主权问题也是阻碍发展中国家进步的重大问题,阿连德援引《联合国宪章》,指出每一个国家都有根据本国经济发展的需要自由开采本国资源的权利;发展中国家要高度重视科技上的自主创新,这样才能打破发达国家对技术和知识的垄断。④

(四) 谨慎处理对美关系

有观点认为,反美主义是阿连德外交思想的出发点。⑤但通过解读原始

---

① 萨尔瓦多·阿连德:《在联合国安理会的演说,1972年12月4日》,参见詹姆斯·科克罗夫特主编《萨尔瓦多·阿连德读本:智利民主的声音》,第200~221页。
② 萨尔瓦多·阿连德:《智利和世界:在联合国贸易和发展会议开幕式上的致辞,1972年4月13日》,参见詹姆斯·科克罗夫特主编《萨尔瓦多·阿连德读本:智利民主的声音》,第156~175页。
③ 萨尔瓦多·阿连德:《智利和世界:在联合国贸易和发展会议开幕式上的致辞,1972年4月13日》,参见詹姆斯·科克罗夫特主编《萨尔瓦多·阿连德读本:智利民主的声音》,第156~175页。
④ 萨尔瓦多·阿连德:《智利和世界:在联合国贸易和发展会议开幕式上的致辞,1972年4月13日》,参见詹姆斯·科克罗夫特主编《萨尔瓦多·阿连德读本:智利民主的声音》,第156~175页。
⑤ 威廉姆·萨特尔:《智利与美国:冲突中的帝国》,第159~188页。

文献，笔者认为这种观点值得商榷。阿连德外交思想的核心内容是追求国家独立和民族尊严。尽管阿连德深知他的各项改革政策会触发白宫的不满，但他自始至终都采取了非常谨慎的对美政策，极力避免激怒美国。

征收美资铜矿公司是"人民团结阵线"政府经济改革的重中之重，也是导致美智关系剑拔弩张的导火索。阿连德反复表明，征收美资铜矿公司并不意味着智利对美国采取敌视立场，完成征收活动后，智利仍会以公平合理的价格向美国出口铜产品。① 但阿连德坚决反对现阶段美智关系的不平等状态，新政府会全面审核两国之前订立的双边条约，并废除一切影响智利民族尊严的内容。②

美拉关系的性质是阿连德处理对美关系的核心议题。1971年初，阿连德在蓬塔阿雷那斯系统论述了美拉关系的性质。他认为，基于意识形态和发展目标的差异，美国和拉美很难实现真正的联合。美国为了维护美洲霸主地位，必然希望维持拉美的落后现状。而拉美国家的发展，必将危及美国在西半球的霸主地位，南北美洲的出发点是背道而驰的。拉美国家要想发展，就必须团结起来，积极推进地区一体化建设，而不能一味地指望美国的援助。③ 阿连德十分警惕美国对拉美的霸权野心，他引用玻利瓦尔的话，称"美国企图借自由之名把美洲淹没在苦海中"。④

（五）深入思考国际政治经济秩序

国际政治经济秩序的本质及其不合理之处，也是阿连德关注的焦点问题。1972年联合国贸易和发展会议期间，阿连德在其专题演讲《智利与世界》中，批判了现存国际政治经济秩序的不合理之处。一是发展中国家和发达国家的差距日益拉大，广大发展中国家饱受富国的盘剥乃至武装干涉；二是一小部分外资企业掠夺了发展中国家的经济发展成果，而普通民众仍

---

① 萨尔瓦多·阿连德：《论铜的国有化：在圣地亚哥宪法广场的演说，1970年12月21日》，参见霍安·加尔塞斯主编《智利通往社会主义的道路》，第78~83页。
② 萨尔瓦多·阿连德：《人民团结阵线的施政纲领：社会党、共产党、激进党、社会民主党、统一人民行动运动和独立人民行动的施政纲领演说，1969年12月17日》，参见霍安·加尔塞斯主编《智利通往社会主义的道路》，第23~51页。
③ 萨尔瓦多·阿连德：《获胜后对民众的演说，1970年9月5日》，参见詹姆斯·科克罗夫特主编《萨尔瓦多·阿连德读本：智利民主的声音》，第47~51页。
④ 雷吉斯·德布雷：《阿连德和德布雷的谈话》，第12页。

然在贫困线上挣扎，穷国在引进外资的同时，付出了惨重的代价；三是发达国家通过政治、经济乃至军事手段建立起了不合理的国际经济制度，并极力巩固现存的国际经济格局；四是跨国公司作为发达国家扩张的急先锋在第三世界到处扩张，加速了穷国的工人失业和社会动荡现象。阿连德指出，布雷顿森林体系的破产标志着旧的国际贸易体系由于不能适应时代的需要，已经走向瓦解。阿连德还剖析了国际金融组织的本质，他谈到，以国际货币基金组织、世界银行以及关税与贸易总协定为代表的国际金融组织从一开始就没有考虑到发展中国家的利益，后来逐渐演变成为发达国家控制发展中国家的金融工具。[1]

具体到外交实践层面，阿连德主张发展中国家要靠联合来改变不合理的国际政治经济旧秩序。"人民团结阵线"政府大力支持以国际铜出口国会议组织为代表的、服务于发展中国家的国际经济组织，力争打破美资铜业公司在世界铜产品市场上的垄断地位。[2]

与一般发展中国家盲目引进外资不同，阿连德早在20世纪六七十年代就敏锐地预见到了跨国公司的大肆扩张对发展中国家主权的损害，提醒拉美国家注意防范跨国公司的负面作用。他认为，跨国公司充当了发达国家侵略发展中国家急先锋的角色。如果拉美国家对此缺乏清醒的认识，终究会沦为发达国家的经济附庸国。他曾援引杰斐逊的话说："商人没有祖国，他们与土地缺乏联系，商人们只对从哪里获得更丰厚的利润感兴趣。"跨国公司改变了国际贸易秩序，扭转了国际资本流向，操纵了国际技术和劳工的走向，深刻影响了世界政治的结构。跨国公司在世界范围内新一轮的扩张必将使得全世界无产阶级面临共同的敌人，即新帝国主义和新殖民主义。直到生命的最后一天，阿连德仍然提醒智利人注意防范跨国公司的危害，指出它们为了牟利而不择手段。[3] 可以说，阿连德一生都在与跨国公司作斗争。

---

[1] 萨尔瓦多·阿连德：《智利和世界：在联合国贸易和发展会议开幕式上的致辞，1972年4月13日》，参见詹姆斯·科克罗夫特主编《萨尔瓦多·阿连德读本：智利民主的声音》，第156~175页。

[2] 萨尔瓦多·阿连德：《智利共和国总统萨尔瓦多·阿连德博士于1972年12月4日在联合国大会上的发言》，第31~32页。

[3] 萨尔瓦多·阿连德：《通过麦哲伦电台播出的遗言，1973年9月11日》，参见詹姆斯·科克罗夫特主编《萨尔瓦多·阿连德读本：智利民主的声音》，第239~242页。

四 阿连德"社会主义道路"思想的历史遗产

阿连德"社会主义道路"的基本特点可以总结如下：在获取权力的途径方面，主要依靠政党结盟参加竞选的方式取得总统宝座，从而获得行政权力；关于社会主义建设事业的指导思想问题，"人民团结阵线"政府并不强调各个政党必须信仰马克思主义；关于涉及通往"社会主义道路"的政治体制问题，他主张通过选举取得行政权力后，借助于议会选举得到多数席位，再谋求改变国家的政体；在社会主义建设事业的领导力量问题上，"人民团结阵线"不必非要坚持由某一个党派领导，而是采取左翼政党的集体领导制度；关于社会主义经济的构成，坚持公有制经济为主体，私营经济和混合经济为补充，共同构建社会主义的经济体制；关于社会主义建设事业的依托阶级，阿连德强调在发挥工人阶级主导地位的同时，呼吁全社会的所有阶级都参与进来，共同建设"社会主义道路"。

1973年9月11日，以皮诺切特为首的智利军方发动政变，阿连德总统以身殉职，智利通往"社会主义道路"的实践以失败告终。军政府上台后，大肆镇压左派人士，阿连德政府时期的高官、智利各个左翼政党领导人、左派知识分子或遭到逮捕，或被残酷杀害，或流亡海外、天各一方，"人民团结阵线"对"社会主义道路"的探索成为历史悲剧。为什么阿连德对社会主义最美好的设想却以最血腥的方式结束？这一问题引发了国际学术界广泛而热烈的思考，也成为全世界拉美研究领域关注的焦点和热点问题。学者们对阿连德"社会主义道路"的研究并没有因为"人民团结阵线"时代的终结而停止，反而随着时间的推移而愈发高涨。如何评价阿连德的"社会主义道路"思想，成为值得我们思考的问题。

评价历史人物，不能以成败论英雄，而应该将他还原到他所处的时代背景和历史条件下，全面客观地分析其思想和实践，对其行为动机和实际结果给予实事求是的评判。尽管阿连德的"社会主义道路"以失败告终，但他对于现代化的思考和探索仍然有值得肯定之处，他的现代化思想值得我们深入思考和总结。

阿连德政治思想的核心价值在于改革，即通过改变不合理的体制，建设"完整的、科学的、马克思主义的社会主义"。① 而改革能否成功的关键在于是否敢碰"硬钉子"。但凡改革,都必然要触及既得利益集团的政治经济利益,引起他们激烈的反对。坚持改革的政治家,都面临着严峻的考验,有些甚至付出了生命的代价。阿连德之前的基督教民主党人在上台前,也同样提出了相当多的改革规划。但弗雷当政后,由于不敢触动大资产阶级的利益,导致其改革畏畏缩缩,之前的很多承诺都大打折扣。阿连德深知,"人民团结阵线"的每一项改革措施都会触动既得利益集团的核心利益,但他仍然不为所动,把改革坚持到底,这是需要有政治勇气的。尽管"人民团结阵线"的改革在国内外反对势力的干涉下,最终以失败告终,但阿连德却毫不退缩,用生命捍卫了自己的政治理想。

阿连德强调,人民有权利分享经济发展的成果。在效率与公平之间,阿连德更多地选择了公平。自20世纪以来,智利社会的贫富差距不断拉大,各个阶层在财富分配问题上的不公平现象愈演愈烈,不同阶层之间的社会冲突也此起彼伏。这些现象的实质都在于经济发展的成果没有被全民所分享。大资本家、大地主阶级、美资跨国公司及其在智利的代理人瓜分了国家的财富,垄断了经济发展的成果。广大的底层民众由于难以享受到经济发展的红利,被排斥在主流社会之外。正因为如此,自20世纪中叶以来,智利社会的劳资矛盾日益尖锐、工人罢工运动此起彼伏。此种情况下,能否正视民众的诉求,能否让人民享受到经济发展的成果,成为对各个党派的严峻考验。阿连德政府很多政治经济政策的出发点,都是为了让民众有权利分享经济发展成果。"人民团结阵线"政府正视底层民众的基本诉求,着眼于解决国内愈演愈烈的贫富差距问题,这是值得肯定的。

如何看待跨国公司在国家经济发展中的作用?这是每一个国家都必须面对的问题。对于那些渴望发展经济、急切地想通过引进外资带动经济增长的发展中国家来说,这一问题显得尤为重要。长期以来,作为世界上铜矿资源最丰富的国家,智利的铜业开采却掌握在美资公司手里。美资铜矿公司以低廉的成本在智利获得了大量收益,并在政治、经济领域培育了一大批依附于他们的既得利益阶层。阿连德政府立足于本国的国家利益,征收了美资铜矿公司,取得了国家对铜业生产的主导权。面对跨国公司和美国政府的强烈干

---

① 雷吉斯·德布雷:《阿连德和德布雷的谈话》,第56页。

涉，阿连德顶住了压力，并在多个国际场合予以控诉和揭发。跨国公司背靠经济实力雄厚的母国，再加上其追逐利润的天然本性，致力于追求和保持在投资对象国某一特定领域的垄断地位，这不仅严重威胁着东道国的经济安全，而且在某种特定情况下会成为影响东道国和母国双边关系的重要因素。发展中国家在引进外资时，不能只看到跨国公司带来的有利因素，还应该充分考虑其负面影响，从而采取积极有效的应对措施，争取能让外资为我所用，而不是受制于人。这一点也是阿连德留给我们的宝贵启迪。

阿连德极为重视国家的主权和民族尊严问题。主权问题是国家的核心利益之所在，也是丝毫不能让步的重大问题。对于广大发展中国家而言，如何在利用外资发展经济的同时，保证国家的主权不被侵犯，这是摆在每一个政府面前的难题。阿连德政府的很多政策都是站在维护国家主权和民族尊严的角度制定的，他在施政过程中也极为注意维护国家的独立。"人民团结阵线"上台后，果断采取措施没收了美资铜矿公司在智利的巨额产业，牢牢抓住了一些关系国计民生领域重要资源的控制权，就是维护国家经济主权的例证。阿连德谈到，征收美资铜矿公司是为了取得智利的第二次独立，即经济独立，其意义可以和当年智利摆脱西班牙殖民统治取得政治独立相提并论。[①] 尽管阿连德为此付出了高昂的代价，但是他维护国家主权的努力是值得广大发展中国家借鉴的。

阿连德对国际政治经济秩序也有着独到的见解。阿连德在其总统任内就指出，现阶段的国际政治经济秩序是由西方国家建立的，这一秩序通过国际组织、跨国公司等精巧的设计，达到维护西方世界政治经济霸权的目的。阿连德提醒人们要看到现阶段国际政治经济秩序的剥削本质，认清其不合理之处，并努力改变之。对于当下正热衷于参与国际政治经济秩序的中国来说，这一见解显得尤为难能可贵。随着中国参与国际社会的程度日益加深，国家的发展越来越多地同国际秩序交织在一起。我们在积极参与国际秩序的同时，更应该看到这一秩序的剥削本质，认清隐藏在这一秩序背后的西方霸权逻辑。在此基础上，我们一方面要善于利用现存的国际政治经济秩序去维护国家利益，另一方面也要努力改造不合理的国际政治经济旧秩序，建立更为合理的、更能照顾发展中国家利益的国际政治经济新

---

① 萨尔瓦多·阿连德：《论铜的国有化：在圣地亚哥宪法广场的演说，1970年12月21日》，参见霍安·加尔塞斯主编《智利通往社会主义的道路》，第78～83页。

秩序。也就是说，我们既要适应，也要改变。这一点也是阿连德留给广大发展中国家的宝贵思想遗产。

拉丁美洲有着绵延不绝的左翼思潮传统。马克思主义诞生不久，就开始传入这片大陆。左与右的交锋、社会主义和资本主义的对垒，一直是拉美政治史上重要话题。一代又一代致力于捍卫国家主权、维护国家独立、珍视民族尊严、重视底层民众、强调社会公平的知识分子始终没有放弃对社会主义的探索。尽管阿连德的"社会主义道路"以失败告终，但仍然在拉美政治史上占有重要的地位。国内外学术界在梳理拉美政治发展史、拉美左翼政治思潮史时，阿连德的社会主义思想及其实践，是一个绕不开的重大课题。

进入新世纪以来，部分拉美国家出现了向左转的趋势。查韦斯的"21世纪社会主义"、科雷亚的"21世纪社会主义"和莫拉莱斯的"社群社会主义"再一次引发了全世界的关注。全球拉美学界掀起了研究拉美新左派的浪潮。冷战结束后，国际局势发生了深刻变化。在美国的外交布局中拉丁美洲的战略地位有所下降，白宫对这一地区的干涉力度也有所降低。新自由主义改革在俄罗斯、东欧、拉美等地区的失败，表明市场并不是包治百病的良方。全球金融危机把新自由主义的理论局限性暴露无遗。拉美国家社会贫富差距日益拉大，底层民众的呼声越来越强烈，"新社会运动"此起彼伏。国际形势的变化为拉美新左派探索"21世纪社会主义"提供了有利环境。尽管委内瑞拉、厄瓜多尔和玻利维亚三个国家对社会主义的探索都立足于本国历史，带有民族特色，但也有很多相同之处。这些新左派国家在内政领域都强调捍卫民族尊严和国家主权，警惕跨国公司对本民族资源的掠夺，着力解决贫富差距问题，正视底层民众的政治经济诉求。他们在外交领域都强调从本国的国家利益出发，不再听命于美国，在加强拉美国家团结的基础上，开展全方位的独立自主外交。

不难看出，新左派的"21世纪社会主义"同当年阿连德探索的"社会主义道路"有很多相同之处。因此，深入研究阿连德的"社会主义道路"思想及其实践，不仅有助于我们更好地理解拉美政治的历史演进，而且具有重要的理论和现实意义。

略论古巴华侨教育的特点

袁　艳*

内容提要：本文梳理了古巴华侨教育的发展历史，在此基础上总结分析了古巴华侨教育的特点。作者认为，古巴华侨教育体现出四个主要特点：第一，即最大的特点就是不发达；第二，古巴华侨教育起步较早，但发展艰难；第三，华侨教会在推动古巴华侨教育方面起着十分重要的作用；第四，古巴华侨十分重视开展成人教育。古巴华侨教育的上述特征与古巴华侨社会的特点密切相关。

关键词：古巴　华侨华人　华侨教育

19世纪中期，中国人开始大规模到达古巴。随着定居古巴的华侨华人不断增多，华侨教育应运而生。古巴华侨教育发端于19世纪末，中间历经起伏，20世纪中期后渐趋衰落以至全无。总体来说，古巴华侨教育并不发达，但有其自身独特之处。本文拟在勾勒古巴华侨教育历史概貌的基础上，总结并分析古巴华侨教育的特点。

一　古巴华侨教育的历史概况

古巴华侨教育的历史至少可以上溯至19世纪末。古巴华侨教育的肇端，得益于清朝驻外使臣张荫桓的大力推动。在担任驻美国、西班牙、秘鲁公使期间（1886～1889），张荫桓曾大力推动古巴、美国和秘

---

* 袁艳，西南科技大学拉丁美洲研究中心，讲师，博士。

鲁的华侨教育,帮助成立了三所中西学堂。1886 年,古巴中西学堂在哈瓦那开馆。

张荫桓十分重视古巴的华侨教育,为古巴中西学堂制定了如下章程:一、学堂牓曰"大清义学",设在日斯巴弥亚国古巴岛夏湾拿埠,专为教育华人子弟起见。学堂内一切事宜查照旧案,均设专员监督。现古巴学堂附近总领事署即由该领事馆就近督察,毋须另行派员,以期撙节。二、分延中文、日文塾师各一席,每日分时教习中学,仍遵照同治十一年(1872 年)《出洋肄业章程》,课以考《孝经》《小学》《四书》《五经》《国朝律例》等书;每遇房、虚、昴、星等日,宣讲圣谕广训;恭逢三大节,由总领事官率同学生望阙行礼,俾习仪节而识尊亲。西学日文一项既能通晓,即进习法文,均按时日程其功课。三、西学分别武备、制造、算学、律例四门,由总领事官督同洋教习察酌学生资质分门专课,庶易成就,若有兼人之资,仍不限以科则。四、西学所习,悉从讲解画图入手,俟确有领会,即令就近分赴制造厂局、炮台、兵船各处研求印证,期收实用,犹是同治十一年(1872 年)《出洋肄业章程》艺成游历之意。五、学堂每年修脯、馆租、中西书籍等一切费用,暂由古巴总领事馆、马丹萨领事馆及各埠商董集捐,储为专款,以期经久,将来倘能推广,再行设筹。六、选择华民聪颖子弟年在十五岁上下者二十名为一班,俟有成效,陆续增添。肄业各童,先由亲属将年岁、姓名、籍贯报明注册,并出具甘结,不准半途废学,学成后如实无位置,始准自谋别业。七、学堂每周年考验一次,选其超异者甄别奖赏。三年后汇考一次,取其历试上等者,由总领事官开列姓名详情,使臣酌量奏奖,分别录送,以示鼓励。①

1889 年,哈瓦那中西学堂举行首次汇考。16 名学生参加考试,其中 8 人通过古文经典考试和西班牙语考试,4 人通过古文经典考试,另外 4 人只通过了西班牙语考试。这些学生的年龄在 8~15 岁之间,平均 10 岁。② 由于经费短缺等原因,哈瓦那中西学堂后来倒闭。

中西学堂之后,古巴的华侨教育长期缺失,这种局面直到 1921 年古巴

---

① 王莲英:《张荫桓与古巴华侨子女教育》,《兰台世界》2011 年第 21 期。
② 凯瑟琳·玛利亚·洛佩斯:《帝国与国家间的移民:华人在古巴,1874–1959》(Kathleen Maria López, *Migrants between Empires and Nations: The Chinese in Cuba, 1874–1959*),密歇根大学博士论文,2005,第 205 页。

中华基督教长老会成立后始有改观。"长老会既告成立,经过若干时期,麦君①乃相机在会中设立华侨学校,教导中文,训育华侨土生,推动祖国文化,免使葱葱之华侨子弟,陷于数典忘祖之流弊。"② 此后,中华基督教长老会华侨学校成为古巴开展华侨教育的重要基地。

20世纪30年代中期,"旅古侨胞土生日众,对设立公家华侨学校一端,认为刻不容缓之事,于是由华侨大会议决,设立一中华学校,由中华总会馆管理,其经费等项,亦由总会馆负责筹措,于是麦君乃将在教会所附设之华侨义学献出,交由总会馆处理。而中华总会馆接管后,仍由麦君为教务主任,当以维持学校之经费,成为当前最紧要之问题。除由当□筹募者外,并议决,向南京国民政府侨务委员会,正式呈请侨务委员会在经费上予以定期之补助"。③ 1935年,在侨务委员会拨付的三万元国币资助下,古巴华侨公立中华学校正式成立。1936年11月,创办中华小学,但很快停办。1938年,古巴华侨在圣地亚哥市创办东省华侨小学,1950年停办。

1949年,古巴公立中华学校"因经济及其他情形"关闭,"再没有其他的正式学校成立"。④ 这种状况让古巴侨胞颇感遗憾。1954年4~5月,古巴侨胞在《华文商报》上发起关于复兴古巴华侨教育的大讨论。近十位侨胞先后撰文表达自己的观点,慨叹古巴华文教育不兴的遗憾,探讨分析华侨教育落后的原因,并为复兴侨教出谋划策。

在侨胞们复兴华侨教育的呼吁之下,1955年6月23日,由天主教主办的古巴华侨子弟暑假补习学校开学。补习学校共招得学生三十余人,课程方面分粤语与国语两班。学习粤语的学生占绝大多数。⑤ 在补习学校基础上,天主教华侨学校(也称公教华侨学校)正式成立。该校设施和课程都比较完备,提供中文、西班牙语并授的幼稚班和小学教育,以及只授中文的周末补习班,并配有校车等负责接送学生。第一学年,有幼稚班及小学

---

① 麦君即麦戈雁,他是推动古巴基督教长老会成立的关键人物之一,对于古巴华侨教育功不可没。
② 黄鼎之:《(来论)古巴中华基督教长老会新堂落成开幕志庆并序》,《华文商报》1957年2月22日。
③ 黄鼎之:《(来论)古巴中华基督教长老会新堂落成开幕志庆并序》,《华文商报》1957年2月22日。
④ 何浩:《谈谈古巴的华侨教育》,《华文商报》1954年4月15日。
⑤ 《(来件)华侨子女暑期补习学校昨举行结业典礼(一)》,《华文商报》1955年8月30日。

正式学生三十八人，年龄在四至十二岁。周末补习中文学生有二十多人。①第二学年，学生增至五十三人，年龄在四五岁居最多数，年龄最大者十二岁。② 高世英担任该校校长，后来学生人数曾达到二百余人。③

1957年，基督教中华学校开始招生。"中华基督教长老会执事等，自新校舍落成后，积极筹备恢复中华学校，为免侨童日久旷课，决定先办暑期中文补习班。"④ 该校也称长老会中华学校，有学生八十余人，设有幼稚班。

1959年古巴革命胜利后，古巴华侨华人社会渐趋衰落，华侨教育也遭受重创，至今再没复兴。

二 古巴华侨教育的特点

由于古巴华侨人数不多，古巴华侨教育的规模一直不大。尽管如此，古巴华侨教育仍然体现出自身的一些独特之处。

古巴华侨教育最大的特点即是"不甚发达"⑤。曾在驻古巴使领馆工作的宋锡人曾就古巴侨教不发达的原因进行了分析。他认为：一、古巴一向不许华女进口，华侨大部与古女结婚，其所生子女在血统上即有一半为古巴人，平常终日与母族相处，语言习惯都无法强使接近中华文化。二、因为工例及居留问题，土生子女都不愿承认为中国籍民，何况日后他们本人都有立身问题，自然以受古巴教育为主。三、子女接受小学教育后，不外升学与就业两途，但因侨校制度系遵照我教育部规定，且顾名思义，也不能不着重中国文字及史、地等主要教材，这样一来，西文的程度无形降低，升学既嫌不够标准，就业更不切实际，甚至连助理父兄店务也无法应付，这是一个华侨在当地求生的实际问题。四、一般人既不以华侨子弟须受祖国文化为急要之务，而实际上连维持本身的经费都左支右绌，当然没有继续开办下去的可能，这可以说是旅古华侨最可遗憾的事。其余如师资、教材都有问题，华侨教育，遂愈呈险象。⑥

---

① 《公教华侨学校的现在与将来（一）》，《开明公报》1956年7月21日。
② 《公教华侨学校第二学年的实况（一）》，《华文商报》1957年7月13日。
③ 宋锡人：《古巴华侨史话》，台北：海外文库出版社，1957，第21页。
④ 《基督教中华学校招生讯》，《华文商报》1957年4月12日。
⑤ 陈匡民：《美洲华侨通鉴》，纽约：美洲华侨文化社，1950，第649页。
⑥ 宋锡人：《古巴华侨史话》，第22~24页。

宋锡人的分析不无道理，但笔者认为，从根本上说，古巴侨教的不发达与古巴华侨社会的特点密切相关。首先，古巴华侨人数不多，且分散在全国各地，难以举全侨之力办侨教。20世纪相当长一段时期，古巴华侨维持在三万人左右，但分散在古巴各地。"根据总领事馆之统计，全古巴三百一十四大小城市中莫不有华侨之踪迹。"① 其次，古巴华侨社会存在大量华侨跨国家庭。古巴华侨绝大多数为成年男性，他们一般孤身一人在古巴，将妻子儿女留在国内。因此，绝大多数人没有送子女入学接受教育的需求。另一些与古巴女子结婚的侨胞，其子女则多接受古巴教育，对学习中华文化也并不热衷。总体来说，古巴侨胞对于侨教并不十分热心，因而对于捐款支持中华学校并不十分积极。古巴华侨公立中华学校长期受到经费短缺问题困扰，艰难维持。1942年，驻古巴公使馆、驻古巴总领事馆和古巴中华总会馆均发出通告，为中华学校筹款，但收效甚微。

古巴华侨教育在美洲地区起步最早，但发展艰难。在张荫桓的推动下，古巴中西学堂于1886年成立，早于美国和秘鲁的中西学堂。清朝官方尤其是张荫桓本人对华侨教育寄予厚望，"古巴一岛，孳生渐蕃，习闻习见，若不泽以诗书，久将流为异类，既廑储材待用之思，亦无深积重难返之虑"。② 张荫桓关注古巴侨童教育，至少出于两种考虑：一是担心土生侨童因缺少诗书浸淫而"流为异类"，进而忘本；二是培养中西兼通的人才，以作储备之用。尽管起步早，但古巴华侨教育并非一帆风顺，而是艰难发展、断续维持。如前文所述，在中西学堂之后，古巴很长时间缺乏侨教，直至20世纪20年代，才在教会附设中华学校。20世纪30年代中期，华侨公立中华学校才得以成立，维持到20世纪40年代末又宣告关闭。20世纪50年代中期又逐渐复兴，但为时不久，即告衰落。

为何古巴侨教在美洲地区起步最早，却发展艰难？笔者认为，起步早一方面是大批契约华工获得解放后在古巴定居下来，成立家庭后生育后代，土生华裔日益增多；另一方面则得益于清朝官方，尤其是张荫桓的强力推动与倡导。这里也隐含着古巴侨教的起步并非完全出于华侨自发自愿的行为，因此容易受经济状况的影响。1889年正月，张荫桓曾亲临古巴学堂听课，"晨起赴学堂观课读，类能成涌（疑为诵）而文义懵如。诸童皆生长于

---

① 《古巴华侨商务经济概况》，《华侨先锋》1945年第7卷（第4~6期合刊）。
② 王莲英：《张荫桓与古巴华侨子女教育》，《兰台世界》2011年第21期。

此，父则华人，母则西产也，而且口音尚如中土，水源木本，固有得于天者。惜其父母皆贫窭，略有进境，辄欲其舍学而营生矣"。这里透露出古巴华侨教育受到华侨经济状况的影响，有的古巴华侨家庭贫苦，欲让侨童放弃学业而谋生。因此，一旦官方不再强力倡导并予以支持，侨教就会衰落。20世纪的古巴华侨教育同样如此。

华侨教会在推动古巴华侨教育方面起着十分重要的作用。尤其是20世纪古巴华侨教育的发展，很大程度上得益于华侨教会的推动。由于大多数古巴华侨没有让子女入学接受教育的需求，他们对于侨教并不十分热心，因此尽管华侨社会组织十分有序，但没有由侨社开办的侨校，而是由华侨教会在推动华侨教育的发展。如前文所述，华侨公立中华学校的前身是中华基督教长老会附设中华学校。20世纪中期复兴的中华学校也得益于古巴华侨天主教徒和基督教徒支持。在开办暑期补习学校的基础上，天主教华侨学校（也称公教华侨学校）成立。1957年，基督教中华学校（也称长老会中华学校）开始招生。

尽管古巴侨教并不发达，但十分注重华侨成人教育，这与古巴华侨社会的构成密切相关。由于古巴华侨移民主要是单个成年男性移民，而且"多来自田间，少年失学，居其泰半"，① 故古巴华侨十分注重成人教育。古巴中华总商会曾办有国语研究班、国民党驻古巴总支部办有侨民夜校、青年互助社也设立夜校，招收成年侨胞，学习西文及国语。在古巴各省也有华侨青年创办的夜校，如圣克拉拉省。古巴华侨还曾采用播音的方式教授国语。② 另外，专门有古巴华侨教授西文。《华文商报》曾刊登"吴卓彰教授吕文招生广告"，内中称"卓彰自开始教授吕文以来，不过七个月，已有学生廿余名能在店内卖货，如业杂货、洋货、生果等皆有。因以最简单之教授法教以日用应酬言语对答，生意学识以及守古巴法律规例等"。③

三 结语

总体来说，古巴华侨社会的特点，决定了古巴华侨教育的不发达以及

---

① 《如何推进国语运动——致旅古侨胞的第六封公开信》，《民声日报》1941年11月26日。
② 《如何推进国语运动——致旅古侨胞的第六封公开信》，《民声日报》1941年11月26日。
③ 《吴卓彰教授吕文招生广告》，《华文商报》1949年5月26日。

其他特征。一个以单个男性移民为主体，而非以华侨家庭为主的华侨社会，对于华侨教育的需求并不大。因此，尽管古巴华侨教育在美洲地区起步最早，却发展艰难；侨社并没有在发展侨教方面起到主导作用，而是带有慈善性质的华侨教会起着重要作用；尽管对华侨子女教育需求不大，但为了便利在古巴的生存和发展，古巴华侨社会十分重视华侨成人教育。

1822～1916年巴西民法典编纂运动探析

张　曦[*]

内容提要：1822～1916年的巴西民法典编纂运动是19世纪拉丁美洲国家民法法典化运动的重要组成部分，其成果——《巴西民法典》被认为是拉美国家三大优秀民法典之一。巴西民法典编纂运动受到当时历史条件的影响和推动，前后历时近百年，共产生五部民法典草案；以其编纂运动持续时间长、编纂思想借鉴德国理论和编纂内容及体系具有创新性等特点著称；对巴西国家的发展和拉丁美洲乃至世界民法典编纂进程产生了重要影响。

关键词：巴西　民法典　法典编纂运动

民法典是"调整一定范围内的财产关系和人身非财产关系的系统的法律文件。它一般是通过编纂民事法规而制定的民法基本法，但又不单纯是民事法律规范性文件的汇编，而是在已有的有关民事法规文件基础上制定的最系最重要的民事法律文件。它的地位和作用是具有普遍效力的、制定民事法规的法律依据，也是商品经济关系在法律上的反映，是调整商品经济的主要工具"。[①]

本文的研究对象——巴西民法典编纂运动，是指1822～1916年巴西政府为了颁布本国的民法典而在法典编纂工作上做出的尝试和努力，先后产生了弗雷塔斯的草案、纳布科的草案、桑托斯的草案、罗德里格斯的草案、贝维拉瓜的草案。贝维拉瓜的草案最终获得通过，于1916年正式颁布，

---

[*] 张曦，福建师范大学美洲史研究院，硕士研究生。
[①] 齐伟主编《法学词典》，山东人民出版社，1985，第249页。

1917年1月1日生效。

关于巴西民法典的研究,《拉丁美洲民法典的变迁》① 以19世纪拉丁美洲国家民法法典化运动为研究对象,梳理了拉丁美洲国家民法的法制史、民法法典化的历程,详细分析了拉丁美洲国家民法典的原则体例、主要内容、与商法典的关系及发展趋势等,对拉丁美洲国家的民法典进行全面的综合性研究。《拉丁美洲法律发达史》② 按照部门法与专题相结合,辅以个别有代表性的国家作为个案的形式展开论述,介绍拉丁美洲国家在印第安人时期、殖民地时期以及独立发展时期三个阶段法律制度发展情况以及拉丁美洲法律文化传统等,比较清晰地、全方位展示了拉丁美洲法律的历史发展、演变及现状。《大陆法系法典编纂的演变:迈向解法典化与法典的重构》③ 以拉丁美洲民法典为主要考察对象,评述了拉丁美洲各国民法典编纂运动,概述了法典编纂的法律渊源,特别指出1917年的《巴西民法典》受到《德国民法典》的很大影响。文章的目的是要考察19世纪大陆法系在法典的解构与重构运动的影响下所发生的根本转变,并对解构与重构进程的前景进行展望。论文《从〈巴西民法汇编〉到〈新巴西民法典〉》④ 阐述了巴西民法典的发展史,论证了它们彼此的关联和背景,详细介绍了19世纪巴西诸多民法典草案以及1916年《巴西民法典》和2002年《新巴西民法典》,梳理出此阶段巴西民法思潮的发展脉络。《在传承与革新之间的巴西新民法典》⑤ 介绍了1916年《巴西民法典》的编纂进程、2002年的《巴西新民法典》的结构与原则,归纳了《巴西新民法典》中传承与革新的内容。

目前学术界尤其是法学界,关于巴西民法典编纂运动的研究主要集中在所颁布法典的内容和其民法思想的演变,较少对运动本身做出研究。本文试从历史学角度,分析巴西民法典编纂运动的概况、特点及意义。

---

① 夏秀渊:《拉丁美洲民法典的变迁》,法律出版社,2010。
② 何勤华、冷霞主编《拉丁美洲法律发达史》,法律出版社,2010。
③ 玛丽亚·路易莎·穆里约,许中缘、周林刚译,孙雅婷校:《大陆法系法典编纂的演变:迈向解法典化与法典的重构》,许章润主编《清华法学》(第八辑),清华大学出版社,2006。
④ 徐国栋:《从〈巴西民法汇编〉到〈新巴西民法典〉》,《华东政法大学学报》2009年第3期。
⑤ 阿尔多·贝特鲁奇:《在传承与革新之间的巴西新民法典》,薛军译,徐国栋主编《罗马法与现代民法》(第5卷),中国人民大学出版社,2006。

一 巴西民法典编纂运动的历史背景

"对于法典编纂而言,政治因素必定是重要的,当法典问世之时,也必定有适当的政治环境。"① 政治上的支持与保障,不仅使得民法典编纂有了可能性,也提出了民法典制定的必要性。民法典及其他法典作为治理国家的设计蓝图,不仅在于统一一个国家的法律,更是一种民族精神的体现。特别是对于那些刚刚实现民族独立的国家,即使这部民法典复制于别的国家,也不会影响它体现民族精神的价值。1822 年 9 月 7 日,葡萄牙国王之子佩德罗宣布巴西独立,建立巴西帝国,自己为佩德罗一世(Dom Pedro I)。不同于拉丁美洲其他国家,巴西独立后实行的是君主立宪制而非军事独裁的考迪罗主义的政治制度,政局相对稳定。1824 年,巴西帝国颁布宪法,第 179 条第 8 款确定了编纂民法典和刑法典的意向。② 1825 年,葡萄牙承认巴西独立,制定民法典作为统一、巩固政权的重要步骤,被提上议事日程。

"1808 年标志着巴西历史上的一个关键性与决定性的转折点。"③ 当年,葡萄牙王室迁至巴西里约热内卢,其颁布的一项政策使得巴西的历史发生了影响深远的变化,即作为宗主国的葡萄牙依法废止对巴西贸易的垄断,同时里约热内卢的人口构成发生很大变化。此后,巴西相继向一些友好国家开放通商口岸,并开始生产大量之前宗主国不允许生产的产品,拉动经济迅速发展。继庄园单一作物耕种模式的蔗糖业,这个被称为"巴西发展之根"的产业拉动国家经济发展之后,咖啡业在 19 世纪中叶为巴西带来一个极有影响力的经济周期,亦成为巴西近代工业的起源。经济的进步与发展,为巴西民法典编纂带来有力的物质支撑;经济发展之后随之而来的是社会生活的日益复杂、多样化,这也需要一部统一的、符合时代要求的法典,保证新的经济关系顺利进行。

---

① 艾伦·沃森:《民法法系的演变及形成》,李静冰、姚新华译,中国政法大学出版社,1992,第 130 页。
② 桑得罗·斯奇巴尼:"《巴西新民法典》序言",齐云译,载《巴西新民法典》,中国法制出版社,2009,第 3 页。
③ 若奥·彭的亚·卡罗热拉斯:《巴西史》,载《巴西史资料丛刊》(第 4 辑),1979。转引自张宝宇《巴西现代化的起始与社会转型》,《拉丁美洲研究》2003 年第 5 期。

生产得以发展，城市建设步伐随之加快，文化与教育事业也日渐被重视。在殖民地时期，葡萄牙当局禁止巴西进行法律教育，巴西大部分的法学家和法律工作者是由葡萄牙科英布拉大学（Universidade de Coimbra）培养的。独立后的巴西帝国，为了填补法律教育的空白，适应社会发展的需求，很快就建立了大学，重点大学均设有法律学科，法学教育与研究如火如荼地发展起来，法学家、法官的数量与质量也在不断提升。巴西帝国在1826年成立了专门从事法律教育的圣保罗法学院与累西腓法学院，它们被认为是巴西最早的学术机构。之后，佩德罗一世将圣保罗法学院晋升为国家法学院。有别于殖民地时期大学的入学条件，"低收入阶层的子女，有色人种等在形式上得到了平等学习法律的机会，许多大学的法学教育的经费是来自国家拨款，学生的学习是免费的"。① 这两所法学院为巴西法律界源源不断地输送人才，为巴西法律发展做出极大贡献。此外，《法国民法典》与《德国民法典》的相继问世也为巴西的民法典编纂提供可借鉴的模板与范例。

巴西帝国独立以后，仍然沿用殖民地时期葡萄牙颁布的法律，包括《菲利普法令集》和一些其他法令。《菲利普法令集》在1603年颁布，强调的是中世纪的精神，内容散乱，并与当时欧洲其他国家的法律相矛盾，显而易见地不能适应19世纪巴西社会的现实和发展需要。这种情况也催促着巴西帝国政府颁行一部本土的民法典。

二 巴西民法典编纂运动历程

巴西民法典编纂运动的过程漫长而曲折，前后历时近百年，产生了弗雷塔斯的草案、纳布科的草案、桑托斯的草案、罗德里格斯的草案、贝维拉瓜的草案共5部民法典草案。

1855年，巴西帝国政府与法学家奥古斯都·特塞拉·德·弗雷塔斯（Augusto Teixeira de Freitas，1816–1883）签订一项协议，指定弗雷塔斯从事以下工作："（1）将现存的所有的葡萄牙和巴西的民事法律，无论是有效的还是已经被废除的，根据公法与私法的划分标准，以年代为顺序进行分

---

① 罗杰利奥·佩瑞斯·佩窦摩：《拉丁美洲的律师：一份历史导言》（Rogelio Pérez-Perdomo, *Latin American Lawyers: A Historican Introduction*），斯坦福大学出版社，2006，第76页。

类整理；（2）将巴西的民事立法进行汇编，以便编订民法典草案。"① 这一先对现有的民事法规条例进行系统分类整理，再进行法典编纂的做法是十分明智和务实的。弗雷塔斯1837年毕业于欧林达大学，曾于1838年担任巴伊亚州（Bahia）的法官；1843年创立巴西律师协会，并担任了一段时间的主席；在1844年至1880年将近40年的时间里被任命为政府委员会的法律顾问。这些经历为弗雷塔斯积累了坚实的法律知识和丰富的实践经验，帮助他出色地完成了协议中指定的工作，他于1857年出版了《巴西民法汇编》一书。《巴西民法汇编》所产生影响的长远性和广泛性，也许是弗雷塔斯本人也未预估到的。首先，《巴西民法汇编》为之后《巴西民法典草案》的起草工作奠定了理论基础；其次，系统地梳理了相关的民事法律法规，有利于民法领域的研究和教学。《巴西民法汇编》在1916年《巴西民法典》颁行之前的六十多年的时间内，被作为民法典使用；同时深刻影响了此后的民法典草案起草者，使他们都不同程度地受到其制约，尤其是它的"总则—分则"的结构设计。

1859年，巴西帝国政府与弗雷塔斯订立了一个新的协议，他受任编纂一个民法典草案。根据协议，弗雷塔斯于1860年至1865年间起草并以分册的方式出版了包含4908个条款的草案。1867年9月20日，他致信司法部，提出了编纂总法典（codigo geral）的想法。"所谓的'总法典'，是所有的其他法典的源头和基础，是'法律的法律'（legesle gum）。法典可以分为两种，一种是总法典，另一种是特别法典。"② 弗雷塔斯放弃了他正在从事的任务，并请求和试图着手另一个不同的任务。这一提议遭到拒绝。司法部认为弗雷塔斯未遵照协议内容，在规定时间内完成草案编纂，而是意图编纂总法典，遂于1872年终止了与他的合同。虽然合同终止，但弗雷塔斯还是兢兢业业地编订出了《巴西民法典草案》，纵使未被巴西政府通过和颁布，但它成为1916年《巴西民法典》的基础，也极大地影响了拉丁美洲其他国家民法典的编纂。

1872年，巴西法学家何塞·托马斯·纳布科·德·阿劳霍（José Tomás

---

① 阿尔多·贝特鲁奇：《在传承与革新之间的巴西新民法典》，薛军译，徐国栋主编《罗马法与现代民法》（第5卷），中国人民大学出版社，2006，第247页。
② 奥兰多·德·卡瓦柳：《奥古斯都·特塞拉·德·弗雷塔斯对于拉丁美洲私人权力的统一》。转引自徐国栋《从〈巴西民法汇编〉到〈新巴西民法典〉》，《华东政法大学学报》2009年第3期。

Nabuco de Araujo，1813-1878）受委任编纂民法典草案。阿劳霍于1858~1878年担任巴西帝国的司法部部长。阿劳霍认定自己的编纂工作将大不同于弗雷塔斯的成果。相较于弗雷塔斯的工作，他认为自己编纂草案的出发点并不是建立在纯粹的哲学或政治领域，而是更多地侧重于法例的实际效果、对社会带来的影响以及是否提高了法律的精确度。他为编纂民法典草案而费尽心血，编写了一个内含118条的序题及182条的总则，然而这项编纂工作随着1878年阿劳霍的辞世戛然而止。

在政府对民法典编纂进行不断尝试的同时，民间学者也热情地参与其中，桑托斯就是其中的典型代表。费利雪·多斯·桑托斯（Joaquim Felicio dos Santos，1828-1895）是一名教师、律师、记者、历史学家和政治家。他毕业于圣保罗德迪雷托达德大学法律系，在坎波米纳斯吉拉斯州的孔戈尼亚大学任教，1891~1895年出任巴西共和国的参议员。1882年，桑托斯向巴西帝国政府提交了一份自己编纂的民法典草案，草案包括总则和分则各一项。但由于该草案"没有遵循当时在巴西流行的德国潘德克吞法学体系，受到司法委员会的批评而没有被采用"。①

1890年，累西腓大学教授安东尼奥·科埃略·罗德里格斯（Antonio Coelho Rodrigues，1846-1912）由巴西共和国政府授权，负责起草民法典草案。罗德里格斯是一位著名的政治家，他分别于1869~1872年和1878~1886年担任众议员，1893~1896年出任参议员，并于1900~1903年担任巴西共和国里约热内卢市市长一职。三年后，罗德里格斯完成了这项工作并出版了他的民法典草案。该草案亦由各一总则与分则组成。草案在经参议院审议的过程中，受到质疑而未被接受。草案虽然未被采纳，但也先后出版、再版，与他的《查士丁尼皇帝研究》（*Institutas do Imperador Justiniano*）、《累西腓法学院名人传》（*Memória Histórica-Acadêmica dos Acontecimentos Notáveis da Faculdade de Direito do Recife*）并列为罗德里格斯的主要著作，供后人学习、研究。

正式颁行一部民法典显得十分迫切。司法部部长艾皮塔其奥·佩索阿（Epitacio Pessoa）在给法学家克洛维斯·贝维拉瓜（Clovis Beyilaqua，1859-1944）的信中写道："大家都一致抱怨巴西没有一部民法典，到今天

---

① 夏秀渊：《拉丁美洲民法典的变迁》，法律出版社，2010，第50页。

还凭借《菲利普法令集》（葡萄牙国王菲利普二世于 1603 年颁布的法律——笔者注）和数目众多的粗线条的、复杂的、不调和的和矛盾的法律统治的事实。"[①] 1899 年，巴西总统康普斯·萨勒斯（Campos Salles）和司法部部长艾皮塔其奥·佩索阿与法学家贝维拉瓜订立协议，委托其在参考前人编纂的民法典草案基础上编纂一部新的巴西民法典。与弗雷塔斯的经历相似，贝维拉瓜作为巴西莱切弗大学法学系的教授，拥有相当丰富的理论知识储备，而他担任检察官的经历为他积累了一定的法律实践经验，使他拥有客观看待事实的能力。贝维拉瓜很快开始着手编纂工作，由于前人的成果积累丰富，他在 7 个月后就完成了任务。贝维拉瓜的民法典草案篇幅和编纂的历时不长，结构与罗德里格斯草案相同。与弗雷塔斯的草案相比，贝维拉瓜的民法典草案大幅减少了条文，"大都是更为简单易懂的宣言性规范"。[②] 1900 年，贝维拉瓜向众议院提交了一份 1973 个条文的《巴西民法典草案》（Projeto de Código Civil Brasileiro）和一份 43 个条文的《民法典引导法》（Lei de Introdução código Civil），它们被送至参议院审议时遭到反对。草案在参议院被搁置十年，其间巴西法学家、哲学家对之展开了激烈的讨论。在当时总统文塞斯劳·布拉斯（Venceslau Brás）的推动下[③]，于 1916 年 1 月 1 日获得通过，并于 1917 年 1 月 1 日生效，成为正式颁行的民法典。至此，巴西民法典编撰运动告终。

三 巴西民法典编纂运动的特点

（一）编纂运动持续时间长

巴西民法典编纂运动前后历时近百年，相较于拉丁美洲其他国家的法典编纂工作，如《智利民法典》的制定耗时 30 多年，《阿根廷民法典》的编纂前后历时 50 多年，《巴西民法典》是拉丁美洲国家民法典中制定时间

[①] 阿伊达·马汉特：《克洛维斯·贝维拉瓜和巴西民法典》，转引自徐国栋《从〈巴西民法汇编〉到〈新巴西民法典〉》，《华东政法大学学报》2009 年第 3 期。

[②] 桑得罗·斯奇巴尼："《巴西新民法典》序言"，齐云译，载《巴西新民法典》，中国法制出版社，2009，第 6 页。

[③] 何塞·玛丽亚·贝略：《巴西现代史：1889-1964》（José Maria Bello, *A History of Modern Brazil* 1889-1964），斯坦福大学出版社，1968，第 232 页。

最长的一部民法典，法典草案几经变更。这种现象主要受以下几种因素影响。

首先，自从帝国成立之后，巴西就面临着许多棘手的问题。1831～1840年的摄政时期，被认为是巴西政治历史上最动荡的时期之一。在那些年代里，"国家领土完整问题、中央集权、权力分散、省自治程度、组织武装力量等是政治辩论的中心内容"。① 19世纪三四十年代，巴西爆发反对君主专制的共和运动。共和党人通过创办报刊和组织俱乐部来宣传共和理论。据统计，截至1889年，巴西国内拥护共和政体的报纸共有77种，俱乐部273个。② 许多重要城市发生了以军队和人民为主体的起义。在里约热内卢，1831～1832年就发生了5次起义。③ 19世纪前半期，奴隶制危机凸显。巴西的资产阶级、民主阶层以及黑奴都要求废除奴隶贸易，尤其是广大黑人奴隶，多次发动起义争取废除奴隶贸易和奴隶制。由于巴西的奴隶制度特别顽固，废奴斗争也是拉丁美洲中最为激烈的。④ 此外，19世纪初，巴西发动了与阿根廷争夺乌拉圭的战争（1825～1828年）；还经历了被威廉·福斯特称为美洲各国间"最猛烈、最残酷的"⑤ 一次战争——巴拉圭战争（1864～1870年）。战争使巴西付出了高昂的代价，人口大量损失、经济境况雪上加霜；在1864年的金融危机后，国家又欠下大量外债，国家预算赤字急剧增加，通货膨胀严重；由于战争而增加的赋税沉重地压在人民肩上。政局不稳、经济滑坡，让帝国政府应顾不暇，无法分出足够的精力处理颁定民法典的问题。

其次，民法典编纂运动持续时间长也同巴西政府与法学界务实、谨慎的态度有关。前文提过，弗雷塔斯在起草《巴西民法典草案》后，向司法部提出了总法典的想法。在当时的情况下，巴西民事法律研究和民法典编纂尚属起步阶段，且颁布民法典确属当务之急；而总法典的想法并不适合当时的需要。因此巴西司法部拒绝了弗雷塔斯这一超前的想法，终止了与他的合同，继续民法典编纂的脚步。而后，《巴西民法典》的编纂者贝维拉

---

① 博勒斯·福斯托：《巴西简明史》，刘焕卿译，社会科学文献出版社，2006，第81页。
② 何塞·玛丽亚·贝略：《巴西现代史：1889-1964》，第37页。
③ 博勒斯·福斯托：《巴西简明史》，第84页。
④ 李春辉：《拉丁美洲史稿》，商务印书馆，1983，第237页。
⑤ 苏联科学院历史研究所编著《巴西史纲》，辽宁大学外语系翻译组译，辽宁人民出版社，1975，第259页。

瓜在1900年已完成了民法典草案并出版。草案被提交给巴西众议院修改，直到两年后才被提交至参议院。之后，草案面对的是整整十年的搁置和法学界对其的激烈讨论。参议员路易·巴尔勃沙（Ruy Baibosa，1849-1923）作为语言学家，从语言学的角度批评草案的措词不清晰。"全国的法官、法学教授、律师也被邀请提出批评。"① 这些批评及其引来的辩护在一定程度上推进了民法典草案的进一步完善和法学研究的发展，但却使这部草案在其完成15年后才得以正式颁行。同一时期阿根廷也进行民法典编纂，过程却大相径庭。1869年，阿根廷国会仅在《阿根廷民法典》草案上呈国会的第三天就批准其通过，未对草案做任何审查。相比之下，更显巴西对民法典的认真与谨慎。

（二）编纂思想借鉴德国理论

借鉴德国民事法律和民法理论是巴西民法典编纂运动的一大特色。弗雷塔斯的《巴西民法汇编》设立总则这一创举的理论渊源就来自德国法学家费尔迪兰德·迈克尔兑伊（Ferdinand Mackeldey，1784-1843）；1882年的桑托斯草案就因没有遵循德国的潘德克吞体系而未被采纳；1890年，罗德里格斯为了完成草案的起草工作，辞去参议员及其他职务，专程到瑞士进行法典草案的编纂。罗德里格斯草案借鉴的正是《苏黎世州私法典》（苏黎世是瑞士的一个州，语言为德语，受德国民法的深刻影响）；罗德里格斯草案采纳了潘德克吞体系，而贝维拉瓜的《巴西民法典》的结构体系又与罗德里格斯草案的结构相同，"受到德国法的深刻影响，总则部分特别如此"。② 这反映了来自德语国家民法理论的影响是贯穿巴西民法典编纂运动始终的。

在19世纪，大陆法系中最具典范和借鉴意义的是《法国民法典》和《德国民法典》。《法国民法典》作为近代史上的第一部民法典，影响了世界上包括拉丁美洲国家在内的许多国家。而巴西却更愿意选择借鉴当时最先进的德国民事法律和民法理论。首先，在经历了长期的反殖民主义和争取独立的运动后，巴西对前宗主国葡萄牙的反感可想而知。葡萄牙和巴西均于19世纪初

---

① 阿伊达·马汉特：《克洛维斯·贝维拉瓜和巴西民法典》，转引自徐国栋《从〈巴西民法汇编〉到〈新巴西民法典〉》，《华东政法大学学报》2009年第3期。
② 阿尔多·贝特鲁奇：《在传承与革新之间的巴西新民法典》，薛军译，徐国栋主编《罗马法与现代民法》（第5卷），中国人民大学出版社，2006，第235页。

开始筹备民法典的编纂与制定工作。前者于1867年就颁布了《葡萄牙民法典》，这部法典受《法国民法典》影响很大，且质量不高，原创性不多。事实证明，巴西民法典编纂运动中的5部草案均没有借鉴《葡萄牙民法典》的模式，反映了巴西人强烈的、独立的国家意识。其次，19世纪德国民法思想、理论的前进和发展（如萨维尼和蒂堡特之间的论战、潘德克吞体系的形成等），法学翻译的进步与交流，法学研究的发展，也增加了巴西民法典编纂工作向其借鉴的可能性。最后，从国际关系的角度来讲，当时的巴西与德国的外交关系良好，包括巴西在内的许多拉美国家都希望通过与德国交好，得以在一定程度上抵制英国、法国对拉丁美洲国家经济上的侵略和政治上的干涉。这也成为巴西民法典编纂选择借鉴德国法学理论的背景之一。

（三）编纂内容及体系具有创新性

首先，这种创新性体现在1857年弗雷塔斯的《巴西民法汇编》上。弗雷塔斯在《巴西民法汇编》中设立了总则，这是世界民法典发展史上的首创，这一里程碑式的意义足以使其被后世铭记。"总则—分则"的结构设计也为以后的巴西民法典草案所沿用，成为传统。

其次，巴西民法典的编纂极其注重自由与平等的原则。《巴西民法汇编》规定无论是本国国民抑或是外国人，无论其市民身份的取得方式如何（出生于本国或是加入本国国籍），皆享有同样的民事权利，不论市民是已经出生还是在孕育中，民事权利都受到同样的保护。这反映了其遵循罗马法中平等对待外国人的思想。在当时，欧洲国家并未给予外国人同本国人相同的民事待遇，如1804年的《法国民法典》第八条规定："所有法国人都享有民事权利。"[1] 而对在法国的外国人是否能享有民事权利做出种种限制；一个多世纪以后的《苏俄民法典》（1922年）也有类似规定。此外，在巴西仍然有效的奴隶制及其规范，并未收录在《巴西民法汇编》之内。对于奴隶制，弗雷塔斯坚持认为应该废除，如果把奴隶制规范编入民法典中，将会与其原则、逻辑相违背。[2] 原则与精神被认为是民法典的价值所

---

[1] 拿破仑·波拿巴主编《拿破仑法典（法国民法典）》，李浩培等译，商务印书馆，1979，第2页。

[2] 桑得罗·斯奇巴尼："《巴西新民法典》序言"，齐云译，载《巴西新民法典》，中国法制出版社，2009，第6页。

在。这种坚持平等自由、反对当时社会主流价值观的做法，体现了弗雷塔斯卓越的政治远见及勇气。

最后，巴西民法典编纂运动是一个不断与时俱进的过程。从第一部民法典草案——弗雷塔斯草案，到第四部草案——罗德里格斯草案，两者相差近三十年。弗雷塔斯在起草草案时借鉴的是与自己同时代的德国的民法思想，而罗德里格斯借鉴的亦是与他本人同时代的德国民法思想。三十年时光迁移、岁月荏苒，德语世界的民法理论发生了很大变化，表现之一便是潘德克吞法学体系的形成。罗德里格斯的草案在很大程度上受到了潘德克吞法学体系的影响。由此可看出巴西民法思想并非停滞不前，而是在随着时代不断发展和前进。

四　巴西民法典编纂运动的意义

制定法典的目的是"使人们更方便地了解法律，使法官根据现有规范选择适用于具体案件的法律，防止法官滥用自由裁量权；强化法官的培训，从而保证法律适用的最大确定性；按照法国大革命提出、改革方案倡导的自由、平等、博爱，为实现客观公正，促进法学及其建设性批评的发展"。[①]

巴西民法典的制定与颁行，对于巴西国内来讲，一方面，结束了葡萄牙殖民时期留下的民事法律落后、凌乱的局面，统一了国家私法，巩固了新生政权；作为民族精神的一种体现，它增强了巴西公民的公民意识和民族认同感；在经济领域，也保证了日益复杂的经济生活与社会生活顺利进行。另一方面，实现了民法的近代化，有力地推动了巴西的法学研究、法学教育和法律实践的前进与发展。

从国际方面看，巴西民法典编纂运动是19世纪拉丁美洲国家民法典编纂运动的不可或缺的组成部分，更成为世界民法典编纂进程的有机组成。弗雷塔斯的《巴西民法典草案》广泛影响了19世纪拉丁美洲其他国家的民法典编纂运动，如1868年的《乌拉圭民法典》、1871年的《阿根廷民法典》以及1877年《巴拉圭民法典》等。弗雷塔斯的《巴西民法典草案》在阿根廷被翻译并出版了两次，《阿根廷民法典》的大部分条文和制度深受它的影

---

① 桑得罗·斯奇巴尼：《法典化及其立法手段》，丁玫译，《中外法学》2002年第1期。

响。此外，设立总则成为巴西民法典编纂的传统并影响拉丁美洲许多国家的民法典结构设计，这一合理的结构设计被作为传统，一直延续到2002年的《新巴西民法典》——巴西最新的一部民法典。

一部法典的编纂史就是该时代的发展史。"每一种法典，都是一定的国情、历史、文化的制度凝聚，是我们检视一定社会、一定国家的法律意识、法律制度水准、法律制度文明以至整个制度文明的进步程度的最主要的尺度之一。"[①] 巴西民法典编纂运动的起因、发展方向都受制于当时的政治、经济、文化因素，而民法典的颁行又通过它的原则、精神和效力影响了巴西社会的政治、经济和文化状况。

---

① 焦富民：《论〈法国民法典〉的精神——兼及对制定我国民法典的借鉴意义》，《美中法律评论》第2卷第9期（2005年8月），第35页。

巴西控烟运动探析

钟秋平[*]

内容提要：烟草给全球卫生带来破坏性影响，促使烟草消费作为一个发展问题逐渐被给予更多的关注。巴西作为一个烟草生产与消费大国，却已有20多年的控烟运动史，为实现全面控烟提出了系统的计划且取得了显著的成效。其诸多控烟措施被认为是发展中国家最全面的，因而值得为多国所效仿。本文试从巴西控烟运动原因、控烟措施、控烟成效及其对我国的有益借鉴入手，浅析巴西控烟之路。

关键词：巴西　烟草　控烟运动

二十多年来，在一些发达国家，吸烟的流行率逐步下降，烟草消费量正显著下滑。20世纪70~90年代，烟草控制在发达国家兴起，并取得了较大的成功，烟草消费量下降了9%，但在发展中国家烟草消费量却上升了63%[①]。全球烟草消费水平依然呈上升趋势，烟草消费是一个重要的公共卫生问题。在实行全面而有效烟草控制的国家中，巴西的控烟成效突出，在发展中国家可谓一成功范例。从1990年开始，巴西政府发起了控烟计划，二十多年来不断努力加强控烟工作，如今巴西吸烟人数明显削减，国民体质提高，由烟草带来的经济损失和社会问题减少，同时也为其他致力于控烟工作的国家提供了有益借鉴。

---

[*] 钟秋平，福建师范大学美洲史研究院，硕士研究生。
[①] 张铁男、熊必琳：《烟草控制与烟草经济》，经济科学出版社，2004，第198页。

一 控烟原因分析

促使巴西控烟的原因固然是多方面的，笔者认为最为主要的有如下三点原因，一是巴西烟草消费的流行趋势亟须遏制；二是烟草对巴西民众健康的危害；三是巴西在签订全球性控烟立法《烟草控制框架公约》（简称《公约》）后对控烟工作的激励和促进。

（一）巴西烟草消费流行

巴西是当今世界烟草制品产量较大的国家之一，据 2006 年的统计，其烟叶出口居世界第一，烟叶生产居世界第二，总产量的 85% 用于出口，15% 的烟草用于国内消费。[①] 1999 年巴西烟草种植面积约为 33.8 万公顷，近几年，烟草种植面积扩大至 37.6 万公顷左右。[②] 截至 2011 年 4 月，巴西的烟叶生产已跃居世界第一位。巴西烟草制品能较大程度地满足本国烟民的需要，这是其国内烟草消费较普遍的一个重要原因。

据巴西 1989 年的全国健康与营养调查显示，巴西人口中约有 35% 为烟民。2006 年，吸烟率下降至总人口的 16%，其中男性烟民占总人口的 20%，女性烟民占 12%。[③]

巴西国家癌症研究所最近公布的一项调查结果显示巴西烟民的低龄化趋势，巴西全国"80 后"年轻人开始吸烟的平均年龄为 17 岁，而在较为贫困的东北部和中西部，这一年龄提早到 15 岁。国家癌症研究所的数据显示，目前巴西全国共有 2500 万名 15 岁以上的烟民，约占总人口的 12.5%。[④] 据巴西地理和统计协会的统计数据显示，1/3 以上的吸烟者一天吸食 15～24 支卷烟。

---

① 李小兰、李桂湘等：《加拿大、巴西烟叶概况及其思考》，《广西烟草》2006 年第 3 期。
② 《巴西：烟叶生产世界第一》，烟草在线国际报道（http：//www.etmoc.com/global/lookmore.asp？type=397），2011 年 4 月 19 日。
③ 罗伯特·伊格莱西亚斯等主编《巴西烟草控制》（Roberto Iglesias, Prabhat Jha, Márcia Pinto, Vera Luiza da Costa e Silva, Joana Godinho, Tobacco Control in Brazil），华盛顿国际复兴开发银行，2007，第 6 页。
④ 《巴西 80 后平均 17 岁开始吸烟》，烟草在线（http：//www.tobaccochina.com/news/control/index.shtml），2010 年 9 月 6 日。

因此，在发起控烟计划前期，巴西国内烟草消费盛行，吸烟率远高于英美等发达国家，且烟民呈低龄化趋势发展，巴西女性中也存在较高的吸烟率。在认识到烟草危害的基础上，烟草消费流行趋势亟须遏制。

（二）烟草对健康的危害

在世界范围内，吸烟是导致死亡的一个主要原因。世界卫生组织目前已将烟瘾列入国际疾病分类，并确认烟草是目前人类健康的最大威胁。截至2000年，吸烟已导致每年约500万人死亡，占全球成年人死亡人数的1/10。据《世界烟草地图》估计，若任其发展，到2020年烟草将导致全球每年840万人死亡，到2030年死亡人数将升至每年1000万。

吸烟与癌症、呼吸道系统疾病和心脑血管疾病有密切的关系。根据长期观察，吸烟者患肺癌的风险是不吸烟者的20倍。研究证明，女性吸烟对生育有明显的影响，增加了其自发流产、胎盘前置、胎儿死亡、儿童肿瘤和先天缺陷的可能性。暴露在二手烟雾中的被动吸烟者也深受烟草毒害，被动吸烟与肺癌、冠心病的发病率有密切的病因学联系。与吸烟者结婚的非吸烟者，对比未与吸烟者结婚的非吸烟者，患肺癌的可能性高出了24%。[1]

据世界卫生组织评估，巴西每年因吸烟死亡20万人。在巴西死亡人口中，主要死亡原因是由吸烟导致的心血管疾病和癌症，而肺癌在众多癌症中居首位。巴西国家癌症研究所的最新报告显示，2010年巴西有约9000名女性死于肺癌。[2] 在死亡人口中，因吸烟导致的死亡人数由20世纪90年代的每年8万人增长为现今每年20万人。[3]

随着医疗技术水平的不断成熟，人们逐渐认识到烟草消费给健康带来的危害。烟草带来的身体疾病和死亡，给人们敲响了控烟警钟，使人们不得不反思其危害，并为减少危害制定控烟政策。

---

[1] 海克肖：《肺癌与被动吸烟》（Hackshaw A. K, "Lung cancer and passive smoking"），《医学研究统计法》1998年第7期。

[2] 《巴西女烟民数量上升》，中国烟草市场（http：//www.etmoc.com/global/looklist.asp?id=16970），2011年1月11日。

[3] 塔尼亚·卡瓦尔坎蒂：《巴西烟草控制》（Tania Cavalcante, "Tobacco Control in Brazil"），国际资源中心（http：tobaccofreecenter.org/zh/），2010年12月10日。

(三) 履行国际控烟公约

从1970年开始,世界卫生大会就烟草控制做过多次决议。1999年第52届世界卫生大会通过了制定全球性烟草控制框架公约的决议,确定了世界卫生组织在烟草控制领域的领导权,并最终于2003年在第56届世界卫生大会上通过了第一部国际控烟法律《烟草控制框架公约》(以下简称《公约》)。《公约》第三条规定,《公约》的目标是旨在为各国提供一个综合性烟草控制措施的框架,以便使烟草消费率和接触烟草烟雾持续大幅度下降,从而保护当代和后代免受烟草消费和接触烟草烟雾而对健康、社会、环境和经济造成极具破坏性的影响。

巴西于2005年11月3日批准《公约》。截至2010年年底,《公约》现有172个缔约方,表明其成为联合国历史上得到最广泛支持的国际条约之一。《公约》的主旨是通过综合手段实现控烟目标,包括经济措施、立法活动和公众健康教育运动等。各缔约国中,控烟履约率较高的国家和地区有英国、芬兰、澳大利亚、新加坡、泰国、中国香港等,这些国家和地区较早开始烟草控制立法和烟草控制行动,控烟措施十分强硬。这些控烟措施已取得了明显的成效,吸烟率在世界3/5的国家都呈稳定下降趋势。在控烟开始较早的英国,20世纪60年代男性肺癌的死亡率达到高峰,现在已经呈现明显下降趋势。[1]

以上国家和地区的控烟举措和成效无疑对巴西控烟运动产生了一定的促进作用,加之巴西签署《公约》后必须履约的控烟责任与义务,都激励着巴西控烟运动的广泛开展。

二 控烟措施

巴西自1985年就已开始执行控烟干预,20世纪90年代初制定了全国性的控烟计划。经过20多年的发展,巴西吸烟人数显著下降,其控烟措施在发展中国家中也被认为是最全面的。巴西控烟计划的成功执行在国内引发了一股控烟潮流,形成了一场具有一定规模的控烟运动。巴西控烟计划

---

[1] 世界卫生组织、美国癌症协会:《遏制烟草流行》,转引自张铁男、熊必琳《烟草控制与烟草经济》,经济科学出版社,2004,第217页。

包含立法、经济和监控措施,学校和工作场所的教育行动,健康医疗服务,与非政府组织开展合作等。巴西控烟计划的各项措施,从遏制烟草消费与供给两方面入手,既减少消费者的烟草需求,又限制生产者和销售者的烟草供给,从而降低烟草流行率,实现控烟目的。

(一) 立法措施

目前,巴西没有专门的全国禁烟法,只是在1996年生效的法律条款中规定,禁止向未成年人出售香烟和散播香烟广告,并禁止在公共场所吸烟,但没有任何对违背禁令的个人和单位的处罚规定。截至2009年年底,巴西已有6个州颁布了州际禁烟法律,覆盖人口近1亿,占巴西总人口的一半[1]。用法律来保证传达给人们吸烟危害的信息,对烟草制品实行强制管制来保护消费者,保护人们免受二手烟的危害,保护青少年免受烟草广告、促销和赞助的影响,同时增加烟民可获得戒烟的帮助。

1. 对烟草广告、促销和赞助活动的限制

烟草业每年斥巨额资金用于推销其产品,将广告、促销和赞助策略结合起来,直接影响人们对烟草的认识与态度。2008年《公约》要求实施全面禁令,各缔约方批准《公约》在五年内实施并推行全面烟草广告、促销和赞助禁令。

2000年8月9日,巴西众议院通过一项禁止广播、电视、报纸、杂志等所有新闻媒体播放、刊登卷烟广告的法律草案,违者将被处以高达5.5万美元的罚款[2]。该法案还禁止烟草商赞助文化和体育活动。从2002年1月开始,巴西实施了几乎全面的卷烟广告禁令。对于不同收入阶层和教育水平的人,全面禁令都能起到减少烟草使用的作用。针对30个发展中国家广告禁令的一项研究发现,部分禁令有助于降低13.6%的人均烟草消费量;比较而言,实施全面禁令的国家中,人均烟草消费量降低了23.5%[3]。

---

[1] 毕玉明:《巴西迎来新一轮禁烟高潮》,烟草在线 (http://www.tobaccoChina.com/news/control/index.shtml),2009年11月24日。
[2] 《世界各国烟草禁令概况》,控烟之声 (http://www.tcalliance.org.cn/home/? action-viewthread-tid-12852),2011年4月3日。
[3] 林中草:《烟草广告、促销和赞助的基本事实》,控烟之声 (http://www.tcalliance.org.cn/home/),2010年11月25日。

2. 对烟草包装、烟草制品成分的管制

1999 年 6 月,巴西卫生部通过对烟草包装要求的法令:规定烟草生产商必须在香烟包装上印有警示标语,如"吸烟有害健康""尼古丁是一种上瘾药物""吸烟导致性无能"等,且每个月轮换一次标语。2001 年,国家公共卫生监控署第 46 号决议规定,在巴西销售的香烟中,标注香烟烟雾中焦油、尼古丁和一氧化碳的最高含量,禁止在包装上使用"轻度""淡味""温和"等误导性描述用语。巴西是世界上第一个禁止使用这些标语的国家。[①] 同年的一项临时措施又规定除出口烟草制品外,香烟包装必须标注健康危害警示语并附上警示图案,全面覆盖烟盒面积较大的一面。同时强制在香烟包装背面标示戒烟求助热线。

2002 年,巴西国家公共卫生监控署进一步深化对烟草包装的管制,禁止生产、进口、广告和发放形状类似香烟、雪茄或其他烟草制品的食物;禁止使用类似于香烟包装的食物包装;禁止使用源自香烟产品的品牌名称等。这些措施在阻止国民吸烟上起着重要作用。2002 年 4 月针对香烟包装革新措施的影响进行调查,共采访了巴西 126 个城市中 2000 人以上的居民,结果显示 67% 的吸烟者表示这些直观的警示图片增强了他们戒烟的决心,而 54% 的吸烟者认为该革新改变了他们对吸烟影响身体健康的看法。[②] 2003 年,国家公共卫生监控署对烟草包装再次制定管制政策,强制对向未成年人销售香烟的销售者处以 6 个月至 2 年的拘留和高额罚款。

对于烟草制品的管制,主要体现在对烟草制品成分的规范。巴西国家公共卫生监控署第 105 号决议调整烟草制品每年的注册,要求烟草公司就其出售的产品递交阶段性的报告,报告必须披露烟草制品成分和销售情况。决议还要求公司必须为其烟草品牌每年支付 10 万雷亚尔(按当时美元对雷亚尔汇率约合 4 万美元),[③] 这些资金用来创建储存烟草工业信息的数据库、在国家癌症研究所建立实验室以及对烟瘾疾病的临床试验提供赞助。

烟草包装上图文相结合的健康警示,是提高公众对烟草使用严重危及

---

① 《巴西概述》,国际资源中心(http://tobaccofreecenter.org/zh/resources_country/brazil),2010 年 4 月 5 日。
② 塔尼亚·卡瓦尔坎蒂:《巴西烟草控制》(Tania Cavalcante, "Tobacco Control in Brazil"),国际资源中心(http://tobaccofreecenter.org/zh/),2010 年 12 月 10 日。
③ 2000~2010 年,巴西货币雷亚尔兑美元的汇率波动较大,故货币等值换算因时间差异而不使用固定汇率。

健康的认识进而减少烟草消费的最具成本效益的方法之一。对烟草制品成分的规范与披露，在一定程度上保护了消费者对烟草制品危害的知情权，从而使吸烟者相对减少烟草需求。

3. 在公共场所禁烟

从 1996 年起，巴西已开始在公共场所禁烟，并为此建立法律框架，规定除在公共场所的吸烟隔离区外，禁止在封闭的公共场所、工作场所和公共交通工具上吸烟。对于巴西的控烟法案，有着 50 年烟瘾的巴西前总统卢拉凭着毅力带头成功戒烟。总统的个人行为在一定程度上引导着国民的控烟行动。

2009 年 4 月 7 日，巴西人口最多的圣保罗州议会通过全面禁烟法案，这是巴西迄今为止在地方上通过的最严厉的禁烟法令。根据这项法案，在餐馆、酒吧、建筑物的公共区域、旅馆、出租车以及该州的公共汽车内一律禁止吸烟；除专门推广烟草出售的地区和举行一些必须使用烟草的宗教仪式外，私有企业以前设有的吸烟隔离区也被取消。如有违反，该所属单位将被追究责任，最高罚金可达 320 万雷亚尔（约合 144 万美元），而且可能被吊销营业执照。

联邦和各州公共场所的禁烟法令不仅在于减少吸烟者的香烟消费量并引导其戒烟，也是为了保护非吸烟者免受二手烟雾的危害。公共场所禁烟有效地降低了被动吸烟的危害，同时也有利于无烟社会风气的形成，特别是有利于青少年吸烟有害健康意识的培养。

（二）提高烟草税收和价格、限制烟草贷款

在诸多控烟措施中，经济措施最直接影响着烟草消费量，烟草价格浮动对烟民的香烟购买力影响直接而深远。因而为更加有效地降低烟草消费量，必须充分利用经济措施，提高烟草价格和烟草税收。

巴西试图在国内保持较低的香烟价格，但其人均合法香烟消费量并没有大幅度下降。1990～1993 年，在通货膨胀的背景下，巴西香烟价格增长了近 78%，从而使总销量显著下降。[①] 香烟提税和提价对香烟消费量影响的

[①] 罗伯特·伊格莱西亚斯等主编《巴西烟草控制》（Roberto Iglesias, Prabhat Jha, Márcia Pinto, Vera Luiza da Costa e Silva, Joana Godinho, *Tobacco Control in Brazil*），华盛顿国际复兴开发银行，2007，第 7 页。

研究发现，每增加10%的吸烟限制，则长期后人均香烟消费量可下降2.3%；提高10%的香烟价格，则长期后人均香烟消费量可下降4.8%；香烟专税提高72%，价格上升14%，而人均消费量可下降7%，并增加国家财政税收中60%的烟草收入。① 可见提高烟草税是减少烟草消费最有效的措施之一。尽管近年来巴西烟草税有所提高，但仍低于世界银行建议的税率（零售价的65%至80%），控烟政策行之有效的国家一般都采用世界银行建议的税率。

在高收入国家，烟草税占据了每包香烟2/3以上的零售价格。提税和提价对于减少青少年和成年人吸烟至关重要，特别是对低收入烟民群体。研究显示，巴西贫穷市民中的烟民比例较高，19.9%的烟民来自人均收入不到最低工资标准的1/4即116.25雷亚尔（约66.81美元）的家庭。在人均家庭收入超过最低工资标准两倍即达到930雷亚尔（约534.48美元）的家庭，仅有13.5%的人为吸烟者。提税对不同收入水平的人群有不同程度的影响，低收入人群面对提税提价不得不更大程度地减少香烟消费。

在提高烟草税收和价格的同时，巴西政府限制甚至禁止向烟草种植提供财政支持和公共贷款。2001年4月，巴西中央银行通过了禁止向烟草生产商提供信贷的决议，这项措施对于烟草种植过快增长起到了一定的遏制作用。烟草经济学的研究证实，提高烟草税是控烟活动中最符合成本与效益的方法。

（三）控烟健康教育行动

对国民的控烟健康教育是烟草控制策略能够有效和稳定发展的基本要素。首要的教育措施就是宣传有关烟草对健康、环境和经济危害的科学知识，这些措施包括利用媒体传播吸烟有害健康的知识和引导民众开展健康生活方式的持续教育行动。

研究表明，大多数的巴西吸烟者没有接受过较高的正规教育。其中25.7%的烟民接受的正规教育不到一年，23.1%的烟民接受过一至三年的教

---

① 罗伯特·伊格莱西亚斯等主编《巴西烟草控制》（Roberto Iglesias, Prabhat Jha, Márcia Pinto, Vera Luiza da Costa e Silva, Joana Godinho, *Tobacco Control in Brazil*），华盛顿国际复兴开发银行，2007，第8页。

育，接受过 11 年以上学校教育（高中教育）的烟民为 11.9%。① 因而健康教育行动必然成为巴西控烟计划的主要内容。控烟教育措施主要通过两个宣传活动日开展，即每年 5 月 31 日的"世界无烟日"和 8 月 29 日的"巴西反吸烟日"，国家卫生部和国家癌症研究所以这两个活动日为契机，在全巴西开展教育活动。自 1988 年开始，世界卫生组织每年开展"世界无烟日"活动，致力于在各个领域宣传控烟措施。每年的"世界无烟日"制定不同的主题开展活动，如 2007～2010 年的主题分别是"创建无烟环境""无烟青少年""烟草健康警示"和"两性与烟草：关注针对女性的促销行为"。"巴西反吸烟日"则主要致力于青少年戒烟，运用艺术和体育运动来提倡无烟健康生活方式。在宣传活动中，控烟计划开发了一系列的教育宣传材料，在巴西各个城市进行巡回展览。除此之外，巴西还利用国际戒烟大赛、国际妇女节、儿童节等节日来宣传烟草的危害。巴西每两年召开一次支持国家控烟计划和与之相关活动的"国家烟草大会"，这给立法者带来较高的关注率。

为实施持续教育行动，巴西控烟计划选择在工作场所、学校和医疗卫生单位开展相应的活动。无烟工作场所计划以一个系统的方式来运行，参与人员包括职业健康顾问和致力于构建无烟公司的职员。通过对吸烟人数进行调查，再进行吸烟危害特别是二手烟危害的教育。同时在工作场所禁止吸烟，邀请专业的健康顾问帮助员工戒烟。无烟学校计划由一系列的教育活动和行为规范组成，在教育过程中，学校全体师生都是被教育者，烟草知识贯穿于各学科中，鼓励在校师生远离香烟。无烟医疗卫生计划为寻求帮助的吸烟者提供有效的戒烟方法。巴西政府要求医疗卫生单位必须是无烟医院，健康专家应该为公众树立行为规范。该计划首先为健康专家和医疗卫生单位员工提供戒烟训练，使他们能为病人提供戒烟帮助，同时促使人们改变医疗卫生单位可吸烟的观点。

控烟健康教育行动将控烟教育和行为示范相结合，从而营造一个有利的戒烟环境，在整个社会中形成不吸烟的风气。它致力于从思想上改变人们对烟草危害的认识，相对于其他控烟措施的客观强制性，教育行动则引导民众形成远离香烟的主体意识。从根本上说，这项措施最具有影响力和

---

① 《巴西烟民数量达 2460 万》，烟草在线（http://www.tobaccochina.com/news/control/gj/200912/200912101726_387733.html），2011 年 3 月 18 日。

长远意义。

（四）与民间团体的合作

巴西医学机构最早在临床治疗中认识到烟草的危害，并于20世纪70年代开始提倡烟草控制。但吸烟已为社会广泛接受，当时的社会环境并不利于实行控烟政策，因而直到80年代中期，公共控烟干预才被提出。1985年巴西卫生部内部成立了控烟咨询委员会。从1989年起，国家癌症研究所、卫生部和国家控烟计划开始联合，致力于降低吸烟流行率和减少由烟草导致的疾病和死亡。1999年为响应《公约》控烟要求，巴西政府建立了由卫生部、农业部、财政部、教育部、司法部等诸多部门组成的全国控烟委员会。国家癌症研究所掌管着控烟委员会的执行权，同时领导着巴西控烟计划。该控烟计划由一个非处于巴西利亚的政治机构管理，从而使它免受政府和烟草部门施加的政治压力。

控烟计划超越政府层面的管理，寻求与非政府组织、科技团体和专家协会建立合作关系。例如国家癌症研究所支持的"巴西烟草工作会议"从1994年以来就与科技团体和烟草控制委员会、肺炎研究协会等非政府组织建立了合作关系。再如2000年召开的"烟民的诊治及对策研究共识会议"，有来自各个领域关于卫生健康的科学协会和专家团的参与。2003年2月，在控烟计划的影响下，"联邦医学会议"也成立了控烟委员会，用客观事实使医生认识到烟草流行的危害，从而动员在医学院开设有关烟草内容的课程，刺激巴西立法机构认可《公约》并履行控烟义务。

独立于政府机构之外的民间控烟团体，与国家控烟计划联系紧密。为引导民众认识烟草危害提供科学的参考资料，为各项控烟措施出谋划策。这些合作有利于提高教育措施的实施力度，加强控烟团体反抗烟草工业活动的力量。

（五）打击烟草走私和非法交易

烟草是世界上走私最广的合法消费品之一。大量证据表明，大多数非法香烟都比合法香烟便宜，两者间的价格差异刺激着非法香烟市场的需求与供给。低收入消费者没有足够的钱购买合法香烟便转向购买非法香烟。巴西合法香烟价格的上涨及美元对雷亚尔汇率的升值，都为香烟非法交易和廉价香烟走私提供了滋长的土壤。

20世纪90年代中期，巴西国内合法香烟价格上涨，香烟消费量减少，却刺激了烟草走私活动，因而当时非法香烟充斥着巴西诸多城市。巴西政府曾希冀以较低的香烟价格打击烟草走私，防止国家收入流失。《新版烟草地图》统计，2006年，大约6000亿支卷烟走私进入市场，各国政府错过了征收大量税收的机会，同时也增加了国民吸烟的机会。① 2008年，巴西的合法卷烟销量超过900亿支，但非法贸易销量约占总销量（合法和非法）的28%，相当于近360亿支走私卷烟。非法香烟市场保持着每年人均300支以上的香烟销量，② 因而加强打击烟草非法贸易的力度势在必行。

为遏制大规模烟草走私，巴西在1999年12月对出口卷烟强制征收150%的出口关税，这种新的税收结构导致巴西香烟出口率下降89%。③ 烟草走私作为一个全球性问题，禁止烟草走私需要国际间的协商合作，加大打击走私力度。2004年，巴西政府起草对打击香烟非法市场的提案，加强对烟草生产商和烟草注册公司的监督。

为有效实现控烟目标，应将打击烟草走私与提高烟草税和烟草价格相结合。提高烟草税必然引起烟草价格上涨，而价格上涨为非法香烟销售和烟草走私提供了可能。有无严格的打击走私的措施是遏制烟草走私的关键，因而加强与邻国间协作共同合作打击走私犯罪，提高烟草价格且缩小地区价格差，是巴西控烟运动又一重要举措。

三 控烟成效和借鉴意义

二十多年来巴西的烟草流行率下降，由1989年成人35%的吸烟率减少为现今16%左右，④ 并将继续呈下降趋势。巴西烟草流行率低于多数发达

---

① 《新版〈烟草地图〉展示烟草在世界各地导致死亡人数》，国际资源中心（http://tobaccofreecenter.org/zh/story/2009/03/10/tobacco-atlas-2009），2009年3月10日。
② 《巴西概述》，国际资源中心（http://tobaccofreecenter.org/zh/resources_country/brazil），2010年4月。
③ 沙基和卡瓦尔坎蒂等主编《国际烟草监控的案例研究》（O. Shafey, V. Cokkinides, T. M. Cavalcante, M. Teixeira, C. Vianna, M. Thun, "Case Studies in International Tobacco Surveillance"），《烟草控制》（*Tobacco Control*）2002年第11卷第3期，第215页。
④ 罗伯特·伊格莱西亚斯等主编《巴西烟草控制》（Roberto Iglesias, Prabhat Jha, Márcia Pinto, Vera Luiza da Costa e Silva, Joana Godinho, *Tobacco Control in Brazil*），华盛顿国际复兴开发银行，2007，第6页。

国家及其周边国家，这与其自20世纪90年代开始执行的控烟政策分不开。巴西控烟运动不仅有利于改善国民身体健康，而且能有效减少国内经济损失和社会问题，同时展示其作为成功履约国负责任的国际形象，为世界其他国家提供控烟借鉴。巴西控烟运动的影响是多方面的，笔者将其总结为以下三点。

（一）提高国民体质

巴西在继英美等国家香烟消费大幅度增长之后的十年，同样经历烟草消费迅猛增长的时期。如今，经历了控烟干预后的巴西，其人均消费量继续低于除英国以外的其他国家。总体上巴西成年人人均香烟消费量显著下降，由1990年约1700支减少为2005年的1175支。[①] 巴西控烟运动在吸烟者中改变消费模式，在这类消费者中减少香烟危害。在控烟运动持续开展过程中，巴西烟草消费率逐年稳步下降，多数烟民开始戒烟和减少香烟消费。这不仅利于烟民自身健康，也对被迫吸入二手烟雾的非吸烟者大有裨益。国民体质的提高，对于减少工作年限损失和生产力的丧失将具有重要意义。

（二）减少经济损失与社会问题

由于烟草消费的效应非立竿见影，所以人们不能立即察觉到其对健康的危害以及由此带来的经济和社会影响。《世界烟草地图》估计，"烟草给世界经济带来的损失高达5000亿美元，超过所有中低收入国家每年卫生支出的总和"。[②] 巨大的经济成本包括人口早逝、生产力丧失、土地等资源使用不当，经济损失除医疗费用外，还有如火灾等由烟草消费导致的意外事故。烟草消费还引发一系列社会问题。

巴西控烟运动对于减少经济损失与社会问题尚无确切的数据评估，但随着吸烟率的下降，将每年节省巨额医疗开支和减少潜在因吸烟引起的意外事故。同时，走私香烟和非法销售进一步得到遏制，防止国家税收的流失。随

[①] 罗伯特·伊格莱西亚斯等主编《巴西烟草控制》（Roberto Iglesias, Prabhat Jha, Márcia Pinto, Vera Luiza da Costa e Silva, Joana Godinho, *Tobacco Control in Brazil*），华盛顿国际复兴开发银行，2007，第6页。

[②] 《新版〈烟草地图〉展示烟草在世界各地导致死亡人数》，国际资源中心（http://tobaccofreecenter.org/zh/story/2009/03/10/tobacco-atlas-2009），2009年3月10日。

着政府财政收入的增加，用于改善卫生服务的财政预算也将相应增长，贫苦人群更多地得到医疗保障，人民的生活质量得到提高，社会问题相应减少。

（三）控烟借鉴意义——以中国为例

中国是世界上最大的烟草生产国和烟草消费国。中国的控烟工作起步较晚，2006年1月《公约》在我国生效。但是烟文化渗透、控烟执法难和与烟草有关的庞大产业链等原因导致控烟工作步履维艰。我国目前有烟民3.5亿人，占全世界烟民总数的1/3，[①] 每年归因于烟草的死亡人数约120万，是世界范围内每年因烟草死亡人口总数的1/5。若不采取有效控烟措施，到2030年，死亡人数将飙升至350万。因而我国控烟工作任重道远，开展控烟运动是一项坚定不移的政策。

2010年5月11日，卫生部宣布"全国医疗卫生机构将于2011年1月起在所有室内公共场所、室内工作场所、公共交通工具和其他可能的室外工作场所实现全面禁烟"，这标志着中国内地公共场所全民控烟的开始。自世界卫生组织《公约》生效以来，世界各国控烟浪潮一浪接一浪，缔约方每年须向世界卫生组织递交控烟年度报告，但我国的香烟产量却年年攀升，以百分制评价我国对世界卫生组织《公约》关键政策的执行情况，2010年控烟履约绩效平均得分仅为37.3分，和其他国家相比，我国的履约情况处在100多个公约缔约国的最末几名。[②]

目前，我国控烟工作的症结主要在于戒烟建议缺失，危害警示不强，烟草隐形广告过多等方面。我国控烟工作可从巴西等控烟取得较大成效的国家汲取成功经验，为实现控烟目标采取一系列有效措施。如颁布全国性禁烟法令，加强立法监督；提高烟草税收与价格；加强全民烟草健康教育，扩大反吸烟队伍；打击烟草走私和非法贸易；降焦减害，研制烟草可替代品；创建无烟城市；逐渐改变我国烟草业政企合一的体制等，使我国由消极控烟国迈向积极控烟国。制定符合我国国情的具体控烟政策和措施，坚定控烟之路不动摇，必将是一项造福于当代及子孙后代的明智之举。

---

① 中华预防医学协会，中国癌症基金会，新探健康发展研究中心：《积极履行〈烟草控制框架公约〉，拒绝烟草捐助倡议书》，《新探健康发展研究中心控烟通讯》2010年第5期。
② 杨功焕、胡鞍钢：《控烟与中国未来——中外专家中国烟草使用与烟草控制联合评估报告》，经济日报出版社，2011年1月6日。

巴西的文化革命

马里奥·A. 卡德纳斯·玛达里亚加[*]

苏　婧[**] 译

内容提要：巴西因为拥有众多的人口、特殊的地理位置和广阔的土地面积，因此在整个拉丁美洲尤其是南美洲的发展进程中肩负着一种特殊的责任。巴西独立以来经历了王国时期、寡头共和国时期、人民共和国时期、军政府时期和当今的民主共和国时期。巴西一直饱受通货膨胀的困扰，没有适合本国的发展计划。文化因素在很大程度上影响着经济发展。因此在当前巴西需要进行文化革命，在经济、科技迅猛发展的环境下塑造一个具备高素质的民族，制定符合本国发展的新战略。

关键词：巴西　文化革命　通货膨胀　武装力量

巴西的责任

巴西因为拥有众多的人口、特殊的地理位置和广阔的土地面积，因此在整个拉丁美洲尤其是南美洲的发展进程中肩负着一种特殊的责任。也正是由于巴西的重要性，所以这个国家的发展在很大程度上影响整个拉丁美洲的发展。

---

[*]　本文作者马里奥·A. 卡德纳斯·玛达里亚加（Mario A. Cadenas Madariaga, 1930-　）是阿根廷法学家，曾任阿根廷驻拉美自由贸易协会的大使、政府经济部农牧业局局长。最近十多年致力于拉美文化革命研究。本文载于 http://www.revolucioncultural.com.ar，本译文已获得作者的授权。

[**]　译者苏婧，北京语言文化大学外国语学院，讲师。

在巴西，有利因素和不利因素并存。巴西的工业获得了很好的且多元化的发展，农业、商业和服务业等方面发展水平也很高。这些给巴西的发展奠定了良好的基础。

巴西发展的不利因素在于这个国家的统治阶层不了解其文化问题的实质，不能相应地解决问题，因此也不能制定有效的发展规划。但这并不是巴西特有的问题，而是整个拉丁美洲存在的问题。

巴西的社会现实

巴西真正的种族构成非常复杂。巴西的人口统计调查指出，该国家一半以上的人口是白人。在阿根廷，人们也认为本国大部分人口是白人。但是2005年布宜诺斯艾利斯大学的调查表明，阿根廷56%的人口的血统构成主要来自土著血统，其中有400万人是纯印第安血统，只有44%的人口的血统构成来自欧洲血统。1995年笔者出版的《新基础》一书中指出了60%的拉丁美洲人口主要受混血文化的影响，而只有40%的人口主要受到来自西班牙殖民者和19～20世纪欧洲移民文化的影响。在巴西这块土地上，最先到来的外来种族是葡萄牙殖民者，但是其数量很有限，随后还有一些荷兰殖民者到来，但是劳动力主要来自巴西的土著部落，虽然人数不确定，但是数量众多。然后殖民地时期又引入了300万至400万的黑人奴隶。土著人和黑人构成了巴西的绝大部分人口。尽管19世纪末～20世纪前半期有400万欧洲移民涌入巴西，而1905年巴西人口为2000万，这样看来巴西的人口构成中白人肯定不占主要地位。阿根廷在同一时期也接受了差不多数量的欧洲移民。根据1869年的人口普查结果，阿根廷人口为180万，而1895年的人口普查显示阿根廷人口达到了400万。而根据人口普查结果，巴西1872年拥有1000万人口，而1905年巴西人口为2000万。

如果整个拉丁美洲不承认其真正的种族文化根源，就会对于其社会文化现实从一开始就存在错误认识，因此他们也封闭了了解其真正文化本质的道路。

文化问题是深层问题

巴西拥有非常繁杂的社会现实，由四个大的文化传统族群构成，文化差异也很大。这四个文化传统族群分别来自：（1）16～18世纪重商主义的葡萄牙殖民者。如今这部分族群主要存在于传统的畜牧业和与农业相关的社会阶层，他们人数上不占优势，但是具备一定的政治文化影响；（2）19~20世纪的欧洲移民，他们是现在巴西中、上等阶层的主体部分；（3）印欧混血种人，他们主要是巴西劳动人民阶层的主要组成部分；（4）黑人及黑白混血种人，这一部分人群在巴西人口中也占有相当比例。

尽管像在拉丁美洲大部分地区一样，各文化传统的族群能和平共处，这也是非排外、非歧视文化的结果，但是各种社会差异表明了各社会阶层所处的生活环境存在巨大的差别。由于巴西的文盲率高，文化差异大，巴西成为拉丁美洲各阶层收入差距最大的国家。

除了社会不公因素之外，这些差异也表明了在上等阶层中，存在一个领导阶层，他们了解现代科技，管理大型企业，拥有政治影响力，接受各学科的教育，进行包括原子能在内的各种科学研究。也正是这个领导阶层使得巴西能够获得发展。

巴西人口中的很大一部分为劳动人民、失业者、文盲、贫困和赤贫人口、流浪儿童、老人和病人。这些人如今只要达到了选举的最低年龄限制后，都享有投票权，也正是他们构成了巴西的人口主体。现在面临的选择是或者将众多的人口资源转变为能胜任各项工作的民众，或者巴西及拉丁美洲将不能在民主的体制下继续生存。

巴西在葡萄牙王室统治时期，最高权力属于国王和他的咨询委员会，但是议会也会对国王的权力加以限制。但是当议会与君主之间有冲突时，议会就会被解散。

在寡头共和国时期，最高权力属于圣保罗（San Pablo）和米纳斯吉纳斯（Minas Geraes）的领导阶层。在瓦加斯（Vargas）独裁统治时期，与巴西大部分州的领导阶层共同分享权力。在军政府时期，权力掌握在广泛的中、上等阶层手中，而武装力量主要是在维护国家安全的基础上促进国家的发展。葡萄牙王室解决了巴西历史上最困难的问题，即克服了巴西没有易于开采的资源的缺点，并组建了现代国家。之后的政府都为巴西的发展做出了努力，尽管所实施的政策的成效有差异。

国家的发展与掌握权力的社会阶层的能力有紧密关系。现在巴西国家的权力属于人民大众。为了使一个民族不走向失败，只能进行文化革命，在经济、科技迅猛发展的环境下塑造一个具备高素质的民族。

巴西拥有广阔的土地，但是没有容易开采的资源，这使得葡萄牙实行重商主义政策并和英国结成联盟。占领土地的首要目标就是获取财富。根据《托德西里亚斯条约》，葡萄牙殖民的范围是巴西这块广阔的但是没有商业财富的土地，而且也没有充足的劳动力。因为巴西并不像墨西哥和秘鲁拥有金银这样的贵金属资源。另外巴西的土著人口并不是特别多，殖民者要努力战胜并控制土著人，这样能够保障建立起奴隶制或半奴隶制的经济制度。所以殖民者必须发展能产生商业价值的农业，因此在巴西发展了甘蔗种植和制糖业。但是劳动力不足也限制了农业的发展。

在发现了巴西土地肥沃、适于种植甘蔗后，劳动力缺乏成为阻碍巴西发展的重要因素。在殖民初期，殖民者们在《托德西里亚斯条约》规定的土地范围内向西扩张，后来又扩张到该条约规定的边界范围之外。由于对土地边界的确定存在难度，再加上也没有统治者来划定边界，所以就促进了殖民者们向西扩张。但是还有一项活动能够使占有未被发现的土地具有经济意义，那就是畜牧业。

畜牧业并不要求开发土地，而是在适于放牧牲畜的地方发展。用于畜牧业的庄园有一个自然的界限，这个界限当然越大越好。畜牧业从一开始就要求组建牧场，因为尽管饲养牲畜基本上是依赖大自然的条件，但是还需要努力保护牲畜的安全，即进行长期积极的监管。这也是巴西与阿根廷畜牧业起源的最主要的区别。阿根廷的畜牧业从一开始就不需要任何组织经营，由高乔人以个体的形式来进行，在经营大型的奶牛场时才有时以合作的方式来进行。在巴西，将牲畜放在与阿根廷潘帕斯草原类似的牛奶场里饲养，尽管运用不同的技术，但野牛仍难以存活，只有牲畜的皮可以卖钱。但是，牧牛场很快就变得有必要了，因为这样做是为了达到一种更为有效管理的目的。

巴西的沿海地区得到了发展，居住在沿海地区的人民靠种植甘蔗和其他的经济作物如烟草、棉花、木薯等为生。巴西的沿海地区不像墨西哥、秘鲁的土地那么有吸引力，要建立作为真正制造产品的工厂的殖民地，北美的沿海地区还是首选。尽管如此，巴西沿海地区的人民还要面临很多问题，如荷兰人在这块土地上定居、土壤和气候的不利因素以及葡萄牙与英国之间千丝万缕的联系。

《托德西里亚斯条约》规定的边界以西的土地现在属于巴西。这些土地比该条约界定的土地面积要大。在这块广阔的土地上居住着图皮-瓜拉尼（tupi-gauraníes）部族，他们在这里发展了较高级的社会组织形式，这个地方也从来都没有成为安第斯地区各部族的攻占目标，因为热带雨林需要的是一种完全不同的生存文化。对于哥伦布到达新大陆之前存在的各部族人们的差异及其起源的解释从来没有停止，有许多疑团没有解开。没有争议的事实就是亚马孙地区从来都不是印加人（los incas）、奇布查人（los chibchas）、克丘阿人（los quechuas）、阿以马拉人（los aymaras）或其他安第斯地区各部族的占领目标。西班牙人在太平洋地区的占领也从来没有越过界限。

只有耶稣会占领了巴拉圭西部、密尼松内斯（Minisones）和科连特斯（Corrientes）东部及毗邻地区。这些地区拥有十万瓜拉尼土著人。如果没有驱逐耶稣会的行动，这些地区原本应该属于西班牙国王。从巴西掘金者和耶稣会领导的军队之间的连续冲突可以看出：巴西由于需要劳动力而不断扩张，并且耶稣会也拥有一定的军事组织能力。耶稣会不仅成功地保护了其人民，而且也带领他的军队数次攻占和收复了一些土地。由于阿根廷的反对和乌拉圭的反抗，巴西不能占领乌拉圭。同样巴西也未能在混血种人居住的委内瑞拉、哥伦比亚、巴拉圭这些平原地区扩张其势力。巴西帝国必须通过王室军队的镇压来对付南里约格兰德（Río Grande del Sur）地区的自治要求。

葡萄牙对巴西占领了几个世纪，尽管这种占领是分散性的、持续性的，但是还是承认巴西的一些权利。就像现在有人说的那样，当时这些土地对于西班牙来说并不实用。

拥有一个欧洲王室的优势

巴西是唯一一个曾经居住过一个欧洲王室的拉美国家。葡萄牙王室是巴西政府的最高权力机构。因此对于巴西来说，其优势在于有一大批素质高的政府官员和顾问随着王室一同而来。如随着布拉干萨（Braganza）家族过来的有高级的官员、优秀的医生、律师、政客、陆军司令、海军上将、地理学家、自然学家、文学家、音乐家及其他的艺术家、大商人、大工业家和大银行家。所以在独立战争时期很多政客都主张君主制。

但是这个优势却给巴西独立战争进程带来了问题。巴西最终由王室的不同继承者分区管辖，在巴西并没有因为争取自由而发生流血战争，也没有发生几个州联合起来的内战。而在西属美洲都发生了流血性的独立战争，而这也延迟了独立战争后原西属美洲各国组织政府的进程。

布拉干萨家族的统治对于巴西来说意味着迅速成立了联邦国家，确定了外交政策、组建军队和政府，与欧洲很容易地建立了联系，避免了独立战争和内战。而唐·佩德罗二世（Don Pedro II）与那个时代的任何一个大国的统治者相比都算得上是出色的。

布拉干萨家族于1807年被拿破仑一世驱逐，在英国船队的帮助下来到了巴西。1889年随着布拉干萨家族的离开，巴西才真正开始了共和国时代。在这段时期巴西的人口从300万上升到1500万，脱离了葡萄牙的殖民统治，对其疆土划定了界线，组建了政府，结束了奴隶制，接受了大量的欧洲移民，发展了咖啡种植经济和工业基础。巴西政府的领导阶层深受欧洲文化的影响，而巴西广泛的社会基础的绝大多数是印欧混血种人和印非混血种人。

西班牙和葡萄牙的文化差异及其在阿根廷和巴西社会的影响

相对于西班牙来说，当时的葡萄牙实力明显不强。在发现新大陆后，葡萄牙知道如果没有一个强大的结盟国家的援助，就不能实现其控制美洲、非洲和亚洲的雄伟计划。所以从一开始葡萄牙就努力寻求并且也获得了英国的支持。这种援助还意味着英国的重商主义经济文化对葡萄牙的影响，改变了葡萄牙的封建传统。在对劳动力的定价、发展自己的工业和对外贸易等经济活动中都体现了重商主义文化。

这种影响也催生了大的经济活动计划的形成如种植甘蔗和发展制糖业，这也是葡萄牙对巴西殖民的基础。

因此巴西对于葡萄牙和拉普拉塔河（Río de la Plata）地区对于西班牙意味的挑战是相似的，但是西班牙和葡萄牙这两个王室采取了不同的措施。葡萄牙在巴西寻找可以开发的并且欧洲对此有大量需求的热带作物。西班牙决定关上布宜诺斯艾利斯的大门，这意味着拒绝了所有经济增长的可能性。但是幸运的是西班牙留下了两粒种子，此后将阿根廷变为了总督区。这两粒种子就是混血种人和第一批到来的马、牛、羊。这些成为阿根廷的巨大财富，混血种人口不断增加，马、牛、羊等牲畜也成倍繁殖。250多年后在阿根廷建立了拉普拉塔总督辖区。

而作为殖民地的巴西是制糖经济的产物。制糖业的发展需要一个稳固的企业组织。在这样的企业里劳动者们在严格的监视下工作并且遵守企业的规定。巴西的畜牧业是在热带雨林的基础上发展的。因为热带雨林需要有组织的经营来喂养牲畜，而潘帕斯草原不需要这种有组织的经营。巴西其他的作物如烟草、马黛茶、棉花等的种植都需要通过对劳动力的组织管理。这也与葡萄牙企业家们明确的重商主义文化相符，他们通过对劳动力的管理和对企业的经营追求获取大量利润。这也解释了那些试图逃出种植园的奴隶们为什么会失败的原因。面对葡萄牙的统治模式，在印第安人部落居住的热带雨林里，只有那些集体群居的印第安人能幸存。因为他们懂得其他的生存方式。

西班牙和葡萄牙的文化差异产生了对劳动力的组织管理方式的巨大差异，这也是两个王室对其殖民地管理的差异的反映。最主要的区别就在于对殖民地人民的影响。以巴西和阿根廷为例，巴西的土地面积是阿根廷的3倍，但是当殖民统治结束时其人口是阿根廷的10倍。巴西的人民能在一定程度上了解威权和法律的作用，而居住在农村的大部分阿根廷人对于法律和威权根本不了解。

在阿根廷，人们反抗政治和企业权威，因此会出现无政府状态和内战。而在巴西，联邦政府统治的有效性保证了国家的秩序。阿根廷的奴隶解放运动早于巴西，1912年阿根廷就承认了人民的普选、无记名和义务投票的权利，而巴西在1984年才承认人民的这些权利；阿根廷的工人组织更加有影响，社会平等状况也好于巴西，这些都是文化差异的体现。

巴西由于殖民地时期产生的人口数量的优势并没有被阿根廷超越，但是后来两国人口数量的差距缩小了。17~19世纪有300万~400万奴隶进入巴西，因此在19世纪初巴西的人口是阿根廷的10倍。从19世纪90年代到20世纪三四十年代，两国的人口差距缩小到3倍，后来又增加到了5倍。人口数量和国内生产总值虽然没有严格意义上的联系，但是也的确存在平行关系。

巴西、美国、阿根廷发展的区别

19世纪初，巴西、美国、阿根廷的人口分别为500万、300万和30万。巴西在当时已经是一个独立的国家，其政体为共和体制，大部分人口为白人，文化水平较高。

由于自身的特点，美国成为了欧洲撒克逊和日耳曼民族移民的目的地。1870年美国人口为4000万，巴西人口为1000万，阿根廷人口为200万。这三个国家都因为经历了相应的战争而使各自的发展进程受到了影响。

1910年美国已是世界的头号强国，拥有9000万人口和雄厚的工业基础，因此在一战时美国的作用是决定性的。巴西拥有 2000 万人口，阿根廷人口接近 800 万。但是 1910 年时阿根廷的国内生产总值已经超过了巴西。

美国和巴西在殖民地时期比阿根廷具有优势是由经济活动中文化的巨大差异决定的，而经济的发展也带来了美国和巴西人口的增长。这反映在大量的黑人奴隶进入巴西和大量的欧洲人移民到美国。

英国在北美的十三个殖民地对于移民家庭来说从一开始就是一个简单的改变，不变之处只是移民们要建立小城市和新家。但是这些移民没有与当地土著文化融合，而是保留了他们原有的文化、技术知识、宗主国的所有职业和行业，他们组成了新的家庭，夫妇二人或他们的后代都是欧洲人，没有与土著人通婚。因为这些移民是属于整个群体的迁移，社会文化与宗教信仰都非常统一。这些移民在劳动时有广阔的土地，这些土地是他们从殖民统治初期就与印第安人协商和平获得的，并且他们有完全的宗教信仰自由。英国舰队保障他们的外部和平，能和英国顺利进行贸易，在美国内部也不存在导致内部冲突的原因，所以美国拥有很好的发展条件。另外美国还有充足的劳动力，所以在这片土地上能够发生农业和工业革命。

在南美洲，从 1880 年开始阿根廷的经济增长明显快于巴西。这是因为阿根廷的政府管理以符合那个时代的最先进标准的现代法律为基础，因此给阿根廷带来了大量的外部投资，很多欧洲移民也陆续涌入阿根廷。虽然巴西也吸收了很多外部投资和欧洲移民，但是在阿根廷社会产生的影响更大。阿根廷与巴西的人口数量差距在 1870 年为 5 倍，到 1914 年时缩小到 3 倍，另外阿根廷人均国内生产总值也迅速增长，达到了欧洲国家的水平。直到 20 世纪 60 年代阿根廷的国内生产总值都高于巴西。

从 20 世纪 40 年代开始，巴西经济增长率明显高于阿根廷，但是其国内生产总值这项指标却低于阿根廷。20 世纪 60 年代末，巴西的国内生产总值与阿根廷持平。从 20 世纪 70 年代开始到 2005 年巴西的国内生产总值增长了 22 倍，而阿根廷同期只增长了 3.5 倍。如果从 20 世纪 70 年代开始其国内生产总值保持同巴西相同的增长率，那么现在阿根廷的国内生产总值将达到 7300 亿美元，而巴西现在的国内生产总值为 8000 亿美元。阿根廷落后的原因主要在于 20 世纪 70 年代后的几十年里，国内生产总值停滞不前，否则阿根廷现在的国内生产总值会高于巴西。

从 20 世纪 50 年代到现在，美国的人口从 1.5 亿增加到 3 亿，阿根廷人口从 1700 万增加到 3900 万，巴西人口从 5000 万增加到 1.86 亿。也就是说，美国人口在这些年间增加到了原来的两倍，阿根廷增加到了原来的2.29倍，巴西增加到了原来的3.7倍。由于巴西的人口增长率高于阿根廷，所以阿根廷的经济增长率低。目前巴西的国内生产总值是8000亿美元，阿根廷是2000亿美元，美国是13万亿美元。虽然巴西的国内生产总值有了明显的增加，但是并不令人满意。巴西人均国内生产总值为5000美元，远低于可以接受的水平。

寡头共和国时期

1889年，巴西发生了军事政变并结束了君主立宪制的统治。随后按照美国宪法的模式进行了宪法改革，巴西踏上了共和制之路。最高政权从原来属于君主过渡到属于总统。总统通过国内政治上和经济上最重要的阶层选举产生，但是拥有选举权的只是少数人。有投票权的人还不到巴西人口的3%，因此被称为贵族或寡头共和国，这个政权是维护圣保罗和米纳斯吉拉斯的咖啡园主的利益的。1930年巴西又发生了军事政变，寡头共和国时代才终结。

在这个时期发生的一些事件对巴西产生了重要影响。第一个事件就是大量欧洲移民涌入巴西。从19世纪80年代开始欧洲移民开始来到巴西，后来欧洲移民达到了400万。第二个事件是通过协议和仲裁划定巴西的边界，最后划定的边界结果对巴西是有利的。第三个事件是巴西支持协约国参与第一次世界大战，参与了凡尔赛合约的谈判。第四个事件是巴西在19世纪90年代和1905~1914年经历了经济危机，随后经历了一战后的混乱和战后的经济危机。但是这段时期是巴西经济发展非常有利的时期，几百万欧洲移民来到巴西就是最好的证明。

从政治角度看，巴西的大量民众、中间阶层和武装力量都渐渐开始反对寡头统治，他们抱怨在政治上缺乏参与。随着这部分阶层力量的壮大，他们越来越希望参与到巴西的政治进程中。

从寡头共和国到人民共和国（1930~1964年）

在这个时期，巴西从咖啡种植园资本主导的寡头政府走向古拉特（Goulart）的民众主义，其间经历了由内地大州特别是圣保罗（San Pablo）和米纳斯吉拉斯（Minas Geraes）州支配的政府，1930~1937年的独裁政府、代表合作制的新国家以及杜特拉政府。这个时期巴西的中心人物是瓦加斯，他经历了那个时代的所有复杂的因素。他刚开始时是作为被咖啡种植园寡头政府边缘化的几个州的代表、南里约格兰德州（Río Grande del Sur）的州长，与军方势力和"尉官派"运动保持着密切联系，他表现出了高乔人的向心力，并最终领导了1930年的政变。随后他对1891年宪法进行了改革，扩大了人民参与政治的基础，确定了总统和重要性较小的各州的权力范围。

随后面对世界范围的民主危机，他于1937年召开了新的制宪会议，建立了诺沃州（el Estado Novo）。瓦加斯明显受到了奥利维拉·萨拉萨尔（Oliveira Salazar）的影响并间接受到佛朗哥主义和法西斯主义的影响，几乎是独裁统治。但是在里约热内卢召开的美洲大会上，巴西支持美国的立场，与阿根廷分道扬镳，断绝与轴心国的联系，然后对轴心国宣战，并派出了一支部队到意大利前线。巴西的这个决定获得了美国在一些重大问题上的支持。

1945年瓦加斯被军方武装力量推翻，在之后的一段时间他投身于圣博加（San Borja）的牧场，但依然保持着很高的政治威望。他支持杜特拉将军竞选总统。杜特拉曾经是他的内阁部长，并被两个州选为参议员。

瓦加斯赢得了1950年的总统选举，并建立了人民共和国，但是1954年国内又发生了军事政变。瓦加斯应该被视为巴西民主共和国之父。因为1930年巴西拥有选举权的人数为50万，占总人口的3%。1951年，巴西参加选举的人数达1000多万（文盲不包括在内），占巴西总人口的22%。

从1930年到1950年的20年间，巴西掌握国家权力的人数从50万人发展到1000万人，但是没能产生一个能够连续引导巴西政治经济发展进程的领导阶层。从寡头共和国到人民共和国的转型是由巴西政治历史上的伟大人物瓦加斯领导的。他经历了那个时代的各种暴风骤雨，最终以自杀的方式结束了自己的生命。像那些伟大的船长们一样与他们的船共存亡，瓦加斯为了巴西的发展也付出了生命，在最后的战斗中他失败了。

瓦加斯的继任者古拉特是忠诚的民众主义的代表，而民众主义是一种没有明确方向的概念。古拉特站在大多数民众的立场上，但是民众并不明白巴西应该怎样改革，由于缺乏一个领导集团阶层给古拉特提出适用于民众主义的新的发展计划，所以古拉特最终下台了。

我们必须提到库比契克（Juscelino Kubischek），他就像巴西政治历史上的流星，照亮了苍穹却转瞬即逝。他的领导展现了巴西有可能发展的方向。

他拟定了很多关于巴西发展的法律，但是都未能颁布实施。他将巴西的首都和国家机器向西迁到了巴西利亚，即向南美土地的中心迁移。这是一个属于地缘政治性质的决定，使得亚马孙地区免受外来势力的控制。

由于民众主义共和国政府也没有能力来促进巴西的经济增长，只是在企业投资和改善人民生活之间维持艰难的平衡。

政府政策的无效性必然带来通货膨胀和大量外债。通过货币政策制造出工资上涨的假象，并从国外获取必要的资金。政府并不知道从国内着手发展经济，只是向外举债，但是这些外债是必须归还的。

巴西越来越大的市场规模使得进口替代工业化模式更有成效

2006 年巴西生产并购买了 260 万辆新汽车，说明这个市场有足够的规模来发展具备国际水平的汽车工业和其他工业。

巴西在第二次世界大战末期当然不可能拥有上述数字的生产和购买能力，但是从 20 世纪 70 年代开始以国内生产总值这个指标来衡量，阿根廷成为了拉美重要的市场。随后阿根廷的经济增长逐渐巩固了进口替代工业化政策所需要的基础。从第二次世界大战末期开始，巴西的经济增长都高于阿根廷和乌拉圭。

军政府时期（1964~1984 年）

我们先来回顾巴西历史上最重要的几次武装力量的干预。巴西独立后其政治历史上的每一次时代的更迭都是由武装力量的干预完成的。在独立战争时期，尽管葡萄牙军队也可以进驻巴西，不过巴西拥有足够的军队来保障王国的内部和外部安全。佩德罗一世退位和佩德罗二世继位也是和平进行的，这也是由于军事力量的保障。

巴西王国时期的终结和 1889 年共和时期的开始是由于武装力量的干预。1930 年寡头共和国的终结、1945 年和 1954 年瓦加斯的下台、1964 年人民共和国的终结都是武装力量干预的结果。1984 年巴西军政府还政于民。

所有国家的武装力量都是国家的重要机构，必须保障国家的外部安全，但是也需要兼顾国内安全。因此在那些没有稳固的政治体制的国家，对于原有秩序的改变如果没有武装力量的干预一般是不能成功的。以智利为例，当智利政府提出国有化计划时，或当某一集团为了推翻现有政府而寻求军方的干预时，或当某项行动超过了改革所能够控制的范围，如在一个拥有

6000多万人口的国家实行逐渐更加民主的体制时，就像1964年巴西的情形一样，在这些情况下武装力量就会进行干涉。

面对上述这些情况，罗马共和国已经预见了将独裁统治作为一种特有的体制来应对例外情况或紧急情况。因为在这些情况下常规的体制不能有效地管理国家。我们的共和国虽然没有引入这种体制，但是遇到这样的情形也不排斥采用独裁体制。比如巴西20世纪20年代"尉官派"的叛乱，当民主已经不能改善劳动阶层的生活状况和保障国家的经济和政治稳定时，就需要武装力量的干涉。

为什么在拉美国家会发生如此多的武装力量干涉而在美国却没有？毫无疑问因为如果发生大的危机，美国的政体完全有能力来应对。如美国经历了南北战争，20世纪30年代的经济危机，公民权利的扩大，两次世界大战，越南战争，当今的恐怖主义和伊拉克战争。相反拉丁美洲都是用军事干预的手段来应对类似的挑战。问题的实质在于一个国家与另一个国家的政治文化上的差异。如果从源头上解决，这种政治文化的差异就能消除。

我们必须解释一下20世纪20年代的武装力量的干预。对于保障国家外部安全这一职能，军队不能拒绝，因为他们必须按照命令去做。对于保障国内安全这一职能，军队也有责任。当政治力量无法控制局面时，武装力量有责任来维持国家秩序。在智利、阿根廷、巴西、乌拉圭这些国家，武装力量都履行了它们自身的责任，但是必须承认武装力量的干预太多了。武装力量的干预认为利用武器就能夺取政权，但是他们从策略和战略角度来说犯了一个重要错误。他们错误地把智利、阿根廷、巴西或乌拉圭这些国家与古巴混淆了。

对于今天巴西的贡献

巴西现代历史是从杜特拉（Dutra）政府开始的。杜特拉是根据现行的体制选举出来的总统。当时的巴西拥有4500万人口，大部分的民众要求享有参与政治的权利。巴西经济的快速增长从瓦加斯的第二个总统任期就开始了。

对于当今的巴西来说，所有经历过的历史时代都对其产生了重要影响。但是影响最大的几个时期为1945～1964年的人民共和国、1964～1984年的军政府以及从1985年至今的民主共和国。奇怪的是每个时代都持续了20年，而经济增长最快的是在军政府统治时期。

巴西经济增长包括如下几个重要的推动因素：（1）巴西人口从1938年的4000万快速增长到1.86亿。（2）逐步的进口替代工业化要求工业有相当的发展。（3）认识货币高估的错误。（4）通过指数化来保护储蓄。（5）将巴西的首都向西迁移。（6）限制民众主义。（7）终止通货膨胀。

第一和第二个因素都已经论述过。认识到高估货币带来的危害是内托（Delfin Netto）的功劳，并且也在布朗库（Castello Branco）政府之后给巴西经济带来了快速增长。但是遗憾的是卡多佐（Fernado H. Cardoso）的反通货膨胀计划却使巴西经济倒退了，并且引起了1999年的危机，这个危机在卢拉（Ignacio Lula da Silva）总统的政策下依然存在。这是中央银行高贴现率政策的后果，也是巴西经济增长较慢的原因。

布朗库执政时期实行了指数化政策来保护储蓄。这是一项非常正确的措施，避免了人民抽取资金和资本外逃。

巴西向西扩展是从殖民地时期开始一直进行的计划。库比契克努力推动了这项计划，并建立了巴西利亚作为巴西的首府。这是人民共和国对巴西经济增长最重要的贡献。

最后一个因素是限制民众主义，这是民主进程的一项重要任务。因为民众主义有一种煽动民众的自然倾向，民众主义的一些标准破坏了劳动的美德和责任。限制民众主义的政策是由政府进行的一项持久的行动，主要在一些国家管理部门尤其在像巴西石油公司（Petrobras）这样的国有企业中进行。这个政策使巴西摆脱了对能源和武装力量的依赖。

我们还必须提到2007年1月卢拉总统的"经济增长加速计划"。这是一项包含能源（石油、天然气、水力发电、原子能）、交通（45000公里公路、2500公里铁路、港口、机场）和重要服务（住房、饮用水、照明系统）投资的大计划。整个计划投资金额达2740亿美元，在四年内完成，相当于每年投资900亿美元。这表明了两点：第一是巴西依靠自身来发展，第二是巴西的总统是一位关注国家深层问题的政治家，他在民众中的影响很大。我们并不是说他的所有政策都正确，但是他的确拥有政治家的才能。

面向未来没有合适的总体战略

巴西所有的经济问题归因于错误的经济增长概念。解决的办法是巴西的年经济增长率达到10%，就像中国和韩国在发展最快的时期一样。巴西的错误在于货币政策的失误和教育、技能培训政策的疏漏。巴西的领导阶层制定经济政策和社会政策时面临着一项文化挑战。

由于严重的通货膨胀和通货膨胀与物价、工资以及财政赤字之间的相互作用,巴西的经济政策一直是畸形的。而解决方法也不正确,因为通货膨胀的原因不在于需求过剩而在于供给不足,巴西应该通过增加生产来稳定物价和财政预算及改善人民的生活。

20世纪40年代,巴西开始出现通货膨胀。而通货膨胀是由于国内政局不稳定、储蓄率和投资率低以及物价和工资的无止境的攀升等因素造成的。如果国内政局稳定就会使物价和工资按照生产力和企业成本正常波动变化。

民众主义政府在承诺改善社会状况时不谨慎,并且忽视了贫穷产生的真正原因,错误地认为富人阶层应该为人民的贫穷负责,并且民众主义政府的承诺已经超过了其力所能及的范围。

右派政府也忽视了低经济增长率的原因,而是更关注如何维持他们的现状。他们强调财政预算平衡,实行紧缩的货币政策,不关注文化问题。贷款不足使得那些资金不足的企业和新成立的企业失去了竞争的可能性,而给那些旧的企业更有竞争力的优惠。

民众主义政府尽管并不希望但却带来了通货膨胀。因为他们不能让巴西经济以较快速度增长来满足改善人民生活的预期,他们只能求助于通货膨胀,通过过量增加财政开支来实现失业人口就业,或针对物价上涨给予补贴。在民众主义政府、军政府时期,甚至是在最近的民主共和国,国内最好的经济学家也没有提醒过通货膨胀的缺陷在于支付能力的逐渐减少,尤其是对非金融部门的融资不足,再加上文化问题的影响,使得通货膨胀不可遏制。

通货膨胀问题反映出巴西的经济增长率不能满足人民的需求,工资的提高是一种假象,因为上涨的工资很快就被更高的物价给吸收殆尽。因此尽管从1945年到2006年巴西的国内生产总值很高(1970年巴西人均国内生产总值为360美元,2006年为5000美元),但是各种媒体的报道却说明人民的需求并没有得到满足,因为国民收入非常低。

通货膨胀的结束及其有限的影响

二战后所有的经济研究文献都认为拉美所有的问题主要归因于通货膨胀。这里我只提一下普雷维什(Brebich),他在《货币稳定或不可控制的通货膨胀》一书中给阿根廷政府提出了一些建议。的确我们的经济存在很多问题，但是还有一些问题没被发现。关于经济增长率低的真正原因我在2003年出版的《经济的货币化》一书中指出除了通货膨胀以外，我们的经济还存在支付能力不足和对私人部门融资缺乏等问题。关于文化问题，我在2001年写了一篇《文化革命》的文章。

为了应对通货膨胀及其所带来的危害，巴西实行了根据物价指数调整储蓄率的政策，避免了资金流失。这和阿根廷所采用的政策不一样。在阿根廷，银行和养老金储蓄所的储蓄总是受到严重影响。阿根廷采用指数化是为了补偿那些债权人在通货膨胀中遭受的损失，但是只是作为司法条款而不是国家政策。另外阿根廷在很多情况下都错误地运用了指数化，使那些债权人尤其是银行受益。

但是我们还要提到国家对企业活动的干预。在阿根廷，国家对企业活动的干预表现在把主要的公共服务部门收归国有（电信、铁路、钢铁、商船、港口、银行、石油、水和下水道），或直接交给各自的同业工会，或让同业工会主管一些企业事务。在巴西，国家对企业的干预更加负责任。巴西的每个国有部门或每个国有企业都以完全专业的标准运转，就像私有企业一样。巴西的民众主义影响比阿根廷要大。在阿根廷，专业化很高的公共部门如原子能研究机构，国家干预的结果完全不一样。阿根廷的私有化以一种很奇怪的方式进行。阿根廷的政治家阿尔左加拉伊（Alzogaray）高举私有化的大旗，协商免除外债。因为当时的经济状况远不能支付所欠下的外债，如果不免除外债，对阿根廷将会造成严重的后果。

由于这些原因，通货膨胀的结束肯定不会造成其预期的后果。不过通货膨胀的结束使得梅内姆（Menem）于1995年再次当选为总统，卡多佐也是同年当选为总统。他们的失误也造成了损失，并至少在阿根廷摧毁了国际货币基金组织的声望。卡多佐是一位出色的左派学者，他同普雷维什一样是拉美经委会里的经济思想家之一。多明戈·卡瓦罗（Domingo Cavallo）曾在哈佛留学，他们两人都因为对货币的高估和不了解文化问题对经济的影响而下台。之前由于货币的高估，阿根廷的马丁内斯·德霍兹（Maritnez de Hoz）和智利的赛尔荷·卡斯特罗（Sergio de Castro）也都下台了。巴西的内托（Delfin Netto）和智利的埃尔南·布奇（Hernan Buchi）的思想是正确的。

巴西的另一错误就在于对非金融私有部门的融资不足，银行提高贷款利率，只给那些肯定能带来经济增长的企业投资。

卢拉总统也犯了两个重要的错误：将中央银行的贴现率提高到世界罕见的水平，达到了 25%，尽管之后又逐渐降至目前的 12.9%，但是这个数值依然很高。贴现率的调整也使得巴西货币重新估价，之前 1 美元兑换 3 雷亚尔，现在 1 美元兑换 2.13 雷亚尔。政府给企业的融资贷款依然很低，仅占国内生产总值的 30%。

这些错误导致巴西国内生产总值增长缓慢，人均国内生产总值增长相应就更慢了，因此人民生活也得不到有效改善。

新战略

巴西必须制定一个新战略，这个战略必须包括确定要达到的目标和要实施的政策。

1. 新的发展目标

巴西和阿根廷必须将成为发达国家作为自己的目标，也就是说在短期内人均国内生产总值达到 20000 美元。这个目标必须在 15 年内达到。西班牙的人均国内生产总值从 5000 美元增长到 20000 美元花费了 18 年，爱尔兰花费了 12 年。我个人认为阿根廷在 15 年内能够达到这个目标。

我们同时拥有优势和劣势。我们的劣势就是两个国家的利益不一致。西班牙和爱尔兰都同属于欧盟。要获得较快的同步经济增长，阿根廷和巴西两国还存在一个利益竞争关系。

我们的优势在于有相对的自主权来实行更适合本国的货币政策，而不管国际货币基金组织的建议是什么。但是最重要的是我们所谓的文化革命。巴西这个拥有众多人口的国家，在世界上具备竞争力，通过文化革命就能够使目前竞争力较低的所有阶层很好地适应世界发展的水平。

2. 对私有部门的贷款

目前根据巴西中央银行的数据显示，巴西 2005 年给非金融部门的私人贷款只占国内生产总值的 30%。我估计 2006 年年底这个数值为 31.6%。在智利，给私人的贷款占国内生产总值的 66%，而在发达国家，给予私人的贷款占国内生产总值的 100%。

这些数字是指巴西国家金融系统内的贷款和中央银行提供的数据，不应该与巴西国内的全部贷款相混淆。因为针对所有种类的贷款，数据是不同的。

上述这些数据表明巴西给私人的贷款比例要远低于智利，但是比阿根廷要高（阿根廷仅为10%）。要想增加对私人的贷款，除了降低中央银行的贴现率外，还必须减少对国有金融机构的投资。

对私人的贷款比例的调整必须采取渐进的方式。这样很快就能看到国家的生产部门获得了经济增长，不再会有失业，因为私有企业的经济规模扩大了，而国有企业的规模缩减了。但是国家能通过税收获得财政盈余，通货膨胀率也会降低。

贷款的增加意味着在15年的期限内对私人的贷款达到5500亿美元。而增加贷款的影响和对生产和支付能力的乘数效应将会使巴西摆脱不发达国家的状况成为可能。

3. 降低中央银行的利率

如果说美国的联邦储蓄的利率为5.25%，欧盟的利率为3.5%，那么巴西从2007年开始就不能够将其中央银行的贴现率保持在12.9%。巴西针对企业贷款的利率每年在25%~45%之间摆动，针对私人的贷款利率每年在60%~65%之间摆动。这个利率影响了对整个生产活动的融资，并且也使得巴西货币升值，这对巴西的发展是有害的。巴西货币兑换美元的汇率从3雷亚尔下降到了2.13雷亚尔，下降了29%。根据巴西国内的通货膨胀率再减去美国的通货膨胀率，汇率应该上升14.9%。2006年巴西的出口额达到1370亿美元，占国内生产总值的17%。阿根廷的出口额为460亿美元，占其国内生产总值的23%，韩国的国内生产总值与巴西大致相同，其出口额为2840亿美元。这也是巴西的货币政策带来的后果。

巴西现在的经济政策的错误影响了巴西的出口和面向国内市场与进口产品相竞争的工业，也影响了巴西的经济增长。

从1998年到2006年，巴西的国内生产总值增长了23.95%，阿根廷增长了28.9%，智利增长了38.4%。这是巴西的货币政策和汇率政策的反映。

4. 向太平洋地区扩展

美国经济增长的其中一个重要因素就是两个海岸线，一个紧靠大西洋，另一个紧靠太平洋。阿根廷和巴西必须获取这种互补优势，因此不能仅仅扩展其政治意义上的边界，还应扩展其经济意义上的边界。阿根廷已经研究了一些可行性的计划，可能比现在的从门多萨（Mendoza）到圣地亚哥（Santiago）再通往瓦尔帕莱伊索（Valparaiso）更好。这对阿根廷较长的西部地区的发展是必要的。这对于巴西来说也更有必要，因为从巴西大西洋海岸到最西边的地区的距离是布宜诺斯艾利斯到门多萨距离的四倍。在巴西利亚建成后向太平洋地区扩展也必须成为领土扩张的下一步。巴西最西边到秘鲁的中北部距离有 500~600 公里,而巴西最西边到最东边距离为 4000 公里。因此应该可以修建一条公路或铁路,在秘鲁设立一个大港口。德国就是通过鹿特丹这个港口进行了大量的贸易。

巴西在 2005 年年底就和秘鲁达成协议,修建一条连接太平洋和大西洋的公路,这条公路穿过玻利维亚的北部边界。

5. 卢拉总统的公共服务计划

卢拉总统的公共服务计划对于巴西的发展和达到高经济增长率是很重要的,这也是当前政策的一个积极因素。

6. 巴西的文化革命

文化革命是针对巴西社会各阶层的改革,将各阶层统一起来,给予他们一个共同的文化环境,不妨碍每个群体的不同文化传统,每个群体依然保持各自的传统,但是这个共同的文化环境将会带来高度的文化有效性。这样每一个巴西人都将拥有必要的能力来解决他们的社会、文化、劳动、家庭和经济问题。他们也会变成民主、共和制和资本主义正确运转的必要组成部分。

目前巴西有将近 1500 万文盲,4000 万名学生接受小学教育,700 万名学生接受中学教育,300 万名学生接受大学教育。

但是短期有效的能力培训必须包括巴西所有的劳动力人口,大约有 1 亿人。这 1 亿人口中应该包括家庭主妇(大约有 1600 万人),她们未被计算在劳动人口中。

总之,巴西国家的教育和培训体系必须包括 1.7 亿人,3 岁以下的儿童和 70 岁以上的老人除外。

为了达到这个目标必须考虑到:在经济增长中,42% 由文化因素决定,37% 由资本要素决定。而劳动力创造的价值的 50% 由教育和培训决定。

问题是如果教育依然采用传统的传授知识的形式,那么这个目标并不能实现。因为现在的教学人员没有足够的能力来传授必要的知识,另外如果要针对所有劳动阶层和家庭主妇,教师的数量也不够。

因此必须借助于信息技术,给每个学生提供一台便携式电脑,让他们可以学习并参加考试,通过因特网接触广泛的信息。这种形式并不是排斥教学人员,他们依然作为课堂的负责人,检查所有的学习任务是否完成,并且不断补充需要学习的信息。教学内容都由巴西最好的老师和教授来讲授,这样可以保证国内各个地方的教育水平达到一个较高的高度。政府应实行机会均等的原则,所有人都能在这种免费的教育体系中获得受教育的权力,但这并不会妨碍私立教育。

对劳动人民阶层的培训还将借助电视这个媒体,寻求与市政府、企业、工会、职业学校和成人培训机构等的合作。这样就会明显提高生产力,工人工资也会上涨,就业机会也会增多。

文化革命可以让所有阶层的人们得到培训,货币政策能够给予人们必要的资源来将其能力转化为生产力。

7. 文化革命的社会和政治影响

文化革命的政策由于实现了充分就业和对劳动力的培训,工资的涨幅将会比人均国内生产总值增长更快,相应的社会不平等也会减少。这是一项不产生冲突的资源再分配的政策。因为再分配的是现在创造出来的财富,而不是大家已经获得的财富。但是未来将要创造出来的财富会比现有财富高出四倍,因此再分配的范围会更广。

在政治方面,当提高了选民的能力和自主性后,就在很大程度上提高了民主的作用和公共管理的质量。这是因为参与公共管理的人增加了。另外由于财政收入状况的改善,公共服务也得到了提高。我们将会有一个有影响的民主和有效的共和制。

资本主义将会在一个由文化和经济更加平等的供给者和需求者组成的市场发展,因此会更加公平。

2007 年 2 月于阿根廷布宜诺斯艾利斯的奥利沃斯

从软实力的视角审视中国对拉美的外交[*]

王翠文[**]

内容提要：新中国成立后通过多渠道、多层次的民间外交（1949~1969），中国成功地塑造了在拉美的软实力。改革开放后中国对拉美的外交优先关注政治和经济议题，人文交流相对滞后，政府外交成果显著，公共外交乏善可陈。进入21世纪，中国与拉美的政治和经济关系实现了跨越式发展，与此同时，"中国威胁论"在拉美兴起。中拉关系向前发展必须面对和回应来自拉美的消极认知。以史为鉴，面向未来，通过公共外交构建中国在拉美的软实力，成为新时期中国对拉美外交的新方向。

关键词：软实力　中拉关系　公共外交

改革开放以来，中国经济以年均8%~10%的速度稳步增长，国民生产总值和国民福利显著增长，中国的和平崛起已成为国际政治中最重要的现实之一。随着中国实力的提升，如何理解和解读中国的崛起成为国际政治中的一个主要的议题。20世纪90年代以来，在西方学者和媒体的推动下，"中国威胁论"几度甚嚣尘上。为了从根本上回应国际社会对中国今后走向的普遍关切，并从根本上回击形形色色的"中国威胁论"，中国提出了"和谐世界"的外交理念，旨在表明中国走和平发展道路的战略和政策。在这

---

[*] 本文为国家社科项目"中国与拉美国家关系发展的整体性研究"（10CGJ006）的阶段性成果。

[**] 王翠文，南开大学周恩来政府管理学院国际关系系，副教授。

个总体的架构下，中国外交不仅追求政治影响力和经济竞争力，而且开始关注中国的国际形象，强调努力构建在形象上更有亲和力、道义上更有感召力的文化软实力。

在拉美，进入新世纪以来中拉高层互动频繁，经贸往来更是呈跨越式发展的态势。中拉关系的发展引起西方大国的高度关注和猜疑。"中国威胁论"再度兴起，并得到一些拉美国家的呼应。随着中国的进一步发展和在世界影响的扩大，拉美和世界其他地区一样，不仅从经济的角度，而且逐渐开始从历史文化的视角观察和理解中国已经和正在发生的变化，思考中国未来的走向及同世界各国的关系。在中拉关系发展的新阶段，如何有效沟通，增信释疑，增进拉美对中国政策和目标的理解，创造更加客观友善的国际环境，作为一个紧迫的现实任务提上了中国外交的日程。

一 中拉关系发展的历史进程

中国和拉美国家地理位置相隔遥远，但两地之间的交往却由来久远，世代不息。早在16世纪中叶，中拉就开始贸易往来，逐渐形成了中国途经菲律宾前往墨西哥的"海上丝绸之路"。19世纪初期，大批华工和华商移居拉美，在拉美人的帮助下生存发展，自立创业，与当地拉美人结下了深厚的情谊。

新中国成立之后，中国与拉美的外交经历了民间外交（1949~1969）、建交高潮（1970~1977）、平等互利与共同发展（1978~1992）、建立长期稳定关系（1993~2000）和进入21世纪后的跨越式发展五个阶段。[①]

新中国成立初期，受两极对抗的国际格局及美国对华敌对政策的限制，在新中国"一边倒"的外交格局中，中国积极与拉美各方进步友好力量接触，友好往来，致力于争取建立最广泛的统一战线，拓展新中国与国际社会的联系。1960年古巴率先与中国建交。20世纪70年代，智利、秘鲁、墨西哥、阿根廷、委内瑞拉、巴西等国家先后与中国建立外交关系。改革开放后，中国把发展与包括拉美国家在内的发展中国家的团结与合作作为中国对外政策的立足点，为发展中拉关系注入了新的活力。20世纪90年代，中拉关系进入蓬勃发展的阶段。20世纪90年代中期，中国在拉美贸易总额

---

① 王俊生：《"中拉关系60年：回顾与思考"研讨会综述》，《拉丁美洲研究》2009年第31卷，增刊2，第76页。

中所占比重为1%，2000年达到1.6%，2009年达到8%。2000~2009年，世界贸易年均增长9.9%，中拉之间贸易年均增长31.2%。[①] 1999~2005年，中国从拉美的进口增长了7倍，对拉美的出口增长了3倍多。[②] 2004年胡锦涛主席提出："中国在发展，拉美在发展，向双方提出了加强合作的新要求，也创造了加强合作的新条件，中拉合作正面临着前所未有的历史性机遇。"[③] 自1993年中国与巴西建立战略伙伴关系以来，2001年中国同委内瑞拉建立"面向未来共同发展的战略伙伴关系"，2003年中国与墨西哥建立了战略合作伙伴关系，2004年中国和阿根廷建立了战略伙伴关系，同年中国与智利建立全面合作伙伴关系，2005年中国与秘鲁建立了战略伙伴关系。2004年11月到2005年1月，党和国家领导人胡锦涛主席和曾庆红副主席先后访问拉美十国，随后委内瑞拉和哥伦比亚总统分别率团回访。时隔四年，2008年11月到2009年2月，胡锦涛主席和习近平副主席再次访问拉美。在不到五年的时间内，一个国家的主席和副主席前后相接，高频率地出访同一地区，这在外交史上是绝无仅有的。

2008年中国政府发布《中国对拉丁美洲和加勒比海政策文件》，这是中拉关系史上第一个政策性文件，该文件全面规划了中拉在各领域内的友好合作，成为中拉关系史上一个重要里程碑。文件发布之后，中拉之间高层互访频繁，政治互信不断加深，双边关系向战略伙伴关系推进，经贸领域合作在贸易大幅度提高的基础上呈现贸易、投资、金融并举的局面，国际事务的磋商相互支持，中拉关系受到全球关注。

二 对中拉关系发展的消极解读："中国威胁论"在拉美

面对中拉关系的发展，拉美国家出现了两种不同的解读，一种认为中

[①] 拉美经委会：《拉美和加勒比的外国投资》（Economic Commission for Latin America and the Caribbean, *Foreign Direct Investment in Latin America and Caribbean*），纽约2010。
[②] 里斯·詹金斯、恩里克·杜塞尔·彼特、毛里西奥·梅斯基塔·莫雷拉：《中国对拉美和加勒比地区的影响》（Rhys Jenkins, Enrique Dussel Peters and Mauricio Mesquita Moreira, The Impact of China on Latin America and the Caribbean），《世界发展》（*World Development*）2008年第36卷，第2期。
[③] 胡锦涛：《携手共创中拉友好新局面——在巴西国会的演讲》，《人民日报》2004年11月14日。

拉经贸关系的发展为拉美国家摆脱经济、政治和社会危机带来机遇；另一种则认为中国经济的发展特别是中拉经贸失衡使拉美国家陷入发展困境，这种悲观论构成了拉美版"中国威胁论"的主体。归纳起来，在拉美兴起的"中国威胁论"主要强调中拉新型依附关系形成，拉美成为中国发展的外围原料供应地；① 中国在全球寻求资源的外交与历史上西方殖民主义掠夺拉美资源的政策并无二致；② 中拉贸易和投资结构不合理，拉美国家深陷资源诅咒；③ 拉美制造业以墨西哥为例受制于中国崛起，出口受限，发展缓慢。④

在悲观派看来，拉美对华出口主要集中在金属、煤炭、石油和天然气等自然资源以及食品和烟草等没有附加值的初级产品领域，这些占拉美对华出口的75%。⑤ 中国对拉美主要出口工业制成品，贸易比价一贯不利于生产初级产品的一方，拉美国家需要出口更多的原材料来换取中国的工业制成品。因此，中国对拉美原材料的需求，"加重了拉美国家对初级产品出口的依赖，经济模式和贸易赤字长期无法得到改善，这是中拉新型依附关系形成的主要原因"。另一方面，中拉之间的经贸模式，特别是中国，出于对拉美原材料的需求加大了对该领域的投资力度，"使得拉美初级产品生产和出口部门，工业制成品进口部门收益"，拉美国家只需要出口资源就能获取丰厚的回报，不自觉地减慢对工业的投资，"造成拉美国家工业化的倒退，特别是技术发展和长期发展方面长期停滞"。⑥ 全球经济相互依赖程度随着

---

① 里斯·詹金斯：《拉美与中国——一种新的依附？》（Rhys Jenkins, Latin America and China—a new dependency?），《第三世界季刊》（Third World Quarterly）2012年第33卷，第7期。
② 赖尔登·罗特、瓜达卢佩·佩斯：《中国在西半球的扩张》（Riordan Roett and Guadalup Paz, China's Expansion into the Western Hemisphere: Implications for Latin America and the United States），布鲁金斯出版社，2008。
③ 凯文·加拉赫：《拉美还能用什么与中国做生意》（Kevin P. Gallagher, What's Left for Latin America to do with China?），《北美拉丁美洲人代表大会美洲报告》2010年5~6月。
④ 凯文·加拉赫、罗伯特：《巨龙入室：中国和拉美工业化的未来》（Kevin P. Gallagher and Roberto Porzecanski, The Dragon in the Room: China and the Future of Latin American Industrialization），斯坦福大学出版社，2010。
⑤ 凯文·加拉赫：《拉美还能用什么与中国做生意》（Kevin P. Gallagher, What's Left for Latin America to do with China?），《北美拉丁美洲人代表大会美洲报告》2010年5~6月。
⑥ 里斯·詹金斯、恩里克·杜塞尔·彼特、毛里西奥·梅斯基塔·莫雷拉：《中国对拉美和加勒比地区的影响》（Rhys Jenkins, Enrique Dussel Peters and Mauricio Mesquita Moreira, The Impact of China on Latin America and the Caribbean），《世界发展》（World Development）2008年第36卷，第2期。

全球化的发展越来越紧密,中国的发展对拉美制造业造成严重的外部挑战。泛美发展银行首席经济学家毛里西奥·斯奎塔·莫雷拉(Mauricio Mesquita Moreira)将资源禀赋、生产力、经济规模和政府角色作为研究对象,对中拉经济实力进行对比,认为如若将这些因素考虑在内的话,中国将是一个可怕的竞争者。拉美制造业是否有未来值得考虑,他确信的是中国造成的外部压力使得这个未来不明朗。①

中拉之间在商品、服务、资本、人员往来的跨国互动中构建了一个相互依赖的网络。多层次、多渠道的跨国关系发挥了传送带的功能,在贸易和投资往来中利益受损的行为体更容易改变议题的性质,或发挥联系战略,将不同问题领域的议题建立关联,以此获得对弱势问题的主动性。由于担心无法应对来自中国产品的竞争,在中国入世的双边谈判中,墨西哥、中美洲国家对中国百般阻挠。在对华贸易中,墨西哥是经常项目赤字持续时间最长的国家,也是拉美最后一个完成与中国进行双边谈判的国家。② 中国入世后,拉美一些国家对中国商品实行反倾销的力度提升,根据中国商务部进出口公平贸易局的统计,2008年拉美国家对中国产品共发起贸易救济调查17起,其中反倾销15起,特别保障措施2起,涉案金额近2亿美元。③ 有些国家甚至酝酿采取集体对付中国的某些办法。

拉美国家对中国的疑虑一方面因中国与部分拉美国家和部分经济部门的利益冲突所致,另一方面也说明拉美对中国的了解和信任还不够,拉美媒体关于中国的信息多来源于西方主流媒体,而西方主流媒体对中国有意歪曲,这也在一定程度上影响了拉美对中国的态度、预期以及对中国政策的解读。在拉美很少看到中国人撰写的关于中国的书籍,关于中国的书籍绝大多数是西方研究机构所写,关于中国的知识和表述似是而非,真假混杂。在中拉关系过度经济化的环境中,中拉的文化和人文交流被忽视了,

---

① 毛里西奥·梅斯、基塔·莫雷拉:《害怕中国——拉美的制造业有前途吗》(Mauricio Mesquita Moreira, Fear of China: Is There a Future for Manufacturing),《世界发展》(World Development) 2007年第35卷第3期。

② 亚历克斯·费尔南德·吉尔伯托、芭芭拉:《全球新自由主义下的拉丁美洲和中国》(Alex E. Fernánde Jilberto and Barbara Hogenboom, Latin America and China under Global Neoliberalism),《发展社会学杂志》(Journal of Developing Societies) 2007年第23卷第4期,第488页。

③ 《2008年拉美国家对中国产品发起贸易救济调查17起》,《世界贸易组织动态与研究》2009年第2期,第42页。

中拉认识、沟通和交流的不足已经成为制约中拉关系发展的重要因素。对此，不少有识之士大声疾呼，要以史为鉴，借鉴中拉历史交流中的宝贵经验，珍视"民间外交"在中拉关系中发挥的独特作用，要加强与拉美的历史和文化交流，为中拉关系的发展创造一个良好的环境。

三 以史为镜，增强中拉之间的理解与互信

拉丁美洲是距离中国最遥远的大陆。新中国成立后，由于"美国的阻挠、拉美国家执政者的反共成见和台湾当局的干扰、破坏"，在新中国同世界各国的建交历程中，拉美地区是起步最晚、历时最长的地区。[①] 在发展官方的政府外交存在阻力的情况下，党和国家领导人确定了新中国对拉美应"积极开展民间外交，争取建立友好联系和发展文化、经济往来，逐步走向建交"的基本方针。[②] 新中国成立之初，毛泽东主席就明确表示："只要拉美国家愿意和中国建立外交关系，我们一律欢迎；不建立外交关系，做生意也可以；不做生意，一般往来也很好。"[③] 新中国成立后中国政府投入巨大的人力和物力，通过"请进来""走出去"，不拘一格推动中拉人际往来和文化交流。

新中国的成立，中国革命的胜利在世界上引起了巨大反响。远在大洋彼岸的拉美人民急切地希望能与中国领导人接触，了解中国革命的经验，为本地区的革命和建设提供借鉴。1949年11月底，墨西哥劳工运动领袖、人民党书记维森特·隆巴多·托莱达诺访华，回国后出版了《新中国旅行

---

① 1960年中古建交，实现了中国与拉美国家建交的突破。20世纪70年代继智利（1970年）之后，秘鲁（1971年）、墨西哥（1972年）、圭亚那（1972年）、牙买加（1972年）、阿根廷（1973年）、特立尼达和多巴哥（1974年）、委内瑞拉（1974年）、巴西（1974年）、苏里南（1976年）和巴巴多斯（1977年）与中国建交；80年代中国相继与哥伦比亚（1980）、厄瓜多尔（1980）、玻利维亚（1985）、乌拉圭（1988）、安提瓜和巴布达（1983）、格林纳达（1985年建交，1989年终止外交关系）、尼加拉瓜（1985年建交，1990年终止外交关系）、伯利兹（1987年建交，1989年终止外交关系）；90年代中国与巴哈马建交（1997年），1997年与圣卢西亚建交（2007年终止外交关系）；进入新世纪以来，中国先后与多米尼克（2004年）、哥斯达黎加（2007年）建交，与格林纳达（2005年）复交。至此，中国共与21个拉美国家建立外交关系。

② 黄志良：《新大陆的再发现：周恩来与拉丁美洲》，世界知识出版社，2004，第8页。

③ 《同巴西记者罗金和杜特列夫人的谈话（1958年9月2日）》，《毛泽东文集》（第七卷），人民出版社，1999，第403页。

日记》一书,宣传和介绍新中国的变化。① 从 1949 年到 1960 年,访问中国的拉美团体从每年 10 人左右增加到每年 500 人左右的规模,在教育、科技、文化、体育、妇女、青年等领域深入推动人文交流,形成点面结合、亮点纷呈的良好局面。② 1952 年在北京召开了亚洲及太平洋区域和平会议,在拉美进步人士的努力下,拉美 11 个国家的 150 人冲破阻力前来参加大会。他们普遍热爱中国,推崇中国革命,敬重中国领导人。他们认为,和平运动就是争取民族独立的斗争。③ 据不完全统计,1950~1959 年拉美 19 个国家的 1200 多人访问中国。④ 古巴诗人纪廉的诗句"中国的昨天是拉丁美洲的今天,中国的今天是拉丁美洲的明天"在拉美朋友中传唱。到过中国的拉美学者回国后纷纷著书立说,高度赞扬中国的革命道路,宣传中国的经验和模式。仅 1961 年在拉美出版的这类书籍达 20 多种。⑤

古巴革命成功后,1959 年新华社哈瓦那分社成立。1960 年新华社分别在阿根廷、哥伦比亚、厄瓜多尔、秘鲁和委内瑞拉建立分社。1959 年拉美新华社分社的西语广播一天播音时长达 21 个小时。1960 年中国拉美友好协会成立,进一步推动中拉的民间友好往来。同期拉美许多国家建立对华文化协会、友好协会或商办处。⑥ 通过人员往来以及各种官方和半官方机构的交流,中拉之间学术和信息的传播交流空前活跃起来。关于中国政治、经济、社会、军事和文学作品的西班牙语和葡萄牙语译本在拉美广泛传播,拉美的作品也被介绍到中国。拉美的普通民众能看到关于毛泽东和周恩来等中国领导人的图书,中国的杂志如《中国建设》《中国妇女》以及关于中国贸易、体育、文学和医学的期刊在拉美期刊市场占有一席之地。

1956 年毛泽东在中共八大预备会议上指出:"我们的原则,就是不管什

---

① 冯秀文:《中墨关系:历史与现实》,社会科学文献出版社,2007,第 145 页。
② 威廉·拉特利夫:《共产主义中国对拉美的文化外交 1949~1960》(William E. Ratlif, Chinese Communist Cultural Diplomacy toward Latin America, 1949-1960),《西班牙美洲历史评论》(The Hispanic American Historical Review) 1969 年第 49 卷第 1 期,第 58 页。
③ 黄志良:《新大陆的再发现:周恩来与拉丁美洲》,世界知识出版社,2004,第 8 页。
④ 沙丁、杨典求、焦震衡、孙桂荣:《中国和拉丁美洲简史》,河南人民出版社,1986,第 279 页。
⑤ 约瑟夫·李:《共产主义中国对拉美的政策》(Joseph J. Lee, Communist China's Latin American Policy),《亚洲纵览》(Asian Survey) 1964 年第 4 卷第 11 期,第 1126 页。
⑥ 1952 年智利率先成立智利—中国文化协会,此后墨西哥、玻利维亚、巴西、阿根廷、乌拉圭、哥伦比亚、秘鲁、委内瑞拉等先后成立各种形式的对华友好协会,1960 年中国拉美友好协会成立,进一步推动了中拉的民间友好往来。

么人,外国的党,外国的非党人士,只要是对世界和平和人类进步事业有一点用处的,我们就应该团结。"① 对拉美的工作,就是做统一战线的工作。中国对拉美的民间外交既针对社会公众,也针对政府官员;既针对精英,也针对大众。周恩来多次指示,发展中拉之间关系要"细水长流,稳步前进,即使民间交往也要从拉丁美洲的实际情况出发,不使拉美友好人士受到伤害和感到为难"。② 互相体谅,坦诚相待,不强人所难,中共领导人结交了一批对华友好的政治家。20 世纪 50 年代访华的知名人士中有智利社会党领袖阿连德、墨西哥前总统卡德纳斯、危地马拉前总统阿本斯、哥伦比亚自由党领导人米切尔森、尼加拉瓜前总统博什、厄瓜多尔前议长伊达尔戈和玻利维亚左翼革命党主席卡多·安纳亚玻等人。这些人多代表拉美国内的民族民主力量,在党内和国内享有崇高的声望,即使离开政坛,不在其位,在党内和国内的地位和作用依然经久不衰。他们对华友好,为推动中拉党际友好和国家间关系发展做出了重要的贡献。20 世纪 50 年代到 60 年代,通过各种形式的人际往来和文化交流,通过深入细致地做人的工作,做拉美政党政要以及各阶级阶层和民间团体的工作,通过官民并举、多方参与的人文交流,中国在拉美的国际声誉和威望远远超越了中国的实力水平。甚至有西方观察家认为,在当时中国对拉美的亲和力、吸引力和影响力超过苏联。③ 这种亲和力、吸引力和影响力就是软实力。中国通过对拉美的多层次、多渠道的民间外交(1949~1969),突破了国际政治的结构制约,在拉美成功塑造了超越当时物质实力的软实力,也为新时期推进中拉关系的发展提供了可资借鉴的丰厚经验。

四 构建软实力:新时期中国对拉美外交的新方向

1990 年,美国著名的国际政治学家约瑟夫·奈在《外交政策》上撰文提出:"一个国家之所以能够实现其所期望的世界政治目标,是因为其他国家愿意追随它,或认可造成这一结果的情势。同化权力(co-optive power)

---

① 《增强党的团结,继承党的传统(1956 年 8 月 30 日)》,《毛泽东文集》(第七卷),人民出版社,1999,第 91 页。
② 黄志良:《新大陆的再发现:周恩来与拉丁美洲》,第 52 页。
③ 威廉·拉特利夫:《共产主义中国对拉美的文化外交 1949~1960》,第 58 页。

就是一个国家造就一种情势，使其他国家效仿该国发展倾向并界定其利益的能力。这种权力往往来自文化和意识形态的吸引力、国际机制的规则和制度等资源。"① 约瑟夫·奈用"软实力"这一概念来说明文化等因素在国家之间交往中所起的巨大作用。

根据约瑟夫·奈的阐释，文化、政治价值观和外交政策是软实力的三个主要来源。只有当一个国家的文化、价值观念和外交政策得到普遍认同，其软实力才真正有所提高。一般认为，高超的外交技巧和外交政策是构建软实力的来源，不当的外交政策也能够削减国家的软实力。"9·11"恐怖袭击事件后小布什政府出兵伊拉克损害了美国霸权的正当性，美国的软实力下降。在约瑟夫·奈的分析中，文化、政治价值观和外交政策具有内在的一致性。一国的政治价值观必定是反映特定文化和精神气质的价值观。在对外交往中，对外战略是一个复杂的文化系统，包含人们对社会和国际社会的认知、意识形态的选择、价值观的确定等。外交战略本身也可以被理解为是一种文化。对于究竟哪些要素可以成为软实力的权力之源，国内外学界还有不同意见。不过约瑟夫·奈的解释还是被普遍接受。

从软实力的理论视角来看，中国对拉美民间外交（1949～1969）的成功来源于中国领导人高超的外交技巧，来自中国革命的成功经验和中国选择不同于欧美模式的吸引力，同样也来自中拉多层次、多渠道的民间交往构建的理解与互信。周恩来总理曾经对中国的整体外交有过这样的界定，即中国的外交是官方的、半官方的和民间的三者结合起来的外交。② 民间外交曾经为中国外交打开局面发挥了独特的作用，在新的历史时期丰富多彩的人文交流将继续为中国外交做出不可替代的贡献。随着经济全球化和世界多极化的进一步发展，对外交往的主体和交往方式多元化成为趋势。如东亚—拉美合作论坛是多边合作的非正式机制，参与者既有政府官员又有民间各界代表，对外交往中亦官亦民、半官半民的多重性进一步丰富了民间外交的内涵，也可以说是不断突破传统的政府外交和民间外交的界限。

公共外交这一更具包容性的概念或许能更好地反映各种跨国交往的现实。公共外交涵盖"政府对政府外交"以外的各种对话方式，包括双方或

---

① 约瑟夫·奈：《软实力》（Joseph S. Nye, Soft Power），《外交政策》（Foreign Policy）1990年秋季号，第168页。
② 赵启正：《从民间外交到公共外交》，《人民日报》（海外版）2009年10月9日。

多方的官方—民间或民间—民间的各种直接交流。① 诚如国内学者所言,作为一种外交,从行为主体上,公共外交(或称为公众外交)依然是一种政府行为。② 公共外交的行为主体包括政府、社会精英和普通公众三个方面,其中政府是主导,社会精英是中坚,普通公众是基础。如果说政府外交聚焦于与国家利益高度相关的政治、经济、军事关系上,那么公共外交则通过政府主导,通过与其他国家发展人文交流,通过介绍、宣传和沟通,增进其他国家民众和政府对本国的理解,作为国家整体外交的组成部分,促进国家利益的实现。

改革开放以来,中国对拉美的外交优先集中于政治和经济议题,人文交流滞后,政府外交成果显著,公共外交乏善可陈。在新时期,作为推动中国软实力的重要的政策工具,中国应大力推动公共外交,通过政府的支持和指导,进一步挖掘和发挥当年"民间外交曾经发挥的特殊作用"。如针对拉美的传媒和文化领域受欧美国家影响这一情况,中国对拉美的公共外交应该加大对拉美传媒、重要智库的宣传工作,应该充分利用现代化的传媒工具和各种舆论平台,充分利用各种双边和多边、各种正式和非正式的对话机制,引导国际舆论认识和理解中国。软实力是建立在硬实力的基础之上的。改革开放以来,中国现代化的成就令外国人赞叹,许多人希望了解学习此中奥秘,中国发展模式的成功是中国实力之所在,也是中国吸引力的基础。拉美的发展以发展历程和发展模式的曲折多变等为特点,近年来就经济社会发展模式和治党治国的经验进行探讨,是中拉国家间关系以及政党外交进行深入交流的一项重要内容。多数学者认为中国发展模式的成功本身就有感召力,成为近年来中拉关系发展的推动力。

中拉尽管相距甚远,但历史遭遇相似,在国际政治经济体系中地位相同、情感相通,建设国家的任务一致,这些共性是中国对拉美具有亲和力的纽带。换言之,中拉之间不存在由于领土和领海纠纷而产生的心理隔阂及利益冲突,中拉之间也不存在由于地缘政治而产生的结构性矛盾,拉美国家长期受殖民主义压迫以及长期处于西方霸权国家主导和控制之下的现实,20世纪六七十年代,中国坚定地支持拉美人民反对大国干涉的正义斗争,为中国赢得了声誉。1971年6月周恩来总理在会见秘鲁访华代表团时,

---

① 赵启正:《从民间外交到公共外交》,《人民日报》(海外版)2009年10月9日。
② 韩召颖:《公众外交:美国对外政策的重要工具》,《南开学报》2001年第6期。

来访的渔业部部长说的第一句话是:"我是代表秘鲁政府和贝拉斯科总统专程前来感谢中华人民共和国政府的,感谢你们给予我国政府和人民捍卫200海里海洋权斗争的声援和支持。"①"中国政府对拉美的反帝、反殖和反霸斗争一直给予深切的同情和坚定的支持,赢得了拉美国家的信任。"

中拉交往中塑造的历史记忆、信念、理解和期待一经形成,具有相对的稳定性,并在中国外交的关键时期发挥独特的作用。在1989年政治风波后,在西方国家对中国进行制裁的时候,拉美国家领导人率先访华,对中国突破外交遏制发挥了重要作用。当前,国际经济领域最大的矛盾是发展中国家的发展不足,国际经济领域最大的不平衡是南北发展的不平衡。新兴发展中大国群体性崛起必将对国际政治经济体系的权力结构形成冲击,全球经济治理出现新变革,中国与拉美国家等新兴市场国家的国际合作蓬勃发展,如何推动国际经济机制向反映发展中国家利益的方向变革是中国与拉美国家共同追求的外交目标。现阶段中国的外交政策更加强调国际合作,中国强调南北国家在联合国、二十国集团、金砖国家等多边机制中的合作,中国强调新兴市场国家和发展中国家在全球事务中的合作,这将为中国外交赢得更多的尊重,对世界来说也是一件好事。

---

① 黄志良:《中拉建交纪实》,第101页。

论中国软实力在巴西的发展

程 晶[*]

内容提要：1993年中国和巴西建立战略伙伴关系以来，中国积极在西半球最大的发展中国家巴西发展软实力。进入21世纪以来，中国软实力在巴西获得了快速发展。本文在实地调研、收集最新资料的基础上，从发展的基础、主要途径、主要表现和面临的挑战四个方面来研究中国软实力在巴西的发展情况，并在此基础上提出相应的对策建议。

关键词：中国 软实力 巴西

软实力"是通过吸引而非强迫或收买的手段来达己所愿的能力。它源于一个国家的文化、政治观念和政策的吸引力"。[①] 概括来讲，软实力主要是指一个国家依靠政治制度的吸引力、价值观的感召力、文化的感染力、外交的说服力以及国民形象的亲和力等释放出来的无形影响力，是一个国家综合国力的重要组成部分。软实力概念自20世纪90年代初由美国学者约瑟夫·奈（Joseph S. Nye, Jr.）提出以后，受到众多国家的广泛关注，并被纳入国家战略层面。在当今以和平与发展为主流的国际社会中，软实力的运用以"天下之至柔，驰骋天下之至坚"，可以达到硬实力所无法比拟的效果，对于国家综合国力的提高和壮大具有更为深远、更为持久的意义，因而受到众多国家的青睐。2012年，中国共产党十八大报告中提出"全面建成小康社会，实现中华民族伟大复兴"，必须"提高国家文化软实力"；

---

[*] 程晶，湖北大学历史文化学院，讲师。
[①] 约瑟夫·奈：《软力量——世界政坛成功之道》，吴晓辉等译，东方出版社，2005，第2页。

"建设社会主义文化强国",开创"中华文化国际影响力不断增强的新局面"。①

近十年来,中国学界对于中国软实力的发展进行了深入细致的研究。其中,对于中国软实力在海外的发展情况,国内学者做了一定的探讨,其研究主要聚焦在东亚、东南亚、欧美等地区和国家;对于巴西等拉美国家的关注却甚少,相关研究十分欠缺②。基于此,本文在实地调研的基础上,拟从发展的基础、途径、表现和面临的挑战着手,对中国软实力在巴西的发展情况进行系统深入地研究,并提出一些有益之举。

一 中国软实力在巴西发展的基础

硬实力是软实力发展的基础和后盾,离开硬实力的依托来发展软实力只能是空中楼阁。中国软实力在巴西的发展是以20世纪90年代以来中巴双边政治、经贸关系的深入发展为基础,同时也离不开近代中巴文化交流这一历史积淀。

1. 中巴高层交往频繁,政治关系全面提升。

中巴两国自1974年建立外交关系以来政治交往得到加强,两国关系发展顺利。其中,1993年中巴建立了战略伙伴关系,巴西成为同中国建立战略伙伴关系的第一个发展中国家。中巴战略伙伴关系的建立为两国关系的发展提供了坚实的平台,中巴高层交往增多,政治关系不断提升。

进入21世纪,两国政府更加重视发展双边关系,高层交往频繁,政治互信日益加深。2004年中巴建交30周年之际,胡锦涛主席和巴西总统卢拉实现了同一年度内的成功互访,成为中巴两国关系发展中的里程碑事件,极大地提升了中巴战略伙伴关系。2009年5月,卢拉总统对中国进行了第二次国事访问,两国元首签署了《中华人民共和国和巴西联邦共和国关于进一步加强中巴战略伙伴关系的联合公报》。2010年4月,胡锦涛主席对巴西进行了国事访问,双方发表了《联合新闻公报》并签署了《中华人民共

---

① 《十八大报告(全文)》,http://www.xj.xinhuanet.com/2012-11/19/c_113722546_6.htm,2012年11月19日。
② 这方面相关的论文参见笔者的论文《华侨华人与中国软实力在巴西的提升》,《湖北大学学报》(哲学社会科学版)2012年第11期;王俊峰:《中国软实力外交探析——以东亚、非洲、拉美为例》,《商丘职业技术学院学报》2011年第1期。

和国政府与巴西联邦共和国政府 2010 年至 2014 年共同行动计划》，指出要"从战略高度全面指导两国战略伙伴关系及相关领域合作的发展"①。2012年 6 月，中巴两国政府发表了联合声明，将中巴关系从战略伙伴关系提升为全面战略伙伴关系，反映了两国在全球性和战略性的影响方面日益提升。②

中巴高层交往的频繁、政治关系的全面提升为两国关系的全面、深入发展奠定了坚实的基础，同时也为中国软实力在巴西的发展提供了良好的政治环境。

2. 中巴经贸关系快速发展，实现互利共赢。

中巴同为发展中大国和金砖国家成员国，目前都处于经济快速发展期，有着改善民生、发展经济的共同诉求和振兴民族、实现大国的共同愿望，从而为双边经贸合作带来了机遇。两国自 1993 年建立战略伙伴关系以来，双边经贸关系获得平稳发展。1974 年两国建交时双边贸易额只有 2200 万美元，到 1993 年时增加到约 11 亿美元，1999 年达到 18 亿美元。

进入 21 世纪以来，中巴双边经贸保持快速增长势头。根据巴西发展、工业和对外贸易部的统计数据，2002 年中巴双边贸易额达到 41 亿美元，2005 年突破 100 亿美元，2007 年突破 200 亿美元，2008 年突破 300 亿美元，2010 年突破 500 亿美元。③ 其中，2009 年巴西与中国的双边贸易额首次超过美国，中国成为巴西最大的贸易伙伴国、最大的出口目的地国家，巴西则超过印度成为中国第九大进口来源国。

中巴两国在经贸领域的合作目前进入快速发展的新时期。随着中巴经济的进一步发展，两国经济合作的空间更加广阔。中巴在经贸领域的合作和互利共赢，为中国软实力在巴西的发展奠定了坚实的经济基础。

3. 近代历史上，中巴进行了友好的文化交流。

中巴早期的文化交流可以追溯到 16 世纪。1553 年葡萄牙占据澳门，通过澳门这一中介和中国移民这一特殊群体，中国的商品、农作物、生活习

---

① 《中华人民共和国政府与巴西联邦共和国政府 2010 年至 2014 年共同行动计划》，http://www.fmprc.gov.cn/chn/gxh/tyb/zyxw/t684715.htm，2010 年 4 月 22 日。
② 《中国巴西将两国关系提升为全面战略伙伴关系》，http://www.chinanews.com/gn/2012/06-22/3980701.shtml，2012 年 6 月 22 日。
③ Sérgio Costa. Oportunidades de Investimento no Estado de São Paulo. São Paulo，2011，p. 17.

俗等中国元素被传播到了巴西。其中，茶在巴西的传播成为中巴早期文化交流的佳话。1812年，葡萄牙政府为了学会种茶技术，特别招募了一批中国湖北的茶农经澳门前往巴西里约热内卢帮助当地人从事茶叶种植，从而开启了以茶为媒介进行的中巴早期文化交流。一直到现在，茶都是巴西人生活中普遍且受欢迎的饮品，葡语中茶（chá）这个单词就是根据汉语而来的。19世纪中叶以后，随着巴西劳动力短缺的出现和加剧，许多中国人以华工的形式开始进入巴西，到20世纪20年代巴西境内约有2万名中国人。随着中国移民的增多，更多的中国文化内容被传播到了巴西。

近代历史上中巴之间进行的文化交流，一方面将中国元素传入了巴西，为巴西多元文化的形成增添了独特的中国元素。巴西著名社会学家、东方学家吉尔伯托·托弗莱雷（Gilberto Freyre）指出，巴西是"热带中国"，"阿拉伯文化、伊斯兰文化、印度文化和中国文化对巴西文化的形成产生重要影响；巴西不是一个纯粹的西方国家，它的文化是中西交汇的"。另一方面缩短了两国人民之间的距离，增进了两国人民的了解，为1974年中巴建交特别是20世纪90年代以来中巴两国加强文化交流、中国软实力在巴西的发展奠定了历史基础。正如巴西前文化部部长吉尔讲到的那样，中国上乘而精致的物件，诸如丝绸、刺绣、瓷器和香扇等尚存于巴西，成为当今两国拥有共同点的深厚基础。①

二 中国软实力在巴西发展的主要途径

1. 开展文化外交。

"文化外交"是指充分利用文化资源，通过文化交流与沟通，使国家间彼此理解与尊重，从而提升国家影响力的外交活动。中国政府积极在巴西开展文化外交，通过举办形式多样的文化活动，加强语言传播和高等教育领域的交流，扩大中国文化的影响力和吸引力。

第一，进行形式多样的文化交流活动。

中巴两国政府都十分重视双边文化交流活动。1985年中巴双方签署了《文化和教育合作协定》，并先后制定了三个文化交流执行计划。两国政府

---

① 张宝宇：《中国文化传入巴西及遗存述略》，《拉丁美洲研究》2006年第5期。

还合作组建了"文化合作混合委员会",至今已举行4次会议。1999年和2000年两国文化部长实现了互访。2004年11月胡锦涛主席在访问巴西之际所发表的重要演讲中明确提出要"重视文化交流,增进相互了解",使中拉在"文化上密切交流,成为不同文明积极对话的典范"①。此外,在中巴双方2009年签署的《中巴进一步加强战略伙伴关系的联合公报》、2010年签署的《中巴两国政府2010年至2014年共同行动计划》和2011年签署的《中巴联合公报》中都表示要加强中巴两国政府间的文化交流与合作,鼓励和推动两国社会各界参与双边文化交流,拓展交流领域,提高合作水平。

在中巴两国政府的积极努力下,特别是1993年中巴战略伙伴关系建立以来,双方多次派出政府文化代表团互访,密切文化交流。目前,中国已派出了40多个文艺、体育、教育、学术等团体访问巴西,已在巴西举办了故宫藏品展、中国皮影戏展、中国电影展等展览和中国文化节、中国文化周、中国文化月等活动,让远在地球另一端的巴西民众能够亲眼目睹中国文化的独特风采。与此同时,巴西也派出了40多个文化、体育和艺术等团体访问中国,在中国举办了"亚马逊——原生传统展""走进中国——巴西国家展"等大型文化、艺术展。

第二,加强语言传播。

语言是文化的载体和交流的媒介。为了克服交流的语言障碍,两国政府大力支持语言的推广和传播。在2011年签署的《中巴联合公报》中,中巴政府"重申将继续对在中国推广葡萄牙语教学以及在巴西推广汉语教学予以重视"②。

中国在巴西推广汉语教学的一个重要方式是开设孔子学院。目前中国已在巴西开设了巴西圣保罗州立大学、巴西利亚大学、里约热内卢天主教大学、南大河州联邦大学和圣保罗FAAP 5所孔子学院,此外还有几所孔子学院正在申请中。在孔子学院的基础上,中国已在巴西多所高校开设了汉语选修课,举办了汉语水平考试(HSK)和汉语桥比赛。孔子学院为合理

---

① 《携手共创中拉友好新局面——国家主席胡锦涛在巴西国会发表演讲》,http://www.people.com.cn/GB/shizheng/1024/2985330.html,2004年11月12日。
② 《中国和巴西发表联合公报(全文)》,http://www.chinanews.com/gn/2011/04-12/2968192.shtml,2011年4月12日。

有序、可持续地传播中国语言和文化提供了一个坚实的平台,成为中国发展软实力的一个重要渠道。中国在巴西推广汉语教学的另一个重要方式是鼓励和支持巴西当地华文教育的发展,并对其中一些优秀者予以表彰。如2003年由圣保罗华人移民创办的华光语言文化中心于2007年获国务院侨办颁发的华文教育杰出贡献奖。

为了克服中巴交流的语言障碍,中国政府在巴西积极推广汉语教学的同时,也在中国本土支持葡语教学的发展。目前,中国多所高校开设了葡语专业,如中国传媒大学、北京外国语大学、上海外国语大学等。此外,在中国传媒大学还设立了由巴西教育部主办、巴西外交部协办的葡萄牙语水平考试(CELPE-BRAS)考点。

第三,开展高等教育领域的交流与合作。

大学不仅是传递文化、创造知识的主要场所,而且也是国家软实力建设中不可或缺的重要力量。在开展文化交流、加强语言传播的同时,中国也在高等教育领域加强与巴西的交流与合作。采取的方式之一是开展学生之间的交流活动。如互相提供奖学金,鼓励学生留学;开展暑期夏令营等。其中,2009年以来开展的巴西高校精英中国行(Top China)以及中国高校精英巴西行(Top Brazil)项目获得广泛关注。该项目是第一个中巴一流高校之间的学生交流项目,到目前为止共有200多名中巴学生参加,为中巴高校学生交流提供了一个很好的平台。方式之二是开展高层管理人员之间的交流与合作。如举办相关的会议、论坛、讲座等。其中,2007年和2010年中巴两国教育部联合主办了中巴大学校长论坛,加强了中巴高校管理层之间的相互了解。方式之三是加强教师、研究人员之间的交流与合作。如互设研究中心,互派教师、学者交流、访问,合作出版学术专著等。自2004年以来,在北京大学、中国社会科学院拉美研究所、湖北大学等先后成立了巴西研究中心;与此同时,在巴西的圣保罗州立大学、圣保罗天主教大学等成立了中国研究中心。

2. 建立外交磋商对话机制,增强互信与协作。

1985年中巴两国外交部建立了高级官员定期磋商制度,1986年开始举行首次政治磋商,到2007年两国已举行14次双边政治磋商。2004年中巴决定成立中巴高层协调与合作委员会,以指导和协调两国关系的发展。2006年3月,在北京召开了中巴高层协调与合作委员会第一次会议。2007年4月,中巴双方决定建立战略对话机制。2007年11月,中巴两国首次战略对话在北京举行。双方通报了各自发展战略和对外政策,并就两国关系和共同关心的重大国际与地区问题深入、坦诚地交换了意见,进一步扩大两国在有关问题上的广泛共识。①

外交磋商对话机制的建立,体现了中巴两国在发展双边关系方面制度建设的成熟度和两国的互信度,有利于中巴双方在国际事务中保持协商和合作。同时,也展示了中国政府对有关国际事务的原则和立场,传递了中国政府和谐的外交理念和互利共赢的对外战略,树立了一个良好的负责任的大国形象,为中国软实力在巴西的发展营造了良好的政治氛围。

3. 拓展高科技、环保、生物能源等非传统领域的交流,深化中巴战略伙伴关系。

中巴在高科技领域的合作被誉为"南南合作的典范"。两国在航天航空、信息工程、新材料技术、近海采油等高科技领域均有技术交流与合作。其中,航天航空领域的合作成为中巴高科技合作的一大亮点。在航天领域,中巴两国的合作是目前唯一两个发展中国家在航天领域的合作。1999 年、2003 年和 2007 年中巴联合研制的三颗遥感地球资源卫星发射成功。在航空领域,2002 年巴西航空工业公司与中国航空工业第二集团下属的哈尔滨飞机制造公司在哈尔滨合资成立了哈飞-安博威工业有限公司,合资生产居世界先进水平的 ERJ145 型喷气式飞机。2004 年 5 月胡锦涛主席在会见巴西总统卢拉时赞扬此项飞机合作项目展现了南南高科技合作的巨大活力和潜力。

作为发展中大国,中巴都有发展经济、改善民生的迫切需要,同时也都是温室气体排放大国,面临着严峻的环境问题,急需探索一条经济发展与环境保护相结合的可持续发展之路。中巴在环保、生物能源等领域携手合作,加强交流。2004 年 11 月,中巴签署了新能源和清洁能源领域的合作备忘录。2010 年中巴在签署的《中巴两国政府 2010 年至 2014 年共同行动计划》中指出,"两国将就气候变化和环境保护等重大国际问题开展深入对话","合作开发新能源,特别是可再生能源","加强在生物燃料领域的合作并发展伙伴关系"。② 2011 年中巴在发表的《中巴联合公报》中表示,两

---

① 《中国与巴西双边关系》,http://www.china.com.cn/international/zhuanti/2009 - 02/06/content_ 17236972. htm,2009 年 2 月 6 日。

② 《中华人民共和国政府与巴西联邦共和国政府 2010 年至 2014 年共同行动计划》,http://www.fmprc.gov.cn/chn/gxh/tyb/zyxw/t684715.htm,2010 年 4 月 22 日。

国要进一步深化在"和平利用核能以及包括生物燃料在内的新能源领域的合作,以深化双方在环境领域及绿色经济项目方面的合作"。① 巴西是世界上最大的可再生能源生产国,可再生能源约占巴西全国能源供应总量的45.3%,发达国家可再生能源约占其能源供应总量的13%,发展中国家为6%。② 目前,中国的清华大学、广西农业科学院、中国热带农业研究院与巴西的里约联邦大学、巴西农业研究院以及其他巴西研究机构在生物燃料、生物技术、气候变化等方面的合作已起步。其中,2009年1月,清华大学和里约联邦大学成立了中国—巴西气候变化和能源技术创新研究中心。该中心于2010年8月在巴西里约热内卢主办了首届中国—巴西气候变化与新能源研讨会。

中巴在高科技、环保、生物能源等非传统领域的交流与合作,拓展了中巴交流与合作的空间,推动了中国软实力在巴西的发展。

三 中国软实力在巴西发展的主要表现

1. 中国文化的吸引力

20世纪90年代以来,随着中巴文化交流的密切与频繁,处在地球另一端的巴西民众有越来越多的机会欣赏中国文化的独特风采。在巴西,中国文化的吸引力和影响力不断上升,出现了"汉语热""春节热""功夫热""针灸热"等"中国文化热"。

相比较于巴西短暂的500多年的历史而言,中国5000多年源远流长、博大精深的文化和历史让巴西民众钦佩不已,感到神奇且神秘。很多巴西民众喜欢穿旗袍、唐装、过中国节日等。其中,中国春节目前已发展成为巴西的一个具有影响力的中国文化品牌,成为巴西民众的另一个"狂欢节"。中国传统文化项目在巴西也获得了传播,如中国武术、太极、中医、书法绘画等。其中,中国针灸深受巴西人民的欢迎和信赖。如今,针灸疗法已进入巴西政府的公共医疗体系中,上至总统,下到百姓都成为中国针灸

---

① 《中华人民共和国和巴西联邦共和国联合公报(全文)》,http://news.xinhuanet.com/world/2011-04/12/c_121296596_4.htm,2011年4月12日。
② Matriz Energetic, http://www.brasil.gov.br/cop/panorama/o-que-o-brasil-esta-fazendo/matriz-energetica,2010.

的受益者。2008年在由华人移民创建的巴西中医药针灸学会成立25周年之际，巴西总统卢拉亲自致电表示祝贺。此外，中国语言在巴西的传播引人注目，越来越多的巴西民众选择学习汉语，在巴西出现了一股汉语热，汉语在巴西被誉为"未来的语言"（A língua do futuro）①。

中国文化对巴西民众的吸引力不仅体现在中国语言、中国传统文化项目、习俗上，也体现在中国文化独特的内涵中。中国古典哲学、道教、佛教等思想，中国文化的许多经典之作如《论语》《易经》《孙子兵法》《道德经》等在巴西流传广泛。中国传统文化中所蕴涵的"和谐""仁爱"等思想内涵、重视家庭、重视教育、吃苦耐劳等思想和价值观念让一直以来崇尚欧美文化，以自由主义、个人主义为核心价值观的巴西民众感受到了清新别样的文化面貌，丰富了巴西社会的多元文化。

通过语言、文化传播，不仅有利于克服中巴两国交流的语言、文化障碍，而且能够增进两国人民之间的相互了解和友谊。

2. "中国发展模式"的吸引力

中巴同为发展中大国，发展历程有诸多相似之处，如历史上都遭受过西方国家的殖民侵略，都是在西方发达国家主导的国际政治、经济秩序中探索现代化道路，都有着发展经济、改善民生的迫切需要等。但是，两国在现代化发展道路中所采取的发展模式和产生的结果差异很大。巴西在现代化道路探索中，不仅经济发展大起大落，政治不稳，军人政权和文人政权交替，同时还伴随着财富分配不均、贫富差距悬殊、社会治安恶化等社会问题。而中国自改革开放以来采取渐进式改革，在取得巨大经济成就的同时注重改善民生，坚持经济增长、政治稳定与社会和谐。中国的和平崛起、中国改革开放以来的发展经验被外国学者们誉为"中国发展模式"或"北京共识"。

"中国发展模式"引起人们的积极探讨，激发了巴西等发展中国家的极大兴趣。"中国发展模式"对于巴西的吸引力，体现在为巴西现代化的发展提供了一条可资借鉴的超越经典现代化理论和"华盛顿共识"的新路径。巴西在现代化道路的探索中，将许多经典现代化理论拿来所用，如实证主义、结构主义、"华盛顿共识"等。这些理论不但没有解决巴西现代化发展

---

① Maria Carolina Nomura, Mandarim ainda é visto como idioma para o futuro, http://www1.folha.uol.com.br/folha/classificados/empregos/ult1671u336545.shtml，2007。

中所出现的严重问题,相反导致巴西在现代化道路上一波三折、大起大落。进入21世纪,巴西在接受西方国家主导的"华盛顿共识"试验失败的基础上,重新调整经济发展战略,加强经济发展的自主性和独立性。同为金砖国家和发展中大国,中国的发展并没有像巴西那样复制"华盛顿共识"等西方经济理论,而是从中国的国情出发探索出了一条渐进式改革道路,实现经济、社会的持续发展和政治的稳健变革相结合。中国的发展模式对于正在崛起、探索独立自主现代化道路的发展中大国巴西来说无疑具有重要的借鉴意义和吸引力。正如西方媒体认为的那样:"中国的崛起为其他国家提供了除西方发展模式之外的一个强有力的选择。"① 2004年6月14日联合国秘书长安南在接受新华社记者提问时讲到,中国依靠独特模式实现发展的有益经验的确值得其他国家,特别是发展中国家借鉴。

"中国发展模式"对于巴西的吸引力还体现在中国在现代化道路探索中所积累的一些经验和教训,特别是中国在减贫、缩小贫富差距方面的经验对于以贫富差距悬殊享誉全球的巴西来说具有重大的借鉴意义。中国在消除贫困方面取得了举世瞩目的成就。30年来,中国的贫困人口从2.5亿减少到1400多万,贫困发生率从30.7%下降到1.6%。② 而巴西一直为减贫、贫富差距悬殊的社会问题所困扰。近10年间,巴西的基尼系数始终徘徊在0.6左右,属世界最高之列。2003年巴西总统卢拉上台以后,将改善中低收入阶层尤其是饥饿和贫困人群作为首要目标。中国的减贫、缩小贫富差距方面的经验为巴西所关注和学习。巴西总统卢拉很欣赏中国改革开放以来所取得的经济成就和社会成就,他曾经派遣研究小组赴北京学习"中国经验",并且多次强调"要发现中国的价值",并制定"中国议程"③。

3. 中国国家形象的改善

国家形象反映了国内外公众对于一个国家的认可程度,是一个国家极为重要的无形资产、战略资源和综合国力的重要组成部分,成为一个国家对外交往的旗帜和走向世界的通行证。作为软实力的核心要素之一,各主

---

① 秦宣:《"北京共识"、"中国模式"与中国现代化之路》,http://www.rmlt.com.cn/News/201204/201204270955069956.html,2012年4月27日。
② 《改革开放30年:中国贫困人口已减少至1400多万》,http://www.022net.com/2008/12-6/431542163370043.html,2008年12月6日。
③ 吴洪英:《"拉美成为中国后院论"辨析》,《现代国际关系》2009年第3期。

要大国均重视其国家形象的塑造，中国也不例外。

在中巴经贸关系快速发展的同时，"中国威胁论""新殖民主义"等论调在西方媒体的推波助澜下在巴西也有一定的市场。为了消除误解与偏见，塑造良好的国家形象，中国在外交、文化、国际事务等领域加强与巴西的交流、合作，向巴西展现中国和谐的外交政策和互利共赢的对外战略。近年多次民调显示，拉美民众对中国的认知度已与美、日、法、西等发达国家处于同一级别[①]。美国《时代周刊》和英国BBC近年来所做的民意调查表明，拉丁美洲的民众对中国的积极看法占主流，倾向于给予中国正面评价。2008年，巴西政府的重要智库巴西国际关系研究中心（CEBRI）所做的一项调查结果表明，认为中国是"关系巴西国家利益最重要的国家"的从2001年的82%升至2008年的92%，在最重要的国家中排名第3位，仅次于阿根廷（从96%降至95%）和美国（从99%降至94%）。[②] 2009年巴西驻华大使胡格内讲到，"巴西人民认为中国是一个现代的、正在改变与发展的、更为开放的国家"，"中国形象非常正面，发展成就举世瞩目"。[③]

巴西作为拉美地区首屈一指的大国，中国国家形象在巴西的改善，不仅可以提升中国软实力，增进中巴双方的理解与互信，驱除"中国威胁论"等不良论调，而且有助于遏制"台独"等分裂势力在巴西等拉美国家的发展，为实现祖国的和平统一大业创造条件。

四 中国软实力在巴西发展面临的挑战及建议

1. 挑战一：地理、语言和文化障碍。

中国和巴西分别位于东西半球，相距遥远。目前，两国间虽已实现直航，但是仍路程遥远，仅空中飞行时间就得20多个小时。路途遥远给两国间的交流与合作设置了天然屏障，成为中国走入巴西、发展软实力的一大障碍。中国软实力在巴西发展面临的另一大挑战是语言。语言是文化交流

---

① 吴洪英：《"拉美成为中国后院论"辨析》，《现代国际关系》2009年第3期。
② Amaury de Souza, Brazil's International Agenda Revisited: Perceptions of Brazilian Foreign Policy Community, Brazilian Center for International Relations (CEBRI), 2008, p. 24.
③ 《巴西大使：中国形象非常正面 发展成就举世瞩目》，http://news.sohu.com/20090702/n264937549.shtml，2009年7月2日。

的媒介，也是文化传播的基本工具。巴西属于葡语国家，以葡萄牙语为母语，英语交流并不十分普遍，而在中国掌握葡语的人才屈指可数。除了需要克服语言障碍外，中国软实力在巴西发展还需要克服文化障碍。巴西与中国相距遥远，属于不同的文化圈，民众的思维方式、审美情趣、欣赏习惯、思想观念等差异很大。在中国输出到巴西的一些文化活动中，有些在巴西社会反响强烈；有些虽投入大，效果却一般。原因之一是这些文化活动未能符合巴西民众的审美情趣、思维方式等。所以，中国软实力在巴西的发展，急需一批掌握双方语言，又熟悉双方国情、文化的人才。我们知道，人才和技术一直是对外传播的关键所在。人才的缺乏制约了中巴在文化等领域的交流与合作，导致葡语方面的中国文化产品严重不足。中国向巴西输出的各种图书、影像作品等均以英语、汉语为主，无法满足巴西民众进一步认识中国、了解中国的需要。这不能不说是一种遗憾，也是急需解决的问题。

建议一：培养更多的熟悉中巴双方语言和文化的人才；加大葡语方面的中国文化产品的开发力度和输出力度。

中国软实力在巴西发展的当务之急是培养更多的熟悉中巴双方语言和文化的人才。比如在中国一些高校增开葡语专业和巴西研究中心，在巴西增开孔子学院和中国研究中心；加强中巴高校之间的交流与合作，互派留学生、教师、研究人员等。

与此同时，因地制宜，加大葡语方面的中国文化产品的开发力度和输出力度，使丰富的中国传统文化资源转化成提高中国软实力的资本，满足巴西社会的需要和中巴交流的需要。

需要注意的是，在开发和输出葡语方面的中国文化产品时，一方面需要注意方式方法的创新。运用电视、电影、广播、书刊、网络、动漫、软件等现代科技手段开发一些高质量、内容丰富新颖的中国文化产品，提高文化传播的能力。目前在巴西流行的中国电影大多是功夫片，而反映中国风土人情、民族特色等方面的电影或电视剧却很少。同时，中国面向巴西的电台或广播电台更少。另一方面在开发和输出葡语方面的中国文化产品时，还需要因地制宜，结合巴西当地的人文风情和巴西民众的特点开发一些符合巴西民众审美情趣、欣赏习惯、思维方式的高质量、有影响力的中国文化精品，提升文化输出的层次，将软实力和巧实力结合起来。这方面有一些成功的案例。例如，2010年中国国家芭蕾舞团携中国经典芭蕾舞剧《大红灯笼高高挂》首度赴巴西进行演出，获得了巨大成功，在巴西刮起了一股强烈的"中国芭蕾舞热"，他们的成功正是将优美的中国舞蹈、动听的中国音乐、跌宕起伏的中国故事等中国文化元素以巴西民众喜闻乐见的芭蕾舞方式展现出来，为巴西民众乐于接受，让这个崇尚桑巴与足球的国度感受到了"芭蕾也疯狂"。

2. 挑战二："拉美成为中国后院"论——美国因素的制约

美国自实施"门罗主义"以来一直将拉美地区视为自己的"后院"，巴西民众和社会舆论长期深受美国的影响。与此同时，在20世纪大部分时间里，巴西把"尽可能地"搞好与美国的关系作为外交工作的重中之重。但是，进入21世纪以来，随着巴西国力和影响力的不断上升，其独立性明显增强，离美倾向也日益增强。与此同时，中巴战略伙伴关系不断深化，中国的影响力在巴西不断加深。在此背景下，美国等西方媒体抛出了"中国威胁美国后院""拉美成为中国后院"等论调。这反映了美国对中巴关系的快速发展以及中国崛起的深层担忧。虽然中国一直以平等相待、相互尊重、互利共赢的态度和原则来发展中巴关系，无意也从来不会将拉美当作自己的"后院"来经营。但是，美国的牵制仍将是今后中巴关系发展中必须面对的不利因素。

建议二：坚持中巴关系的发展原则、努力深化中巴战略伙伴关系的同时，加强中美在巴西等拉美事务上的磋商、对话与协作。

面对美国因素的制约，在发展中巴关系、加快中国软实力建设过程中，一方面，我们要坚持中巴关系的发展原则，努力深化中巴全面战略伙伴关系。其中，我们要以2004年5月中巴两国元首共同确立的四项原则作为指导两国关系发展的基础，包括：第一，坚持平等协商，增强政治互信；第二，坚持互惠互利，扩大经贸往来；第三，保持磋商协调，加强国际合作；第四，推动民间交往，增进相互了解。在此四项原则的基础上，努力推动两国全面战略伙伴关系持久、深入向前发展，使之成为发展中国家新型关系的典范。

另一方面，我们要加强中美在巴西等拉美事务上的磋商、对话与协作，消除美国的误解和担忧。其中，我们要充分利用在中美两国战略与经济对话框架内所建立的外交部高官级的拉美事务磋商对话机制。自2006年该机制建立以来，中美共举行了五次拉美事物磋商对话，就各自同拉美国家的关系、政策等议题深入交换了看法。事实证明，中美拉美事务磋商对话机制有利于双方更好地了解彼此在拉美地区的政治、经贸、外交行动的内容和目的,增信释疑、扩大共识,避免发生误会和冲突。正如美国"美洲国家对话组织"高级研究员丹尼尔·埃里克森所指出的那样:"当中国成为拉美地区一些国家的伙伴时,美国肯定会有一些紧张。中美对于不同事务有不同观点,但重要的是,就双方利益进行开诚布公的对话,这样假使紧张状态上升,也可以有效而和平地控制局面。"①

3. 挑战三:"新殖民主义"论——巴西国内因素的制约

21世纪以来,随着中国经济的快速发展,中国不断增加对巴西资源类产品的进口,从而引起巴西国内一些人对于中国经济发展的疑虑和戒心,出现了"新殖民主义"论调。"新殖民主义"论调认为,中巴之间的经贸关系中,中国主要向巴西出口工业制成品,而从巴西不断进口支持中国经济高速发展的自然资源,中国在巴西的经济活动与历史上西方国家在巴西的所作所为并无本质区别,是一种"新殖民主义"政策。按照这种发展模式,巴西正处于"去工业化"的境地,将会重新回到(工业化以前)初级产品出口的经济状况,最终沦为世界经济的边缘;而中国则处于世界经济发展的中心。② 巴西国家发展银行(BNDES)主席、经济学家卡洛斯·勒萨(Carlos Lessa)认为,中国的出口使巴西面临"去工业化"的危险,中国是一个"殖民者",如同19世纪的英帝国一样,有着统治全球的长远计划,中国想要把巴西变成它的谷仓。③ 在西方媒体的推波助澜下,"新殖民主义"论调在巴西有一定的市场,造成巴西投资和贸易保护主义抬头,中巴贸易摩擦不断,不可避免地对中巴在经贸等领域的交流与合作产生消极影响。

实际上,中巴经贸关系是建立在互利共赢基础上的,两国经济发展具有很强的互补性。巴西总统卢拉承认,巴中两国经济有很强的互补性,两国经贸关系的发展具有很大潜力,加强两国间的合作有利于两国人民的利益。④ 2008年英国《经济学人》在发表的文章中明确指出:"中国的崛起,对拉美

---

① 刘波:《中美即将展开首次拉美对话》,http://www.21cbh.com/HTML/2006-3-27/29126.html,2006年3月27日。
② José Serra, Negócio da China, Estado de São Paulo, 14 de abril de 2011.
③ Paula Adamo Idoeta, Avanço de exportação chinesa à AL aprofunda laços, mas desafia indústria, BBC Brasil, 8 de dezembro de 2011.
④ "发展中巴经贸合作对策建议"课题组:《进一步加强中国和巴西经贸合作的对策建议》,《拉丁美洲研究》2007年第2期。

来说是互惠互利，中国对资源的需求刺激了拉美的出口；没有迹象表明中国的出口把拉美从其他市场挤出去，更不存在所谓的新殖民主义。"

建议三：利用中巴媒体积极宣传中巴经贸发展的互利互惠特征；加大民间外交的力度，发挥巴西华侨华人的独特作用。

在中巴经贸关系快速发展的同时，为了消除巴西国内一部分人的担忧，减少这种"新殖民主义"论调的声音，我们不仅要利用中国的媒体，更要利用巴西国内的主流媒体以及其他西方媒体积极宣传中巴经贸发展的互利互惠特征，增强中国在巴西的话语权。加大民间外交的力度，推动中巴民间交流与合作，增进两国民众间的认知和了解，消除误解和疑虑。其中，要重视和大力发挥民间大使华侨华人的作用。华侨华人是一个集人力资源、资本资源、文化资源、政治资源、科技资源、信息及网络资源等多种资源于一体的资源系统。我们要充分利用这一独特资源，通过华文媒体、华人社团和华文教育三宝向巴西社会宣传中国，使巴西民众更加客观地认识、理解中国，提升中国在巴西的软实力。

孔子学院在拉美
——两岸携手传播中华文化

张家唐[*]

内容提要：中国实行改革开放以来，综合国力增强，世界掀起了学习汉语的热潮。现在海外已有孔子学院400家、孔子学堂500多家，注册学生65万人。自2006年以来，在拉美国家已建有二十多所孔子学院。台湾在海外为推广中华文化建立了台湾书院，马英九指出：台湾书院与大陆的孔子学院不抗衡。两岸中国人都是炎黄子孙、同宗同源，应该携手向海外推广汉语教学、传播中华文化，这是我们每个炎黄子孙应尽的义务和责任。

关键词：孔子学院　拉丁美洲　中华文化

一　孔子学院的发展状况及其功能

中国实行改革开放政策以来，随着国家综合实力不断增强，在国际舞台的影响力日益凸显。中国人所使用的汉语作为中华民族的文化载体和语言交流工具，其文化价值与使用价值越来越受到海外人们的重视，外国人学习汉语的热情迅速升温。为了满足海外人们学习汉语的迫切需求，中国政府于1987年组建了"国家汉语国际推广领导小组办公室"（简称国家汉办）。2002年，国家汉办开始酝酿在海外设立语言推广机构。2004年3月，国家汉办将设在海外的非营利性汉语推广机构命名为"孔子学院"

---

[*] 张家唐，河北大学历史学院，教授。

(Confucius Institute)。① 孔子学院肩负着汉语语言传播与中华文化推介的重要使命,故以我国儒家文化创始人孔子来命名。该名称体现了中国历史悠久、博大精深的语言文化底蕴,也体现了中国语言文化进一步融入世界多元文化的发展趋势。

孔子学院采取中外合作办学的方式。中国的一所高校或科研单位与外国一所高校共同向国家汉办(又被称为孔子学院总部)提出办学申请,经审核批准后学校就可以招生。办学经费由国家汉办和国外当地政府或承办学校共同出资。由国家汉办公派汉语教师并提供学生所使用的教材,由国外学校提供教学用地。孔子学院实行理事会领导下的院长负责制。由理事会负责审议孔子学院的发展规划、年度工作计划、年终总结报告、项目实施方案及预决算,聘任、解聘院长和副院长。孔子学院院长、副院长的人选需要经过双方协商确定,双方各派出一名院长,共同负责孔子学院的日常行政和管理工作。

孔子学院在办学方式上具有灵活多样的特点,根据不同国情与不同需求,在世界各地创办的有孔子学院、网络孔子学院、商务孔子学院、中医孔子学院和孔子学堂、汉语培训中心等。这些适应国际社会需求的办学方式,使孔子学院在世界各地得到了突飞猛进的发展。自2004年11月21日,第一所孔子学院在韩国首都首尔成立以来,目前全球108个国家和地区设有孔子学院400家,孔子学堂500多家,注册学员有65万人。从孔子学院办学形式上看,由开始的非学历教育逐步发展为正规学历教育。最初,孔子学院大部分以识字班、进修班等短期培训为主,属于非学历教育。目前,随着孔子学院的深入发展也出现了本科教育、研究生班,甚至研究类型的孔子学院。我们相信伴随孔子学院办学质量的不断提升,今后多层次的正规学历教育将是孔子学院未来的办学发展方向。在海外推广汉语教学只有真正进入了世界各国正规教育体系,孔子学院才能保持旺盛的生命力。

孔子学院经过近10年的发展,它的功能也日趋完善。根据《孔子学院章程》,孔子学院能够提供以下服务:(一)开展汉语教学;(二)培训汉语教师,提供汉语教学资源; (三)开展汉语考试和汉语教师资格认证;

---

① 《孔子学院章程》,第三十一条规定孔子学院不以营利为目的,其收益用于教学活动和改善教学服务条件,其积累用于孔子学院持续发展,不得挪作他用。http://www.hanban.edu.cn/confuciousinstitutes/node_ 7537. htm。

(四)提供中国教育、文化等信息咨询;(五)开展中外语言文化交流活动。① 由此可见,孔子学院的功能并非是单纯承担对外汉语的教学任务。然而,最初的孔子学院只能提供汉语教学,未能充分发挥传播中华文化的功能。经过办学双方近10年的努力,如今孔子学院不仅能够满足对外汉语教学的需求,还承担了为海外人士提供与中国教育、文化、经济和社会相关的信息咨询服务,显然孔子学院的功能日趋完善。

二 孔子学院在拉美

拉丁美洲与中国同属于第三世界,都遭受过殖民主义者的入侵、蹂躏和掠夺,也都有为赢得独立进行艰苦卓绝斗争的历史。相同的经历拉近了中拉的关系。此外经济上的互补性,也有力地促进了中拉合作。中拉关系不仅源远流长,还具有巨大的发展潜力。②

中拉之间良好的合作关系,不仅体现在相互之间日益增多的高层互访和民间往来,也有利于促进中国民众到拉美去创业。中国人不仅到拉美各国的政治、经济、文化中心的繁华大都市经商,也有人深入偏远村镇经营餐饮业。中国人的足迹几乎遍布拉丁美洲的每个角落。中拉之间经贸量不断攀升,中国的商品在拉美地区随处可见。拉丁美洲人的日常生活已经离不开"炒面""白菜""饺子""米饭"等餐饮类词语。数以千计的汉语词汇,也汇入当地的词汇系统。许多拉美人希望通过学习中文,进一步了解中国和中国文化。他们认为,学好中文不仅可以为将来到中国旅游提供方便,还能够拓宽个人的就业门路。阿根廷—中国工商会执行秘书埃内斯托·塔博阿达撰写《中国的生意文化》一书,向阿根廷人介绍中国的历史文化和商业传统。塔博阿达说,对于阿根廷企业家来说,如果不了解孔子和中国的文化传统,就很难在中国将生意做大。他还认为,随着中国经济的发展和综合国力的提升,汉语在世界范围内的影响会越来越大,中华传统文化倡导的"和谐"思想也会得到越来越多的认同和共鸣。不仅如此,学习汉语也受到拉丁美洲各国政府的广泛重视。阿根廷、智利等拉美国家的政府颁布法令,鼓励大中小学开设汉语课。现在,拉美的许多大学已开

---

① 《孔子学院章程》。
② 张家唐:《拉丁美洲简史》,人民出版社,2009。

设了汉语课。当地的政府官员、商人和企业白领也对学习中文、了解中国文化表现出浓厚的兴趣，汉语推广在拉美已经深入社区。由此可见，拉丁美洲民众学习汉语的热情高涨。正如孔子学院总干事、国家汉办主任许琳女士所说："汉语热在拉丁美洲更热。"①

正是由于拉丁美洲各国的人民都有学习汉语的积极性，促使孔子学院在拉美地区如雨后春笋般兴起。国家汉办非常重视汉语在拉丁美洲的推广工作，遴选国内著名高校与当地名校合作开办孔子学院。拉丁美洲第一所孔子学院就是由北京语言大学和墨西哥国立自治大学联合申办成立的。而后，南开大学、吉林大学、南京大学、中山大学、中国人民大学、上海外国语大学、西安外国语大学等高等学府相继在该地区创办了孔子学院。自2006年2月15日，拉丁美洲第一家孔子学院在墨西哥城成立之后，截至2012年，所开办的孔子学院已经发展到二十多家，拉丁美洲也成为孔子学院在海外发展最迅速的地区（详见表1）。

表1 拉丁美洲孔子学院一览

序号	中方大学	外方大学	创建时间
1	北京语言大学	墨西哥国立自治大学	2006年2月15日
2	对外经济贸易大学	墨西哥新莱昂州自治大学	2006年12月15日
3	北京潞河中学	墨西哥华夏中国文化学院	2006年11月22日
4	中山大学	墨西哥尤卡坦自治大学	2007年9月
5	南开大学	哥伦比亚安第斯大学	2007年11月2
6	安徽大学	智利圣托马斯大学	2008年4月
7	河北传媒学院	巴西利亚大学	2008年9月26日
8	湖北大学	巴西圣保罗大学	2008年11月26日
9	上海外国语大学	秘鲁天主教大学	2008年11月27日
10	太原理工大学	牙买加西印度大学	2009年2月13日
11	南京大学	智利天主教大学	2009年5月5日
12	吉林大学	阿根廷布宜诺斯艾利斯国立大学	2009年5月27日
13	北京第二外国语学院	墨西哥奇瓦瓦自治大学	2009年8月
14	中国人民大学	哥斯达黎加大学	2009年8月

① 《孔子学院带动阿根廷"汉语热"不断升温》，http://www.bokala.com/html/33041/。

续表

序号	中方大学	外方大学	创建时间
15	广东外语外贸大学	秘鲁阿雷基帕圣玛利亚天主教大学	2009年9月10日
16	首都师范大学	秘鲁皮乌拉大学	2009年9月25日
17	西安外国语大学	阿根廷拉普拉塔国立大学	2009年11月17日
18	中国社会科学院拉丁美洲研究所	古巴哈瓦那大学	2009年11月30日
19	广东外国语学院	秘鲁圣母玛利亚天主教大学	2009年12月12日
20	大连外语学院	哥伦比亚麦德林市	2010年4月30日
21	河北师范大学	秘鲁里卡多帕尔马大学	2010年11月12日
22	河北大学	巴西里约热内卢天主教大学	2011年9月1日
23	中国石油大学	厄瓜多尔基多圣弗朗西斯科大学	2011年12月27日

中拉合作办学取得了良好的预期效果。吉林大学与阿根廷布宜诺斯艾利斯大学合办的孔子学院就是一个成功的范例。布宜诺斯艾利斯大学是阿根廷最好的国立大学，布大的孔子学院也是阿根廷第一所孔子学院。布大孔子学院设在该校经济学院内，现有教师30名，注册学生1500多人。此外，该院开设有"普通话教程"，教学点遍及布宜诺斯艾利斯全市和拉普拉塔市的周边地区，每学期平均招生800人。布大经济学院院长阿尔贝托·巴维里表示，由于中国的经济快速发展，孔子学院注册学生数量还会持续增长。

孔子学院培养的学生，已成为中拉友好交往的使者。在上海世博会期间，哥斯达黎加馆招聘了4名中文翻译，其中3名是孔子学院的学员。这些学员把自己在上海世博会的感受和照片发回哥斯达黎加后，在当地引起极大的反响，让更多人认识到学习汉语的重要性。总之，拉美的孔子学院已经成为推动中拉友好合作和共同发展的一个新平台。

三 拉美孔子学院面临的问题及解决途径

孔子学院在拉美地区的发展形势喜人，但同时也存在诸多问题，倘若这些问题得不到及时解决，必然制约它的进一步发展。

（1）教师的知识结构难以满足教学需要

从语言推广到文化传播是国际语言文化推广机构发展的必经之途。中国在海外建立的孔子学院也不例外。文化传播需要教师具备语言、文化、历史、教学法、心理学等诸多方面的知识储备和丰富的教学经验。

目前，选派到拉丁美洲孔子学院的教师的知识结构，还远没有达到这一水平。孔子学院的中方教师通常毕业于语言类专业，尤其是英语类占有很大比重。英语专业出身的教师在母语为英语的国家和地区教授汉语，语言沟通上有着天然的优势。但是，当他们到了母语为西班牙语和葡萄牙语的拉丁美洲地区就会遇到很多困难。由于他们所学习专业知识的局限，对汉语教学、中华文化的认识与理解还比较肤浅。而教授汉语语言出身的教师，尽管他们具有在讲授汉语知识方面的优势，却存在与当地学生语言交流上的障碍，对中国文化的理解也有待提高。因此，教师们还普遍缺乏语言教学的经验和能力。许多志愿者没有经过专业教学训练或者并不具备对外汉语教学的能力。他们在教学过程中，由于不具备与当地人进行语言沟通的能力，很难取得良好的教学效果。同时，由于他们不了解当地的历史与文化，容易出现跨文化交际的障碍。有的老师依然按照中国人谈话的习惯，毫不避讳地询问学生的家庭状况，没有考虑到如何尊重当地风俗习惯的问题，难免给外国学生造成一定的心灵伤害，也会影响到教学效果。

上述现象已经引起国家汉办的高度重视。国家汉办许琳主任指出，孔子学院的重要"产品"——讲座，应涵盖中国的历史、当代文化、经济、法律、政治等诸多方面，而语言老师只能教语言，对于中国文化却知之不多，难当此任。中华孔子学院副会长汤一介也认为："现在的孔子学院可能有一个问题，主要就是教语言，教文化的比较少。"[①] 显然，我们的对外汉语教师，不仅需要会讲外语，也要通晓中国历史文化，还应懂得世界历史文化，特别是当地的历史文化。否则，无法与当地学员做到心灵沟通，难以提高对外汉语教学水平。

为了解决合格对外汉语教师严重缺乏的问题，近年来，一些高等院校已经开始培养对外汉语硕士学位研究生。孔子学院总部还组织实施了非英语语种汉语教师培训项目。国家汉办选拔了800名应届大学毕业生，在国内12所高校进行为期1年的西班牙语、德语、法语等12个语种培训，然后赴各国孔子学院、大中小学任教；从回国志愿者、应届毕业生和在职教师中

[①] 文松辉、黄维：《汤一介谈孔子学院的问题：教语言多教文化的比较少》，http://culture.people.com.cn/GB/87423/10119370.html。

选拔800人，作为汉语教师志愿者派往24个国家的58所大学的孔子学院任教。国家汉办在增加外派中国教师的同时，还加紧培训合格的外国本土汉语教师。从2009年开始，孔子学院总部设立了"孔子学院奖学金"，用于培养外国本土汉语教师，还招收了50个国家1021名外国学生来华攻读汉语国际教育专业硕士学位。国家汉办通过上述措施以解决对外汉语教师严重缺乏的难题。

（2）面临的另一个瓶颈是缺乏合适的教材

首先，学生们使用的对外汉语教材内容相对陈旧，不能与时俱进，给教学造成了不必要的麻烦。大量现有教材存在着落后于时代需求的问题。比如某教材在提到中国人参加朋友的婚礼通常送什么时，举的例子是"常常送生活用品，茶壶、暖瓶、床单什么的"；在提到有关打电话的内容时写道"去邮局打国际长途电话""托人买邮票"；① 在讲授汉语量词时，举例"一尺布"。这些教学内容对于当代中国年轻人，甚至对外汉语教师来说都已经很陌生，外国学生就更难于理解了。

其次，教材内容中的文化部分有待增加。对外汉语教学不仅要教授语言，更要传播中华文化。因此必须将中华文化的内容融入汉语教材之中。已有教材多注重语言知识的传授，却忽略了传播中华文化的内容，难以适应当代人们的要求。

最后，教材编写缺乏针对性。由于历史原因，我国现有的汉语教材主要是为以英语为母语的汉语学生设计的，日语、法语、德语、意大利语等教材也有少量开发或正在编写中，而孔子学院如今已经覆盖108个国家和地区，上述教材显然不能适合其他小语种地区的教学需求。此外，以前编写的对外汉语教材授课的对象是在中国的外国留学生，他们一般一周要上十多节汉语课，而且身处汉语环境。但现在孔子学院面对的汉语学员是在母语环境中学习汉语，二者学习模式截然不同，教材也应该量身定制。

为了解决拉丁美洲孔子学院教材短缺的问题，孔子学院总部出台了一系列措施。孔子学院总部积极采取措施，组织各国孔子学院的教师编写了500多种适宜当地需要的教材。孔子学院总部还组织专家组，将《中国历史常识》《中国地理常识》《中国文化常识》《快乐汉语》《长城汉语》《汉英

---

① 张喜荣：《从课堂教学反馈看初级对外汉语教材中的跨文化冲突》，参见《第九届国际汉语教学研讨会论文集》，中央民族大学出版社，2011。

对照字典》等中国文化书籍，将通用教材和工具书翻译成西班牙语和葡萄牙语，配发给各地的孔子学院使用。尤其应该称道的是由南开大学—安第斯大学孔子学院编写的《循序渐进汉语》一书，是面向西班牙语国家的第一本汉语教材。专家对此书的评价是：此教材以循序渐进为编写理念，以日常生活中的基本话题为内容，在配合当地文化、生活习惯的基础上，采用先生词、后句子和会话的模式编写而成，是一套适合拉美国家人民学习汉语的入门教材。此教材注重知识的重复性，并结合拉美学生的性格特点增加了课文的趣味性，使学生在学习汉语的过程中，消除恐惧、克服困难、增强信心，在成就感中学好汉语。此教材投入使用后，得到当地学生和汉语爱好者的普遍好评。通过上述措施有效地缓解了拉丁美洲孔子学院的教材问题。

伴随着孔子学院的快速发展，对外汉语教学使用的教材也取得了长足进步：数量飞速增长，种类不断丰富，可以基本满足多种需求；教材的不同语言版本也得到重视；教材编写日益重视课型的配合和等级的衔接。然而，目前对外汉语教材的现状还不容乐观，使用者普遍反映现有的汉语教材，在内容和形式上都有待进一步提高和完善。

（3）教学方法亟待提高

新中国成立以来很长一个时期，我国对外汉语教学的对象主要是来中国高校求学的留学生，他们的情况和如今学汉语的外国人有很大不同。先前给留学生上课的方法，虽然也称得上是"对外"，但那时的"对外"与现实的"对外"差别很大，如今老师讲课决不能沿用旧的教学方法。如果照搬先前国内以讲授为主的教学方法，加之自身外语能力的欠缺，很难收到良好的教学效果。

中国文字是表义的方块文字，而拉丁美洲地区的文字则是拼音文字，两种语言不仅书写方法差异大，在发音上也迥然不同。因此拉丁美洲地区的人感觉学习中文很难，如同学习天书一般，尤其是汉字的四声读音，同一个汉字因读音的不同，其含义则完全不同。其实，这是所有外国人学习汉语都要面临的问题。早年来华的传教士曾说："你要想进地狱你就学中文。"如今对外汉语教学就是要围绕打破"汉语难"的这个"魔咒"，探索出更好的教学方法，使得初学汉语的老外们感觉不难，能够学得快，掌握得好。

为了探索适宜的教学方法，国家汉办鼓励孔子学院的教师们因地制宜搞好教学方法的创新。经过多年摸索，互动性、情境性和多媒体教学已经成为孔子学院课堂教学的主流。这些新型的教学方法,强调建立学生对汉语文化的认知,建立对汉语文化的情感,最后实现汉语文化的应用。以师生互动为主导的教学方法,将中国文化与所在国文化相结合,通过游戏、辩论、对话、民俗活动、比赛等形式开展汉语教学,收到了良好的效果。在多媒体教学上,一些孔子学院开发的多媒体教学软件值得借鉴。美国密歇根州立大学孔子学院开发的游戏式多媒体教材《新乘风汉语》融汉语学习和游戏于一体,能够让美国的中小学生在游戏中培养对汉语和中国文化的兴趣。

总之,尽管拉丁美洲的孔子学院在办学过程中还存在着一些问题,但它作为充满活力的新生事物,其发展前景会更加广阔、美好。

四 两岸的炎黄子孙都有传播中华文化的义务与责任

孔子名丘,字仲尼。他生于公元前551年9月28日,卒于公元前479年4月11日,是春秋时期鲁国人。孔子是我国古代伟大的思想家和教育家、理论政治家、社会活动家,儒家学派的创始人。相传孔子曾修《诗》《书》,订《礼》《乐》,序《周易》,作《春秋》。他不仅整理文化典籍,还开展文化教育事业,有弟子3000,圣贤72。他一生从事传道、授业、解惑,被人们尊称为"至圣先师、万世师表"。孔子的言行被他的学生整理成创世巨作《论语》。在历史的长河中,儒学既保持其仁爱、和谐的精神特质,又带有不同时代的文化烙印,它以开放的姿态生发扩展,为世界文明的延续做出了重要贡献。以孔子为代表的儒家思想文化借全球孔子学院之东风必将进一步走向世界,为越来越多的国家、人们所了解和接受,将把人类带入一个和平、稳定、繁荣、进步的新时代。全国人大常委会副委员长许嘉璐在首届孔子学院大会上解释说:"因为孔子是中国人心目中永恒的导师,以孔子为代表的儒家学说,其核心理念是以人为本、和为贵、和而不同。中国人至今仍以这一学说为社会思想的基础,与世界各国人民友好相处。"[①] 孔子已是世界最著名的文化名人,今天,孔子学院犹如雨后春笋般在世界各

---

① 许嘉璐:《在首届孔子学院大会上的讲话》,中国新闻网,http://news.xinhuanet.com/newscenter/2006-07/07/content_ 4806994.htm,2006年7月8日。

国建立，中华文化在世界五大洲落地生根。

我们不论大陆人还是台湾人，大家都是炎黄子孙，同宗同源，我们都是中国人。中华文化是我们老祖宗留给大家的珍贵遗产和共同财富，对外传播中华文化是我们每个中国人义不容辞的义务与责任。孔子作为中国文化的杰出代表人物，能够代表中国文化最有影响力的部分，这是大陆、台湾、海外华人大家都认可的。

目前，孔子学院是推广汉语文化的教育和文化交流机构，在对外汉语教学方面，它是最正规、最主要的渠道。可是，孔子学院的对外汉语教师资源不足，尤其是能够用西班牙语、葡萄牙语进行教学授课的人才稀缺，难于应对拉丁美洲"汉语热"的局面。例如，阿根廷布宜诺斯艾利斯大学孔子学院当初开学时，估计能有50名学生来就读，意想不到的却有2000人报名。由于我们懂西班牙语的教师少，只好派七八十位年轻人去智利、阿根廷、秘鲁、哥伦比亚、西班牙学西班牙语，学习一年之后再派到当地孔子学院任教。

然而，台湾学者向骏先生就曾指出，台湾过去多年来培养的西班牙语人才过剩，在中国大陆与拉丁美洲关系愈来愈密切的此时，也会有发挥之处，特别是大陆近来在各国广建"孔子学院"，在拉丁美洲各国所设的"孔子学院"，就有西班牙语人才荒的问题。台湾在华语教学方面不输大陆，如果台湾的西语人才可以在这块立足，让人才适才适所，发挥专长，对提升台湾的就业是件好事。由此看来，两岸如何携手向拉美推广汉语教学和传播中华文化是一个值得探讨的问题。

台湾为在海外传播中华文化也成立了台湾书院。马英九先生说："设立'台湾书院'，并不是为了跟大陆'孔子学院'抗衡。"台大教授、两岸统合学会理事长张亚中提出：台湾书院与孔子学院抗衡没有出路，两岸应携起手来，共同在海外弘扬中华文化。台湾孔子协会理事长孔维勤教授也认为，台湾若能与大陆合作，以中华五千年的深厚文化为根基，两者便能共襄盛举，一同弘扬中华文化。

可是台湾也有人撰文认为，在海外台湾书院使用繁体字，而大陆孔子学院使用简体字教学就必然要对抗。这个观点本人不能苟同。把使用繁体字与简体字截然对立起来是有问题的。世界上许多国家的文字的发展都经过了从无到有、从使用繁体字到简体字的过程，文字简化是文字发展的一个必然趋势。文字简化更便于文字的书写和推广，这有利于更多的人掌握使用，对于扫除文盲是大有裨益的。笔者认为，在海外教学不论使用繁体字还是使用简体字，不应该是台湾书院与孔子学院必然对抗的理由。在海外，不论是用繁体字还是用简体字教学，只要能够传播中华文化就好。大陆使用简体汉字、拼音字母教学，而台湾使用繁体汉字、注音符号教学，确实存在着差异。但是，这些差异并不能掩盖其在深层次上同根同源中华文化的内涵。今后两岸不应争论对外汉语教学方面存在的不同点，而更应该着眼于未来。

如今中国实行改革开放政策，国家综合实力增强，为我们传播中华文化创造了良好的条件，我们应该抓住这个机遇来大做文章。目前尽管海峡两岸的政治制度不同，社会和经济结构有着较大的差异，但在推动和促进中华文化在世界的传播方面，两岸学者有着许多的共识。因此，笔者认为不论是大陆办的孔子学院还是台湾办的台湾书院，都应该携手向海外推广汉语教学、传播中华文化，这是我们每个炎黄子孙应尽的义务和责任。今后，两岸的同仁、专家、学者和其他关心此项事业的人士应该多接触、多交流，携手合作，为弘扬中华文化而共同努力。

五 小结

近些年来，海峡两岸之间的经贸发展突飞猛进、文化领域的往来日趋增多，文人墨客的学术文化的互访频繁，总的看来发展势头不错。北京故宫博物院与台北故宫博物院之间的交流就是一个很好的例证。另外，在浙江省博物馆保存的《富春山居图》前半部分《剩山图》和在台北故宫博物院保存的《富春山居图》后半部分《无用师卷》，在台北一起展出受到全世界的瞩目。为此，台北故宫博物院院长满怀深情地讲道："这不仅仅是两岸之间的文化交流，而是互补。"它向全世界展现出来的是一幅更加完美的稀世画卷。无论从哪个角度说，搞对抗没有出路，只有合作才能达到双赢。让两岸中国人携手推广对外汉语教学，把中华文化传播到整个世界。让我们以文化交流为纽带，促进人类多样文明交流互鉴、和谐共生。

浅析拉丁美洲西班牙语的特点以及演化

于长胜[*]

内容提要：拉丁美洲西班牙语是西班牙语世界重要的组成部分。随着我国与拉丁美洲的经贸往来程度的加深，了解拉丁美洲西班牙语的特点迫在眉睫。语言是文化和民族精神的载体，学好对象国的语言有助于了解当地的民风，了解当地人们的思想，这些因素都将在中外交流中起到重要的作用。本文通过对拉丁美洲西班牙语形成基础的简要分析，以揭示拉丁美洲西班牙语的重要特点，为我们更加深入地学习研究西班牙语打下良好的基础。

关键词：拉丁美洲　西班牙语　印第安语

一　引言

目前，西班牙语的使用人口超过四亿，是世界第三大语言。西班牙语本土人口约为四千万，而大多数西班牙语的使用者均来自拉丁美洲。[①]拉丁美洲西班牙语是西班牙语在拉丁美洲不同国家、地区的方言和变体。在本研究领域，国内外学界一些专家做出了卓越的贡献。委内瑞拉人文学者安德烈斯·贝略于1847年出版了《美洲西班牙语语法》（*Gramática de la Lengua Española Destinada al Uso de los Americanos*）。该语法书被认为是拉丁

---

[*] 于长胜，天津外国语大学欧洲语言文化学院西班牙语系，助教，硕士。
[①] 拉佩萨：《西班牙语史》（Lapesa R., *Historia de la Lengua Española*），格雷多斯出版社，2007，引言部分。

美洲写得最好的一部本地区的西班牙语语法书,迄今在许多拉美国家被用作语法教材。西班牙皇家语言学院(Real Academia Española)近年来非常注重西班牙语词汇在美洲地区的使用,并且将其吸纳进现代西班牙语词汇当中。在我国西班牙语学界,孙宪舜教授于1982年开始以《美洲西语大辞典》(Diccionario General de Americanismos)为蓝本,主持编纂了《美洲西班牙语词典》(Diccionario de Americanismo),为国内拉丁美洲西班牙语的研究提供了重要的参考资料。天津外国语大学魏晋慧教授和张振山教授合作撰写了《美洲西班牙语中voseo现象的社会文化语言学分析》一文,深入阐述了敬语人称vos在美洲大陆使用的历史和演化过程。

随着我国经济战略的调整,政府、企事业单位以及各种文化机构与拉丁美洲国家的交流越来越多,西班牙语在这些交流中扮演着越来越重要的角色。拉丁美洲地区西班牙语特有的语法、用词现象在一定程度上给我们的交流带来了不便。因而,对拉丁美洲地区西班牙语的研究显得尤为重要。

1469年,卡斯蒂利亚王国女王伊莎贝尔一世和阿拉贡国王费尔南多二世缔结了婚约,目的在于联合伊比利亚半岛上所有天主教国家势力来对抗穆斯林的侵略。他们的联姻是西班牙历史上最重要的一次政治联盟,从此伊比利亚半岛上最强大的两个王国联合成为一体。卡斯蒂利亚王国幅员辽阔,包括了今天西班牙中部和北部大部分的地区,由于历史上遗留下大量战争时所修建的城堡,这里被称为"Castilla",意为"城堡之地"。[①] 卡斯蒂利亚王国的发源地是今天北部的坎塔布里亚大区,也就是今天我们所熟知的西班牙语的发源地。卡斯蒂利亚王国从弱小走向强大,兼并了许多曾经独立的小王国,统一了西班牙中北部。而阿拉贡王国的政治、军事、经济实力在12世纪最为鼎盛,它的疆域曾经包括今天的阿拉贡、加泰罗尼亚、巴伦西亚、巴里阿里群岛,还有地中海的科西嘉岛、西西里岛、意大利南部、希腊等地中海东岸的一些属地。后来卡斯蒂利亚王国成了"光复运动"的先锋,政治、军事上的影响力与日俱增。虽然阿拉贡王国有自己的语言,但是重要性已经不及使用范围更广的卡斯蒂利亚语了。从那时起,卡斯蒂利亚语成了全西班牙语境内

---

① 加里多·多明格斯:《美洲西班牙语的起源》(Garrido Domínguez, Los Orígenes del Español de América),马普弗雷出版社,1992,第4~5页。

最通用的语言。①

王权的巩固、国土的统一、科学的发展等因素都为西班牙日后进行的一系列的壮举创造了条件。1492年，基督教王国攻克了阿拉伯人在伊比利亚半岛最后的据点"格拉纳达"，阿拉伯势力从此被彻底赶出了欧洲大陆。同一年热那亚水手哥伦布发现美洲新大陆，再加上语法学家安东尼奥·德·内布里哈出版了《卡斯蒂利亚语语法》（*La Gramática de la Lengua Castellana*），为西班牙向世界传播他们的语言、文化和意识形态提供了重要的客观条件。②

西班牙人征服了美洲大陆，并且带去他们自己的语言。语言是和其使用者所在的社会以及文化环境密不可分的。为了探究美洲西班牙语的起源，有必要了解是哪些西班牙人最先到达了美洲，并且把自己的语言和文化带到了那里。

西班牙地属南欧地区，气温较高，气候干旱。这样的气候条件导致其种植业并不发达，尤其是卡斯蒂利亚-曼查、埃斯特雷马杜拉、安达卢西亚这些省份。当时这些地区经济较为落后，人民生活水平较其他地区有一定的差距。再加上这些省份曾经是基督教徒和穆斯林长期征战的地方，许多地区数次易手，这样的历史、人文环境造就了当地人民勇武不屈、好战的性格。长期的战乱，使人们的思想意识形态中形成了尚武的性格。经济环境不佳，哥伦布发现美洲大陆的机遇，使这里的人们奔赴美洲大陆开拓殖民地。

据史料记载，最初奔赴美洲大陆的西班牙殖民者大多数来自南方的安达卢西亚和埃斯特雷马杜拉、加那利群岛等省份。③根据博伊德·波曼德的研究，1492~1580年到达拉丁美洲的西班牙人中，安达卢西亚人占到了35.8%，埃斯特雷马杜拉人为14.8%，而卡斯蒂利亚人为22.5%，其余殖民者来自其他地区。这就是说超过了一半的殖民者使用的方言属于南方方言体系，其中最突出的就是安达卢西亚方言。当时哥伦布第一次航行的起

---

① 梅嫩德斯·皮达尔：《西班牙语史》（Menéndez Pidal, Ramón, *Historia de la Lengua Española*），桑蒂亚纳出版社，2008，第14页。
② 曼努埃尔·阿尔瓦：《大河两岸的西班牙语》（Manuel Alvar, *El Español de las Dos Orillas*），马普弗雷出版社，1992，第58页。
③ 里瓦罗拉：《美洲西班牙语及其历史》（J. L. Rivarola, *El Español de América y su Historia*），巴拉多利德大学出版社，2001，第129页。

点是今天安达卢西亚大区加的斯省的港口小城帕洛斯。在长达几百年的殖民过程中,南方城市塞维利亚都是王室钦定的西班牙与美洲大陆之间通商的口岸。南方的殖民者利用了这些有利的地理条件。

如果分析一下这些殖民者的社会来源,会发现他们中存在许多没有本家族土地继承权的小贵族。因为当时的惯例是:一个家族只有长子才有权继承家业,其他子嗣只能另谋出路。殖民者的队伍中,还有一些被剥夺了土地的农民、手工业者以及被赦免的犯人。总体来看,这些殖民者的出身有高有低,但都有一个共性:他们中的大多数人没有受过良好的语言教育。尽管他们有人会读会写,但是使用的语言总是带有一定的下层社会特点。随着这些殖民者到达新大陆,随之而来的还有他们家乡的方言土语。这些方言在加勒比的安德烈斯群岛、古巴、伊斯帕尼奥拉岛等地生根发芽,成为今天美洲西班牙语的最重要的基础。西班牙著名语言学家梅嫩德斯·皮达尔(Menéndez Pidal)和恩里克斯·乌雷尼亚(Enríquez Ureña)均认为,15~16世纪的安达卢西亚方言和今天的美洲西班牙语有着非常大的共性。当一种语言由它的发源地传到另一个地方,被一个庞大的、占主导地位的群体使用时,它会同化其他的不同方言。[①] 尽管在殖民者当中,我们仍然可以看到巴斯克人、加利西亚人、加泰罗尼亚人等,但是他们只占少数,不占主导地位。他们的语言特点没有被保留下来,而是被当地占优势地位的南方方言所同化。特别是在语音方面,今天拉丁美洲西班牙语与安达卢西亚方言有着非常大的共性。以下列出今天拉丁美洲西班牙语的一些突出的特点。

二 拉丁美洲西班牙语的基本特点

1. 语音方面

(1) 安达卢西亚方言的一个显著特征就是 seseo。就是说字母 z 和 c 的发音一律为 [s] 的音,而不是西班牙语本土中北部的 [θ] 音。西班牙中北部地区在发这个音的时候,是要咬舌的。在拉丁美洲,这两个字母的发音是一样的,如:cima(顶端)= sima(深渊),cazar(打猎)= casar(结婚),pozo(井)= poso(沉淀物),zueco(木拖鞋)= sueco(瑞典人)。通

---

① 梅嫩德斯·皮达尔:《西班牙语史》(Menéndez Pidal, Ramón, *Historia de la Lengua Española*),桑蒂亚纳出版社,2008,第122页。

过这些例子我们可以看出，这些发音如果不加区分的话，可能引起歧义。

（2）Yeísmo。在拉丁美洲地区字母 ll 的发音和 y 相同。如：caballo = cabayo，calle = caye，就是说 ll 这个字母在西班牙中北部地区发音是舌面与上颚形成一个狭窄的通道，让气流通过，发音时能够明显听到气流通过的声音，声音更加饱满。而在西班牙南部和拉丁美洲地区 ll 这个字母的发音类似于汉语中的"伊"，没有气流通过舌面和上颚狭窄通道的气流声。

在拉普拉塔地区，yeísmo 的情况又有所不同，如在阿根廷和乌拉圭一些地区，字母 ll 和 y 发音为［ʃ］。如：calle = cashe，yo = sho。

Seseo 和 yeísmo 已经分别于 1956 年和 1962 年被西班牙皇家语言协会认可，作为美洲西班牙语的基本特点。①

（3）s 的吃音情况。在拉丁美洲诸多国家，s 的吃音是相对普遍的发音习惯。s 的发音被吞掉，取而代之的是［h］音。如：mosca = mohca，las casas = lah casa。该现象发生较多的国家是古巴、多米尼加、波多黎各、哥伦比亚的沿海省份以及委内瑞拉和巴拿马。s 的吞音情况不单单是在拉丁美洲发生，在西班牙的南部地区，s 的吞音情况也时常发生。②

（4）j 的吃音情况。如：muje r = muer。

（5）r 与 l 混淆情况。在一些情况下，r 与 l 的发音经常混淆。如：pierna = pielna，soldado = sordado。

（6）重音位置的转移。如：país = páis，maíz = máiz。

上述发音特点都能够在今天的安达卢西亚方言中找到根源。1519 年的统计数据表明，曾经移民到拉丁美洲的西班牙人当中有相当一部分是安达卢西亚人。安达卢西亚的方言特点，深深地影响了今天的美洲西班牙语的发音习惯。③

2. 词法方面

（1）Voseo。当今西班牙语语法中第二人称有单复数之分，分别是 tú

---

① 拉佩萨：《西班牙语史》（Lapesa R., *Historia de la Lengua Española*），格雷多斯出版社，2007，第 87 页。
② 墨雷诺·德·阿尔瓦：《美洲西班牙语史》（Moreno de Alva, *Historia de Español de América*），1998 年经济文化出版基金项目，第 156 页。
③ 桑切斯·门德斯：《美洲西班牙语简史》（Juan Sánchez Méndez, *Historia de la Lengua Española en América*），洛布兰奇出版社，2004，第 73 页。

（你）和 vosotros（你们）。usted（您）表示敬称。tú 可以在与家人、朋友、特别熟悉的人交谈时使用，而 usted（来自 vuestra merced）用来与长辈、上司或者较陌生的人进行交流。在今天的阿根廷、乌拉圭、巴拉圭和中美洲等地还存在着 vos 的用法，这是一个客气程度介于 tú 和 usted 之间的用词。该用法于1500年前后出现于西班牙，在当今的西班牙语语法中已不再使用。然而该用法在一些拉美国家保存至今。① 它的动词变位为去掉词尾 -ar, -er, -ir 后加上 -ás, -és, -és。

如：tú tienes = vos tenés，tú ruegas = vos rogás，tú quieres = vos querés。

而几乎在其他所有的拉丁美洲国家，vosotros（你们）这个人称被 ustedes（您们）取代。

（2）Loísmo 和 laísmo。直接宾格代词 lo 和 la 不规范使用的情况。一些在西班牙本土该用与格代词的情况，在一些拉美国家一律用宾格 lo 或者 la 来代替。

如：Lo veo y le doy el libro. = Lo veo y lo doy el libro.
　　La veo y le doy el libro. = La veo y la doy el libro.

（3）一些虚拟式变位中重音位置的位移。

如：váyamos = vayamos，puédamos = podamos，puédais = podáis。

（4）一些中世纪西班牙语动词变位形式的保留。

如：semos = somos，dea = dé，estea = esté，traya = traiga，haiga = haya。

（5）大量使用指小词。

如：platita（钱），ranchito（牧场），ahorita（一会儿）。

（6）一些安达卢西亚地区土生土长的词汇很早就被收入到了拉丁美洲西班牙语的词汇当中。如：alfajor（杏仁胡桃糊），barcina（秸秆捆），búcaro（瓷花瓶），chinchorro（小拖网），estancia（停留），habichuela（菜豆），maceta（花盆），candela（蜡烛），rancho（棚屋）等。

3. 句法方面

（1）简单过去时替代了现在完成时。

如：Lo vi = Lo he visto。

（2）反身代词的不规则使用。

---

① 拉米雷斯：《美洲西班牙语发音》（Vaquero de Ramírez, *El Español de América y su Pronunciación*），阿尔科出版社，1996，第85页。

如：venirse, entrarse, huirse。

（3）一些方位表达的特殊用法。

如：atrás mío = por detrás de mí, delante suyo = por delante de él, cerca nuestro = cerca de nosotros, lejos nuestro = lejos de nosotros。

4. 语义学方面

在拉丁美洲西班牙语当中，一些传统西班牙语单词被赋予了更多的意义。如：

bregar = trabajar	escobilla = cepillo
catar = mirar	guapo = valiente
cobija = manta	mercar = comprar
cueriar = azotar	pararse = levantarse
curioso = cuidadoso	ponerse bravo = enfadarse
demorarse = tardar	prometer = asegurar

以上我们通过一定的语法分析，大致了解了美洲西班牙语的基本特点。可以说，这些特点我们可以从今天的安达卢西亚、埃斯特雷马杜拉方言中找到痕迹。今天拉丁美洲西班牙语很好地保留了近代西班牙南部省份的语言发音习惯和语法特点，构成了几乎遍布所有拉丁美洲西班牙语国家共同的语言基础。[①]然而，在拉丁美洲，由西班牙语南部方言构成的语言基础并不是一成不变的。

在三百多年的殖民过程中，西班牙语在美洲大陆也发生着变化。在原有西班牙语的基础上，吸纳了诸多印第安土著语言的语法和用词特点。美洲语言学家爱德华·萨丕尔（Edward Sapir）在《语言论：言语研究导论》中指出，语言同文化一样，很少有自给自足的。当西班牙殖民社会发展到一定阶段的时候，造成了西班牙语与不同土著语言的相互接触，也导致了言语间的借用。下面我们探究一下，美洲大陆曾经的主人印第安人，他们的语言对今天的拉丁美洲西班牙语的影响。

[①] 雷德：《被遗忘的大陆——为拉丁美洲的灵魂而战》（Machael Reid, *El Continente Olvidado-Lucha por el Alma de América Latina*），贝拉瓜出版社，2002，第179页。

三 拉丁美洲西班牙语的印第安土著渊源

哥伦布四次到达美洲新大陆，随之而来的殖民活动也陆续开始了。西班牙征服者们也把他们自己的语言带到了拉丁美洲。在拉丁美洲的土地上本来存在着灿烂的古代文明，包括今天墨西哥的阿兹特克文明、中美洲的玛雅文明、秘鲁的印加文明等，它们曾经创造了让整个世界叹为观止的伟大文明。然而，西班牙的殖民运动开始了，大多数西班牙殖民者来自南方的省份，特别是埃斯特雷马杜拉。有史料记载，在殖民地时期，每三个殖民者中就有一个来自埃斯特雷马杜拉地区。[1]两个埃斯特雷马杜拉人改变了拉丁美洲的历史，他们分别是埃尔南·科尔特斯，他以少量的兵马征服了中美洲庞大的阿兹特克帝国。而他的同乡弗朗西斯科·皮萨罗则同样以少量的士兵征服了秘鲁的印加帝国。从此中美洲和南美洲的核心区域成了西班牙语帝国的一部分。西班牙殖民者在一夜之间摧毁了这些土著人的王国。在这些王国的废墟上，西班牙人建立了他们的新王国，带去了他们自己的语言和文化。不单是在这些人口稠密的地区，在南部偏远的拉普拉塔河地区，西班牙语也很快地传播开来。

当哥伦布第一次登上萨尔瓦多岛（今巴哈马群岛的一座小岛）的时候，船队的随员当中也有来自西班牙、通晓一些亚洲语言的翻译，然而这些译者没能听懂当地的语言。因为在古巴和海地等加勒比海岛屿上，岛民讲的是泰诺语（taíno）。泰诺语是第一个影响美洲西班牙语的土著语言。从泰诺语中，美洲西班牙语吸纳了最初的一些词汇，如：maíz（玉米），canoa（独木舟），tabaco（烟草），bohío（茅屋）。泰诺语是拉丁美洲土著语言当中最小的一支。

早期印第安语对西班牙语的影响主要集中在词汇方面。[2] 因为在美洲殖民地有太多西班牙殖民者以前不知道的事物，于是西班牙人用当地语言表达这些事物。随着时间的推移，拉丁美洲的西班牙语也在发生着深刻的变

---

[1] 桑切斯·门德斯：《美洲西班牙语简史》（Juan Sánchez Méndez, *Historia de la Lengua Española en América*），洛布兰奇出版社，2004，第34页。
[2] 马尔姆伯格：《西班牙语美洲》（Malmberg, *América Hispanohablante*），伊斯特莫出版社，2007，第89页。

化，这些变化主要体现在词汇方面。下面我们就印第安语对今天美洲西班牙语的影响作一分析。

四 印第安语分布情况以及对西班牙语词汇的影响

1. 墨西哥和中美洲地区

纳华语（náhuatl）是该地区最重要的语言，它曾经是阿兹特克王国的官方语言，它的使用者当时主要集中在墨西哥高原。它是前西班牙时期中美洲地区最重要的语言。纳华-阿兹特克语（náhuatl-azteca）也是在词汇方面对现代西班牙语影响最深的一种语言。

本地区另一种重要土著语言是玛雅-基切语（maya-quiché）。它的使用者主要集中在墨西哥的尤卡坦半岛、危地马拉和洪都拉斯地区。玛雅-基切语和纳华语又有着非常密切的关系，它们对现代西班牙语的影响包括如下的词汇：cacao（可可）、chicle（树胶）、chocolate（巧克力）、tomate（西红柿）、tiza（灯芯）、tocayo（同名同姓者）、hule（香蕉）、jícara（杯子）、petate（凉席）。

2. 大安的列斯群岛以及南美洲北部海岸

该分区具体包括大安的列斯群岛的西班牙属地：圣多明各、古巴、波多黎各以及委内瑞拉和哥伦比亚的大西洋沿岸地区。本区内重要的语言是阿拉瓦克语（arahuac）和加勒比语（caribe）。阿拉瓦克语使用的地区主要为从佛罗里达半岛南部到委内瑞拉和圭亚那地区，甚至还延伸到了玻利维亚和巴西等地。讲阿拉瓦克语的部落相对性情温和，不好战。而阿拉瓦克语的一种方言就是前文提及的泰诺语（taíno）。加勒比语的使用者主要集中在大安的列斯群岛地区。这两种语言中影响到现代西班牙语的词汇有：patata（马铃薯）、cacique（酋长）、hamaca（吊床）、canoa（独木舟）、tiburón（鲨鱼）、tabaco（烟草）、maíz（玉米）、sabana（草原）。

3. 安第斯地区

该分区包括哥伦比亚、厄瓜多尔、秘鲁、玻利维亚和智利北部。本地区最重要的印第安语有克丘亚语（quechua）和阿伊玛拉语（aimara）。这两种语言至今仍然被秘鲁和玻利维亚的印第安人使用。随着时间的推移，这两种语言相互交融形成了一种混合语，它的使用者主要集中在秘鲁和玻利维亚的高原地区，特别是的的喀喀湖地区。安第斯地区的土著语言对西班牙语词汇的影响有：caucho（橡胶），coca（古柯），chicha（玉米汁），llama（沼泽地），cóndor（南美大秃鹫），vicuña（羊驼），pampa（草原），papa（马铃薯）。

4. 智利地区

在智利地区使用广泛的印第安语为马普切语（mapuche）。现今马普切语已经濒临灭绝。而西班牙语从该语言中吸纳的词汇有：poncho（斗篷），guata（棉絮），ruca（茅屋）。

5. 阿根廷和乌拉圭地区

在拉普拉塔河地区，早期的印第安语已经绝迹了。而该地区影响当今西班牙语的因素为欧洲其他地区的移民，主要是意大利移民。特别是在布宜诺斯艾利斯和蒙得维的亚，这里曾经是外来移民相对集中的地方。这种方言也深刻地影响了南美地区南部的西班牙语。[①]在今天阿根廷和乌拉圭的西班牙语当中存在着黑话（jerga）、俚语（lunfardo），lunfardo 词源上来自 Lombardi（意大利北部伦巴第地区），该俚语的特征是在部分西班牙语表达中融入了意大利语的特征，还有一些非洲语言、高乔人（阿根廷、乌拉圭潘帕斯草原上居住的混血游牧民族）的语言等。

6. 巴拉圭和阿根廷北部地区

在巴拉圭使用最广泛的土著语言为瓜拉尼语（guaraní），它的使用如此之广泛和频繁，以至于人们认为巴拉圭人都是双语使用者（bilingüe）。另外，在巴拉那河和巴拉圭河地区还存在另一种语言图皮语（tupí），瓜拉尼-图皮语的使用地区涵盖了巴西的中南部、巴拉圭、玻利维亚、乌拉圭和阿根廷北部。西班牙语从瓜拉尼语中吸取的词汇有：jaguar（美洲豹），ananás（菠萝），yacaré（鳄鱼），topioca（木薯）等。同时瓜拉尼语也受到了西班牙语的深刻影响，在今天瓜拉尼语词汇中，存在超过五千个西班牙语词源的词汇。

---

① 弗拉格·加西亚：《美洲西班牙语史》（Frago García, *Historia de Español de América*），阿列尔出版社，1999，第162页。

五 其他因素对拉丁美洲西班牙语的影响

葡萄牙率先开始贩奴的三角贸易，西班牙则紧随其后。由于西班牙人到达美洲之后，进行了大规模的烧杀掠抢，并且从欧洲向美洲带去了天花等传染病。印第安人对这种病患没有任何抵抗能力，大量的土著居民死去，当地人口急剧减少。而西班牙在中南美洲开辟了大量的矿山、种植园，疯狂地掠夺富饶的拉丁美洲。但劳动力不足是他们最大的问题，于是大量的黑人奴隶被贩卖到美洲。其中加勒比地区的岛屿和南美大陆的北岸曾经聚居着大量的黑人奴隶，于是出现了黑人语言与西班牙语并存的局面。这种局面维持的时间并不长，黑人语言很快消失了，然而在一些拉丁美洲文学家的笔下，也曾经出现一些非洲题材的诗篇。

经过几百年的发展演化，拉丁美洲西班牙语在一些共同元素的支撑下不断发展、演变。每个国家和地区也有不同的社会文化背景，于是这些地区在语言上也有了自己一些比较独特的地方。下面将结合拉丁美洲不同地区西班牙语的实例，以便更好地体会它们与西班牙本土语言的不同。

（1）漫步布宜诺斯艾利斯的街头，如果一位女士想买衣服，去问路人哪里有时装店，她可能会得到这样的回答：

Siga esta vereda（acera 街道），y a las cinco cuadras（manzanas 街区）ha de ver un negocio que tiene polleras（faldas 裙子）y sacos（chaquetas 上衣）en la vidriera（escaparate 橱窗）。（译文：沿着这条大街走五个街区，您会看到一家商店，橱窗里陈列着上衣和裙子。）

（2）如果在墨西哥吃早餐，各餐馆、酒馆会供应一种小面包（panecillo），但是这种小面包在不同城市有着不用的叫法。在瓜达拉哈拉称为 virotes，而在韦拉克鲁斯又被叫做 cojinillos。在餐与餐之间吃的开胃小吃，在西班牙被称为 tapas，在墨西哥人们叫它 botanas，在阿根廷叫 ingredientes，在委内瑞拉叫做 pasapalos。在墨西哥当人们出门的时候，人们会搭乘公共汽车，墨西哥的公共汽车不叫 autobús，而是 camión。而到了古巴和波多黎各，公共汽车又被称为 guagua。

六 结语

　　美洲西班牙语的发展演化有着非常丰富而深刻的历史和文化原因。西班牙早期殖民者的南部方言特点以及被征服土地上当地土著语言都是影响今天美洲西班牙语形成的重要因素。同时丰富的语料也是进行相应研究的必要条件。拉丁美洲有近二十个以西班牙语为官方语言的国家，每个国家的语言特点又有着不小的差异。鉴于本文篇幅所限不能逐一列举，将在日后的研究中加以完善。

阿尔塔米拉诺与墨西哥民族文学

李 想[*]

内容提要：伊格纳西奥·曼努埃尔·阿尔塔米拉诺被誉为"墨西哥现代文学之父"，他在内战频仍、外敌入侵等内忧外患的情况下提出发展民族文学的主张，力图借文学以达到启迪民众、建立新的民族精神的目的。尽管距今年代久远，但他的这种艺术性与教育性相结合的文学创作理念同样符合现实的需要，因而对其作品的研究多少有助于我们在"全球化"蔓延、文化相对主义泛滥的当下厘清文学的某些重要标准。

关键词：墨西哥 民族文学 民族主义 教育功能

墨西哥是著名的文明古国，其悠久的历史和灿烂的文化为后人留下了无数不解之谜和独一无二的文化遗产。古都墨西哥城历来都是文人墨客汇聚之地。这里是人称"第十位缪斯"的索尔·胡安娜的故乡，诺贝尔文学奖得主奥克塔维奥·帕斯在这里完成不朽巨著。当然，她还哺育出了诸如胡安·鲁尔福、卡洛斯·富恩特斯这样的文学大师。

当我踏上这片遥远的土地，带着敬畏之情步入墨西哥文学这座巍峨的殿堂时，浓厚的异域风情令我如痴如醉。然而，文学研究总是离不开对源头的追溯。因而，一位古典作家引起了我的注意，他便是被誉为"墨西哥现代文学之父"的伊格纳西奥·曼努埃尔·阿尔塔米拉诺（Ignacio Manuel Altamirano）。他在内战频仍、外敌入侵等内忧外患的情况下提出发展民族文

---

[*] 李想，天津外国语大学欧洲语言文化学院西班牙语系，助教，硕士。

学的主张，力求启迪民众，从而建设新国家，开创了墨西哥文学史上一个崭新的时代。

一 墨西哥民族文学理论提出的历史背景

19世纪20年代，拉丁美洲各国取得了独立战争的胜利，终于摆脱宗主国的统治，但人民所盼望的和平与自由并没有到来。此后的半个世纪，各国政局始终动荡不安，党派混战和独裁统治频现，外国帝国主义又趁机发动侵略战争。具体到墨西哥，桑塔·安纳将军于1833年攫取政权，开始实行独裁统治，推行保守党政策。1846年美国制造边境事件，发动侵墨战争。最终墨西哥战败，被迫签订《瓜达卢佩-伊达尔戈条约》，并最终将加利福尼亚等北方230万平方公里的土地割让给美国。当时人民深受战乱之苦，加上大地主和教会势力强大，土地高度集中，以农业耕种为生的人们食不果腹。在这样的社会环境中，文学发展更是举步维艰，日益尖锐的阶级矛盾和民族矛盾使作家们开始更为冷静地观察社会现实，进步作家以振兴国家为己任，力求利用文学来宣传自由、平等、博爱的理念，推动社会政治变革和思想解放，实现文化独立。

本来这样的形势对发展浪漫主义文学是有利的，然而在拉丁美洲大部分国家，小说尚处于萌芽阶段，戏剧由于战乱的原因受到极大破坏，只有诗歌得到了相对较为充分的发展。但不少诗作仍仅限于对欧洲文学的模仿，严重缺乏本国特色，脱离社会现实和普通民众生活。当时充斥于墨西哥各类刊物的文章大都是政治报道和外国作品，本土的原创文学作品寥寥无几。相反，在阿根廷——拉丁美洲的另一端——尽管罗萨斯也在实行专制统治，但文坛却呈现出一派生机勃勃的景象。何塞·埃斯特万·埃切维里亚、维森特·菲德尔·洛佩斯、何塞·马莫尔等一批浪漫主义作家非常活跃，他们描写阿根廷的自然风光、文化历史、传统民俗与普通群众的生活，成为拉丁美洲文学发展的先驱。他们以文学为武器，公开反对罗萨斯的独裁政权。与此同时，墨西哥还处在百废待兴的状态，这种现象让阿尔塔米拉诺及其他仁人志士非常担忧。

于是，阿尔塔米拉诺在一次演讲中提出要尽快进行文学变革，即发展民族文学，积极宣传具有民族特色的作家、作品，使文学成为推动社会变革的有力武器，通过文学作品表现墨西哥的魅力，从而建立新的民族精神。

这是墨西哥文坛上真正需要的声音，也是当时盛行于欧洲的感伤浪漫主义文学所不能企及的。从19世纪60年代初开始，文学家们开始在本国的土地上寻找灵感的源泉，一批描写、赞美该国自然景色的诗歌应运而生。同时墨西哥风俗主义小说也以连载形式在刊物中出现，一幅幅风俗画通过作家细腻的笔触跃然纸上，一经推广便受到民众的广泛欢迎，并迅速在世界文坛引起震动。墨西哥的民族文学自此轰轰烈烈地发展起来，为拉丁美洲文学史添上了浓墨重彩的一笔。

二 关于民族文学和墨西哥民族文学

关于何为民族文学，学术界一直众说纷纭。梵·第根在《比较文学论》（1931）中，将文学研究按地域的不同分为民族文学、比较文学和总体文学三种。其中民族文学，对照其他两者而言，是不跨越国家界限的文学研究，即研究一个国家的文学。但韦勒克和沃伦曾经说过："自成一体的民族文学这个概念有明显的谬误。"因为"是仅仅根据政治上的独立这个事件？还是根据作家本身的民族意识？还是根据采用民族的题材和具有地方色彩？或者根据出现明确的民族文学风格来确定？"[①] 每种界定都会有问题。因而，在不同国家的不同时期，受特定历史社会条件的影响，对民族文学这个概念的阐释也不尽相同。

在墨西哥，阿尔塔米拉诺在19世纪50年代提出发展民族文学的主张。他号召当时的作家们要进行文学改革，摆脱之前对欧洲文学的模仿，注重从本国历史文化中汲取灵感，用规范通俗的语言进行文学创作，以再现墨西哥当时动荡不安的社会现实、激励民众的爱国主义情感并引发读者的道德思考。其理念与中国现代文学家、思想家鲁迅先生的"文学救国"思想异曲同工，即通过文学作品一方面"将社会中的病根暴露出来，催人留心，设法加以疗治"[②]，另一方面赞美国家壮美如画的河山、源远流长的历史传统和勤劳勇敢的人民。

什么样的文学可以算作墨西哥民族文学呢？阿尔塔米拉诺在《复兴》

---

① 韦勒克、沃伦：《文学理论》，刘象愚、邢培明、陈圣生、李哲明译，江苏教育出版社，2005，第44~48页。

② 百度知道：鲁迅的文学思想。http://zhidao.baidu.com/question/46589742.html。

杂志中明确地提出了民族文学的要素。

首先,他认为要认识到"国家"对文学的重要性。阿尔塔米拉诺曾说过:"国家为农业提供了广袤的土地,为工业输送了多种多样的资源;对于文学,国家同样是一个无穷的宝藏,丰厚的文化底蕴为文学家们提供了大量素材。"[1] 就传统而论,墨西哥大地上星罗棋布的文化遗址历经风雨,依然散发着无可比拟的神奇魅力,吸引着全世界的目光;以现代而言,19世纪初的独立战争,之后发生的国内战争、美墨战争以及反法战争,涌现出了无数史诗般的传奇人物和英雄事迹,所有这些都值得作家们用浓墨重彩来加以书写。而且,一些古印第安语言流传了下来,它们极大地丰富了西班牙语的词汇,成为墨西哥特有的文化景观。这些语汇如能得到恰如其分的使用,文学作品也可具有独特的民族气息。此外,墨西哥拥有辽阔的疆域,气象万千的自然风光也是国家得天独厚的财富。作家们要用文字描绘出那怡人景致,让人民认识到自己国家的美丽,以增强民族自豪感和向心力。阿尔塔米拉诺主张文学家们歌颂墨西哥的自然风貌,讲述墨西哥的社会百态,吟咏墨西哥人的喜怒哀乐,向世界展现真实而迷人的这一抹风景。[2]

当然,拥抱民族元素并不意味着必须摒弃一切外国文化,而是取利去弊、为我所用。只要题材得当、主旨明确、语言鲜活,就不怕作品没有民族特色。19世纪上半叶,浪漫主义作为主要的文艺思潮盛行于欧洲文坛,不久即传入拉丁美洲。阿尔塔米拉诺深受英国、德国及法国文学家的影响,他的作品都带有浓郁的浪漫主义气息,不仅语言优美、韵律和谐、形式典雅,而且格调凄美。爱情故事更是其小说的基本内容。但作者以有别于欧洲的审美角度,选择典型的墨西哥人作为主人公,尤其是土著印第安人的形象出现在他所有的小说作品中,同时故事发展及矛盾冲突都紧紧围绕国内真实的社会事件,从而凸显了民族特色。

其次,墨西哥文学担负着政治和道德教育的使命。阿尔塔米拉诺指出,没有教育意义的作品不能称之为文学[3],这种文学功能观使他的作品从根本

---

[1] 伊格纳西奥·曼努埃尔·阿尔塔米拉诺:《民族文学》(*La literatura nacional*),墨西哥波鲁阿出版社,2002,第10页。
[2] 伊格纳西奥·曼努埃尔·阿尔塔米拉诺:《民族文学》(*La literatura nacional*),第21页。
[3] 伊格纳西奥·曼努埃尔·阿尔塔米拉诺:《民族文学》(*La literatura nacional*),第15页。

上摆脱了形式至上和无病呻吟。当时的墨西哥战事不断,社会矛盾日益尖锐。阿尔塔米拉诺认为文学虽然不能直接解决这些问题,但有助于提高人民的思想觉悟和增强民族情感,在追求自由民主过程中不可或缺。伟大的文学作品不能只供人们消遣娱乐,它必须对社会、对读者有所裨益。

最后,阿尔塔米拉诺的民族文学理论同样关涉语言。他认为,要达到教育民众的目的,作家不能单凭说教,而应寓教于乐。换言之,即作品必须具备通俗明快的语言、栩栩如生的人物和引人入胜的情节,这样才能吸引更多的读者、发挥文学的载道和教化功能。他说:"我们要用朴实通俗的语言替代晦涩复杂的文字游戏,用优美规范的词句再现我们瑰丽的河山和深厚的文化传统。"① 这些都是为了实现文学的教育功能。使用朴实通俗的语言是为了让文学能够成为普通百姓日常的休闲读物,避免曲高和寡的现象;提出语言优美规范的要求是基于作品教育民众的目的,使读者在阅读的同时潜移默化地受到高雅语言的影响,从而提高文化素质、陶冶情操,更好地接受文学的载道功能。另外,他很注重挖掘墨西哥本土方言并在小说中加以利用,这既增强了民族特色,又丰富了叙述语言,同时可以增强作品的亲和力,有利于吸引更多的本国读者。

三 阿尔塔米拉诺作品中的墨西哥民族主义

阿尔塔米拉诺提出发展民族文学的主张,并在创作中身体力行。他的小说从不同的侧面反映出浓郁的墨西哥特色,字里行间洋溢着对祖国、人民的炽热感情。

首先,阿尔塔米拉诺作品中的民族主义体现于对墨西哥典型景色的描写。借景抒情是浪漫主义文学的典型手法,风景描写在阿尔塔米拉诺的小说中比比皆是。不同的是,他笔下的风景不单单是自然界各种美好意象的组合,更是墨西哥土地上的真实景致。"在这儿,柑橘树、柠檬树密密层层,遮天蔽日,简直不像是人工栽培,倒像自个儿长出来似的。在大大小小的果园里,遒劲挺拔的柑橘树、柠檬树那繁茂的枝叶交织着,形成道道苍翠穹隆,墨绿的枝条上,挂满了黄澄澄的果实。凉风习习,枝叶轻轻拂

---

① 伊格纳西奥·曼努埃尔·阿尔塔米拉诺:《墨西哥文学杂志(1821-1867)》,(*Revistas literarias de México (1821-1867)*),墨西哥波鲁阿出版社,2002,第29页。

拭着瓦房和草房的屋檐，空气中弥漫着令人陶醉的芬芳。"① 寥寥数笔便将一幅生动的水墨画展现在读者眼前，不但色彩鲜艳，还仿佛有阵阵水果清香扑鼻而来，整体气氛安宁祥和，令人心旷神怡。可能这里称不上人间仙境，但它是真实的，是国民司空见惯的家乡美景。当时古埃尔纳瓦卡城是墨西哥重要的水果产地，该城的名字在纳瓦特语里便有"树木之间"的意思，作者选取这个果园，也就攫取了当地最具代表性的景象。

其次，其民族主义体现于特定地区传统习俗和人民生活场景的描写。这一点与墨西哥风俗主义小说一脉相承。阿尔塔米拉诺以敏锐的观察力注视着社会的各个角落，并且善于描写，敢于批判。他在作品中塑造了贵妇、富商、军官、牧师、强盗、贫农、幼童等各色人物，也涉及华雷斯总统、农民领袖恰戈扬等真实人物；记录下贵族的荒淫无度，穷人的绝望无助，土匪的烧杀抢掠，农民武装的浴血奋战；描绘出富人区宽敞华丽的豪宅，小村庄里简单温暖的瓦房，学校的布局和课程，朴实无华的婚礼；还介绍了各阶层市民的衣着和饰品、节日上的仪式、需要准备的食品、使用的传统乐器和口口相传的歌谣。一幅幅风俗画跃然纸上，墨西哥社会风貌一览无遗。

再次，其民族主义体现在特色鲜明的语言上。雅各布森在1956年美国语言学会年会演讲中建构了语言交际的功能结构体系，提出语言的表情（emotive）、呼吁（vocative）、寒暄（phatic）、元语（meta-language）、指称（referential）、诗性（poetic）六种功能。② 他认为不同的交际目的决定了语言手段要执行不同的任务，完成不同的功能。区别于我们的生活语言，文学艺术中语言的诗性功能占据主导地位。阿尔塔米拉诺本人也是诗人，又深受欧洲浪漫主义影响，因而他的小说语言兼具诗歌的特点。除了表现美好意象和富有音乐性的词语频繁出现，他在每部作品中都运用到很多墨西哥或者中美洲独有的方言词汇，如 guayín（四轮四座轻便马车）、tecolote（雕鸮）、amate（榕树）等源于纳瓦特语的词汇。作者利用这些独特的词汇让句中每个小意群保持相似的尾音，如 -je、-de、-te 等，使语言体现出某种自由诗的特点。优美的意象及和谐的音节组合凸显出文学的愉悦功能，

---

① 译文参见《蓝眼睛》，卞双成译，中央编译出版社，2004，第2页。
② 罗曼·雅各布森：《雅各布森文集》，钱军、王力译注，湖南教育出版社，2001，第52~54页。

并使内容本身的美感得以增强,读者在阅读中可以从视觉和听觉两方面得到享受。作者经常在作品中描写墨西哥本国的风景,内容本身就极具亲和力,加之读来清新悦耳、赏心悦目,读者定会为自己国家的美好惊叹不已,民族自豪感也油然而生。语言的诗性功能将文学语言与其他语言区别开来,使作品散发出高雅的气息,如作家所愿起到了教科书的作用,即帮助读者提高文化素质、陶冶情操。

最后,其民族主义体现在作者对社会问题的关注上。一方面,阿尔塔米拉诺的作品总是以某个历史事件为背景,如美墨战争、法国入侵、改革战争等都有所涉及。背景与主线平行发展,前者是宏观的、概括的、真实的,后者是微观的、具体的、虚构的。背景影响着人物,制约着人物关系,支撑着整个情节,不同程度上也暴露出政府和贵族阶层的虚伪和软弱。另一方面,阿尔塔米拉诺的每一篇小说或故事都具有极强的现实针对性。作者利用故事情节展现社会弊端,利用故事中人物的经历和命运向读者传达善有善报、恶有恶报的思想,从而达到教育目的。对印第安人的种族歧视,外在美与内在美的关系以及道德教育的重要性等,不仅在当时十分重要,而且至今仍不乏现实意义。

风景描写、爱情故事及政治形势这三大内容并存于阿尔塔米拉诺的所有作品之中。三者相辅相成,有机统一。它们从不同角度体现了阿尔塔米拉诺的民族主义特色,同时作者借助多样化的叙述方式,使每部作品呈现出独特的基调,从而给读者以不同的艺术感受。

四 研究古典作家的现实意义

阿尔塔米拉诺留给后人的叙述作品并不多,小说仅四部,即《克莱门西娅》《山区的圣诞节》《蓝眼睛》三部中长篇小说和由四个故事组成的集子《冬天的故事》。屈指可数的几部作品居然确立了他在墨西哥现代文学史上的崇高地位。《克莱门西娅》是墨西哥浪漫主义文学的扛鼎之作,《蓝眼睛》无疑也是19世纪墨西哥最具价值的小说之一。数量之少与地位之高形成巨大的反差。然而,目前国内外对这位作家的研究可谓凤毛麟角,无论数量上还是深度上都不尽如人意,这与作家在文学史上的地位是不相称的。我们必须承认,和很多现代小说相比,他的作品没有跌宕的情节,也没有复杂的结构,但意境含蓄隽永,叙述方式多样,语言优美明快,民族气息浓郁,这一切都使这四部篇幅不长的作品熠熠生辉。

虽然阿尔塔米拉诺生活的年代距今较远,但利用现代文学理论反观其作品,亦可发现该作家创作方法的某些值得借鉴的方面。根据形式主义批评家、结构主义语言学家罗曼·雅各布森[①]的观点:"文学研究的对象并非文学而是'文学性(literariness)',即那种使特定作品成为文学作品的东西。"[②] 在雅各布森看来,如果文学批评仅仅关注文学作品的道德内容和社会意义,那就舍本逐末了。他认为文学批评应该把注意力集中在文本本身。然而倘以此观点来分析阿尔塔米拉诺的作品,便不免失之偏颇。文学性不是一个永恒的、客观的概念,对文学性的考察必须定位在具体的历史语境中。在19世纪的墨西哥,文学作品扮演着教科书的角色,被赋予了引导人民实现思想解放、文化独立的使命。作品的民族特色和教育意义是最为重要的文学性、审美性。当然,文学的教育功能不是通过道德说教实现的,它是潜移默化逐渐发生的,具有生动、活泼、寓教于乐的特点。这在阿尔塔米拉诺那并没有过时的叙事风格中可见一斑。"文以载道"并不代表载道的一定是美文。从某种意义上说,道即鱼,文即水;无鱼之水不活,无水之鱼乃亡。

衡量优秀文学作品的标准应是社会意义和艺术价值兼备,二者缺一不可。如阿尔塔米拉诺本人所言:"墨西哥文学担负着对人民进行道德教育的使命,缺乏教育意义的作品不能称之为文学;文学的教育性应通过艺术性的手法来体现,而不是单纯的说教。"[③] 可见,作品的叙述艺术也是不可忽视的。因此,我们可以借鉴雅各布森的文学性理论,反观阿尔塔米拉诺的作品,就不难看出时移世易、质文代变的道理,也不难发现文学性并非一成不变。

重新审视阿尔塔米拉诺这样的古典作家对当代文学发展中出现的低俗化、情节缺失等弊端也具有一定的抵制作用。目前,很多学者担心中国文化走向歧途,文艺作品为了吸引眼球而一味地追求新奇,以致内容空洞庸

---

① 罗曼·雅各布森(Roman Jakobson,1896-1982),语言学家和文学理论家,莫斯科语言学小组的发起人和布拉格学派的奠基人,20世纪最重要的语言学大师之一。
② 转引自周小仪《文学性》,《外国文学》2003年第5期。
③ 伊格纳西奥·曼努埃尔·阿尔塔米拉诺:《墨西哥文学杂志(1821-1867)》,(*Revistas literarias de México*(*1821-1867*)),第17~19页。

俗、缺乏基本的审美功能和社会意义。因此，构建一个相对平衡的文学世界任重而道远。而阿尔塔米拉诺提出的艺术性与教育性相结合的文学创作主张恰恰符合现实的需要，因而对其作品的研究多少有助于我们在"全球化"蔓延、文化相对主义泛滥的当下厘清文学的某些重要标准。

无论在哪个国家哪个时代，优秀的文学作品都应同时具备深刻的思想性和高度的艺术性，阿尔塔米拉诺的小说正是这样的典范。对其作品的分析不仅可以帮助我们更加深入地认识这位作家及其致力于民族文学建设的殚精竭虑，而且为我们提供了一个内容与形式完美结合的范本。这对我国民族文学的发展亦当不无裨益。

一部拉美的中国苦力史

——小说《黄色行李》中的历史记忆

张 鹏[*]

内容提要：19世纪上半叶，工业革命的风潮席卷包括古巴在内的拉美地区。工业革命带来的规模化生产迫切需要大量的劳动力。与此同时，欧洲各国及美洲地区纷纷发起了禁止黑人奴隶贸易的运动。废奴运动给美洲地区带来了一个无法调和的矛盾——"废除黑奴"与劳动力缺乏的矛盾。在这样的大背景下，罪恶的贩卖中国苦力的交易出现了。古巴小说家玛尔塔·罗哈斯的小说《黄色行李》，艺术地再现了中国苦力被欺骗、被贩运、被剥削，最后在他乡生存并繁衍后代的整个过程。可以说，这部小说就是一部拉美的中国苦力史。

关键词：拉丁美洲 中国苦力 《黄色行李》

2008年，继《落入英国人手中的一年》（2006，曾获"阿莱霍·卡彭铁尔文学奖"）等几部反映历史事实的文学作品之后，古巴社会小说家玛尔塔·罗哈斯（Marta Rojas）又出版了以反映中国苦力为主题的中篇小说《黄色行李》。[①] 从写作手法上看，这是又一部典型的拉美魔幻现实主义小说。围绕两位主人公尼古拉斯和范倪，小说从两条主线上展开故事情节：其一，投机商人尼古拉斯贩卖中国苦力，从而发家致富的一生；其二，为生存而

---

[*] 张鹏，天津外国语大学拉丁美洲研究中心，副教授。
[①] 玛尔塔·罗哈斯：《黄色行李》（Marta Rojas, *Equipaje amarillo*），古巴文学出版社，2009。该书已经由笔者译出，见玛尔塔·罗哈斯：《黄色行李》，张鹏译，五洲传播出版社，2012。

逃离中国，追随尼古拉斯来到古巴，成为中国苦力大军中一员的范倪。两位主人公社会身份迥异，成长背景有天壤之别，却在"苦力"这个主题上命运交叉契合。与拉美文学爆炸时期的其他魔幻现实主义小说一样，《黄色行李》通过交错迷离的文学表现手法反映客观现实。拨开小说的其他故事情节以及刻意玩弄文学技法的层层迷雾，读者能够清晰地看到一段历史脉络——拉丁美洲中国苦力史。本文试图撇开小说中的其他情节和因素，从中抽丝剥茧，尽量清晰地还原这一历史真实。

一 招募中国苦力的历史大背景

（一）工业化背景下的悖论——废除黑人奴隶贸易与劳动力缺乏的矛盾

19世纪上半叶，美洲绝大部分地区已经摆脱了欧洲殖民者的枷锁，建立了独立的国家。然而，宗主国的气息仍浓厚地弥漫于拉美的空气中，包括古巴在内的部分拉美地区仍然处于欧洲的殖民统治之下。此时的欧洲大陆上，以英国为代表的工业革命正如火如荼地进行，新生的大规模工业生产急需大量的自由劳动者，还需要无障碍的自由市场，以利于大批量商品的倾销。

在这样的大背景下，英国率先开始对"私自贩卖黑奴"开战，以打破美洲地区殖民地封闭式的自给自足经济模式，促进工业品的倾销，推动资本主义的发展。1806年，英国议会通过一项法令，禁止英国奴隶贩子把奴隶运送到外国殖民地及美洲各国。同年，英国参议两院又分别通过了一项废除非洲黑人奴隶贸易的法令。这项法令规定，从1807年5月1日起，绝对禁止非洲奴隶贸易，绝对禁止以任何其他方式买卖、交换和运输奴隶。受此影响，欧洲其他国家、美国及拉美纷纷开始了禁止黑人奴隶贸易的运动。

废除黑人奴隶贸易给美洲地区带来了一个无法调和的悖论——"废除黑奴"与劳动力缺乏的矛盾。在小说中，关于美洲总体劳动力缺乏的段落可以找到好几处。由于小说的主要社会大背景是古巴，因此对古巴当时的社会、经济及外部环境描述最为详尽。古巴当局于1820年规定贩卖黑奴为非法。此举导致古巴经济发展遭遇瓶颈：一方面，土生白人中的富裕阶层致力于发展古巴的早期工业，但"禁运黑奴"导致他们缺少劳动力；另一方面，大批以引进新技术、开发国内市场为目标的大庄园主也面临同样的尴尬——劳动力缺乏。工业发展和国内市场的开拓都在呼吁一支廉价的劳动力大军。

英国及美洲各国政府虽然禁止贩卖、使用黑奴，却并无明确的法律条文规定限制使用中国苦力。正因为如此，从1842年开始，往古巴贩运中国苦力的罪恶交易就开始了。其时的古巴虽仍然处于西班牙的殖民统治之下，但西班牙事实上已经无法强有力地掌控这块殖民地：

> 西班牙昔日的风采不再，政治危机迭起，政府恣肆妄为，阴谋陷阱遍布。西班牙日益衰落，没有工业，也没有商业，实际上已经衰败没落。西班牙帝国实际上已经不复存在……①

与此同时，新兴的美国、老牌列强英国和法国都对古巴岛垂涎欲滴，而美国在这场强者的博弈中显然占据上风：

> （西班牙）有一批人主张占有古巴岛……还有一批人主张把古巴岛连同他的居民们一起卖掉，比如说女王就是这么考虑的。……西班牙王室持有这种观点的人不在少数。……英国也非常觊觎古巴岛，实际上也占有了它。法国也曾对古巴有所企图。不过把西班牙王室巴结得最好的还是美国……②

从外部局势看，古巴将要落入谁手尚未明朗；从岛内来看，19世纪的古巴事实上已经成为大庄园主、大地主、新兴资本家财源滚滚的乐园。"巴纳基色斯平原"地区一个接一个的甘蔗种植园，各个甘蔗种植园里耸立起来的烟囱，都在宣示着这个产业欣欣向荣的发展态势；还有优质的古巴雪茄，也是有钱人趋之若鹜的奢侈品。与此同时，蔗糖大批量生产所需要的机器已经发明并投入使用。古巴"世界糖罐"的地位已经确立，贪婪的市场需求呼唤着一支能日夜劳作的劳动力大军：

---

① 玛尔塔·罗哈斯：《黄色行李》，张鹏译，五洲传播出版社，2012，第83页。
② 玛尔塔·罗哈斯：《黄色行李》，第84页。

阿拉瓦进口的那些现代化机器马上就将推广使用……机器越多，种植的甘蔗就会越多，因为每台机器每天能加工六英亩的甘蔗。如此一来，需要大量的劳动力来撒播种子和砍割甘蔗。更重要的是，市场对糖的需求在增长。……①

不管古巴最终落入谁手，有一个事实无法更改：任何一个列强都不会忽视蔗糖生产能带来的巨大利润，劳动力问题是一个恒命题。

同样的情形也出现在了美国。1848年初，加利福尼亚仍属于墨西哥领土，同年2月，美墨战争中墨西哥战败后，加州变成了美国领土，并于1850年正式成为美国的第31个州，旧金山是州内的一个县。1848年1月，在加州东北部的苏特地区发现了金矿，消息很快传播开来。同年8月，消息传到纽约，各地怀着一夕致富梦想的人们开始涌入旧金山港口。从1849年起，加州淘金潮真正展开，从美国其他地方和其他国家来到加州的人们络绎不绝，除了世界各地前来实现淘金梦的投机者外，许多人在旧金山开店提供淘金者需要的补给品。这一切导致市区人口暴涨。旧金山居民从1847年的500人增加到1870年的15万人。旧金山也因为淘金热成为当时美国密西西比河以西最大的城市。在谈及加州淘金热过程中缺乏劳动力时，小说借"野蛮人"（淘金者）之口反映了这一史实：

在旧金山及周边地区，一升糖就要一美元；在宾馆租间房，一个月就得两百美元；快活一个晚上，从来不会少于一百美元；至于说鸦片烟，可以说是与黄金等值的……"鸦片"（opio）和"黄金"（oro）的区别，仅在于去掉一个弱元音"i"，更换一个辅音字母"p→r"而已。关键的是，"野蛮人"天生不是来伺候人的，他们越来越需要中国人，因为法律已经禁止贩运和役使黑奴。②

从这段话中，我们可以得到三条信息：一是随着加州淘金热的兴起，各地的淘金者抱着发财致富的梦想纷沓而来，加入淘金大军的队伍。与此相适应，在旧金山附近出现了大量服务性行业，各种服务都能获得暴利；

---

① 玛尔塔·罗哈斯：《黄色行李》，第151页。
② 玛尔塔·罗哈斯：《黄色行李》，第24页。

二是美国人不愿伺候别人，底层劳动力缺乏；三是由于美国禁止贩运和买卖黑奴，美国人把目光投放到了中国人身上。

小说中还详细描述了秘鲁钦查岛上劳工的劳动场景。从小说中的描述来看，总结起来，美洲地区对中国苦力的最大需求主要集中在三个地区：美国加州、古巴岛、秘鲁钦查岛和卡亚俄岛。

（二）中国成为美洲劳动力供给的最优良市场

同一时期的中国正处于清朝统治最黑暗、最腐朽的时期：一方面，从外部环境看，鸦片战争已经爆发，中国大门被列强的炮火打开，各国争相在中国寻求最大利益，锁国的政策已经不可能延续；另一方面，从内部环境来看，在西方列强陆续已经开始了工业革命，生产力大发展，贪婪地在全球掠夺利益的外部背景下，中国长期坚持锁国政策，缺乏对外部世界的了解和认知，长期积贫积弱，既不能保障民生幸福，亦不能抵抗外侮。在内困外辱的背景下，中国爆发了太平天国运动。运动被镇压后，清政府大肆杀戮太平军将士，国内一片血雨腥风，民不聊生。

作为西方国家人贩子的主要代表，尼古拉斯的想法代表了西方选定中国作为他们劳动力输出市场的根本动机：

> 你曾经的旅行，你将来的旅行，都是以运输黄色行李（中国苦力，因皮肤为黄色，且在海上输送，如同货物一般，故名）为真正的目的。……在这桩买卖中，中国是产品生产市场，古巴岛是最主要的消费市场，苦力就是产品，这就是你学过的市场经济。……①

很多受骗前往美洲的中国苦力正是在无法生存的情况下，听信了人贩子的谎言，从而决定远离故土，希望在遥远的异国他乡聊以生存下来。小说中，初到拉美的中国苦力在经历了非人的海上航程后，终于明白了等待着自己的命运，很多人不甘心从此以后身为囚徒，宁可冲向种植园的火车，自尽身亡。火车离开后，面对满地仍在扭曲跳动的人的筋骨，还有人肉、骨头、鲜血混杂在一起的血腥场面，尼古拉斯的内心也许闪过一丝怜悯和

---

① 玛尔塔·罗哈斯：《黄色行李》，第 44 页。

罪恶感。在他身边的中国"同谋"范倪看出了他的心思,为了打消主子的罪恶感,他说:

> 如果他们不乘船来到这里,在中国,他们一样也会死掉,成千上万人会死于饥荒。在那里,人们要么死于与满族人的王权争夺;要么死于太平军叛乱;要么死于鸦片战争;要么吸食外国人运来的毒膏,变成外国人的奴隶。……(太平天国)这场叛乱一直到洪秀全被处死才平息下去。一起被处死的还有成千上万,十万,甚至是五十万他的追随者。血淋淋的利斧从清晨杀到黄昏。先生,有一些叛乱者被你从人贩子那里买了过来。如果不是您的仁慈,他们早就身首异处了。这场叛乱还没有最终平息,不过他们都还活着,还能吃上饭。您仔细看看他们,都还活着!虽然我们更喜欢自己的生活方式,但您救了我们的命,我们全都得跪在您的面前,感激您的大恩大德。……①

一方面是美洲急缺劳动力,另一方面是在中国民不聊生,在人贩子欺骗性的招募中,一批批的中国苦力踏上了前途未卜的异国苦旅。

二 欺骗性的招募过程

小说中虽然没有专门的章节直接谈到苦力的招募过程,但我们还是能从大段的文字中窥见招募过程的欺骗性本质。在苦力们对未来不抱任何希望,一心求死,有人在航行尚未到达终点时就选择跳海自尽,有人到达美洲却亡命冲向火车头,有人捆扎简易木筏试图重返中国,有人上吊身亡,"货物"遭受重大损失的情况下,想要购买劳动力的庄园主们听从了尼古拉斯的劝告,让同是中国人的范倪劝解苦力们,希望他们平静下来,接受已经降临的、无法更改的命运。为了打消苦力们重返中国的希望,范倪在其演讲中谈到了离开中国前,在澳门签署的合同。这份合同的内容,苦力们是不清楚的:

---

① 玛尔塔·罗哈斯:《黄色行李》,第38~39页。

一些至关重要的东西苦力们应该清楚，比如说"合同"的内容。正是由于不清楚合同的内容，苦力们才答应来到古巴岛，听命于这些不懂他们语言的先生们，听命于同意接收他们做劳工的东家。①

合同中对苦力权利和义务的规定：

合同期是八年，……八年里，不管苦力们健康状况好坏，他们都必须终日劳碌。不能庆贺节日，也不能有一块自己的地；不能有一间自己的屋子，也不能有自己的女人。合同上没有规定劳动时间，所以全凭雇主说了算，不受苦力自己意愿的支配。……②

尽管合同期规定为八年，可实际上苦力们八年间赚的钱根本不够买一张返程的船票，而且回国的航程可能历时半年并充满了大洋上的生死考验，回国已经无望了：

这些先生们说，如果合同期满，你们就可以回归故里。但我要告诉你们，根据合同，每个月最多赚八个比索，就算是干两辈子，你们也回不去！况且，合同上说，八年里会免费给你们更换三套衣服，其他衣服的费用都得自己付。……回到中国，我们需要六十天，这话也是假的！花费的时间比这多得多，是六十天的三倍，甚至更多。所有一切都是假话，谎言，欺骗，奴役！……③

尼古拉斯在波哥大犯下了罪行，通过社会关系得以逃脱刑罚。当他第一次来到哈瓦那时，急惶惶如丧家之犬，一只书箱就是他全部的财产。不过时隔几年，当他再次踏上哈瓦那的土地时，却摇身一变，俨然变成了一位上等人士。身份变成了尼古拉斯·唐克·阿梅罗先生，职业是伦敦—纽约—香港贸易办公室进口商人。在这冠冕堂皇的身份之下，尼古拉斯干的是贩卖人口的罪恶勾当。他在澳门设有办事处，招募苦力的合同就是在这

---

① 玛尔塔·罗哈斯：《黄色行李》，第64页。
② 玛尔塔·罗哈斯：《黄色行李》，第64页。
③ 玛尔塔·罗哈斯：《黄色行李》，第64~65页。

家办事处签署的。为了让合同看起来正大光明,狡猾的尼古拉斯甚至还找到了当地知名的律师事务所,用该事务所的宣纸撰写看似无懈可击的合同:

> ……澳门办事处在协议签署问题上无懈可击:书法工整,排版无误,白纸黑字印在澳门知名律师事务所诺奴纳·菲罗斯的宣纸上。合同纸有的是淡蓝色,有的是粉红色(不同颜色是为了区分不同的目的地:卡亚俄或哈瓦那)。协议郑重其事地装裱在古巴一家蔗糖厂提供的精美木质相框中。你这么重视契约的外观,因为在这帮"可怜鬼"提供劳务的整个过程中(这个过程可能不会太长),契约将一直陪伴着他们。你这么处心积虑地注重到每一个细节,也是要把他们与非洲黑奴区别开来。①

尽管苦力们对合同的内容一无所知,但在合同的最后,却还有模有样地确认合同双方皆知晓合同的全部条款,约定双方均不得违背合同内容,合同书是在公证人在场的情况下签署的:

> 为了保证协议双方都能认真履行协议内容,在最终签名之前,双方确认已经再一次仔细阅读上述全部条款,双方也清楚明了将要承担的责任义务。任何时候都不得以任何理由辩称不清楚协议内容,提出不符合协议的诉求。只有在协议规定的条件不能满足时,才能提出超出协议之外的诉求。协议双方在公证人在场见证的前提下共同签署本协议。②

在苦力登船的时刻,人贩子甚至粉饰前往港口的车队,似乎苦力们要去的不是人间地狱,等待他们的将是美好幸福的明天:

> ……起运那天,拖运苦力的长长车队也装点得非常美观,还挂着丝绸条幅,把苦力们送上将要出发的轮船。每周要招募五百多个苦力,

---

① 玛尔塔·罗哈斯:《黄色行李》,第40页。
② 玛尔塔·罗哈斯:《黄色行李》,第64页。

这只有你才做得到，尼古拉斯！……①

就这样，苦力们不清楚合同的详细内容，不知晓目的地远在漂洋过海、离家万里的地方，不了解自己的主子会是谁，将会从事什么样的劳动，将会受到什么样的待遇，更不清楚何时才能返回故土，一纸纸貌似正规的合同实则是一张张卖身为奴的契约，苦力们稀里糊涂地踏上了完全未知的旅途。

三　大洋上的生死之旅

（一）航行路线

在小说中，中国苦力主要被送往三个地区：一是以古巴为代表的加勒比海国家（哈瓦那港）；二是秘鲁（钦查港和卡亚俄港）；三是美国加州。从中国到达这三个地区，很多人贩子选择了一条最省钱，然而却最危险的道路：从澳门港口出发，途经印度洋，绕过非洲南端的好望角，在好望角上岸加装淡水和粮食储备，之后穿过大西洋，沿美洲南端的合恩角向北航行，一直到达秘鲁、加勒比海或是美国西部。

由于"成千上万人从合恩角来来往往，……这条航道位于两大洋之间，穿越它非常困难"，所以尼古拉斯选择了另一条航道：途经印度洋，绕过好望角，之后穿过大西洋，向北航行，一直到达加勒比海。

其时，通过巴拿马地峡的跨洋铁路线已经开通，广告商们不失时机地向人贩子们宣传这条航线：

> ……告示是这么写的：标题是"通过地峡最短最安全的铁路线"。如果您选择乘坐连接太平洋和大西洋的巴拿马地峡铁路，夏季的季风就只能望车兴叹！您只需在哈瓦那的阿斯平瓦尔车站登上列车，交上区区二十五美元，就能享受第一条跨洋铁路线！您可以缩短旅途，免受严寒风暴的侵袭，货物将会毫发无损地到达目的地！②

---

① 玛尔塔·罗哈斯：《黄色行李》，第40页。
② 玛尔塔·罗哈斯：《黄色行李》，第68页。

不过，由于二十五美元是人贩子招募苦力价钱的三分之一，所以他们宁可选择充满危险的海上航线，把苦力从加勒比海输送到美国西部和拉美西海岸，也不愿破费二十五美元，走一条更为安全的铁路线。海上航线会有海难等可能性因素，但人贩子们认为：

> ……如果我们能在船上装更多的苦力，来抵消目前海上航行造成的损失，就没有必要乘坐这个大肆吹捧的地峡火车。这样一比较，海难也就不是什么大事情，而是最稳妥的发财捷径。①

尽管海上航线是一条最为危险的线路，但人贩子为了获取最大化的收益，完全置苦力的生死于不顾，选择了这条最省钱，同时也是最险恶、最可怕、最未知的航线。

（二）险象环生的跨洋航行

在挑选苦力之时，人贩子选择的是身强体壮的青壮年男丁："这些苦力都是澳门商人在临装船前雇佣的，上船前都是健康的"，人贩子们"精心挑选了一群体格健壮的苦力，他们看起来能承受各种折磨"。②

为了在船上装下最多的苦力，以节省航行成本，也为了在船上装入能赢利的商品，比如鸦片、咸鱼等，苦力们被驱逐到舱底，在暗无天日、空气污浊、活动范围只有比棺材大不了一点的地方度过漫漫航程。关于苦力在舱底的生存状况，小说中是这么描述的：

> 那里人满为患，条件极其恶劣可怕。在黑乎乎的舱底，塞满了苦力，食物发出阵阵毒气恶臭。随着航行时间一天天过去，舱底的情况一天比一天糟糕。从卡亚俄港完成部分货物装卸后，船上又装上了一些咸鱼，舱底的毒气更加加重了。在那又黑又臭的舱底，每个苦力的活动范围只有比棺材大不了一点的地方。空气无法流通，这时又混杂了受热腐烂的鱼臭气。如果不是你准备了安第斯地区的土豆，每顿给

---

① 玛尔塔·罗哈斯：《黄色行李》，第 68~69 页。
② 玛尔塔·罗哈斯：《黄色行李》，第 105 页。

苦力们吃一点，可能这些可怜虫早就死于坏血病了。①

在非人的条件下，随着航行时间的推移，苦力们的健康状况迅速恶化。由于长期处于阴暗恶劣的舱底，阳光稀少，苦力们的抑郁状况加重了，差不多所有的苦力都有抑郁的倾向，就算是身体条件好一些的人也不例外。抑郁导致苦力们的免疫机能下降，从而滋生感染。有些人的眼睛开始红肿，严重的开始化脓，脓性分泌物风干之后，遮住了他们的眼睛，"瞎眼瘟疫"使他们变成了"瞎子"。

跨洋航行充满了生死考验。在人贩子亡命天涯、以命博财的冒险中，数不清的船只，连同船上的人贩子和苦力，一起葬身冰冷的海底。小说第二章《冰冻的木乃伊》中，以惊心动魄的笔调描述了一条大洋上的覆船及冰冻而毙的船员和苦力们：

  ……船上甲板倾斜，桅杆已经没有了，整个甲板一片纯白，这是一条抛锚的大型船。甲板上到处都是冰冻的木乃伊，有的躺着，有的直立着，差不多有一百具出头。这些木乃伊喷放着冰冷的白雾，拿小艇上的船桨击打一下，发现都是些大冰块。海浪不紧不慢、不急不缓地拍击着这处"船的墓地"，把它推向一个岬角。……狗伸着长长的鼻子，不停嗅来嗅去，它们伸出尖尖的爪子，在大冰块上不停地刨来刨去，想要掏出里面冰雪冷冻、已经发黑的肉团。冰块里的死人应该是在最近的冬天遭难的。不过，在这个世界的尽头，四季之间却也没有什么分别。……②

  一时间，死寂的静谧包围了他。……他再次把目光投向那怪石嶙峋的岬角，凶猛的海浪推挤着船只的残骸，浮起的银白碎片不断向岩石上撞击。……范倪听见主子在大声喊叫着，要水手们砸开冰块，打破冰冻的、站着或躺着的木乃伊。……那些冰冻的木乃伊就是死人，是苦力，不止上百人，应该有两百人之多，有的尸体还合抱在一起。可以想象，这些抱着的尸体可能是同乡，是去年从澳门登船远航的。和这些死去的苦力们一起的还有船上的工作人员，因为狗的长鼻子上

---

① 玛尔塔·罗哈斯：《黄色行李》，第122页。
② 玛尔塔·罗哈斯：《黄色行李》，第20页。

现在叮的不只是黑色的人肉，还有人头碎片，头发是琥珀或是灰白色，和西方水手的头发颜色一致。……①

长时间的海上航行和遭受的非人折磨，使苦力们从健壮变得羸弱，他们衣不遮体，如抽空了的躯壳，失去了为人的最后一丝尊严：

……你面前的这一班人羸瘦干瘪，脸色苍黄，衣不遮体，连露在外面的生殖器都衰败无力，阴囊空瘪，皱巴巴的，像沙漠中失去水分的果子！他们的手腕都被捆着，浑身长着脓疮，走起路来摇晃欲坠。……②

灭绝人性的折磨磨灭了苦力们对生命的最后一丝留恋，许多人选择投海自尽：

……他们惊恐万分、不管不顾地纷纷投入水中。他们冲得那么迅猛，在水面劈起阵阵浪花。……③

……大海吞没了这些黄种人，冰冷的海水顷刻就把他们埋葬，永远消失在无边的大洋中。……④

为了防止苦力逃跑或是暴动，为了防止出现万一，遇上杀人越货的海盗，掳走船上"贵重的货物"（黄种人），输送苦力的船只都打造得极其坚固，整艘船恰似铜墙铁壁。船匠们用厚厚的、能经受猛烈撞击的橡木大板为船只做了"保护层"。"保护层"从甲板向外至少伸展了一米，高出甲板三米。此外，工匠们还建了一座外罩铁皮的塔楼，从塔楼向外望去，可以清楚地看到苦力们哪怕是一丝一毫的暴动苗头。从甲板通往底舱的舱口用粗重的木栅栏封死了，即便是最瘦小的苦力也休想从栅栏中钻出来逃跑。

---

① 玛尔塔·罗哈斯：《黄色行李》，第21页。
② 玛尔塔·罗哈斯：《黄色行李》，第33页。
③ 玛尔塔·罗哈斯：《黄色行李》，第33页。
④ 玛尔塔·罗哈斯：《黄色行李》，第34页。

虽然轮船武装得无可挑剔，但是在大海上，所有这些及其他预防措施都可能形同虚设：冲天巨浪和排山倒海的暴风可以摧毁一切，即便是防弹的橡木船壁也不例外。此外，大海的怒涛还会带来另一个危险：船上的水泵可能失去控制，灼热的蒸汽柱会在一眨眼的工夫把包括苦力在内的所有人的皮肤全部剥光。

四　苦力在拉美的生存和繁衍

（一）没有身份，难以融合的外来者

绝大部分苦力都是愚昧无知的社会底层人，他们没有自我保护能力，也缺乏维护自身权益的意识。他们不仅不清楚与人贩子签署的合同的内容，连自身应该留存的那份合同都不知道保存。到达美洲的苦力们失去了身份，失去了在这个世界上作为"人"的痕迹：

>……这些可怜人在澳门签署的合同都丢了，所以在什么地方都没有记录，这个世界上他们压根儿就不存在。[①]

即便还有人承认苦力的存在，不过他们却不是以"人"的身份存在。正如小说中所说："……这些'人'属于另一个社会阶层——他们是商品。"

相比美洲地区已经存在的黑奴，黄种人的地位甚至连黑奴也不如。在大庄园主们看来：

>……那些田野里的可怜虫，他们都是些稀奇古怪的中国人。这些人身材矮小，性格粗野，沉默寡言，不过非常凶猛强悍。他们是一群不同于你我的异类，谁也不知道他们到底在想些什么……谁也听不懂他们到底在说些什么。我还是更喜欢黑奴。[②]

当时的美洲社会，教会还有很强的势力，由于中国人拒绝接受洗礼，

[①]　玛尔塔·罗哈斯：《黄色行李》，第105页。
[②]　玛尔塔·罗哈斯：《黄色行李》，第133页。

不愿遵从基督教仪式，也不接受皈依基督教，很难融入当地社会，美洲社会普遍把他们看成"异类"。小说借一位神父之口叙述了这一现象：

> ……黄种人就是这样！他们拒绝接受洗礼，而黑人却能接受。黑人们不光遵从基督教仪式，还各自寻找自己的教父教母，希望皈依基督教。黑人们都希望能接受洗礼，他们的这种精神值得我们庆幸。没有一个黑人妇女不希望自己的孩子不接受圣水的洗礼，他们皈依基督教的举动使他们显得更有人情味。……①

除了买进苦力，留在自己的庄园里劳动外，许多有钱人还"出租"苦力。为了在租用期间内让苦力们最大化地干活，承租方把他们当"畜生"一样使用：

> （黑奴）和黄种人不一样：除了肤色不一样外，另一个不同就是：如果是自己的马，人们会格外上心关照；如果是租来的马，他们就不会那么悉心照料了。而苦力就是租来的"畜生"。②

（二）初到时的绝望自杀

经过长达半年之久（一百五十五天）的跨洋航行，苦力们终于抵达了目的地——美洲，这块与故土远隔千里万里的地方。他们的心中已经毫无"生"的信念和意志，只求一死。在从船上走向陆地的时候，他们"一窝蜂似的仓皇逃出船舱，互相践踏，掉入水中，葬身鱼腹……"。在看见生平的第一辆火车时，他们"一阵骚动，……有几个苦力像疯了一样，挣断了捆绑手腕的绳索，一路狂奔。钢铁身躯的庞然怪物向前奔驰，任何胆敢阻碍它前行的东西都被碾压得粉身碎骨。至少有四到六个苦力被火车头撞得血肉模糊……"。在被暂时安置下来后，还有苦力上吊自尽，"那些吊死的苦力，脖子上套着毛刺的绳子，挂在树枝上，眼睛从眼窝中凸了出来"；还有苦力选择投水而死，"那些投水而死的苦力，全身被水泡胀，尸体摆在户

---

① 玛尔塔·罗哈斯：《黄色行李》，第 133~134 页。
② 玛尔塔·罗哈斯：《黄色行李》，第 37 页。

外，这是对他们的惩戒"。[①]

(三) 被剥夺一切所有物

苦力们到达完全陌生的土地，身上一切有价值的所有物全部被剥夺。范倪本来可以算得上是尼古拉斯的"同谋"，因为他充当了尼古拉斯的帮凶，人贩与苦力之间的翻译，还诱导苦力们接受无法更改的命运，本分老实地接受别人的役使。就算是这样一位"同谋"，也被剥夺走唯一珍贵的、叔叔遗留给他的随身物——"睡鱼"。"睡鱼"是清朝皇宫的珍宝，由于叔叔在皇宫受到皇太后的赏识，被赐予这条"睡鱼"。叔叔在临终之际把"睡鱼"交给了范倪，希望他永远代代传承。但尼古拉斯早就盯上了这件珍宝，他以把黑奴罗莎·拉古娜赏给范倪为妻为条件，剥夺了范倪的唯一一件珍品。

(四) 对苦力的精神麻痹

为了防止苦力们自杀，到手的劳动力打了水漂，尼古拉斯命令范倪安抚焦躁绝望、充满叛逆的苦力们。范倪精心准备了一场演说，达到了庄园主们期待的效果。

小说第七章中，范倪的演讲长篇大论，概括起来，他是希望用两个主题麻痹苦力的精神，消磨他们反叛的意志。

一方面，范倪"拥有一件有力的武器"，这件武器就是《大学》一书，书中的清规戒律归结于一点：不管一个人的生命是长是短，他总是应该遵循一些基本法则——在任何环境中，都要有泰然处事的胸怀，清醒理智的头脑，不受一时冲动情绪的驱使；范倪还不厌其烦地提及"鲁先生"（孔子，孔子出生于鲁国，小说作者这样称呼孔子，是对中国文化的误解），希望苦力们顺势而为，遵循"鲁先生"的教导，劳作时守规矩，善于学习新知识，脑子里永远要想着"本本分分"这几个字；范倪大力提倡"忍耐"二字，告诫苦力们"小不忍则乱大谋"，希望他们如蝼蚁一般，辛勤劳作，永不停歇。

另一方面，对于苦力们还幻想着合同期满可以归国的心态，范倪清楚地告诉了他们合同的内容、期限、义务、待遇等，最后得出结论：苦力们

[①] 玛尔塔·罗哈斯：《黄色行李》，第37页。

将永远也不可能返回故乡。

通过这一段演讲,范倪既告诫了苦力们归期无望,又从思想上消解了苦力的对抗情绪,庄园主们认为他"创造了奇迹","让怒火冲天的苦力们平静了下来"。

(五)苦力在美洲受到的非人奴役

小说中具体描写了苦力劳作的两个地点,一个是古巴的甘蔗种植园,另一个是秘鲁的钦查岛。通过这两处描写,我们清楚地看到苦力在美洲受尽的非人凌辱、折磨和奴役。

为了防止苦力逃跑,种植园主命令给苦力们戴上了锁链,有些苦力反叛精神强烈,甚至还被戴上枷锁。在工头的监视下,苦力们没日没夜地干活。此外,在古巴阿拉瓦和其他的甘蔗种植园里都设有监狱,里面关押着至少十几个苦力。只要苦力们胆敢不听从主子的吩咐,或是拒不执行指令,就会受到工头的严厉惩罚。

虽然古巴法律规定,在鞭挞苦力时,最多只能抽打二十下,但在各个种植园里,这项法律只是一纸空文。尼古拉斯的车夫就曾看见"有些苦力眼看就要满了八年的合同期,但遭到两百下,甚至更多的鞭挞,最终无法忍受,为此自杀的人不计其数"。

小说中还举出了两个具体的例子:一个名叫梁武的苦力,因为没有获得主人的许可,擅离庄园,主人把他的耳朵割了下来;还有一个名叫黄超的苦力生病了,遭到一顿暴打。在极度悲愤中,他跳进了一口正煮开的大锅,里面熬着不知道是糖浆,还是甘蔗汁的液体,顷刻间他的身体就融化了。[①]

秘鲁利马的钦查岛上,鸟儿不断拉屎,鸟粪堆积有几十甚至几百米的厚度,形成一座白色的岛屿。"长年累月积累起来的厚厚的鸟粪层散发出令人窒息的腌臜之气",但鸟粪在欧洲、在世界的其他地方都很有市场,"全世界都对鸟粪垂涎欲滴","欧洲人也对这里天然的鸟粪垂涎三尺"。在这座"白色的地狱",在这"灼热而恶臭的空气中",无数船只排着长队,等着迎接鸟粪装船。苦力们把鸟粪填到漏斗里,鸟粪从漏斗里过滤到等候的船

---

① 玛尔塔·罗哈斯:《黄色行李》,第159页。

舱中。①

每次人贩子尼古拉斯来到这里，人们都向他索要更多的"黄色行李"，因为先前过来的苦力大批大批地死亡。剩下的"苦力们全身赤裸，那是因为他们每天都会撕下一块布片，堵住嘴，堵住鼻子，这样才能勉强忍受这股恶臭。天长日久，他们也就一丝不挂了。每当挖开太阳照射下积累多年的粪便层时，恶臭席卷而来，没有亲历的人是根本无法想象的"。

是另一种黄色的物件——金子，才能让人忍受这种恶臭的环境，岛上的官员也正因为金子而留在了这里。这里的鸟粪就是他们发财致富的宝矿。看到新来的刚下船的"黄色行李"，他们两眼放光，发出"金子般的光芒"，仿佛看见了正对他们招手的锭锭黄金。

由于"交货"的码头位于悬崖上方三十多米的地方，为了从船上把苦力交给买主，尼古拉斯在高高的悬崖顶上架起了一副三十多米高的木头脚手架，人们称他的这个脚手架叫"垂直码头"，人贩子就在这里交货，把苦力们一个一个钓上三十多米高的悬崖。在这个"交货"过程中，"有几个苦力从高处掉进了大海，"可能是脚手架不牢固，也"可能是岛上的苦力，他们再也不能忍受哪怕是一分钟的恶臭，所以投海自尽了吧！"②

（六）对故土的永恒思念

身在异国，心在故土，这是每个苦力的内心写照。小说中抓住主人公范倪的典型事例，让我们洞悉了苦力这个群体内心中一块柔软的圣地。

作为对"同谋"范倪的奖赏，尼古拉斯在父亲的庄园里辟出了一间角落中的房子，作为范倪的藏身之所。房子深藏在一片日渐茂密的丛林中，周围都是树木，成为一个小小的独立王国，也是范倪怀念故土，寄托思乡之情的隐秘场所。房屋带有一个院子，院子里有一个水池，里面养着鱼儿，水面上长着开花的水草。除了池塘，院子里还有一块菜地。

在这树木绕成的"围城"里，范倪常常会穿戴起故国的服饰：脚蹬丝绸长靴，身着唐装，独自咀嚼思乡的苦涩。

他还喜欢哼唱故土的小曲儿，歌词唱道："饮快乐之杯的美酒／方知世间欢喜忧愁／人生充满悲欢离合／我已亲身深尝浅酌／现如今，暮霭中微风轻

---

① 玛尔塔·罗哈斯：《黄色行李》，第156页。
② 玛尔塔·罗哈斯：《黄色行李》，第159页。

吹/拂去蒙月的云层/那一叶最后的孤帆/载我返最后的归程/人生皆有己路/他日定会重逢/在那遥远的银河。"歌词中浓厚的思乡之情、隐隐的哀怨和无奈表露无遗。①

在遇到人生重大时刻时,范倪还是会遵循传统的中国习俗:

> 三件贡品都摆在那里:一颗水煮带毛的白净净的猪头、一只尾巴和头顶带毛的水煮公鸡、一条包在丝绸兜子中的活鱼。活鱼放在猪头和公鸡中间,……没有找到荷花,你(范倪)只能在水面上放了几朵玫瑰。下一步,你得把鱼捉起来放到水里。如果鱼儿游起来……你的儿子就会健康茁壮地长大。严格完成了礼数要求的每个步骤后,你跪了下来,你的祈祷词会传到天上,传到神的耳朵里。……②

(七) 在当地生存繁衍

尽管大多数苦力难以在当地成家立业,但是范倪却以一件皇家珍宝,换取了黑奴罗莎·拉古娜,组成了自己的小家庭。范倪和罗莎·拉古娜还有了好几个孩子,"孩子们都是麦麸色的皮肤,头发卷曲,眼睛都是琥珀色,和外婆布鲁尼尔达的差不多","全家人生活得非常和睦"。

尼古拉斯的合伙人阿斯科纳在古巴岛上开了一家工艺品作坊,范倪、另一名手工艺人田墨元都在这里劳作。田墨元灵巧的双手制作出各种图案的灯具。不久,这些款式的灯具就成为古巴的流行时尚,众多豪门旺户争相购买,阿斯科纳也因此大发横财。范倪擅长文字镌刻,尤其擅长模仿著名书法家的笔迹,他不仅负责这些灯具的制作和铭文,还对它们的外表进行加工处理,使每件灯具看起来和真品没什么两样。

古巴的那些大家族都离不开阿斯科纳的工艺作坊了。在这间作坊里,田墨元和范倪还生产中国玩具,尤其是熟陶土制成的有声音的、色彩与众不同的玩具:布老虎、哨子、山东及其他地区的小狮子等。这些玩具艺术品位高,釉子新颖独特,颜色五彩缤纷,都是同类中的精品。所有人都会被它们吸引,喜爱上它们。

---

① 玛尔塔·罗哈斯:《黄色行李》,第176页。
② 玛尔塔·罗哈斯:《黄色行李》,第113页。

小说中还三言两语描述了中国苦力参加古巴独立战争的史实:"日子就这么平平静静地流逝着,直到 1870 年。那一年范倪跟一个姓李的中国人走了。他是一个铁匠,是范倪的同乡。这个人要范倪教古巴人怎么使用火药,要在东部战争中派上用场。"[1]

小说第二十章一笔带过提及了范倪的继承者——其子卡洛斯·阿斯科纳。父母去世后,卡洛斯继承了父母的衣钵,继续从事有关中国传统的工作。同时,他还负责哈瓦那与圣弗朗西斯科两地中国节目的演出。作为第二代在古巴的中国人,他的身份已经不再是苦力,他比自己的父辈更深地扎入了古巴的土壤中。

五 结语

从《黄色行李》纷繁的故事情节中,我们还原了一个主要历史真实——拉美中国苦力史。作为一部文学作品,有关这段历史记忆,不能排除小说中有文学虚构的成分,但拉美招募中国苦力、苦力漂洋过海来到异域、苦力受到非人的奴役和折磨、苦力们参与了所到国建设等环节,却是任何人不能否认的史实。从这个意义上来说,这部小说的价值,也就超出了作为纯文学作品应有的分量,具有了可贵的历史价值,为我们考察"拉美苦力"这一主题提供了鲜活的资料。

---

[1] 玛尔塔·罗哈斯:《黄色行李》,第 177 页。

走出孤独的墨西哥何去何从
——《孤独的迷宫》再解读

张伟劼*

内容提要：在探讨墨西哥民族身份的经典作品《孤独的迷宫》中，帕斯提出了一系列问题，呼唤墨西哥人走出孤独，拥抱世界。六十多年后的今天，世界局势与墨西哥社会已经发生了巨大的变化，但墨西哥人仍怀抱着强烈的身份焦虑。本文从帕斯的这部作品出发，结合墨西哥现状重新思考墨西哥民族身份。今天的墨西哥人为向北融入北美还是向南回归拉美而焦虑，同时面对着越来越显著的内部差异。现代化发展并未解决墨西哥社会遗留至今的不平等问题，反而使贫富差距、社会分层更为引人注目，整个国家都面临着深刻的危机。继帕斯之后，墨西哥知识分子仍在思考墨西哥民族身份问题，其中的经典作者以邦费尔和富恩特斯为代表。无论如何，墨西哥的现状可以看作全球现状的缩影，故而墨西哥人对前路的探寻必将为第三世界国家提供宝贵的经验。

关键词：《孤独的迷宫》 墨西哥 民族身份 全球化

1950 年，墨西哥著名作家奥克塔维奥·帕斯出版了《孤独的迷宫》一书。该书以诗性的视角审视墨西哥历史和墨西哥民族性，成为这位 1990 年诺贝尔文学奖获得者最重要的代表作之一。尽管帕斯本非人类学家，该书也缺乏符合学术规范的论证，而以想象和诗性见长，不少地方存在穿凿附会之嫌，然而不可否认的是，这部著作已成为该国思想史上的名篇，影响

---

* 张伟劼，南京大学外国语学院西班牙语系，讲师，硕士。

了当时的年轻一代读者。所有关于墨西哥民族身份的研究，都不可能绕开这本经典作品。

不可否认的是，与1950年相比，世界局势已经发生了巨大的变化，今天的墨西哥也与六十年前的墨西哥大不一样。然而，帕斯在《孤独的迷宫》（以下简称《迷宫》）中所提出的问题并未过时，对墨西哥民族身份的探讨也从未止歇，尤其是在纪念墨西哥独立两百周年和革命一百周年之际。所有人都不能无视这样的现实：今天的墨西哥危机重重，正处在一个重要的历史关口。这个国家该往何处去？六十多年后重温这部名著，至少该是一件有趣的事情。

在思考了墨西哥革命之后，帕斯在书中写道："和这个星球上的其他民族一样，我们也正在经历一个决定性的、致命的时刻，我们丢失了过去，正待创造未来。现在，世界历史成了共同的任务。我们的迷宫，也成了所有人的迷宫。"① 帕斯写作《迷宫》的年代，正值二战结束、老牌殖民帝国步入衰落、殖民地的民族解放运动风起云涌之时。当时，广义上的墨西哥大革命已经结束，墨西哥开始进入经济快速发展时期，正在"崛起"，因此，在帕斯看来，他的祖国摆脱了依附的命运，第一次进入世界历史进程中，与甫获独立的亚非兄弟国家一道创造未来，"世界历史成了共同的任务"。

"创造未来"毕竟是美好的理想，《迷宫》体现的是墨西哥人特别是墨西哥知识分子的身份焦虑。从殖民征服到大革命，墨西哥的历史用暴力写就，经历了一次次的撕裂，从而呈现出并列性、断层性，这就使得墨西哥知识分子在思考民族命运时陷入茫然的境地：我们从哪里来？我们的祖先是印第安人还是西班牙人？我们在世界中处于什么位置？我们是西方的边缘地带，还是与西方划清界限的另一个世界？我们往何处去？

墨西哥哲学家塞亚几乎是在帕斯发表《迷宫》的同时指出：我们是拉丁美洲的一部分，拉丁美洲又是西方世界的一部分。拉美不应当继续做西方的工具和扩张场，而应当成为西方的活跃的一部分，让西方世界得到扩充和完善。② 后来的历史表明，虽然墨西哥曾一度成为拉美经济增长的排头

---

① 奥克塔维奥·帕斯：《孤独的迷宫》（Octavio Paz, *El laberinto de la soledad*），墨西哥城经济文化基金出版社，1997，第187页。
② 莱奥波尔多·塞亚：《美洲的本质》（Leopoldo Zea, *La esencia de lo americano*），布宜诺斯艾利斯普雷埃马尔出版社，1971，第167页。

兵，也曾一度是推动世界多极化格局形成的积极力量，但它始终没有进入发达国家的行列，无法与它的北邻美国平起平坐。进入20世纪90年代后，特别是签署《北美自由贸易协定》后，墨西哥政府的外交政策似乎表现出这样的趋势：与美国越贴越近，与南美渐行渐远。然而这只是一部分精英的理想，并不能代表全民的看法。今天，墨西哥的身份焦虑更多地表现为：我们是北美人，还是拉美人？

做北美人，意味着与美国和加拿大形成共同市场，与他们享受共同的命运，宁做发达国家的凤尾也不做发展中国家的鸡头；做拉美人，意味着与讲同一语言的拉美兄弟站在一起，走自己的路，抵御美国的控制企图。以2010年诺贝尔文学奖得主略萨为代表的一批拉美自由主义精英认为，北美一体化对墨西哥是利大于弊的，墨西哥将迅速实现现代化，为其他发展中国家做出表率；墨西哥学者阿居雷则认为，美国推动建立所谓的"北美自由贸易区"，其真实意图在于能更顺畅地倾销商品、利用廉价劳动力，让墨西哥乃至拉美经济继续依赖和顺从于美国经济。[1] 争论仍在继续，思想上的分裂与该国区域经济发展中的不平衡隐约对应：与美国接壤的北方经济繁荣，与中美洲为邻的南方久久停滞不前。这是帕斯在写作《迷宫》时不曾料到的。

在帕斯写作《迷宫》一书的年代，墨西哥各地区经济发展水平的差异还不似今天这般显著，城市与乡村的冲突还在慢慢显现，墨西哥民族的内部差异被何塞·巴斯孔塞洛斯的"宇宙种族"概念笼而统之地化解在混血身份之中[2]。帕斯在写作此书时，是将墨西哥、墨西哥人作为一个整体来考量的。尽管他在书中批评自由主义者将墨西哥人抽象化、忽略墨西哥民族的特点，但事实上他笔下的"墨西哥人"也是一个在今天看来显得笼统的概念。不只有一个墨西哥，而是有很多个墨西哥；墨西哥要走向世界，但墨西哥自己就包含了很多个世界。

从殖民地时代就确立下来的社会结构，历经独立战争和大革命而未有

---

[1] 卡洛斯·安东尼奥·阿居雷：《拉丁美洲：全球危机和多元文化》（Carlos Antonio Aguirre, *América Latina: crisis global y cultura plural*），王银福译，山东大学出版社，2006，第9页。

[2] 参见何塞·巴斯孔塞洛斯《拉丁美洲政治、社会和经济思想选集》（José Vasconcelos, *Antología del pensamiento político, social y económico de América Latina*），马德里西语文化出版社，1989。

本质改变：拥有大量财富和权力的欧洲人后裔居于社会顶层，享受不到现代化文明成果的印第安人仍处于社会底层，或是被遗忘、排斥在外。就在《迷宫》发表的同一年，墨西哥电影史上也诞生了一部经典：西班牙共和国流亡者、著名导演路易斯·布努埃尔执导的写实主义影片《被遗忘的人们》，故事围绕墨西哥城贫民区的一群得不到关爱的少年儿童展开。墨西哥曾作为殖民地而被遗忘。当墨西哥站到世界历史舞台上分享文明成果时，这个国家的被遗忘的人又时时浮现乃至爆发，成为精英权贵的梦魇，成为经济发展的负担，成为现代化进程中的"问题"。

然而他们究竟是人，不是问题。《迷宫》发问：我们是谁？自由主义者给出的答案是：我们既不是印第安人也不是西班牙人，我们只是人类；我们应当跟上欧美强国的步伐，以理性、秩序和进步来把墨西哥带向现代化。口号看似美好，却以空虚的概念掩盖了几百年不变的不公正秩序。墨西哥大革命是对自由主义方略的否定，正如《迷宫》出版之后，墨西哥历史上的几次重大事件，也是对执政者鼓吹的美好蓝图的否定：1968年10月，墨西哥政府踌躇满志地要办一场惊艳世界的奥运会，却以屠戮民众的"特拉特洛尔科惨案"震惊了世界，崛起的中产阶级需要的不是盛会，而是民主；1994年1月，不愿在即将到来的新自由主义的掠夺中失去土地的恰帕斯州印第安农民发动起义，重新竖起革命英雄萨帕塔的旗号。今天墨西哥的国际形象为毒贩猖獗、治安恶化所败坏，实在与社会贫富分化、缺乏公正大有关系。布努埃尔镜头下的被遗忘的孩童，在今天变成了墨西哥城市中滋生的"无无族"——这些青少年既没有学上也没有工作可干，从而成为社会治安的隐患。2010年，当墨西哥政府耗费巨资庆祝独立两百周年时，名导艾斯特拉达却以影片《地狱》讽刺墨西哥国家现状：没什么好庆祝的。影片描述了一个墨西哥男人从失业者到贩毒集团枪手的发迹史，政府之腐败、黑帮之嚣张触目惊心。尽管在国家走向的问题上，众人意见不一，有一点却是所有墨西哥人都承认的：这个国家正在经历一场全方位的危机。或许是惧怕新的暴力革命颠覆政权，当革命百年纪念日到来时，政府并没有大张旗鼓搞庆祝，却让军人站满当天的首都中心广场。在2012年的总统大选中，革命制度党击败执政的国家行动党和风头正劲的民主革命党，重回权力宝座。备受争议的革命制度党究竟将带回一党居优时代的诸多梦魇，还是引领这个国家走上真正的变革之路，人们将拭目以待。

1987年，墨西哥人类学家吉耶莫·邦费尔发表《深层墨西哥——被否定的文明》一书，成为探究墨西哥民族身份的又一部经典。邦费尔在书中指出，"混血民族"的墨西哥其实是个神话。有两个墨西哥：深层的墨西哥和想象的墨西哥。前者根植于印第安文明，后者力图将墨西哥带向西方文明。尽管这个国家人种庞杂，但"深层墨西哥"埋藏在绝大多数墨西哥人的精神之中。邦费尔也像帕斯在《迷宫》中所做的那样对墨西哥历史作了一番回顾。他肯定了古代中美洲文明的合理存在，并探究了混血的墨西哥人在文化心理上"去印第安化"的过程。这位人类学家的观点是，"深层墨西哥"一直顽强地存活着，延续至今，印第安文明是重建墨西哥社会的重要基石[1]。比照这两部经典，《迷宫》是诗性地探讨墨西哥民族身份的，而《深层墨西哥》则立足于科学分析，以审慎的目光重新发现墨西哥民族心灵深处的秘密。

享誉世界的墨西哥作家卡洛斯·富恩特斯也不倦地思考墨西哥身份问题。他继承了帕斯以诗性目光看待本民族历史的思维方式和写作手法，在散文创作中深入剖析民族灵魂，成为谈及墨西哥民族身份问题时不可忽略的作家。在2000年出版的《墨西哥的五个太阳》一书中，他以历史时间为序将自己小说作品中的选段有机串联起来，附以自己站在世纪之交的拐点上对墨西哥的过去和未来发出的思考。如果说历史小说叙述的历史其实都是当代史，那么富恩特斯对墨西哥往昔年代的想象实是他对今日墨西哥民族的思考的映射：在16世纪摧毁了阿兹特克帝国、在19世纪阻碍墨西哥独立的西班牙殖民者是侵略者，是敌人，也是墨西哥民族的组成之一；为西班牙殖民者服务的印第安女子玛琳切既是墨西哥的叛徒，也是墨西哥混血民族的母亲。在富恩特斯看来，墨西哥身份是运动着的而非静止的，墨西哥的创建尚未画上句号，而在这个多元化的世界，创建一个国家的未来就必须拥抱本国的多元文化，必须承认每一个个体的存在。墨西哥多难的历史和庞杂的民族构成不是负担，而是建立一个充满生机的社会所需的宝贵财富[2]。比照《迷宫》，我们不能说谁对谁错，只能说墨西哥知识分子对本民族的认识是与时俱进的。六十年来，一面是墨西哥融入世界，一面是印

---

[1] 参见吉耶莫·邦费尔《深层墨西哥——被否定的文明》（Guillermo Bonfil, *México profundo: una civilización negada*），墨西哥城格里哈尔沃出版社，1990。

[2] 参见卡洛斯·富恩特斯《墨西哥的五个太阳》（Carlos Fuentes, *Los cinco soles de México*），张伟劼、谷佳维译，译林出版社，2009。

第安文明不断被挖掘。全球化与地区性的辩证关系，如果说在《迷宫》那里还是个起点，那么在今天就成为思想界的焦点了。

在《迷宫》中，奥克塔维奥·帕斯从墨西哥人孤独、自闭的"民族性格"出发，进而探讨人类的孤独属性、探讨爱情的哲学意义。今天的墨西哥人如帕斯所期，已经"打开"了自己，已经融入了世界，却仍然无所适从。对于自己身份构成中的诸多矛盾，对于在全球化时代民族国家的前途，墨西哥人面对着诸多问号。也许，今天重读《迷宫》的意义，在于返回到墨西哥的现实中，从这个巴洛克式的多层世界中看到全球。今天的墨西哥好似全球的缩影：贫富悬殊、多种生态并存、唯利是图的市场逻辑与原住民文化传统激烈交锋……在任何一个传统与现代交锋、挑战与希望并存的发展中国家，这些问题或多或少都是不可避免的。套用某银行的一句广告语说，墨西哥在解决当下这一系列难题时提供的"地方智慧"，将成为供所有发展中国家参鉴的"全球经验"，而知识分子对本民族命运的思考永不会止歇。

中国拉丁美洲史研究会第八届会员代表大会暨"拉丁美洲文化与现代化"学术讨论会综述

曹龙兴*

2012年10月19~21日,由中国拉丁美洲史研究会主办、福建师范大学社会历史学院承办的中国拉丁美洲史研究会第八届会员代表大会暨"拉丁美洲文化与现代化"学术讨论会在福建武夷山召开,来自全国各地高校和科研院所的50余名专家学者与会。会议围绕拉美文化的形成与基本特征、拉美文化与现代化的关系、中拉文化交流与中拉关系等问题展开了深入而热烈的讨论。

一 拉美文化的形成与基本特征

与会学者从本土文化与外来文化,抑或民族性与世界性关系的角度深入分析了拉美文化的形成过程与基本特征,并就拉美文化的研究方法展开了探讨。

拉美文化的形成。苏振兴研究员总结了学术界关于这个问题的两种基本观点:一种强调拉美文化的延续性,即以本土文明为主线,通过吸收包括西方文明在内的其他文明的成分而最终形成拉美文化;另一种强调拉美文化的断裂性,即在本土文明发生断裂之后,以西方文明为主体,通过吸

---

* 曹龙兴,天津外国语大学拉丁美洲研究中心,讲师,博士。

拉丁美洲文化与现代化

收包括本土文明在内的多种文明的成分而形成。董国辉副教授用"挑战—回答"模式诠释了现代拉美文化的形成过程，即美洲大陆的印第安土著文化原体与伴随西葡殖民统治而来的欧洲天主教文化以及非洲黑人文化等异质文化之间经过文化碰撞运动而形成独特的拉美文化模式。李巨轸副教授从宗教视角考察了拉美文化的最新动态。他提出，拉美基督新教尤其是以五旬节派运动为代表的本土化部派新教近40年来取得了较快的发展，一定程度上改写了拉美的宗教版图；拉美新教在发展历程中表现出了本土化趋势日渐明显、不平衡性突出、不稳定性增强、信徒虔诚度下降等诸多明显特征。

拉美文化的基本特征。对于拉美文化的总体特征，董国辉副教授将其总结为边缘性与从属性、混合性、运动性和外源性等四个特点，吴洪英研究员将其视为共性与个性、内向性与外向性、稳定性与创新性三种特性的统一，韩琦教授将其归纳为边缘性与依附性、混合性、开放性、年轻性和不平等性等五个特点。还有学者认为其具有冲突性、殖民地性等特点。许多学者从国别视角分析了拉美文化的特殊性。张伟劼揭示了墨西哥精英面对本土文化与西方文化的抉择时所呈现出的文化心理——身份焦虑问题，王文仙副研究员进一步将身份焦虑归结为发展问题。董经胜副教授从文化融合的角度透视了乌拉圭的文化个性，认为其是西班牙文化传统适应当地环境所形成的高乔文化与欧洲其他国家（如意大利和西班牙）移民文化相互融合而成的一种混合文化，带有凝聚力、包容性、多元、平和等特性。李紫莹副教授分析了高乔文化对阿根廷的影响：高乔文化曾为找寻自身文化认同与标志符号的阿根廷民族提供了一个丰满而独特的载体——自由精神和粗犷个性，并作为阿根廷民族的代表符号而传承至今。

拉美文化的研究方法。曾昭耀研究员主张摒弃欧洲中心论的影响。王晓德教授将欧洲中心论的文化渊源追溯到启蒙运动时期，认为布丰的"美洲退化论"将欧洲人对"新世界"的偏见"科学化"，并深刻地影响了欧洲人的美洲观。郝名玮研究员强调，要认识拉丁美洲的文化，必须清楚拉丁美洲的历史，特别是拉丁美洲的古代史，他主张重构拉丁美洲古代史。夏立安教授提出，拉美文化不能泛泛而谈，而要置于特定框架下、依靠特定方法加以研究。洪国起教授强调，研究拉美文化的民族性不能脱离时代性。

二　拉美文化与现代化的关系

与会学者以拉美文化的消极因素或积极因素、拉美印第安文化、拉美政治文化等问题为切入点，辩证分析了拉美文化与现代化的关系。

拉美现代化滞后的文化因素。张家哲研究员首先提出一个令人思考的问题，即拉美国家资源丰富、自然条件良好，却长期处于"发展中国家"的行列，为什么？拉美文化对拉美社会的发展和现代化进程到底起着什么样的作用？拉美文化对这种落后是否负有相应的责任和关联性？董国辉副教授认为，拉美天主教文化不利于资本主义精神的产生和现代化进程的迅速发展；拉美文化的基本特点滋生了考迪罗主义本质与欧美民主主义外衣相结合的独特的政治制度；拉美经济的对外依附性是其文化模仿性和混合性的一种结果，也是其文化从属性和边缘性的一种体现。江时学研究员列举了哥斯达黎加前总统阿里亚斯所归纳的拉美现代化进程的文化障碍：抵制改革、缺乏信任、民主准则脆弱和崇尚军事实力。他肯定了"阿里亚斯命题"的可取之处，但强调经济因素的作用更为重要，认为拉美的发展取决于能否正确处理发挥比较优势与提升产业结构的关系、能否改善基础设施、能否加快农业发展和能否维系宏观经济稳定等四大经济因素。

拉美文化对现代化的推动作用。韩琦教授强调，拉美现代化虽然是艰难的，但其文化却是充满活力的，是在不断发展和变动的，不能将拉美落后的原因总是归咎于它的"天主教落后文化"。他认为，20 世纪 20 年代和 30 年代墨西哥的文化革新运动本身就是现代化内容的一部分，并从四个方面推动了墨西哥的现代化进程：确立了现代文化的核心价值体系地位，提高了墨西哥的民族意识，增强了民族凝聚力；维护和捍卫了《1917 年宪法》，巩固了新生政权，促进了国家的重建；提升了墨西哥的文化软实力和国际影响力；文化革新运动从思想价值观、知识、人才、体制等若干方面为 20 世纪后半期的政治稳定和经济发展奠定了基础。但他也指出，文化不是推动现代化的终极原因，只是构成推动现代化"合力"的多种因素之一。沈安研究员认为，现代化是新教文化扩张的成果，文化现代化对经济、政治和社会现代化具有重要的促进作用。他介绍了阿根廷现行文化立法的基本特点，并指出文化立法是国家现代化和文化及文化产业有序发展的重要条件。

拉美现代化进程中的印第安文化。林被甸教授从印第安文化传统的视角论述了19世纪拉美国家创建自由小农制失败的原因。他指出，美洲印第安人从来没有明确的土地私有权观念，他们通过村社制度获取土地的使用权和收益权，并受到村社的保护；自由派分割村社地产的做法，既不符合印第安人的文化心理和习惯，又与他们的实际利益相背离，这就必然会遭到广大印第安人的抵制和反抗。20世纪卡德纳斯利用传统进行制度创新，建立了现代村社，为墨西哥创造经济奇迹和政治奇迹奠定了基础。他由此总结道，成功的现代化道路必定是既积极吸收了外来先进的现代性因素，又同时包容、涵化了本土传统文化的因素，是二者相反相成、双向互动的结果。韩晗分析了印第安生态伦理观在全球化时代的意义，认为这种文化与自然和谐共生的价值观不仅代表着印第安人的现实诉求，而且能够促进人类的可持续发展。李菡考察了印第安社会运动和现代媒介对拉美印第安文化传播事业的影响。她认为，拉美印第安群体以影像和互联网为主要媒介发展自己的传播事业，以独立的姿态阐释自己的理念，展现了印第安人的价值观和民族特性，增强了外界对自身的认知，从而发挥了影响社会和政治议程的重要作用。

拉美现代化进程中的政治文化。洪国起教授以20世纪墨西哥社会转型中文化方位的战略选择为个案，系统分析了政治文化作用于国家现代化的路径。他指出，20世纪墨西哥政治文化发生了由革命民族主义向新自由主义的转变，这种嬗变轨迹表明，民众的政治诉求、知识精英对使命的认同、利益集团间的博弈、执政者价值观及其行为方式等四股政治力量通过博弈形成了墨西哥的主导型政治文化，并进一步通过立法和行政的传导机制作用于国家现代化进程。谭融教授从政治文化的视角探析了拉美民主政治的发展模式。她认为，西方人所推崇的新教体系并不是民主的唯一版本，拉美存在天主教的民主版本，其特点是强调内部一致、有机结合和相互依存，将之置于平等和个性化之上。她强调，西方现代化理论所推行的政治和经济改革并不一定能够给广大的发展中国家带来发展和繁荣、自由和民主，只有建立在本国历史文化和传统基础上的民主才有可能真正稳定和持久。王晓德教授认为，尽管拉美文化在不断吸收外来文化，内部也有文化创新，但政治文化具有一定的稳定性。不少学者认为，拉美政治文化的主要特点是威权主义。还有学者提出，拉美政治文化在不同的历史阶段具有不同的特点，应该具体时期具体分析。夏立安教授对"拉美化"概念作了全新解读,将其概括为三层含义:一是"中心"与"外围"、城市与乡村、富人与穷人的二元对立;二是因社会经济二元化引起的民粹主义和威权主义的恶性循环;三是宪政结构上的"代表"与"同意"的对抗、书本上法与实践中法的脱节、法律资源占有上的不对称。他强调,拉美国家从专制向法制转型缓慢与社会结构的二元性有关,而其根源在于土地问题未得到妥善解决。孙若彦教授将关注点转向外交领域,认为拉美外交政策和行为与三个主要的政治文化倾向之间存在关联性,即国际一元主义、庇护主义和民族主义。贺喜分析了阿连德"社会主义道路"思想的历史遗产,认为其在怎样推进改革、发展与公平的关系、如何看待跨国公司的作用、怎样改造国际政治经济秩序等方面仍具有现实意义。

三 中拉文化交流与中拉关系

与会学者从软实力的角度探讨了文化交流在中拉关系中的作用,并提出了对策建议。

张家唐教授概述了孔子学院在拉美的发展历史与现状。他认为,孔子学院已经成为推动中拉友好合作和共同发展的一个新平台,但也存在教师的知识结构难以满足教学需要、缺乏合适的教材、教学方法亟待提高等问题。他还建议"两岸携手传播中华文化",如大陆的孔子学院可以吸纳台湾的西班牙语人才,大陆办的孔子学院与台湾办的台湾书院携手向海外推广汉语教学、传播中华文化,强调这是每个炎黄子孙应尽的义务和责任。

王翠文副教授论述了中国在拉美构建软实力的必要性,并呼吁新时期中国对拉美外交应重视发展公共外交。她指出,改革开放以来中国对拉美的外交优先关注政治和经济议题,人文交流滞后,政府外交成果显著,但公共外交乏善可陈;人文交流和沟通不足是导致拉美对中国实力和影响力产生消极认知的主要因素之一。她认为,20世纪五六十年代中国对拉美的民间外交成绩卓著,为新时期中国在拉美构建软实力提供了有益启示。她由此建议,中国应大力推动公共外交,进一步挖掘和发挥当年"民间外交曾经发挥的特殊作用",如针对拉美的传媒和文化领域受欧美国家影响这一情况,中国对拉美的公共外交应该加大对拉美传媒、重要智库的工作,应该充分利用现代化的传媒工具和各种舆论平台,充分利用各种双边和多边、各种正式和非正式的对话机制,引导国际舆论认识和理解中国。

拉丁美洲文化与现代化

程晶分析了中国软实力在巴西的发展现状和面临的挑战,并提出了具体的政策建议。她认为,20世纪90年代以来,中国在巴西开展文化外交、建立外交磋商对话机制、拓展非传统领域的交流与合作,使得中国的软实力获得一定的发展,中国文化、中国发展模式的吸引力不断上升,中国国家形象得到改善。但她也强调,中国软实力在巴西的发展也面临地理屏障、语言障碍、美国因素的制约以及巴西国内的猜疑等挑战,由此她建议:培养更多的熟悉中巴双方语言和文化的人才,加大葡语方面的中国文化产品的开发力度和输出力度;加强中美在巴西等拉美事务上的磋商、对话与协作;利用中巴媒体积极宣传中巴经贸发展的互利互惠特征,加大民间外交的力度,发挥巴西华侨华人的独特作用。

拉美其他问题研究也是会议的议题之一。徐世澄研究员总结了拉美中等收入国家发展经济的经验与教训;王萍教授分析了国际格局变动下的中、美、墨三边关系;高慧开教授揭示了美国中央情报局隐蔽战与智利阿连德政权垮台的关系及其启示;孙岩峰副研究员梳理了拉美现代化进程中的政治变迁轨迹;袁艳阐述了古巴华侨教育的特点;江振鹏论述了苏联(俄罗斯)与古巴关系的演进历程。

这次会议的另一个重要议项是拉美史研究会的理事会换届选举。拉美史研究会秘书长王萍教授代表第七届理事会作了学会工作报告,大会选举产生新一届理事会组成人员,王晓德教授当选为理事长。

Abstracts

1. Modernization in Latin America and Latin American Culture

Zeng Zhaoyao

Modernization in Latin America and Latin American culture have evolved in a capitalist world system. Latin American culture has undergone a process from dependence liberalism to autonomous national-populism and has been forced to return again to dependent neo-liberalism; consistent with this, the modernization of Latin American countries also experienced a process from dependent modernization to autonomy import-substitution industrialization and was forced to return again to dependent modernization. The history proves that for developed countries the liberal culture is an expanding and plundering force, and for late-developing countries' modernization (industrialization), it's primarily a blocking force. Therefore, in order to achieve modernization, the late-developing countries must establish a solid, independent, scientific and irrefutable ideological consensus; build a culture soft power system by combining advanced thought, correct choice of development path and strong political leadership; construct a culture power that can resist cultural hegemonism. That's the only way to gradually win the democratization of international order, to introduce and develop independently the advanced science and technology, to improve continuously the social productivity, and finally to achieve the modernization of the country.

2. The Failure of the Establishment of the Petty Farmer System in Latin America: from the Perspective of the Indian Cultural Heritage

Lin Beidian

A reformatory movement of establishing the petty farmer system swept Latin American countries in the 19th century. In order to accomplish modernization, the liberals in power tried to change the land structure and to facilitate the economic development through establishing petty farmer system, just as in the United States. However, the movement with breaking up the Indian ejidos as its main aim was not successful. In the 20th century, the agrarian reform centered on the reconstructing ejidos in Latin American countries, such as in Mexico, achieved great achievements. A conclusion can be obtained from the developmental process is that successful or relatively successful modernization is definitely the result of the combination between traditional and modern factors. Otherwise, only "unhealthy development" or stagnation and decline will be resulted.

3. "Arias Hypothesis" and Latin American Development

Jiang Shixue

In his article entitled "Culture Matters: The Real Obstacles to Latin American Development", published in *Foreign Affairs* (January/February 2011), former Costa Rican President Oscar Arias Sanchez believes that four regional cultural traits are obstacles that need to be overcome for development to succeed: preservation of the status quo, absence of confidence, fragility of the Latin American commitment to democracy, militarism. We might consider his views as "Arias Hypothesis".

"Arias Hypothesis" can help us better understand Latin American development in the following ways: 1) it confirms the close relationship between culture and development; 2) it attaches great importance of trust to fast economic growth; 3) it emphasizes the need to promote education; and 4) it points out the negative consequences of military spending.

However, "Arias Hypothesis" seems to over-emphasize the importance of non-economic factors by neglecting the following economic aspects: how to deal with the relationship between the region's comparative advantages and upgrading its industrial structures; how to improve its infrastructures; how to develop agriculture; and how to maintain macro-economic stability.

4. Characteristics of Latin American Culture
Dong Guohui

The Latin American culture at present results from the so-called "challenge-response" movement between the Indian Indigenous cultures and the European Christian cultures as well as the African cultures, which has the characteristics such as marginalization, subordination, mobility, mixability and externality. These characteristics of Latin American culture have been exerting negative impact on the modernization process in this region.

5. Restructuring of the Ancient History of Latin America
Hao Mingwei

This article makes a brief reconstruction of the ancient history of Latin America so as to identify some arguments we state about the relation of "culture and modernization in Latin America" and the influence of Latin American culture (especially ancient Indian traditional one) on its modernization: History is the foundations of culture. Culture is the "soul" of history. Latin American ancient history and its culture are unearthed. Latin American ancient culture constitutes the sum total of material wealth and spiritual one independently created by Latin American ancient Indian peoples in the course of history. The Spanish invasion and conquest interrupt the development of Latin American ancient history but its "soul" —the culture—is still present. It merges into the development of culture in the new historical epoch, making great impact on the development of history and culture and modernization of Latin American countries. What Latin American ancient culture transfers to the modernization of Latin American countries is "positive energy" and nothing of negative influences. The cause of its modernization's delay is the domination of old colonialism and new one and great damage they did to Latin American ancient culture.

6. Indigenous Communication in Latin America in the Context of Globalization
Li Han

In Latin America, indigenous communication has undergone a dynamic development towards a region-wide network and professionalism, which is the result of interaction between indigenous movements and information technology society. The indigenous people use video and internet as the main media to develop their communication strategy, in order to forge their identity, communicate with the outside world and influence social and political agendas. As a way of communication from bottom to top, the indigenous communication in Latin America will considerably promote communication democracy by granting the indigenous people the right to fully express their economic and social demands, which is especially of significance in the context of globalization.

7. Latin America's Indian Culture in the Process of Globalization from the Movie *Bird Watcher*
Han Han

With the current process of globalization, the Latin American traditional Indian culture is challenged by the western modernization. When the development of modern society faces bottleneck, such as the environmental or resources problems, the Indian should not be one-sidedly treated as a social problem. The connotation of Indian culture can only be truly understood without prejudices to the cultural diversity.

The film *Bird Watchers* reflects various aspects of Latin American culture, so I will try to look into the cultural solution proposed by aboriginal people for the Global Dilemma, especially with Indian perspective on "good life (buen vivir)" and "Pachamama". Meanwhile, I will also list the actual prejudices to the Indian culture in the globalization and discuss the Indian culture's real position today.

8. The Culture Diversification and Democratic "Globalization" and "Localization"
Tan Rong

"Political culture is a set of political attitude, conviction and emotion that prevails in a special period for a nation", which influences the actions of the various political actors and the democratic process of a country. In the global era, the different nationalities and areas still maintain their own culture, exploring the suitable developing routes and having formed different democratic developing models. The political practices of such countries indicate that a stable and effective democratic government not only depends on the reasonable political systems and governmental structures, but also on the political values of the people. The global world order should be more tolerant and plural, thereby it supplies broader space for non-western countries to choose the suitable ways for themselves, to combine the democratic globalization and localization together.

9. A General Review of Chinese Scholars' Research on Latin American Culture in the Current Century
Xu Shicheng

With the rapid development of China-Latin American relationship, in particular the enlargement of cultural and educational exchanges in the current century, Chinese scholars have achieved more great academic fruits in Latin American culture study and the research has also been gradually deepened.

During the past decade and more, Chinese scholars have published a few books and papers related to this study, ranging from the comprehensive study of Latin American culture and civilization to special topics like philosophy, ethnics, music, arts, literature, etc. Meanwhile, a wave of study fever has arisen on Latin American ancient civilization and some books and papers in this field were published. The main questions discussed by Chinese scholars include the characteristics of Latin American culture, the mutual and different characteristics of Latin American civilization and Chinese civilization, American influence on Latin American culture, the new development of Latin American civilization, the relationship between Latin American civilization and modernization, the globalization and Latin American culture, China-Latin American culture exchange, etc.

10. The Cultural Revolution of Latin America

Mario A. Cadenas Madariaga

Translated by Su Jing

The Latin American region covers vast territories, encompasses a large population and abounds in natural resources, but it faces many problems at the same time, such as low rate of economic growth, social economic and cultural inequality, increase of poverty population, political instability and so on. We should try to explore the deep-seated cultural factors from the appearance of these problems and undertake a cultural revolution to solve the existing problems of this region, which means the efforts to establish the cultural unity to enhance its competitiveness and be increasingly aware of the contributing of cultural factors to economic growth and the importance of spreading the concept of cultural revolution by means of modern information technology so as to get everyone of the continent involved in this process to promote the development of the whole region.

11. The Strategic Choice of Cultural Orientation in the Mexican Social Transformation

Hong Guoqi

This paper explores the developmental path of political and cultural orientation in which two important changes of their strategic choices had taken place in Mexico since the 20th century, mainly focusing on the international environment that procured Mexico's Partido Revoluciónario Institucional (PRI) shifting from advocating "revolutionary nationalism" to highly praising "social liberalism", and established conditions, as well as the changes of political ecology both inside and outside of PRI and its guiding ideology. Then the paper clarifies the correlation between political culture and modernization, largely depending on the result of gaming and integrating within the four political powers in the Mexican society. Among them, PRI, as the ruling party, its way of thinking, world outlook, values, and its acknowledgement and disposal methods to the relations between cultural nationality and modernity, play an important role in the process of reform and modernization.

12. Cultural Revolutionary Movement and Modernization in Mexico

Han Qi

A cultural revolutionary movement took place in Mexico during 1920–1940. The movement opposed feudal superstition, promoted science and rationality, and anticlerical movement; advocated the excellent quality of Indians, created indigenous ideological trend with national spirit; developed secular education and socialism education; enhanced public awareness by using public art such as large-scale murals. This movement thoroughly combated the traditional religious forces, established a modern education system, improved Mexican national confidence and cohesion, established a core value system that is conducive to the modernization of Mexico, and laid the ideological and cultural foundation for the modernization of

Mexico in the second half of the 20th century. A new Mexico emerged after this baptism of this cultural revolution movement. The Mexico case illustrates the importance of cultural revolution to modernization.

13. Analysis on the Anticlerical Movement in the History of Mexico
Gu Bei

The main content of the Anticlerical Movement is the deprivation of temporal power of the Catholic Church, which is the only way for the growing of modern nation state. In Latin American countries, the Anticlerical Movement of Mexico was most intense. Several laws and decrees issued by liberal government were strongly resisted by the church which intensified the already existing contradictions and brought about conflicts, resulting in the civil war. After cruel battles, Mexico realized basically the separation of church and state as well as the fundamental principles of modern democracies like the freedom of religious belief. The Anticlerical Movement of Mexico took a heavy toll which obviously could not be parted from the conservatism of the Catholic Church, but another important aspect is the radical attitude of the secular government who blindly copied ideas from other countries regardless of its own national conditions.

14. Studies on the Mexican Urbanization from 1810 to 1910
Wang Wenxian

In the colonial period, the urban system is dependent in Mexico. The war for independence influenced the urban system temporarily. The Reform Laws of 1859, as well as the American Civil War brought a major impetus to change in the urban system. In Porfirian era, Mexican urbanization made progress under the national railroad network and the process of industrialization, but basically extended features of the urban system during the colonial period.

15. Studies on the Cultural Legislation in the Argentine Modernization Process

Shen An

Cultural modernization, as an important part of the whole modernization process, has been playing a significant role in promoting economic, political and social modernization. Cultural legislation is one of the key preconditions to the nation's modernization and the development of cultural industries. Argentina, which began its cultural legislation in the earlier period, has already established a comprehensive and developed cultural industrial system. The Argentine culture exerts its tremendous influence upon the Latin American culture and the development of the cultural industries in the region. Therefore, the article makes a preliminary analysis on the history and current situation of the cultural legislation in Argentina.

16. The Formation, Evolution and Inheritance of Gaucho Culture of Argentina

Li Ziying

From the seventeen century till today, Argentine Gaucho and its representing Gaucho culture have been forming and evolving from the initial outlaw image into the representative of the spirit of freedom highly praised by the Argentines. It has already become a symbol of nation and its spirit of Argentina. Through the activities such as tourism promotion, folk, music, literature and others, the culture of Gaucho has been passed on and made public in Argentina. In the strongly increasing modernism color contemporary world, Gaucho culture keeps spirited grace of its unique cultural tradition.

17. The Uruguayan Culture: Its Process of Evolution and Characters

Dong Jingsheng

The prototype of the Uruguayan culture is Gaucho culture in colonial time. In the mid-19th century, European immigrants brought new factors to the Uruguayan culture. In the early 20th century, the reform carried out by president Jose Batlle y Ordonez laid the foundation of democracy and welfare in Uruguay, with definite influences to Uruguayan culture. A comprehensive, pluralistic, mild, practical, and anti-luxury culture improves the happiness index of Uruguayan people. At the same time, under the advanced welfare system, the Uruguayan people are accustomed to an attitude of life paying attention to enjoyment, which impeded the economic development in the second part of the 20th century.

18. Allende's Thought of "Chile's Road to Socialism" and Its Historical Legacies

He Xi

Allende's "Chile's Road to Socialism" has been a hot issue for the researchers of Latin American politics. It is the guiding ideology of "The Unidad Popular" to implement reforms. Based on the interpretation of a large number of raw materials, this article analyzes Allende's thought of "Chile's Road to Socialism". Allende's thought is an organic whole. Allende himself is a firm constitutionalist and nationalist, and he advocated a gradual non-violent transition to socialism, abiding by the Constitution and the existing political system. Allende's political reform aimed to change the two-house parliament system of capitalism into the socialist people's congress system. On the economic front, Allende advocated nationalization of the huge investment of multinational corporations in Chile, the purchase of private enterprises and the promotion of land reform, so Chile would gradually establish a socialist public ownership economy. On the diplomacy front, he advocated to get rid of dependence on the United States and expand all-around independent diplomacy from the Chilean national standpoint. Although Allende's "Chile's Road to Socialism" ended in failure, it left valuable political legacy. Allende's socialist thoughts and practices are the major issues when it comes to studying the propagation history of Marxism in Latin America and the leftist political history of Latin America.

19. A Brief Study of Characteristics of Education of Overseas Chinese in Cuba
Yuan Yan

This article reviews the history of education development of Overseas Chinese in Cuba, and analyzes some characteristics of Overseas Chinese education in this country. The author argues that there are four main characteristics: firstly, the education of Overseas Chinese in Cuba was underdeveloped; secondly, it started early, but developed with great difficulty; additionally, the Overseas Chinese church played an important role in promoting education of Overseas Chinese in Cuba; finally, Overseas Chinese in Cuba attached great importance to carrying out adult education. The above characteristics were closely related to the features of the overseas Chinese community in Cuba.

20. Analysis of the Brazilian Civil Code Codification Movement from 1822 to 1916
Zhang Xi

The Brazilian civil code codification movement from 1822 to 1916 was a very significant part of the Latin American codification movement of civil law in the 19th century. As a result, The Brazilian Civil Code was considered one of the three excellent civil codes in Latin America. This movement was influenced and propelled by historical conditions at that time, producing five civil code drafts in nearly 100 years. It was well known for three characteristics: lasting for a long time, drawing lessons from German theories, having innovativeness in content and system. The

Brazilian civil code codification movement had a profound influence on the development of Brazil, the civil code codification movement of Latin America and the world.

21. An Analysis on the Tobacco Control Movement in Brazil

Zhong Qiuping

Tobacco has a destructive impact on human health and the global economy, which makes tobacco consumption a tough problem of human development and it has been given more attention all around the world gradually. Brazil has been committed to tobacco control movement for twenty years even as a large country in tobacco cultivation and consumption, and proposed a series of plans aiming at preventing tobacco epidemic of the country. With hard work, the movement has made outstanding achievement. This paper tries to analyze the reasons of tobacco control movement in Brazil, as well as its effective policies and measures. In addition, the article summarizes the effects of the movement and the successful experience that China can learn.

22. The Cultural Revolution of Brazil

Mario A. Cadenas Madariaga

Translated by Su Jing

Brazil shoulders a special responsibility in the development process of the entire Latin America region, especially South America because of its large population, geographical location and vast territories. During the different historical periods which Brazil has experienced since its independence the country has always been suffering from the inflation and the lack of suitable development plans. Cultural factors exert a great influence on the economic development. Therefore, today's Brazil requires the coming of a cultural revolution and drawing up the development strategies to promote the quality of the nation in the environment of rapid development of economy, science and technology.

23. Soft Power and China's Latin American Policy
Wang Cuiwen

Since the reform and opening-up, the political and economic issues have been the priority in the relations between China and Latin America. But culture interaction has been ignored, which results in the domination of the governmental diplomacy and the shortage of the public diplomacy. The shortage of the culture interaction and communication is seen as one of the main reasons causing the unfavorable images of Latin America to China. The culture relations between 1950 and 1960 provides an useful guidance for setting up the soft power of China to Latin America in the new century.

24. Studies on the Development of China's Soft Power in Brazil
Cheng Jing

After the establishment of the strategic partnership between China and Brazil in 1993, China has actively developed the soft power in Brazil, the largest developing country in the western hemisphere. Since the beginning of the 21st century, Chinese soft power has gained rapid development in Brazil. On the basis of the field research and the latest data collected, the paper will analyze the development of Chinese soft power in Brazil which is from the four areas of the pathways, performance and challenges. Besides, the paper will give some recommendations.

25. Confucius Institute in Latin America: the Two Sides of Taiwan Strait Working Together to Spread Chinese Culture
Zhang Jiatang

After its reform and opening-up, China's overall national strength has been remarkably enhanced. Therefore, the world set off a craze of learning Chinese. At present, there are 400 Confucius Institutes, over 500 Confucius Schools, and 650000 registered students around the world. Since 2006, more than twenty Confucius Institutes have been established in Latin American countries. On the other side of the Strait, Taiwan has established Taiwan Academy around the globe. According to Ma Ying-jeou, Taiwan Academy does not contend against Confucius Institute. In my opinion, Chinese people on both sides of the Strait, being descendants of the same root, should join hands to promote the teaching of Chinese language and spread Chinese culture. It is the obligation and responsibility of each descendant of the Chinese people.

26. Brief Analysis of the Features of Latin American Spanish and Its Development
Yu Changsheng

Latin American Sapanish is an important part of the spanish language. With the development of the economic and commercial communications with those countries, a deep understanding of the features of Latin American Spanish is an urgent task. Language is the carrier of a culture and national spirit, with which we can know much more about the folkways of the local people. All of above is the lubricant for international exchanges. This article will reveal the important features of Latin American Spanish by a brief analysis of it. The aim of this investigation is to build a good basis for future studies with more details.

27. Altamirano and the National Literature of Mexico
Li Xiang

Ignacio Manuel Altamirano is known as "the father of modern Mexican literature". During repeated civil wars and foreign invasions, he advocated for developing national literature to enlighten the people and establish a new national spirit. Although his works were produced a long time ago, his creative ideas of combining art with education conform to the needs of reality. Therefore, the study on his works would help us clarify some important literary standards in the age of globalization and cultural relativism.

28. A History of Chinese Coolies in Latin America
——Historical Memory in *Yellow Luggage*
Zhang Peng

In the first half of the nineteenth century, the Industrial Revolution swept through Latin America, including Cuba. The large-scale production caused by the Industrial Revolution meant an urgent need for a large amount of labor. At the same time, European and the American countries initiated a campaign against the African slave trade. This movement to end slavery resulted in an irreconcilable contradiction between the abolition of slavery and labor shortage in America. The sinful human trafficking and trade of Chinese coolies appeared in this context. In Cuban novelist Marta Rojas's novel *Yellow Luggage*, the author reproduced artistically how Chinese coolies' were deceived, sold, transported, exploited, and how they finally survived and lived in the foreign land. It can be said that the novel is a history of Chinese coolies in Latin America.

29. Where would Mexico Go: Rereading *The Labyrinth of Solitude*
Zhang Weijie

In his *The Labyrinth of Solitude*, a classical work about the national identity of Mexico, Octavio Paz proposed quite a few questions and persuaded the Mexicans to leave their solitude and to embrace the world. Sixty years later, the world and the Mexican society have seen great changes, but the Mexicans still have anxiety about their identity. In this article, we reread the classical work of Paz and reflect about the Mexican national identity. Today's Mexicans doubt about being a North American or a Latin American and face notable internal differences. Modern development has not resolved the problems of injustice but has made it more notable. The country is in a deep crisis. After Octavio Paz, Mexican intellectuals such as

Guillermo Bonfil and Carlos Fuentes continue to reflect on their identity. The actuality of Mexico can be considered a miniature of the larger world, and the effors of the Mexicans in searching their future would offer precious experience for the nations of the Third World.

图书在版编目(CIP)数据

拉丁美洲文化与现代化/韩琦主编.—北京：社会科学文献出版社，2013.8
 ISBN 978-7-5097-4777-3

Ⅰ.①拉… Ⅱ.①韩… Ⅲ.①传统文化-关系-现代化-研究-拉丁美洲-文集 Ⅳ.①K730.3-53

中国版本图书馆 CIP 数据核字（2013）第 142559 号

拉丁美洲文化与现代化

主　　编／韩　琦
副 主 编／张　鹏　董国辉

出 版 人／谢寿光
出 版 者／社会科学文献出版社
地　　址／北京市西城区北三环中路甲 29 号院 3 号楼华龙大厦
邮政编码／100029

责任部门／人文分社（010）59367215　　　　　　责任编辑／叶　娟
电子信箱／renwen@ssap.cn　　　　　　　　　　责任校对／史晶晶
项目统筹／宋月华　张晓莉　　　　　　　　　　责任印制／岳　阳
经　　销／社会科学文献出版社市场营销中心（010）59367081　59367089
读者服务／读者服务中心（010）59367028

印　　装／三河市尚艺印装有限公司
开　　本／787mm×1092mm　1/16　　　　　　　印　　张／25.5
版　　次／2013 年 8 月第 1 版　　　　　　　　　字　　数／428 千字
印　　次／2013 年 8 月第 1 次印刷
书　　号／ISBN 978-7-5097-4777-3
定　　价／89.00 元

本书如有破损、缺页、装订错误，请与本社读者服务中心联系更换
版权所有　翻印必究